배산에서 울던 아이

해송지몽

여기에서 해송은 중의적 표현입니다. 하나는 바닷바람을 맞으며 굳건하게 버티는 말 그대로의 해송이고, 또 다른 하나는 작은 어촌에서 각고의 노력으로 자신의 삶을 일궈낸 한근희 소장을 의미합니다. 산 중턱에서 바다를 향해 울음을 삼키던 소년은 마침내 크나큰 소나무가 되었고, 여전히 해송과 같은 단단함과 기상으로 주변에 큰 그림자를 드리웁니다. 한근희 소장의 지난하지만 빛나는 삶에 찬사를 보냅니다. - 2025. 8. 27. 너른마당 대표 황정혜(김성삼 교수 부인)

수필세계사가 만든 한근희 자전에세이

배산에서 울던 아이

한근희 자전에세이

수필세계사

내 고향은 경상북도 영덕군 영해면 사진1리 밭네미 마을이다. 잉크색 처럼 푸른 동해 바다가 남북으로 펼쳐지고, 먼 동쪽으로 드넓은 지평선 이 가슴을 열어놓은 곳, 뒷산으로 불어오는 그 바람은 변함이 없건만 고 향은 옛날의 그 고향이 아니고, 옛날의 그 사람들이 아니다.

마음 속의 고향은 영원하건만 현실의 내 고향은 자꾸만 낯이 설어, 이 제 그 고향마저 잊혀진다면 우리가 태어나서 자랐고, 우리의 부모들이 터 잡고 살아온 그 고향을 어느 누가 기억해 주겠는가? 어릴적 뒷산 재 는 깎이어 사라지고, 논밑터, 송골터, 부락터, 뱃물터, 때딴지터는 무너 져서 옛 자취 간 곳 없고, 골목길, 도랑길, 도랑다리는 헐리고 부서졌지 만 우리들의 마음 속에는 영원히 살아있다.

어릴적 고향 풍경은 단 한 장의 흑백사진조차 없지만 영혼 속의 앨범

을 한 장 한 장 넘기면서 이 기록을 남긴다. 고향에서 함께 자란 친구들과 형제들, 고향에서 태어나고 성장했던 선, 후배와 그들의 후손들에게 아버지의 고향, 어머니의 고향에 대한 아름답고 애틋한 옛이야기를 간직하고 기억하게 할 것이다.

이 글은 내 고향에 대한 추억과 그리움의 역사이고, 내 가족과 친척들의 가족사이고, 내 자신의 개인사와 관련한 자전적 에세이다. 또한 이 글에 실린 이야기는 6. 25전쟁이 끝나고 가난한 시대에 태어난 우리 베이비붐 세대들이 살아온 인생 역정으로 그 시대 그 청춘에 대한 이야기이다.

우리 세대들은 힘들었지만 열심히 살았다고 자신있게 말할 수 있다. 비록 의부만 있고, 권리는 사라진 샌드위치 세대로서 할 말은 많지만 그

조차 우리의 숙명이라면 웃으면서 수용할 것이다. 이 글에 나타나는 당사자는 대부분 익명으로 처리했다. 더러 실명이나 글의 내용에 따른 추측으로 드러난 본인이나 그 가족의 입장에서 볼 때, 마음에 들지 않거나 잘못된 내용이 있을지라도 필자의 나이가 이미 칠십이고, 기억은 한계가 있으므로 널리 양해해 주시길 바란다.

후배들에게 전해주고 싶다. 청소년 시절의 일시적인 과오는 그리 큰 잘못도 흠도 아니다. 심도있게 독서하고 정진하여 노력한다면, 성실하고 반듯한 민주 시민이 될 수 있다.

이 책에 나오는 저자를 타산지석 삼아 좋은 점은 배우고, 나쁜 점은 경계하여 한 발 한 발 나아간다면 여러분도 원하는 꿈을 이룰 것이다.

노력하면 성공한다는 신념을 믿는 자는 운명이 길을 열어줄 것이고, 그 신념을 부정하는 자는 패배할 것이므로 적극적인 자세로 자신의 길을 개척하길 바란다.

이 책이 출고될 때까지 물심양면으로 도와준 아내와 가족들, 형제들, 특히 나의 졸고를 항상 경청하고 조언해 준 서울 경남이 누님, 포항 경연이 누님, 그리고 나의 죽마고우들에게 고맙다는 인사를 드린다.

글을 끝내고 나니 오래 묵혀 둔 숙제를 마친 것처럼 개운하다. 이 글을 읽고 고향과 가족을 한번 더 생각하고, 타인에 대한 조그마한 배려심이라도 생긴다면 큰 위로를 받을 것이다.

2025년 9월, 출간에 즈음하여

차례

서문

제1장

유년과 초중등 시절

제2장

고등과 청년 시절

제3장

나의 가족사

제4장

거창 이야기

제6장

세월의 단상

제1장

유년과 초중등 시절

유년의 기억

　사람의 기억은 만 4세 즈음에 형성되고, 만 4세 이전의 기억은 무의식속에 묻혀있다고 한다. 0세에서 만 2세까지를 영아라 하고, 3세부터 6세까지를 유년이라 하면, 나의 유년시절 기억 중 가장 오래된 것은 내 나이 만 3살 6개월쯤 되었을 때 발생한 사라호 태풍이고, 두 번째가 만 4살 경 엄마를 따라 읍내 시장에 갔다가 길을 잃은 일이다.

　맨 처음 기억인 사라호 태풍은 1959년 9월 추석 때에 발생했다. 우리나라 지상관측 역사상 피해가 가장 큰 태풍으로 국내 사망자만 약 900명 정도이고, 이재민만 30만여 명에 달하는 전무후무한 태풍이었다. 어린 내 기억에도 산더미만 한 파도가 50여 미터 길이의 백사장을 휩쓸면서 길이 약 25미터에 2미터 높이인 우리집 돌담을 무시로 넘어오는데 담을 때리는 파도소리가 천둥, 번개와 같았다. 우리 돌담과 이웃한 큰아버지집 돌담 사이에 집으로 들어오는 통로가 있는데 이 통로에 파도가 못

들어오게 모래 가마 수십 개를 쌓아 방책을 만들었으나 결국 방책이 무너져 마당으로 파도가 밀려왔다. 전 가족이 뒤안 쪽 언덕을 넘어 피난을 가는데 비는 억수 같이 쏟아지고 세간살이를 챙길 겨를이 없었다. 어린 꼬마들은 어른들이 당기고 밀어서 언덕에 올라 윗마을에 살던 친척집으로 피신하던 일이 어렴풋이 떠오른다.

내 나이 만 4년 6개월 즈음의 어느 장날, 엄마를 따라 태어나서 처음으로 대처인 시장을 구경한 날이었다. 시작은 기분이 좋아 하늘로 날아갈 듯 기쁜 날이었지만 잘못되었다면 천애고아가 될 수 있었던 날이기도 했다. 날짜는 대략 양력 11월 초에서 중순경일 것이다. 당시 해가 짧았고, 길을 찾아 헤매던 신작로 옆 들판이 텅텅 비었고, 해가 저물자 날씨가 쌀쌀하여 추위에 떨었던 기억이 나기 때문이다.

1960년 가을, 읍내 장날에 가는 엄마를 졸라서 길을 나섰다. 신이 나서 힘차게 뒷산 마루를 넘고, 산길을 걸어서 난생처음 수많은 사람이 모이는 동해안 최대 시장인 영해시장 구경에 나섰으니 얼마나 신이 났겠는가, 아는 이웃들만 살던 어촌마을에서 사람들이 북적대는 시장통의 시끄러운 소리와 팔러 나온 소, 돼지, 닭, 개 등 가축들의 울음소리에 정신이 산만해졌다. 상점과 난전에 팔려고 진열해 놓은 온갖 신기한 물건들을 구경하는 것에 혼이 빠져 엄마에게 바짝 붙어 따라갈 생각은 하지 않고 사람 구경 하랴, 물건 구경 하랴, 정신 없이 옆눈질을 하다보니 어느 순간 엄마를 놓쳐버린 것이다.

뒤늦게 엄마를 잃은 사실을 깨닫고 처음에는 두려워서 울음이 나오려고 했으나 그래도 머스마 다섯 살이라 자존심이 있고, 부끄러워서 울수 없었다. 시장을 뱅뱅 돌면서 엄마를 찾고 또 찾았으나, 그때는 여자들 모두 흰 무명옷을 입을 때라 이 여자도 엄마, 저 여자도 엄마로 보여서 시장을 몇 바퀴 돌고 또 돌아도 결국 엄마를 찾지 못했다. 키가 작은 나는 어른들의 다리 높이에서 엄마를 찾아야 하므로 더 힘들고 난감하였다. 작은 마을 잔치집에서 엄마를 찾던 것과는 달랐다. 인파가 바글대는 미로의 재래 시장은 처음이고, 아는 가게도, 아는 사람도 없으니 어디 가서 엄마를 찾을 것인가? 눈앞이 깜깜해졌다. 엄마를 졸라 선택한 시장길이 지옥길이 되었으나 이미 후회를 해도 소용이 없었다.

엄마도 나를 애타게 찾았으나 길이 엇갈려 못 찾고, 마을로 가는 로터리는 찾아오겠지 하는 기대를 가지고 로터리 근방에서 기다렸으나 나는 시장이 처음이라 로터리조차 몰랐으므로 그야말로 동상이몽이었다. 시장을 돌고 돌아도 엄마가 보이지 않으므로 어린 생각에 엄마가 나를 찾다가 없으니까, 내가 집으로 간 줄 알고 우리집에 돌아가는 중일 것이라는 판단을 했다. 빨리 엄마를 따라 잡으려고 우리 집으로 가는 신작로를 찾기 위해 시장터를 벗어나기로 했다.

나는 엄마의 기대와는 달리 로터리를 찾아 동쪽으로 가는 신작로를 잡지 아니하고, 우리집 가는 길과 반대인 원구로 가는 서쪽길을 잡아 시장을 벗어나기 시작했다. 어린 마음에 서쪽으로 뻗은 신작로를 끝까지 가면 가족이 있는 집에 도착할 거라는 착각에 빠져 신작로를 한없이 걷고 또 걸었다. 하루종일 굶은 터라 배는 고프고 다리도 아프고 겁도 나므로 그때부터 참았던 울음이 터져 나오기 시작했다.

그제서야 걸어 온 길을 보고 또 보아도 아침에 엄마와 올 때 보았던 풍경과 너무나 다른 것을 알고 어린 마음에도 길을 잘못 잡았다는 생각을 했다. 4세 꼬마 입장에서 엄마는 잃어버리고 다리는 아프고, 배도 고프고, 아는 곳, 아는 사람 하나 없는 낯선 곳을 울면서 걸어가는 길은 너무나 두렵고 막막했을 것이다.

늦가을 짧은 해는 저녁 5시만 되면 어두워진다. 밝은 낮에는 어린 꼬마도 견딜 수 있지만 날이 어두워지면 애들은 겁부터 난다. 어둑어둑한 저녁 길을 겁에 질려 부끄러움도 잊은 채 울면서 벌영리를 지나 원구리 인근 경계지점에 이르렀을 때였다. 어떤 아저씨가 울면서 길을 가는 나를 보고 "왜 우느냐?"고 묻길래 "엄마를 잃어서 집에 가는 길을 찾지 못해서 운다."고 말하면서 더욱더 슬피 울었다.

아저씨가 "너의 집은 어디고, 아버지 이름은 어떻게 되느냐?"고 물었다. "집은 영덕군 영해면 사진1동 447번지이고, 아버지 이름은 한상경입니다." 라고 대답하니까, 그 아저씨가 사진1동 한상경이면 자기 용당 논과 이웃해서 잘 아는 사람이라고 했다. 근처에 있는 자기 집에서 하룻밤을 자면 내일 우리집에 연락해주겠다면서 자기집으로 데리고 갔다. 나는 구세주를 만난 듯 마음이 놓이고 안심이 되었다. 아저씨 집은 용당들과 원구리가 만나는 인근 벌판에 있는 작은 초가집으로 방이 두 칸이었다.

아저씨가 차려주는 저녁밥은 꿀맛이었다. 하루종일 걸으면서 배고픔에 시달린 끝에 먹는 밥은 반찬이 없어도 진수성찬과 같았다. 그날은 아저씨 집에서 자고 연락을 받고 달려온 부모님과 함께 우리집에 돌아올 수 있었다.

내 인생에서 처음 당한 실수에 관한 경험이지만 나는 많은 교훈을 얻었다. 어리지만 우리집 주소와 아버지 이름을 똑똑하게 말해 주어서 궁지를 벗어났듯이, 아는 것이 많으면 위험에 빠져도 살아날 수 있다는 산

교육을 배울 수 있었다.

"꼬마야, 다행이다. 그래도 부모를 다시 만나 내 인생을 찾았으므로."

- 2022. 8.

교모

학교에서 학생들이 공식적으로 쓰는 모자를 교모라고 한다. 우리가 초 · 중 · 고등학교를 다니던 시절에 각 학교마다 남학생들이 쓰는 교모가 있었다. 초등학교(국민학교)에는 나라 국國자 문양, 중학교는 중(中)자 문양, 고등학교에는 고(高)자 문양이 부착된 교모를 사용하였다.

내가 아직 초등학교에 입학하기 전, 만 5세 때 일이다. 1961년 3월 말, 어느 따뜻한 봄날이었다. 선박이 정박하는 선창이 있는 곳을 우리마을에는 축항 또는 뱃물이라고 했는데, 그날 아버지는 선창에서 동료 어부들과 같이 그물을 수리하고 있었다.

선창에 가려면, 집 앞에 있는 오십여 미터 길이의 백사장 왼편에 이삼십여 미터 높이에, 85도 경사의 바위 절벽이 높이를 서서히 낮추면서 바다 쪽으로 길게 곶을 만들고 있는데, 일단, 백사장을 지나 물가에 가서 가장자리 바위 아래편 편편한 곳을 계단삼아 차례차례 바위에 올라가서 북쪽으로 백여 미터 정도 돌언덕과 자갈길을 걸어가면 자갈마당이 나왔다. 자갈마당 양 가장자리에서 바다를 향해 바위들이 길게 뻗어 파도를 막아주는 조그마한 선창이 있다.

어린 시절, 우리 또래 애들은 백사장에서 소꿉장난이나 모래집 만들기 등을 하고 놀았다. 그날은 또래 친구들과 노는 것이 싫고, 아버지가 일하는 선창에 가고 싶었다. 우리 형제 육 명 중 먼저 태어난 네 명은 어머니가 시집올 때 같이 오신 외할머니가 키웠다. 외할머니는 키가 작으신 데다 등을 다쳐 꼬부랑 할머니가 되어 우리 마을에 오셨다. 나는 서너 살이 될 때까지 외할머니에게 업혀 크면서 할머니 등에 낙서를 해서 글을 익혔다고 하니, 몸이 불편하신 할머니를 제일 괴롭혔던 것 같다.

어린 시절, 아버지와 어머니는 궂은 날 외에는 대부분 바닷일과 농사일로 집을 비웠다. 고기잡이나 해산물을 채취할 때는 하루 종일 바다에서 일하고, 바다 일이 없어도 아버지는 선창에서 그물 수선을 하고, 어머니는 미역이나 김 말리는 일을 했다. 마을에 있을 때도 점심 먹는 시간 외에는 하루종일 밭일이나 물일을 하시고, 저녁 늦게나 밤에 돌아오시곤 하였다.

그날, 외할머니에게 아버지 계신 곳을 물어보니 선창에서 일을 한다고 하셨다. 어머니는 아침 일찍 아버지가 잡아온 생선을 팔기 위해 시장에 갔다. 오전 10시경, 며칠 전 어머니가 사다 주신 초등학교 교모를 쓰고 놀이 장비를 챙겨서 바위 언덕과 자갈길을 걸어서 선창으로 갔다.

서너 명의 아저씨들과 그물 작업을 하던 아버지에게 인사를 했다. 그리고 선창을 감싸고 있는 방파제 근처의 평평한 바위 위에 쓰고 있던 교모를 벗어두고, 얕은 물가에서 골뱅이를 잡아서 손낚시로 방파제 구멍에 사는 우럭이나 배도라치를 잡으면서 놀았다. 봄 바다는 노는 방법만 알면 꼬마들의 놀이 천국이다. 놀이에 빠져 있는데 아버지가 점심 먹으러가자 해서 아버지를 따라가니 어머니가 시장에서 돌아와 점심을 준비하고 있었다.

점심을 먹던 중 어머니가 "교모를 쓰고 갔다던데 왜 보이지 않느냐?"고 물었다. 나는 놓아둔 장소를 알고 있어 걱정도 하지 않고, "아까 놀던 선창가에 두고 온 곳을 알고 있으니 점심을 먹고 가져오면 된다."고 말하였다. 아버지가 급한 성질 탓인지, 남이 교모를 가져갈까 걱정이 되어서 그러시는지, 밥숟가락을 놓으시고는 "당장 나하고 찾으러 가자." 면서 심하게 독촉하므로 어린 마음에 더럭 겁이 났다.

내가 앞장서고 아버지가 뒤를 따랐다. 절벽 아래 물가에 도착한 나는 아버지의 서슬에 놀라 몸이 움츠려 들었다. 교모는 어머니가 국민학교에 입학하기 전에는 필요 없다고 하는 데도 학교에 다니는 마을 형들의 교모가 부러워서 내가 억지를 부려서 마지못해 사다 준 것이다.

나는 호적신고가 늦어 정식 입학통지서가 나오려면 아직 2-3년을 더 기다려야 했다. 학교에 일찍 가고 싶어도 갈 수 없으니까, 교모라도 쓰고 다니면 위로가 될 것 같아서 강짜를 부려서 구입한지라 아버지가 더 화가 난 모양이었다. 아버지는 첫 결혼한 큰어머니가 사망한 후 어머니와 늦은 나이에 재혼하여 장남인 나를 마흔 살에 낳으셨기 때문에 나와 나이 차가 많았다. 당시 아버지는 사십오 세 장년이고, 나는 집의 나이 여섯 살이었다.

물가에서 아래쪽 바위부터 조심해서 올라가야 하는데 아버지가 등 뒤에서 빨리 가라고 독촉하므로 어린 마음에 긴장이 되어 자꾸 미끄러졌다. 3월의 바다는 봄을 품었기 때문에 물살이 부딪히는 갯바위 부근은 김과 파래가 무성해서 미끄러운지라 어른들도 조심해서 밟아야 했다.

두렵고 미끄러워서 비틀거리는 내 모습이 따라오는 아버지에게 거슬렸는가보다. 갑자기 아버지가 내 등을 철썩 때리면서 "똑바로 걸어라."고 나무랐다. 안 그래도 미끄러워서 비틀거리던 나는 등에 가해진 충격으로 그대로 바다에 떨어졌다. 내가 떨어지는 물 속 살짝 잠긴 곳에 어른 몸매만 한 큰바위가 있었는데 나는 그 바위 표면에 정통으로 이마를 찧어 이마 한 중간에 깊이 2-3cm, 길이 4-5cm의 깊은 상처를 입었다.

그 순간 "으악!"하는 외마디 비명을 지르며 나는 바다 위에서 정신을 잃었다. 내 얼굴은 피칠갑이 되었다. 당황한 아버지가 나를 건져 양손으로 안고 50여 미터 떨어진 집 마루 위에 내려놓고는 대책을 세운다고 야단법석이었다. 어머니와 외할머니가 "아이구, 우짜면 좋노? 아이구, 큰일났다."면서 우왕좌왕하는데 우선 수건으로 지혈을 하고 이웃에 살던 큰집 식구들의 조언에 따라 된장을 상처에 두껍게 발라 그 위에 헌옷을 찢어 붕대를 만들어 감아서 조치를 완료하였다.

소년의 장래를 본다면 된장 치료만 할 것이 아니고, 지혈을 한 후 바로 읍에 있는 의원으로 가서 상처를 꿰매고, 소독하고, 항생제를 처방하여 얼굴에 그것도 이마 한복판에 보기 싫은 흉터가 생기지 않도록 하는 것이 부모로서 당연히 해야 할 도리이나 부모님은 간단하고 손쉬운 된장 치료에 만족하고 더 이상 돈 들어가는 절차는 무시해 버렸다. 아무것도 아닌 일로 가혹한 상처를 당하고 그 치료조차 도외시한다면, 그 아이가 성장하면서 마음과 육체에 큰 상처로 남는다는 것을 몰랐던 것이다. 된장은 소독작용은 일부 하지만 비위생적이라 상처를 덧나게 해서 흉터를 키우게 된다.

소년은 점점 반항아가 되었고, 늙고 성질이 있는 아버지를 좋아하지 않았다. 어린 마음에 아버지에 대한 존경심은 없고, 두려움만 있었다. 당시 초 · 중 · 고등학교 남학생들은 모두 머리를 박박 깎았다. 초등학교 다닐 때부터 얼굴 중 가장 잘 보이는 이마 한복판에 3-4cm의 사람 눈같이 생긴 흉터가 선명하게 보이니, 자기도 보기 싫은데 남의 눈에도 마찬가지 아닌가?

어린 마음에도 흉터가 싫었다. 그래서 학교에 다닐 때는 교모를 깊숙이 내려서 흉터를 가렸고, 학교를 졸업하고 사회에 나와서도 항상 앞머리를 이마 밑으로 내려서 감추었다. 흉터는 서른아홉 살이 되던 1994년 가을, 성형외과병원에서 줄이는 수술을 한 후에도 별 효과가 없었다. 지금은 나이가 많아지니 주름살 크기 정도로 자연스러워졌으므로 헤어스타일도 올백으로 변신하여 이마를 드러낸다.

열심히 공부해서 공직에 진출했다. 젊은 나이에 서기관에 승진하였고, 지금은 전문 직업인으로 전원주택에서 아내와 1남2녀, 애견들과 행복하게 살고 있다. 지금도 그때 그 교모 사건이 이해가 되지 않는다.

교모는 비싸도 1-2만원 정도 아닌가. 늦게 얻은 아들에게 그깟 교모가 무슨 대수인가? 설혹 잃었다한들 무시해도 될 금액이고, 또 교모는 선창가 그 자리에 분명히 있었다. 그 후 성인이 되어도 모자를 잘 쓰지 않는다. 모자 트라우마가 생긴 것이다.

유년 시절을 돌아보면 가슴이 아프다. 따뜻한 유년이어야 하는데 교모 사건으로 나의 유년은 지워지지 않는 상처처럼 찢어졌다. 먼 훗날, 가끔 회한에 젖어 어머니에게 그때 일을 이야기하면 질색하고 싫어하셨다. "그때 일을 이제 얘기 하모 머하노?"하고 입을 닫으신다. 물론 전부는 아니겠지만 그 시절의 부모들은 자식들의 아픔을 내몰라라 하였다. 먹고살기 어렵다보니 그런지는 몰라도 대다수의 부모들은 알게 모르게 자식들에게 상처를 주고, 자식들이 성장하여 위로받고자 상처를 소환하면 입을 닫으신다. 오히려 그런 일이 없었다고 부정까지 한다. 그래서 사과도 없고 위로도 없다.

자식들 마음의 상처에 대한 위로는 어른들의 과거 잘못에 대한 사과가 전제되어야 한다. 부모의 전 세대부터 이어져온 꼰대 문화의 잔재로 우리 세대들은 부모로부터 받은 마음의 상처를 홀로 삼키고 치유해야 했다. 내 부모와 같이 나도 자식들에게 사과와 위로에 인색한 부모가 아닐까 자문해 본다. 나 역시 부모의 인색을 원망하면서도 그들을 닮아가는 것이 아닌가 의심해 본다.

요사이 어둑어둑해질 저녁 무렵, 부산 자갈치 시장 앞 광장에 서서 바다 건너 영도를 바라보면, 노란색으로 빛나는 뚜렷한 문장 하나를 발견할 수 있단다. "그때 왜 그랬어요.", 이광기 작가의 공공설치 미술작품으로 저녁 6시 이후 불이 켜져야 볼 수 있다고 한다. 내가 유년 시절 상처받은 곳도 바다이고, 그 설치미술 작품도 부산 '영도 깡깡이마을' 앞 바다 위에 전시되어 있다.

61년이란 긴 세월이 흐른 지금, 그때의 아버지에게 묻고 싶다.

"아버지, 그때 왜 그랬어요?" - 2022. 8.

어느 입학식 날의 소묘

내 나이 7살로 만 6세 때인 1962년의 일이다. 학교는 가고 싶은데 호적이 1년 늦어 2년을 더 기다리자니 일각이 여삼추라, 어린 마음에도 방법을 찾아야했다.

마침 그해 입학식이 장날인 3월 5일이므로 장날을 이용하여 방법을 찾겠다고 마음을 먹었다. 1차는 엄마를 졸라서 시장에 동행하는 것이고, 2차는 엄마를 학교에 유인하는 것이다. 내 계산대로 1-2차만 성공하면 나머지는 걱정할 필요가 없었다. 엄마를 온갖 말로 유혹하여 장날에 같이 가기로 했으므로 반은 성공한 셈이었다.

1962년 3월 5일 아침, 엄마와 함께 읍으로 가면서 눈치를 살폈으나 엄마는 내 속셈을 모르고 장에 가면 엄마 뒤를 꼭 붙어 다니라는 당부만 하였다. 2년 전 장날에 엄마를 잃어버려 미아가 된 일이 있었기 때문이다. 설마 7살짜리가 무슨 꿍꿍이를 꾸미고 있다고 의심할 것인가? 전혀 걱정하는 표정이 아니었다.

우리 동네에서 뒷산 재를 넘어 10리를 가면 괴시리가 있고, 그곳에 영해중고등학교가 있다. 영해중고등학교에서 시장이 있는 성내리로 500여 미터를 가면 영해초등학교가 있는데 큰길에서 좌측 사잇길로 100여 미터를 가면 학교 정문이 나온다. 그날 학교 정문 부근은 입학식에 참석하는 수많은 꼬맹이들이 엄마, 아빠의 손을 잡고 가슴에는 손수건을 달고 떼를 지어 가고 있었다.

나는 1956년 4월 3일생이지만 출생신고가 1년 늦어서 호적상 만 4년 11개월밖에 되지 않아 정식 입학통지서가 나오려면 2년을 더 기다려야 했다. 당시나 지금이나 만 6세가 되어야 입학통지서가 나왔다. 2년을 기다리는 것은 상상조차 할 수 없을 정도로 절박했으므로 무조건 방법을 찾아야 했다.

마침내 입학 작전을 개시할 때가 온 것이다. 먼저 엄마에게 입학식 구경을 가자고 졸랐으나 엄마는 바쁘다면서 가지 않으려고 했다. 나는 잠시만 구경하고 시장에 가면 시간도 많이 걸리지 않는데, 엄마가 같이 가지 않으면 혼자서라도 구경을 하겠다고 엄포를 놓았다. 엄마는 내 고집을 알기에 잠시만 구경한다는 약속을 하고 학교 교문을 통과하였다. 당시 한 학년은 8반, 한 반은 60~70명 정도였다. 500여 명이 넘는 입학생이 자기반 자리에 서서 단상을 보고 있고, 보호자들은 운동장 뒤편에 삼삼오오 모여서 입학식을 지켜보고 있었다.

나는 엄마와 보호자들이 서 있는 운동장 뒤편에서 입학식을 주시하고 있었다. 먼저 남자 선생님이 단상에 올라서서 "영해국민학교 입학식을 시작한다."고 한 후, "다음에는 교장선생님의 축사가 있겠습니다."라고 했다. 나이 드신 교장선생님이 단상에 올라와서 "오늘 따뜻한 봄날을 맞이하여 학부모님들을 모시고 1962년 영해국민학교 입학식을 거행하게 되었다."면서 축사를 진행하는 중이었다.

'때는 지금이다.'고 생각하고 교장 선생님과 마주 보이는 곳으로 자리를 옮겼다. 나는 정적을 깨뜨리는 고함을 지르면서 "나를 학교에 입학시켜 달라."고 두 번, 세 번 고함을 지르고, 운동장에 몸을 던지고, 울며불며 몸부림을 쳤다. 엄숙하던 입학식이 난장판이 되어 더 이상 진행이 어렵게 되었다.

교장선생님이 단상에서 사유를 알아보라고 하자 선생님들이 내가 울고 있는 곳으로 와서 "이 애가 왜 우느냐?"고 물었다. 옆에 있던 엄마가 "학교 보내달라고 운다."고 하자 선생님들이 "이 애가 몇 살이냐?"고 물었다. 엄마가 "일곱 살인데 호적이 1년 늦다."고 하자 일단 면사무소에서 입학이 가능한 나이가 틀림없다는 확인서를 가져오면 허가해 줄 테니 그렇게 하라는 말을 하였다.

드디어 기회를 잡았다. 나는 땅에서 벌떡 일어나 엄마를 보고 "빨리 면사무소에 가서 확인서를 받아오자."고 독촉했다. 그렇게 하지 않으면 학교에서 계속 울겠다는 억지를 부렸다. 엄마도 어쩔 도리가 없는지라 지름길인 학교 옆문을 통하여 면사무소에 가서 담당자에게 조금 전 입학식 때 일어난 일을 말하자, 이미 학교에서 전화 연락을 받았는지 담당 주사가 그 사실을 안다고 했다. 호적나이와 관계없이 학교에 입학할 수준이 되는지 시험을 보겠다면서 나를 가까이 오라고 했다.

나에게 종이 한 장과 연필을 주고는 자기가 부르는 것을 받아 적게 하였다. 먼저 아버지, 어머니의 이름을 적으라고 하여, '아버지 한상경, 어머니 권수교' 라 적으니까 잘 쓴다면서 칭찬해 주었다. 다음 나의 이름과 생년월일, 주소를 적으라고 했다. '이름 한근희, 생년월일 1956년 4월 3일, 주소는 영덕군 영해면 사진1동 447번지' 라고 적으니, 하나하나 확인을 해 보더니 "이만하면 초등학교 2-3학년 수준보다 낫다."며 얼마든지 입학이 가능하다면서 확인서에 '실제 나이 만 6세 정도로 한글을 전부 알고 기타 등등 입학이 가능한 수준이 된다.'고 기재해 주었다.

엄마는 확인서를 학교 교무실에 제출하여 입학을 신청했다. 입학식 때 일어난 일을 잘 알고 있던 주임 선생님이 확인서를 보시고는 나를 1학년 1반 제일 끝번으로 허가하고, 1학년 1반 교실에 가서 담임 선생님께 인사하고 교재를 받아가라고 했다. 엄마와 내가 1학년 1반을 찾아 담임 선생님께 인사를 한 후 교재를 수령함으로써 나의 별스런 국민학교 입학식은 해피앤딩으로 막을 내렸다.

꿈에 바라던 입학이 허가되고 교재까지 수령하자 꿈인가 생시인가 분간이 되지 않을 정도로 기분이 황홀하였다. 엄마하고 시장에 가서 등에 메는 가방을 사고, 공책, 필통, 연필, 지우개 등 학용품 일체와 1학년들이 가슴에 다는 손수건 등을 장만했다. 당장 내일부터 시작될 등교준비에 엄마와 나는 정신 없는 시간을 보내고 집으로 돌아왔다. 당시 아버지의 반응은 떠오르지 않는다.

만 6세도 되지 않은 어린 꼬마가 왕복 20리 길을 매일 험한 재와 산을 넘어 비가 오나 눈이 오나 1주일에 6일간 다니는 것이 쉽지 않다는 것을 그 후 뼈저리게 느꼈다. 그래도 나는 초·중·고등학교 12년간 한 해도 유급 없이 그 세월을 이겨내었다. 인고의 세월을 보내고 긴 세월이 흐른 후 그 시절을 되돌아보니, 그때 그 꼬마가 대견하기보다 오히려 측은해 보인다.

　하지만 고생을 먼저 겪고 한 발 앞서 걸어간 것이 오늘의 성공을 이룬 기초가 되었다고 생각하면, 60여 년 전 나의 조기 입학을 결코 후회하지 않는다. '일찍 일어난 새가 먹이를 먼저 잡는다.'는 말이 있지 않는가? 그때 그시절 그 꼬맹이를 생각하면 가소롭다.

　"꼬마야, 약은꾀로 고생문을 열었으니, 네 꾀에 네가 넘어갔구나."

- 2022. 8.

때딴지의 추억

내가 어릴 때, 고향마을 서쪽 뒷산 자락에 형성된 잔디언덕을 사람들은 '때딴지'라고 불렀다. 이 때딴지에 잘 자란 해송 군락지가 몇 군데 있었다. 해마다 단오절이 오면, 그 중에서도 앞바다가 잘 보이는 위치에 수십 년 이상 해풍을 견딘 튼튼한 해송을 골라, 그 가지에 로프 줄을 두세 겹 꼬아서 만든 그네줄을 달고, 튼튼한 발판을 연결하면 그네가 완성되었다.

단오날, 그네뛰기 시합에 고향 마을 누나들과 젊은 아낙네들이 형형색색 고운 옷을 차려입고 출전했다. 그날 때딴지 언덕은 초여름의 짙은 녹음 속에 화려하게 채색된 인간 꽃밭으로 변하고, 그 꽃밭을 구경하려고 마을 어른들과 아낙네들, 처녀, 총각들과 우리 같은 꼬맹이들로 인산인해를 이루었다. 그네뛰기 높이를 재는 데는 질긴 실을 달아서 측정하였다. 예쁘게 화장하고 고운 옷으로 멋을 부린 처녀와 아낙들이 하늘높이 올라 아득히 먼 하늘에서 묘기를 부릴 때마다 때딴지는 만세 소리와 박수 소리가 진동하는 한바탕 놀이마당이 되었다.

단오인 음력 5월 5일은 양력 6월 초순경이라 초여름의 산야는 신록에 물들었다. 싱그러운 산천을 배경으로 망망대해 푸른 바다를 발밑에 두고, 하늘높이 창공을 박차고 날아올라 한 마리 제비처럼 허공을 가르는 처녀와 아낙네들의 모습은 천상 세계의 선녀와 같았고, 이를 보는 관중들의 마음은 구름을 타고 하늘을 나르는 듯 황홀하였다.

고향 마을의 단오날 그네뛰기 풍습은 오래 전부터 시작되어 1960년대까지 유지되다가 사라졌다. 그 시절 단오날에 마을 사람들은 그네뛰기 시합에 출전하거나 응원을 하고, 춤도 추고, 노래도 부르고, 술을 마시며 즐겼다. 우리 같은 꼬맹이들은 어른들의 놀이에 끼일 수 없으므로 또래끼리 한창 익어가는 보리밭 근처 풀섶에 모였다. 5-6월이면 진보라색으로 무리지어 피어나는 붓꽃 구경을 하다가, 지겨우면 붓꽃줄기를 꺾어서 두세겹으로 된 원줄기를 낱개로 분리하여 줄기 틈새에 입술을 대어 빠르게 불면, '삑, 삑, 삑' 소리가 나므로 한두 시간 놀이는 되었다. 때딴지 입구에 자리 잡은 몇 그루 늙은 팽나무에 열매가 달릴 때면 대나무로 만든 딱총에 열매를 넣어서 총싸움을 하기도 했다.

때딴지에 지천으로 피는 삘기의 순을 뽑아 발라먹으면 부드럽고 연하여 좋은 간식꺼리였다. 꼬맹이 시절, 우리는 삘기를 '삐삐'라 부르면서 봄이 되면 때딴지에 삐삐 먹으러 가자고 친구들을 모아 하루종일 풀섶에서 삐삐 먹던 생각이 난다. 그때는 보리가 익을 때면 문둥이가 아이를 잡아 먹는다 하여 겁이 나서 친구들을 모아서 풀섶에 가야 했다.

동네 근처 풀밭이나 학교 가던 길가나 야산에는 계절에 따라 많은 꽃들이 피었다. 3월 초에 제일 일찍 피는 할미꽃이나 제비꽃은 먹을 수 없었고, 3월 하순경 산천을 붉게 물들이는 참꽃은 왕복 20리 등하교에 배가 고픈 아이들에게 허가 난 먹거리였다. 참꽃을 많이 먹으면 입술, 혀, 이빨까지 푸르게 염색되어 친구들끼리 서로 입을 가르키면서 많이 웃기도 하였다. 5월에 피는 찔레꽃은 못 먹지만 꽃과 같이 돋아나는 새순은 부드럽고 물이 많아서 아이들에게 좋은 간식거리인데 될 수 있으면 크고 굵은 순을 잘라 껍질을 벗기고 속살만 먹었다.

5월의 산야에 지천으로 피어나는 아까시꽃은 먹을 수는 있지만 꽃이 많이 달리고, 맛이 별로라서 많이 먹은 기억은 없다. 5월 중하순경, 아랫마을에서 윗마을로 마실을 갈 때, 친구 해자네 집 뒤안의 아까시나무 숲에서 아까시꽃이 만발하여 밤에도 하얀 꽃이 반딧불이처럼 선명하게 빛나고, 진한 향기를 뿜어내어 우리의 어린 마음을 황홀하게 해주었다. 찔레꽃과 동시에 5월의 때딴지에 많이 피는 것이 붓꽃이었다. 화투장에 나오는 5월 난초 그림과 흡사하고, 진보라색이 고상하여 내가 좋아하는 꽃 중의 하나이다.

붓꽃이 피는 장소는 때딴지 외에 재강집 근처도 있었다. 재강집에서 우리 마을 쪽으로 조금 걸어오면, 깊은 계곡에서 개울물이 내려오고 그 끝자락에 다락논 몇 필지가 있는데 논 우측 야산 초입에 두 쌍의 묘가 있었다. 해마다 5월이 되면 그곳에 작은 붓꽃이 무리지어 피어나는데, 재강집 붓꽃이 작고 앙증스런 붓꽃이라면 때딴지 붓꽃은 2-3배나 더 큰 왕붓꽃이었다. 산소에 자라는 붓꽃은 해마다 후손들이 벌초를 하여 크게 자라지 못하고 작은 붓꽃으로 진화한 것 같았다.

6-7월에 피는 감꽃은 먹을 수 있지만, 우리 고향은 바닷가라서 감나

무가 거의 없었다. 감나무가 집집마다 있고, 학교 가는 길목에 있는 괴시동은 남의 동네이고 보는 눈이 있어서 떨어진 감꽃이나 감열매를 줍는 것도 쉽지 않았다. 주인이 논이나 밭에 가고 없을 때, 도둑고양이처럼 날쌔게 마당에 들어가서 떨어진 감꽃이나 열매를 집어서 감꽃은 바로 먹고, 감열매는 고향 가는 길 옆 다락논 밑에 묻었다가 하루 이틀 뒤 삭으면 먹던 기억이 난다.

우리 어린 시절은 배고프던 시절이라 모든 계절에 나는 꽃과 식물이 바로 먹거리가 되고 간식이 되었다. 지금 생각하면 가슴 아프지만 한편으로는 그립고 아련한 추억이다. 지금 아이들은 멀쩡한 감이나 복숭아, 사과 등도 잘 먹지 않는다. 그때는 상한 복숭아나 사과도 없어서 못 먹고, 덜 익은 감도 물 속이나 단지 속에 삭혀서 맛있게 먹었다. 먹거리에 대해서는 우리 세대와 지금 세대가 너무나 판이하여 격세지감이 든다.

5월 단오에 그네를 뛰던 '때딴지' 우측 하단에는 서너 기의 무덤이 있었고, 좌측 중 하단에도 너댓기의 무덤이 있었다. 이곳에 있던 묘는 대부분 청주한씨 선대들의 산소라서 해마다 음력 10월이 되면, 청주한씨 각 계파에서 모인 후손들이 공동 선조에게 합동 묘사를 지낸다.

당시 우리 마을에는 10월 묘사를 10월 시사라고 불렀다. 묘사를 다 지내면, 제꾼들 중 한 명이 때딴지 입구의 늙은 팽나무가 무성한 곳에 와서 제수떡을 기다리던 아이들에게 절편을 7-8cm 정도 토막으로 잘라서 한 명당 한 개씩 나누어 주었다.

음력 10월 묘사는 양력 11월경인데, 11월은 명절도 없고, 해변에는 먹을 것도 귀한 때라 동네 아이들에게 쌀로 만든 떡 한 개는 귀한 먹거리였다. 아이들은 한 개라도 더 얻기 위하여 꾀를 부렸다. 집에 어린애가 있어서 업고오면 한 개를 더 주기에 더 받기 위하여 자기 집에 아기가 없으면 남의 집 애기를 대신 업어오기도 했다. 그래도 아기가 없으면 베개를 등에 업고 포대기를 두르고 와서 두 개를 달라고 손을 내밀면, 아는 아저씨면 웃으면서 두 개를 주고, 모르는 아저씨는 등을 열어보고 한 개만 주었다. 어떤 아이는 한 번 받고 다시 뒤에 줄을 서서 두 번 받기도 했다.

묘사일은 문중마다 달랐다. 하교 시간, 주위 야산에서 묘사를 지낼 때는 흰옷을 입은 제꾼들의 모습이 마치 커다란 흰나비들이 산에 날개를 펴서 앉아 있는 것과 같았다. 흰옷을 보고 아이들이 묘사 지내는 곳에 올라가면, 어른들이 묘사 떡과 과일 등을 푸짐하게 나누어 주므로 해마다 묘사 철이 되면 온 산을 주시하면서 집으로 걸어가던 생각이 난다. 요사이 아이들에게 묘사 떡과 과일을 준다면 먹지 않을 것이다. 우리 때는 별미라서 묘사 음식을 얻어 먹은 날은 횡재라도 한 듯 기분이 좋았다.

붓꽃 줄기로 삑삑이 불고, 삐삐 뽑아먹고, 팽나무 열매로 총싸움하고, 단오날 그네 타고, 묘사 때 떡 얻어먹던 추억의 때딴지는 1981년경 해안도로가 개설되면서 모두 멸실되었다. 단오날 그네뛰기도, 묘사 때 떡 나누어주던 일도 모두 세월의 뒤안길로 사라졌다. 1970년대 산업화 이후, 젊은이들이 도회지나 공단으로 돈 벌기 위해 떠나서, 시골에는 젊은 사람들이 없으므로 자연스럽게 옛날 풍습도 사라지게 된 것이다. 소꿉친구들과 삑삑이 불고, 삐삐 뽑아먹던 때딴지의 옛모습이 그립고, 그곳에서 그네 타던 곱디곱던 그 누나들이 그립다. - 2022. 8.

배산에서 울던 아이

고향에서 내가 태어나서 자란 곳은 해변가로 밤에 철석, 처얼석, 파도 치는 소리에 잠 못 늘 때도 많았다. 고향 마을은 밭이 낡다고 밭네미이고, 행정동으로는 영덕군 영해면 사진1리다. 밭네미는 우리 어릴 때 70여 호 정도이고, 한 가구당 6-7명으로 500여 명이 살았다. 아랫마을에 10여 호, 윗마을과 골목마을에 40여 호, 세짝마을에 20여 호가 있었다.

뒷산에서 발원하여 동네 한복판을 흐르는 개울이 마을을 가로질러 아랫마을 백사장을 거쳐 바다로 흘러가는 풍경이 좋은 마을로 청주 한 씨 집성촌이었다. 정겨운 개울은 해안도로가 나면서 복개되어 뒷산 개울가에 일부 자취만 남아 있다. 내가 태어난 집은 방 2칸짜리 초가집이었다. 좁은 마당을 가운데 두고 우리집과 내 친구인 춘란네가 살았고, 나중에 춘란의 오빠인 한이 형이 장가들어서 분가하여 살았다.

마을에서 읍으로 넘어가는 뒷산을 배산이라 불렀다. 배 씨 문중산으로 배 씨들의 조상 묘가 여러 기 있었다. 배산 5부 능선에 뿌리가 드러나서 구렁이 같이 감겨있는 수십 년 된 해송 한 그루가 있었다. 마을사람들은 그 해송을 해솔나무라 하고 그 자리를 해솔배기라 불렀다. 사람들이 읍으로 가거나 올 때 그늘에서 잠시 쉬면서 담배를 피우던 곳이었다. 그곳은 마을의 전경이 잘 보였는데 특히 아랫마을과 백사장이 한눈에 들어오는 장소였다.

해솔배기는 초등학교 6년 동안 내 울음소리가 수시수시 들리던 고난과 아픔의 장소였다. 그곳에서 큰소리로 울면 우리집이나 엄마가 미역 건조작업을 하던 백사장에 크게 들리므로, 배산에서 울고 있는 아들을 보면서 엄마는 애간장이 탔을 것이다.

우리가 초등학교를 다니던 1960년대는 베이비붐 시대라서 학생이 한 반에 70여 명 이상이었고, 학급 수도 8반 이상이어서 한 학년 학생 수가 평균 500-600여 명을 넘었다. 지금 영해초등학교 전교생보다 훨씬 많은 숫자였다. 그러므로 초등학교 교무실이 있는 본교에 전교생을 수용할 수 없었다. 그래서 본교 건물에는 1학년, 3학년, 4학년, 6학년이 입주하고, 2학년은 본교 동쪽 향교 근처 건물에, 5학년은 남쪽 끝에 위치한 고등공민학교 부속 건물에 분산하여 공부를 하였다. 학년마다 공부하는 건물이 달라서 조회도 같이 못하고 학생 감독도 대강대강이라 아이들이 땡땡이를 치거나 지각을 하는 등 규율이 엉망이었다.

우리 마을 학생들은 부모의 교육열도 미흡하고, 아이들도 공부에 애착이 없는 데다 학교의 통제조차 느슨하므로 초등학교 6년을 제대로 이수하는 학생이 드물었다. 의무교육이라 어느 정도 출석만 해도 졸업장을 주는데도 마을 아이들은 3-4학년 정도 다니다가 대부분 그만두었다.

7살에 조기 입학한 나의 초등학교 6년은 고난의 세월이었다. 1년에 출석 수업일이 250일이라고 하면, 내가 실제로 등교한 날은 200일 정도였다. 나머지 50일은 집에서 학교에 가지 않거나, 중간에 땡땡이를 쳐서 산에서 놀거나, 만화방에서 보내는 등 출석일의 4분의1을 까먹는 농땡이로 매학년마다 담임으로부터 미움을 많이 받았다.

학교를 까먹는 원인은 대부분 부모의 뒷북치는 학습비나 교육비 지급 때문이었다. 수중에 돈이 있으면서도 아이들에게 제때제때 필요한 돈을 바로 주지 않고 몇 날 며칠을 울고불고한 후에야 주었다. 부모들이 눈깔사탕 한두 개, 만화책 한두 권 볼 수 있는 용돈마저 주지 않는 데다, 학습비, 교육비 등을 제때 안 가져가면 담임에게 혼나므로 이래저래 반발심이 생겼다. 집에서 돈을 요구하다가 주지 않으면 배산에서 돈 달라는 고함소리와 울음소리로 엄마에게 반항하는 것이었다.

초등학교 시절 내 별명은 배산에 울던 아이였다. 해솔배기는 우리집에서 도보로는 700-800미터가 넘지만 직선 거리로는 300-400미터밖에 되지 않는 데다 배산에서 울면 메아리가 되어 더 큰 소리로 우리집으로 전달되었다. 내가 많이 우는 신학기 때인 3월부터 5월까지는 해마다 어머니가 돌미역을 채취해서 집 앞 백사장에서 건조작업을 하는 시기라서 배산에서 울면 백사장까지 바로 전달되었다. 엄마가 돈을 주지 않으므로 학교 가는 재미도 없고, 먼길에 고생만 하므로 배산에서 엄마의 약을 올리기 위하여 더 큰 소리로 울었다.

내가 우는 시간은 동네 아이들이 모두 학교에 가고 없는 시간대라서 아이들은 내가 배산에서 우는지조차 몰랐을 것이다. 일단 배산에서 울고불고 해서 엄마를 화나게 하면, 다음날에는 학습비와 용돈을 가져갈 수 있었으므로 우는 효과는 있었다. 배산에서 우는 날은 늦은 지각으로 혼이 나기 때문에, 아예 학교에 가지 않고 미리 물색해놓은 아지트에서 시간을 보내다가 학교를 마치고 집에 가는 아이들 뒤를 따라서 학교에 갔다온 양 속였다. 이튿날, 담임에게는 적당한 이유를 대어서 통하면 다행이고, 아니면 벌을 받는데 그래도 늦은 지각보다는 나으니까 계속 까먹게 되는 것이다.

배산에서 울면, 열 번 중 두세 번은 엄마가 올라왔다. 나는 산 위로 더 올라가서 울고, 엄마는 작정한 듯 나를 계속 따라왔다. 그렇게 숨바꼭질을 하다가 엄마가 내려가면 산에서 놀고, 계속 따라오면 할 수 없이 학교까지 가서 교실에 들어갔다. 초등학교 2학년 때, 엄마가 향교에 있던 학교까지 쫓아오므로 어쩔 수없이 늦은 지각이지만 혼날 각오를 하고 등교한 적이 여러 번 있었다. 지금도 엄마가 향교 입구에 서있던 늙은 느티나무 뒤에서 내가 교실에 들어가는지 살펴보던 모습이 선하다.

엄마는 자식 여섯 명 중 5명 키우는 것보다 나 하나 키운 것이 더 힘들었다고 술회하셨다. 생각해 보면, 십 리 산길을 걸어 학교에 간 후 운동장에서 운동을 하거나 놀다보면, 한창 나이의 소년들은 배가 고파서 찐빵도, 과자도, 눈깔사탕도 먹고 싶고, 풍선껌도 씹고 싶고, 동화책, 만화책, 새소년, 소년중앙 등 어린이 잡지도 보고 싶었다. 너무나 먹고 싶고, 보고 싶은 것이 많은데 부모님이 용돈을 정해놓고 조금이라도 주었다면, 용돈에 맞추어서 생활할 수 있었을 텐데, 10원 한 장 용돈을 주지 않음으로써 어린 마음에 자꾸 반항적으로 변한 것이리라. 용돈이 아예 없으니까 거짓말로 용돈을 타내려 했고, 거짓말이 통하지 아니하면 배산에서 울 수밖에 없었다.

초등학교 시절, 학교를 땡땡이치고 시간을 때우는 아지트로 정한 곳은 몇 군데 있었지만 가장 많이 이용한 곳은 재강집 근처 산속이다. 재강집에서 우측으로 가면 사진2리고, 좌측은 우리 마을인데, 우리 마을로 100여 미터를 가면 좌측에 계곡이 보이고, 계곡 입구에 다락논 몇 두락이 있다. 다락논 왼쪽에 재강집으로 뻗어나간 야산이 있고, 야산 사이에 얕은 골이 있었다. 골 6부 능선쯤에 조그마한 동굴이 있어 숨기 좋고, 그곳에서 보면 어른이나 학생들이 시장이나 학교에서 마을로 가는 것이 훤하게 보이고, 길에서는 동굴이 보이지 않아서 천연적인 아지트였다.

그곳에서 점심 때가 되면 도시락을 먹고, 나머지 시간은 산꼭대기를 오가면서 계절따라 생기는 자연산 먹거리를 찾아 먹었다. 피곤하여 동굴에 돌아와서 낮잠을 자다보면, 동네 아이들이 학교에서 돌아오는 것이 보이는데 그 뒤를 슬그머니 따라와 학교에 다녀온 척했다. 이튿날은 전날 울고 갔던 이유가 된 학습비 등을 받아 출석해서는 몸이 아팠다는 등 거짓 이유를 대어서 적당히 넘어가면 다행이었다. 매학년 담임에게 나는 농띠 리스트에 올라간 주의 인물이었지만 그나마 성적이 상위를 유지하니까 많이 봐주는 편이었다.

결석이 많은 내가 성적이 좋은 것은 독서를 많이 하였기 때문이다. 주로 위인전, 역사책, 동화책, 세계 및 국내 명작 등을 읽었고, 만화도 좋아하여 초등학교 6년 동안 수백 권은 읽었을 것이다. 어린 시절에 독서를 많이 하면 공부에 대한 이해도가 빨랐다. 국어, 역사, 지리 등은 독서를 통하여 더 깊은 지식을 습득했다.

학교 가기를 싫어하는 나에게 가장 좋은 일은 방학이 오는 것이었다. 여름방학은 7월 24일경부터 8월 31일까지고, 겨울방학은 12월 24일경부터 이듬해 1월 말까지였다. 방학이 되면, 바로 아이들의 천국이다. 매일 왕복 20리 길을 다니지 않고, 늦잠을 자도 되므로 그것만 해도 천국이 따로 없었다.

여름방학이 되면 고향 아이들은 모두 바다로 갔다. 낮에는 해수욕을 하고, 밤에는 옆구리를 탄 가마니 한 장, 얇은 이불 한 장, 베개 한 개를 들고 우리 집 앞 백사장으로 몰려왔다. 넓은 백사장에서 각자 좋은 자리를 찾아서 가마니 한 장 크기의 모래를 둘러치고 쌓아서 모래 침대를 만들고, 그 위에 가마니를 깔고 누워서 이불을 덮은 후 밤을 났다. 낮에 모래가 적당하게 데워져서 아래는 따뜻하고, 밤에 바닷바람이 불어서 위는 시원하였다.

한밤중 잠자리에 들면 바닷가 왕모기들이 공습을 했다. 해초 말린 것을 모아서 불을 붙여 연기를 내면 어느 정도 효과를 보지만 그 질긴 왕모기를 다 쫓을 수는 없고, 일정량의 헌혈은 각오해야 했다. 매일 밤 왕모기에게 물려 바닷가 아이들은 면역력이 형성되어 병에 강한 편이다.

여름에 엄마가 시장에서 수박을 사오면, 마당에 멍석을 깔아 가족들이 모여서 미리 찬물에 식혀 시원해진 수박을 먹고 아이들은 멍석 위에 그대로 잠을 잘 때가 많았다. 그 시절 백사장에서 자거나, 마당에서 멍석을 깔고 잘 때 밤하늘에 무수한 잔별이 반짝이고, 북쪽 하늘에 북두칠성이 수를 놓은 풍경이 눈에 선하다. 늦여름 밤, 백사장 실개천 가에 개똥벌레인 반딧불이 수십 마리가 허공을 맴돌면서 반짝반짝 군무를 추던 모습이 아련하게 떠오른다.

겨울방학이 오면, 여름 때보다는 못하지만 겨울은 겨울대로 재미가 있었다. 백사장 근처 도랑에 얼음이 얼면 앉은뱅이 썰매로 얼음지치기를 하였다. 보리골 다락논 몇십 평에 얼음이 얼 때면 보리골에도 자주 갔다. 정월 대보름이면 연날리기, 쥐불놀이를 하였고, 가장 흔한 놀이는 팽이치기, 구슬치기, 딱지치기였다. 가끔은 형들이 하는 야산 산토끼몰 이도 끼어들었다. 동네집 대부분이 초가라서 밤에 초가지붕 꼭대기 이 엉 속에 손을 넣어 참새를 잡은 적도 몇 번 있었다.

우리집은 산이 없어 땔 나무가 귀했기에 겨울방학에 일정량의 나무 를 해오지 아니하면 밥을 먹지 말라고 아버지가 엄명을 내렸다. 남동생 과 이웃에 살던 후배들과 함께 동네 산이나 폭탄골 산, 배 씨 산, 혹은 멀리 괴시리 남 씨 산에까지 가서 나무 한 지게씩 해야 했다. 생나무는 할 수 없고 '썩배기'라고 나무를 베어 오래두면 썩은 것을 한 지게씩 해 서 집에 갔다놓아야 안심하고 놀 수 있었는데, 겨울방학 때는 매일 나무 한 짐씩을 해놓고 놀았다.

해마다 겨울이면 나무꾼이 되었으므로 동네에서 썩배기 있는 곳을 나만큼 잘 아는 아이는 없었다. 썩배기는 괭이 뒷축으로 때리면 쓰러지 므로 도끼는 필요없고, 괭이 하나면 족했다. 썩배기는 오리나무가 제일 많고, 그 다음이 소나무이고, 아까시 나무도 있었다. 지금도 산에 가서 썩배기를 보면 옛날 나무하던 어린 시절이 떠오른다. 남 씨 문중 산에서 나무를 할 때는 산감독이 있어서 조심해야 했다. 산감독에게 걸리면 나 무만 빼앗기는 것이 아니고, 지게까지 빼앗기므로 항상 주위를 살폈다. 감독이 쫓아오면 무거운 나무는 버리고, 지게만 지고 빨리 도망치는 것 이 상수였다.

초등학교 6년을 다니면서 읍내에서 몇 번 자취 및 하숙을 한 적이 있 다. 첫 번째는 초등학교 2학년 때, 4학년이던 3살 위 누나와 함께 누나

친구인 괴시 남 씨 집에 방을 얻어 서너 달 자취를 했다. 두 번째는 4학년 때, 괴시 오촌 당숙집에서 몇 달 하숙을 한 적이 있다. 세 번째는 6학년 때 야간학습을 하기 위해 괴시리 지인 집에서 한두 달 하숙을 하였다. 배산에서 울던 소년은 그래도 학교를 그만 두거나 유급하지 않고 중학교에 가게 되었다.

우리 시절에는 중학교도 입학시험이 있어서 떨어지면 진학을 할 수 없었다. 1967년 12월, 중학교 시험에서 10%에 들어가는 우수한 성적으로 합격했다. 1968년 1월 중순경 보호자 면접을 할 때, 난생처음 아버지와 동행하게 되었다. 면접 후 점심시간이 되어 영해중고등학교 구내식당에서 점심을 먹게 되었다. 나는 메뉴 중 짜장면이 먹고 싶었으나 아버지가 겁이 나서 말은 못하고, "너는 짜장면 먹어라."는 말만 고대하였는데 아버지는 회덮밥 두 그릇을 주문하였다.

집이 어촌이라서 매일 먹는 회를 시키므로 크게 실망하였다. 난생처음 짜장면을 먹어보나 기대하였는데 아들의 정서는 생각하지 아니하고 본인의 입맛대로 정하는 아버지가 원망스러웠다. 얼마나 섭섭하였으면 54년이 흐른 지금까지 그 기억이 잊히지 않겠는가?

배산에 울던 아이는 20살 때 국가공무원시험에 합격하여 40대 초에 서기관까지 승진하였으니, 어릴적 개구쟁이는 평생 인간이 안된다고 비난하는 어른들의 잣대는 옳지 않다. 성웅 이순신이나 백사 이항복, 프랑스의 영웅 나폴레옹도 어릴 때는 모두 개구쟁이나 골목대장이었고, 부모들의 속을 썩이는 농땡이였다. 시인 김춘수도 학생시절 농땡이를 쳐서 중학교를 자퇴하였고, 일본의 니혼대학교에 가서도 학교를 수없이 까먹고 영화 감상을 많이 했다고 고백하였다.

그 옛날 뒷산 재는 무너지고 새로운 산길과 해안도로가 생겼으나 뒷산 중턱에 위치한 배산과 해솔배기 소나무는 아직도 건재하다. 고향에 갈 때마다 배산과 해솔배기를 바라보면서 철 없던 그 시절 배산에서 울던 소년을 생각하면서 회한에 잠기기도 한다.

내 어린 날의 영혼이 스며있는 배산이여, 해솔배기여! 너희들은 변치 말고 그 자리를 지켜다오. - 2022. 9.

놀래기 소년

밭네미는 북쪽 2키로의 근달마을과 남쪽 2키로의 시늘마을 중간에 있다. 고향 해변 십리에 백사장은 우리가 살던 아랫마을 앞에 있는 2-300여 미터 백사장이 전부이고, 선창가나 보리골 밑에 있는 논밑은 자갈마당이다. 송골도 짧은 자갈마당이 있을 뿐이고, 대부분의 마을 해변은 검은색 갯바위로 구성되어 있다.

우리나라 동해 중, 남부 해안선은 2000만 년 전 신생대 때 활화산 활동으로 용암이 분출하여 생긴 암석으로 대부분 검은색을 띤다. 고향 앞바다는 검은색 갯바위와 바위섬이 지천으로 널려 있고, 물속에는 미역, 진저리, 도박, 청각, 파래, 톳나물, 다시마, 말치 등 해초들이 풍성하고 조류활동이 활발하여, 각종 물고기와 해삼, 소라, 전복, 골뱅이 등이 풍부하다.

우리 고향에는 놀래미를 놀래기, 임연수를 고래치, 배도라치를 뻬달기, 망둥어를 덩시, 우럭을 꺽두구, 참가자미를 온도리, 기름가자미를 물가자미 혹은 미주구리라고 부른다. 나는 5-6살 때부터 선창가 갯바위 구멍에서 배도라치, 우럭 등을 잡았고, 초등학교 저학년 때는 집 근처에 있던 구리방구, 딴방구에서 낚시를 하였다. 초등학교 고학년부터 중학생 때는 북쪽으로 논밑까지 진출하여 갯바위나 바위섬에서 낚시를 하고, 남쪽으로는 문바골 아래까지 낚시를 하는 등 겁 없이 혼자서 10리 갯바위를 남북으로 다니면서 낚시를 하였다.

논밑에서 너린데와 선창이 있는 뱃물까지 갯바위를 타고 내려오면 갈곶이고, 다음이 우리집이 있는 백사장이 나온다. 그곳에서 남쪽으로 가면 가장 높고 경사지고 위험한 중바위가 나오고, 다음은 송골해안이고, 계속 내려가면 문바골 아래까지 간다. 중바위는 중이 똥을 누다 떨어져 죽었다는 전설이 있다. 바위가 높고 날까로워서 위험하다. 고향 남자친구들 중 낚시를 좋아하여 봄부터 가을까지 주말마다 하고, 여름방학에는 하루도 빠짐없이 하는 아이는 나말고는 없었다.

낚싯대는 자연산 대나무를 사용하였는데, 어릴 때는 짧은 대나무를, 초등학교 고학년부터는 약간 긴 대나무를 사용하였다. 대나무는 끝까지 가늘게 연결된 것이 좋았으나 대나무도 귀해서 끝이 부러져 뭉퉁한 것을 사용한 적이 많았다. 미끼는 갯바위에 무진장 서식하는 스스리(갯강구)를 사용할 때는 통마리로 사용하고, 얕은 바닷가에 많이 있는 집게골뱅이는 다리는 떼어내고 몸통과 꼬리만 사용하였다.

놀래기 낚시는 3월 중순경에 날씨가 풀리면 고기들이 겨울잠에서 깨어나서 먹이 활동을 하므로 그때부터 10월 중순까지가 적기이다. 3월 중순이면 산자락에 할미꽃, 제비꽃, 양지꽃이 피어나고, 바다에도 봄볕에 파래와 톳나물, 진저리 등 해초들이 파릇파릇 새싹을 틔우면서 향긋한 바다내음을 보낸다.

이때쯤 바닷가 아낙들은 봄 해초를 채취하기 위하여 바다로 나가고, 그들이 채취한 해초들은 시장에 나와서 봄 식탁에 진미로 오르게 된다. 따뜻한 봄바다에 플랑크톤이 기하급수적으로 늘어나고, 해초들이 새싹을 틔우면 겨울잠에서 깨어난 놀래기, 임연수, 우럭 등이 먹이 활동을 시작하면 바다 낚시가 시작된다.

당시 토요일은 12시까지 학교수업을 했으므로, 집에 와서 점심을 먹으면 오후 2-3시가 되었다. 멀리 갈 수 없기 때문에 가까운 구리방구, 딴방구에서 낚시를 하였다. 초등학교 5학년 후부터는 북쪽 근달의 경계인 논밑까지 올라가고, 남쪽으로는 시늘 근처인 문바골까지 내려가는 등 원거리를 선호하였다. 원거리는 꾼들의 손을 덜 타서 그런지 실적이 좋았다.

밭네미에서 근달 쪽으로 1키로를 가면 보리골이 나온다. 보리골은 옛날부터 보리를 많이 심었으므로 보리골이라 불렀다. 보리골에는 제법 수량이 많은 개울이 있고, 개울가에 한 다락에 20-30평 되는 논이 몇 개 있었다. 물이 귀한 바닷가에서 벼를 심을 수 있는 논은 귀한 존재로 사진 1, 2, 3리 중 우리 마을에만 보리골에 논이 있었다. 다락논 밑 해변을 논밑이라고 불렀다. 논밑으로 흐르는 개울물은 차고 맛이 좋아서 고향 사람들에게 보석 같은 청량수였다. 사람들은 여름이 되면 보리골에 가서 목욕을 하고, 주전자나 물통에 시원한 개울물을 받아서 식수로 사용하였다.

논밑은 6월에서 9월까지 태풍이 지나면서 심한 풍랑이 있고 나면, 해안가 자갈마당에 천초(우뭇가사리), 미역, 도박 등이 다른 해초와 함께 산더미같이 밀려왔다. 그때는 마을사람들이 가족을 동원하여 천초나 미역, 도박 등 돈 되는 해초를 골라서, 미역은 조각으로 건조해서 시장에 팔고, 천초는 말려서 일정한 근수가 될 때까지 모아서 돈을 만들었다. 천초는 1년 단위로 마을에서 천초업자에게 채취권을 넘겨서 자연적으로 떨어진 것이 아니면 불법이라 밀려 온 천초 줍기는 해변 사람들에게 몇 안되는 부업 중 하나였다. 천초 채취기간 때 고향 해녀들이 천초를 뜯어서 업자에게 넘기면 물먹은 천초의 건수를 달아서 품삯을 주었다.

천초나 미역이 밀려오는 곳은 북쪽은 논밑이고, 남쪽은 송골이었다. 천초는 없었지만 미역이 많이 밀려오는 곳은 구리방구나 딴방구, 갈곶이 근처 방구다. 큰 파도 속에 검은 머리를 풀어 헤친 모양으로 밀려오는 미역을 건지려면, 닭발모양의 소나무 가지를 잘라서 긴 대나무 끝에 단단히 묶어서 사용하였다.

심한 파도가 치고 난 후, 어디에 천초가 들었다는 소문이 나면, 가족들과 함께 천초를 줍기 위해 논밑과 송골에 갔고, 미역을 줍기 위해서 파도치는 갯바위에도 많이 나갔다. 미역 하나 더 건지려고 산더미 같은 파도 속에 목숨을 걸고 미역을 줍던 일이 생생하다. 파도에 따라 빠르게 움직이는 미역을 실수 없이 낚아채려면, 대나무 끝에 붙은 소나무 갈구리로 미역의 머리 부분을 낚아채야지, 미역의 이파리 부분을 낚아채면 거의 빠져버린다. 그러면 뒤에서 기다리는 다른 선수가 낚아채버린다. 먼저 본다고 임자가 아니다. 나는 낚시를 많이 해서 미역 건지는 선수였으므로, 미역이 밀려오면 제일 먼저 장대를 들고 갯바위로 나갔다.

초등학교 고학년이나 중학교 시절, 일요일이나 여름방학이 되면 오전 7-8시경에 아침밥을 먹고 오전만 낚시할 때는 낚시도구만 챙겨가고, 하루 종일 낚시할 때는 도시락을 챙겨갔다. 보리골에서 해안으로 내려가는 소로를 몇십 미터 내려가면 논밑이 나온다. 보리골에는 우리 밭도 산 밑에 400여 평이 있었고, 막내삼촌과 둘째 백부님이 공동으로 경작하던 밭 500여 평도 있었는데 그 밭 아래가 바로 논밑이었다.

우리 어릴 때는 사람들이 다니는 행길에서 바닷가로 내려가는 소로에 장애물이 없었다. 1968년 11월 울진, 삼척 무장공비 사건이 발생한 후인 1970년대에 들어와서 마을 앞을 제외한 모든 해변에 1미터 이상 높이의 철조망을 가설하였다. 보리골에서 논밑으로 내려가는 길이 봉쇄되어 논밑으로 가려면 선착장에서 험한 갯바위를 따라 1키로 이상을 올라가거나, 철조망 구간 구간에 군인들의 비상통로가 열려 있는 곳을 어렵게 찾아서 통과해야 했다. 해안에 사는 주민들은 생존의 근거지인 바닷가 접근이 힘들어 많은 고통을 당하다가, 김대중 정부 때 북한과 평화정책을 쓰면서 해안 철조망을 제거하여 바닷가 출입이 자유롭게 되었다.

논밑에 낚시를 가면, 높은 바위들이 군락을 이룬 바위 그늘을 찾아 먼저 수영복으로 갈아입고, 입고 간 옷은 그늘에 모아두었다. 10여 미터 떨어진 바위섬에 낚시대를 던지고 헤엄쳐 가서는 망태기를 바다에 넣고 망태기에 달린 끈을 골이 진 바위에 묶어서 파도에 밀려가지 않게 조치한 후에 낚시대를 건져서 낚시를 시작했다.

오전에 2-3시간쯤 근처 바위섬이나 갯바위를 다니며 낚시를 하면 2-30마리의 고기를 잡았다. 그 중 80%는 놀래기이고, 나머지는 임연수, 배도라치, 우럭, 망둥어였다. 우럭과 배도라치는 주로 바위 구멍 속에서 잡는데 특히 늦가을 우럭은 굵어서 맛이 좋고, 큰 배도라치는 구워 먹으면 뱀장어보다 더 맛있다. 놀래기, 임연수, 망둥어는 미역, 도박, 말치 등 해초가 우거진 수중바위 근처에서 잡힌다. 낚시줄이나 바늘, 봉돌이 귀했으므로 낚시를 하다가 물속에 봉돌이 걸렸을 때, 그냥 당기면 줄이 터져서 낚시를 더 못하므로 무조건 물안경을 쓰고 물속에 들어가 봉돌을 빼내야 했다.

물속에 들어갈 때는, 만약의 경우에 대비하여 작은 칼도 들고 가는데 운이 좋으면 전복도 잡았다. 자연산이라 맛이 좋았다. 물속에 혼자 들어가면 두려울 때도 있었으나 감내하지 못하면 낚시를 못하므로 그때 담력을 많이 키운 것 같다. 낚시를 하다가 잠시 볼일을 보고 오면, 낚시줄이 돌에 걸려 꼼짝하지 않을 때가 있었다. 물속에 잠수해 보면 바위 속에 커다란 우럭이나 놀래기가 바늘을 문 채 눈만 껌벅껌벅하는데 대물이라서 기분이 좋았다. 대물은 힘이 좋아 미끼만 물면 굴속으로 들어갔다.

고기가 잡히지 않으면 심심해서 바다 노래를 부르면서 시간을 보냈다. 초딩시절에는 '섬집 아기'이고 중딩시절에는 '나의 사랑 클레멘타인' 등이었다. 고기는 잡히지 않고 시간은 많고, 아득한 지평선과 넓은 바다에서 혼자 사색함으로써 바다는 나를 영적으로 키운 자양분이 되었다. 고요한 바다의 적막이 내 영혼을 키운 것이다.

논밑은 5-6월에 붉은 해당화꽃이 피고, 한여름에는 우거진 해송이 시원한 그늘을 주었다. 10월과 11월에는 연보라색 해국이 지천으로 피어나는 아름다운 곳이다. 바다 밑을 잠수하면, 갖가지 아름다운 색깔의 산호초와 수많은 해초들의 군락, 형형색색 불가사리, 말미잘, 성게들, 작은 물고기들의 화려한 풍경이 나타나 지금도 눈에 선하다. 논밑은 지상과 바닷속이 모두 아름다운 낙원이었다.

중학교 3학년 어느 여름날이었다. 날씨가 더워 땀이 비오듯 하여 낚시는 불가능하고 초등학교 5학년인 남동생을 데리고 갈곶이 끝 물속에 삼지창으로 놀래기를 잡으러 갔다. 물속에서 놀래기를 발견하여 조준 발사를 하였으나 창에 찔리지 않았다. 재발사를 하려고 창을 겨누는데도 도망을 가지 않아 1차 발사 때 머리를 슬쩍 맞아 정신이 나갔는가 싶어 확인차 왼손을 고기 머리에 대는데 미리 겨눈 고무줄이 풀려 창날 중 하나가 내 왼손목에 박혔다. 찔린 팔과 창을 들고 밖으로 나와 큰소리로 동생을 불렀다.

왼손목에는 피가 쉼없이 줄줄 흘렸다. "형님, 어떻게 하느냐?"며 동생이 울면서 벌벌 떨었다. "사정 보지 말고 창대를 당겨라. 살갗이 찢어져도 좋다." 동생이 덜덜 떨면서 창을 약하게 당기니까, 팔이 질질 끌려가면서 아프기만 했지 어림이 없었다. "오래 두면 창날이 살을 파고 들어가서 팔을 끊어야 한다. 사정보지 말고 힘껏 당겨라."고 하니까, 그때서야 사정없이 당겨 창날이 빠졌다. 해안 초소 위생병이 와서 찢어진 팔목을 기웠다. 대여섯 바늘은 기웠을 것이다. 지금도 그때의 상처가 팔목에 뚜렷하다.

중학교 3학년 2학기가 시작된 1970년 9월 중순경, 고등학교 진학 문제인지 다른 문제인지는 잘 모르지만, 아버지와 분쟁이 일어나 학교를 그만두라는 엄명이 떨어졌다. 한 달 가까이 학교에 못 가고 놀래기 낚시만 하였다. 어촌에서 학교에 가지 않으면 어부가 되는 수밖에 없었다. 놀래기 잡으러 다녀도 부모님이 나무랄 수 없는 탓에, 매일 도시락을 싸서 논밑에서 구리방구까지, 문바골 밑부터 송골을 거쳐 중바위와 구리방구까지, 한 달간을 남북을 다니면서 원도 한도 없이 놀래기 낚시를 했다. 거의 하루종일 놀래기, 임연수, 우럭 등 60-70여 마리를 잡았다.

10월 중순 중간고사 보름 전, 아버지가 학교에 가서 담임과 상담한 후에 다시 등교하였다. 보름간 중간고사를 준비하여 좋은 성적을 받았고, 무사히 졸업할 수 있었다. 잘못했으면 중학교도 마치지 못하고 놀래기 잡는 어부가 될 뻔하였다.

영해고등학교에 원서를 내지 않고 마감일이 지났다. 대구에 있는 2차 상업고등학교에 원서를 내기 위하여 아버지가 담임을 만나 원서를 부탁했다. 담임이 "고향에 있어도 농땡이를 치는데 객지에 가면 인간 망친다."는 말을 하였다고 한다. 영해고등학교에 진학하지 않았더라도 제자에 대한 악담은 스승의 도리가 아니다. 나는 고등학교 3년간 객지에서 고생한 끝에 새로운 인간이 되었고, 그후 성공의 길로 매진하였는데 모두 객지에서 고생한 덕이었다.

중학교 동창생들로부터 내가 동창생 중 출세한 상위권에 든다는 소리를 많이 들었다. 어릴 때 농땡이는 커서도 인간이 안된다는 것은 어른들의 편견이다. 나의 놀래기 낚시는 중학교 때까지 한 것이 거의 전부이다. 대구에서 고등학교 다닐 때 여름 방학에 오면, 수영이나 조금하고 대부분의 시간은 독서로 보냈다. 낚시는 일주일에 한두 번 집 앞 갯바위에서 하는 정도였다. 놀래기 소년도 철이 나서 공부를 하기 시작한 것이다.

고등학교를 졸업하고 귀향해서도 낚시는 하지 않았다. 열심히 공부를 해서 20살에 공무원 시험에 합격하여 공직에 진출한 후에는 여름휴가 때 한두 번 놀래기 낚시를 하였고, 결혼한 후부터는 바다낚시는 하지 않고 민물낚시를 새로 시작하였다.

세월이 흘러 놀래기 소년도 칠순을 바라보는 노년이 되었다. 놀래기 소년이 바다를 졸업하니까, 그의 아들이 바다를 좋아하게 되었다. 아들은 더 진화하여 스킨스쿠버 및 다이버가 되었다. 근래에는 다이빙 강습을 다니면서 동호인들과 거제도에서 합숙을 하며 다이버 활동을 하고, 4박 5일간 스쿠버과 다이버들의 천국이라는 필리핀 세부까지 다녀왔다.

놀래기 소년의 어머니가 바닷가인 축산 경정리에서 태어나 어부인 아버지에게 시집온 후 평생을 바다에서 일하였고, 그 아들인 내가 고향 바다에서 어린 시절을 놀래기 소년으로 보냈다.

바다, 그 모진 곳을 3대까지 끊지 못하는가? 정녕 피는 속일 수 없는가? - 2022. 9.

외할머니

나는 외할머니의 나이도, 이름도, 정확한 성도 모른다. 어렴풋이 내가 어렸을 때 어머니께 들은 바로는 외할머니의 성이 '이 씨'라는 것인데 그것도 정확한 것인지는 자신이 없다.

외할머니는 1950년경 영덕군 축산면 배불에서 영해면 밭네미로 시집 오는 둘째 딸을 따라 왔다. 딸보다 13살 나이 많은 사위집에 같이 살기 위하여 온 것이다. 외할머니는 1950년 밭네미에 와서 1971년 노후를 의탁하기 위하여 영해면 묘곡리 임실 동네에 가기 전까지 20여 년 동안 둘째 딸의 소생 6명 중 5명을 키웠다. 친엄마보다 더한 정성으로 한 사람의 희생자도 없이 모두 건강하게 키웠다. 그래서 우리 남매들은 외할머니의 은혜를 잊을 수 없다.

아버지의 친모는 아버지가 10살쯤 때 돌아가셨다. 그 뒤 할아버지와 재혼하신 작은할머니는 자신이 낳은 막내삼촌집에서 6명이나 되는 삼촌의 자녀들을 키워야 했다. 만약 외할머니가 없었다면, 우리 남매들의 건강한 생존은 보장할 수 없었을 것이다. 지금 와서 생각하니, 외할머니의 은혜는 우리를 낳으신 어머니의 은혜보다 더 크면 더 컸지 작지 않다. 원래 기른 정이 낳은 정보다 큰 것이다.

나는 외할머니 하면 가장 먼저 생각나는 것이 작은 키에 꼬부라진 허리 모습이다. 40대 즈음에 배불 밭에서 일하시다가 허리를 다치셨다고 한다. 이른 연세부터 불편한 몸으로 생활했음에도 불구하고 단명하던 그 시절에 칠십까지 사신 것을 보면 타고 난 건강은 괜찮았던 모양이다.

어머니는 우리 어릴 때 항상 바빴다. 밭의 일 아니면 논의 일을 했고, 장날이나 평일이나 어업에 종사하는 아버지가 잡은 온갖 생선, 문어 등 해물, 어머니가 뜬 해초 등을 시장에 내어 팔았다. 농번기가 되면 읍에 있는 논에 가서 일하고, 남의 논에 공동 품앗이도 했다. 하루종일 시장이나 들일에 매달리다 보니, 대체로 한밤중에 달빛이나 별빛을 보고 집으로 돌아왔다. 그래서 들일에 지치고 허기에 지친 아버지는 배고프다는 소리를 달고 사셨다. 하루종일 고된 들일을 하면서 중간중간 참을 먹고 막걸리를 마시더라도, 제대로 된 식사를 제때 못하다보니 허기가 들기 마련이었다.

불규칙적인 식사로 아버지는 장년 시절부터 위염에 시달리다가 위암으로 돌아가셨다. 어머니가 집에 거의 없다 보니, 우리 남매들은 오로지 외할머니만 바라보았다. 외할머니의 수발이 없었다면 우리 남매들은 굶어죽거나 영양실조로 모두 건강을 잃었으리라.

어머니는 항상 외할머니를 춘물이고, 바보이고, 야물지 못하다고 잔소리를 하였다. 어머니가 농사와 바다 일을 많이 해서 육체적으로 고달프고, 속썩이는 자식들 때문에 골치가 아프다 보니까, 행동이 늦어 답답하고 만만한 친정 어머니에게 그 스트레스를 푼 것이리라. 어머니가 새벽부터 밤늦게까지 들일과 밭일, 바닷일과 시장일을 하다보니까, 외할머니가 우리에게 어릴 때는 우유를 먹이고, 커서는 밥을 먹이는 수밖에 없었다.

외할머니가 어머니 말대로 진짜 바보이고 춘물이였다면 우리 남매들이 어찌 살아남았겠는가? 우리 남매들을 병 없이 잘 양육한 것을 보면, 외할머니는 생긴 것은 꼬부랑 할머니였으나 실제로는 똑똑하고 슬기로운 할머니였다는 생각이 든다. 아버지는 성질이 급해서 자식들이 잘못하면 타이르기보다는 꼭 매를 드는 습관이 있었다. 특히 나는 잘못을 많이 저지르고 고집이 세어서 부모의 말을 듣지 않고 학교를 가지 않는 등 농땡이를 많이 쳤기 때문에, 아버지에게 일주일에 몇 번씩 매타작을 받았다.

아버지가 회초리를 들면 재빨리 외할머니의 등 뒤에 숨었다. 그럼 아버지는 함부로 때리지 못하고, 몸을 재빨리 움직여서 외할머니를 피해서 나를 때리면, 나도 몸을 피하거나 매의 방향이 잘못되어서 30-40%는 할머니가 대신 그 매를 맞았다. 외할머니는 손자 때문에 본의 아니게 사위에게 자주 매를 맞았다. 그래도 외할머니는 몸을 피하지 아니하고, 끝까지 나를 막아서 방패가 되어 주었다. 지금와서 곰곰이 생각하니 외할머니에게 너무나 죄송하고 미안하다.

항상 일에 바쁜 엄마 대신 외할머니가 엄마 역할을 했다. 외할머니는 손자, 손녀들을 따라다니면서 물가 근처의 위험한 행동을 예방하고, 때가 되면 젖이 모자라는 엄마 대신 분유, 연유를 먹이고, 점심, 저녁을 챙겠다. 영유아 중 절반도 살기 어렵다던 그 보릿고개 시절에 우리 남매들은 단 한 명도 죽지 않고 살아남았다. 외할머니는 그시절 양념이 없어서 점심 때 맹물에 국수를 삶아서 간장만 넣어서 먹게 하고, 그래도 손자녀들이 배가 고프다고 하면 개떡도 만들어 주고, 수제비도 만들어 주었다. 맹물 수제비와 국수에 간장만 넣어도 맛이 좋았고, 검덩 보리밥이나 보리등겨로 만든 못생긴 개떡도 없어서 못먹었다. 시장이 반찬이라 하루 종일 백사장과 바다에서 놀다보니 배가 고파서 보리밥만 먹어도 꿀맛이었던 것이다.

지금도 생각나는 것은, 해가 짧은 겨울에는 점심 먹고 조금만 놀다보면 어두워지니까, 집에 가서 저녁을 먹으면 되지만 여름에는 해가 길었다. 긴 여름 낮 바다에서 하루 10시간 이상 물놀이 하고, 해초 따고, 갯방게를 잡느라 시간가는 줄 모르고 놀다 보면, 배가 너무 고파서 점심을 먹었는데도 "할머니, 배고파요. 먹을 것 좀 주세요. 먹을 것 좀 주셔요." 하면서 외할머니를 닦달하였다.

모든 것이 부족하던 그 시절에 점심을 먹었는데도 다시 배고프다고 찡얼대는 손자녀들에게 개떡을 만들어주고, 개떡조차 없으면 고구마나 감자를 삶아서 내놓는데 그것도 꿀맛이었다. 그때 외할머니가 없었다면 우리 모두 영양실조로 오늘처럼 건강하지 못했을 것이다.

그 외할머니가 1971년경, 나이가 들어 돌아가실 때가 되자 임실 마을로 떠났다. 내가 대구에서 여름방학이 되어 고향에 돌아오니, 외할머니가 없었다. 어머니께서 외할머니는 노후를 의탁하기 위하여 임실 마을 친척집에 갔다고 했다. 어른들의 일이라 나설 수는 없었지만 속으로 외할머니가 돌아가시면 외손자들이 제사를 지내도 될 것인데 왜 제사를 핑계로 불쌍한 외할머니를 아는 사람 하나 없는 낯선 산골로 보냈느냐는 분노가 일어났다.

방학 때, 바로 아래 남동생과 외롭게 지내시는 외할머니를 두어 번 방문한 사실이 있다. 그때 우리를 보고 반가워서 눈물을 흘리시던 외할머니의 모습을 잊을 수 없다. 우리가 하룻밤을 자고 떠날 때, 외할머니는 눈가가 짓무르고 눈꼽이 치렁치렁한 눈에 눈물을 머금고, 갑이네 집 마당에 서서 임실재를 넘어가는 외손자들을 하염없이 바라보면서, 우리가 보이지 않을 때까지 망부석처럼 서 있었다.

키가 작은 꼬부랑 외할머니가 무거운 나를 서너 살 될 때까지 업어서 키웠다. 외손자가 좋아서 업어 주었겠지만 지금 생각하면 마실 재미를 본 고집 센 외손자가 마실 가자고 때를 써서 억지로 업게 했을 것이다. 일 년에 한두 번 대구 사는 작은이모가 와서 외할머니에게 용돈을 주면, 외할머니는 그 돈을 비닐상반 밑에 숨겨두었다가, 내가 돈 달라고 떼를 쓰면 한 푼 두 푼 모두 나에게 주었다.

부모님과 동생들은 큰방에서 잠을 자고, 나와 할머니는 작은방에서 잤다. 외할머니가 육십이 넘자 가끔씩 "벙거지 간다. 바가지 간다." 면서 헛소리를 할 때가 있었다. 건망증 증세 같았는데, 그래도 치매에 걸린 건 아니었다. 외할머니는 손자, 손녀들을 키워주시고는 나이가 많아서 돌아가실 때가 되자, 딸네 집에서는 죽지 못하고, 먼 일가붙이가 있는 곳에서 죽기 위하여 임실로 간 것이다.

그 시절, 아들 없고 딸만 있던 어머니들의 슬픈 현실이었다. 지금은 딸의 위세가 더 세어져서 친정어머니를 모시고, 돌아가면 장례도 치르고 제사도 지낸다. 세상이 많이 변한 것이다. 그때만 해도 작은 향촌에서 딸 제사나 외손 제사는 생각조차 못하던 시절이다.

외할머니는 남은 여생을 임실에서 외롭게 사시다가 1972-3년경 쓸쓸하게 돌아가셨다. 나는 대구에 있었고, 다른 동생들은 아직 어려서 아무도 외할머니 빈소에 가지 못했다. 외할머니 돌아가시고 임실에 살던 갑이네 식구들도 대처로 이사간 후 연락이 끊어졌다. 외할머니 돌아가실 때, 그리운 손자, 손녀들이 눈에 밟혀서 차마 눈을 감지 못했으리라.

"외할머니, 좋은 곳에 가셔서 그곳에서는 허리 꼿꼿하게 펴시어서 편히 쉬시기 바랍니다. 이 손자가 두 손 모아 할머니의 명복을 기원하니 부디 극락왕생 하십시오." - 2024. 2.

외할아버지

나는 외할아버지의 이름도, 생년월일도, 본적도 모른다. 그래서 외할아버지와 외할머니의 자녀 1남3녀는 모두 호적이 없는 무적자이다. 외할아버지의 산소는 영덕군 축산면 경정1리 '배불'에 있다. 나는 외할아버지의 산소를 두세 번 참배하였다.

1990년 8월 초순, 영해에 사시는 어머니의 환갑날이었다. 어머니의 자식들 중 군에 간 찬희를 제외하고 모두 모였다. 당시 호희, 청희는 미혼이었고, 구미 누나와 여동생, 나는 각 부부 동반해서 왔다. 엄마 생일이 음력 6월 16일인데 양력으로 보통 7월말이나 8월 초순이므로 어머니 생신 때에 휴가를 받아 생신을 치르고 고향 바다에 가서 여름휴가를 보냈다. 대구에서 큰이모와 작은이모와 근택이도 왔다.

환갑연를 한 후 이모들을 모시고 밭네미에 가서 텐트를 치고 해수욕을 하면서 하루를 보냈다. 이튿날, 한 번도 가본 적이 없던 어머니의 고향도 가보고 외할아버지의 산소도 찾아보자고 제의하여 어머니의 동의를 받았다. 두 이모는 내키지 않는다면서 바로 대구로 떠났다. 약간의 제수를 준비하여 해안도로를 따라 축산을 거쳐 배불에 갔다.

산소 가는 산길이 여름이라 풀이 우거져서 험하므로 여자들과 아이들은 배불 백사장에 놀도록 내려놓고, 호희, 청희, 근택이, 나, 엄마만 산소를 찾았다. 아버지 살았을 때 해마다 추석 전에 외할아버지 산소에 벌초를 다녔는데 나중에 알고 보니 남의 산소에 벌초를 했다는 이야기는 들은 적이 있었다.

축산초등학교 경정분교 왼쪽 길을 따라 600여 미터를 올라가니 길 왼쪽 아래에 2-300여 평 되는 과수원이 나왔다. 그 끝자락에 야산이 나오는데 야산 2부 능선쯤에 산소가 있었다. 어머니는 산소를 떠난 지 47년이 넘었으나 산소의 위치를 정확하게 알고 있었다. 외할아버지의 산소는 긴 세월이 지났건만 풀 한 포기 나지 않는 맨땅이었다. 풀 한 포기 없는 산소 벌초를 한다고 아버지가 10년 이상 다녔다 하니, 그동안 남의 산소를 벌초했다는 말이 맞는 것 같았다.

나는 산소에서 외할아버지에게 물어보았다.

"외할아버지, 당신은 어디서, 무슨 일로 이 궁벽한 갯촌에 왔는가요? 훈장을 하셨다면서 왜 1남 3녀의 자식들을 호적에 올리지 않았나요? 이 세상을 어떻게 살라고 호적을 만들어 주지 않았나요?"

외할아버지에 대한 이력이 참으로 궁금하였다. 자신의 태생지인 외가 쪽 역사를 알고 싶은 것은 인간의 당연한 속성이다.

외할아버지에게 잔을 올리고 동행했던 동생들과 재배를 하였다. 그리고 주변에 있는 소나무에 플라스틱 콜라병과 사이다병을 꽂아서 훗날 무덤을 찾을 수 있도록 표시해 놓았고, 몇 년 후 두 이모를 모시고 다시 갔을 때, 병들이 그대로 꽂혀 있었다.

호적이 없어서 큰이모, 어머니, 외삼촌, 작은이모는 많은 고통에 신음하였다. 외삼촌은 엄마보다 서너 살 적은 1933-4년생이다. 6.25 사변 때인 1950년에 만 16-17세로 20세 징집 연령에 3-4살이나 모자란 소년이었다. 호적이 있었으면 고등학교 1-2학년 나이로 군대에 가지 않을 나인데 호적이 없었으므로 인민군에게 징집되어 총알받이로 어린 생명을 잃었다. 외삼촌은 호적이 없어서 초등학교나 중학교에 다닐 수도 없었고, 대구에 나가서 공장에 다닐 수도 없었다.

외삼촌에게 호적이 있어서 전쟁 전에 대구에 나가 공부를 했거나 공장에 다녔다면, 대구는 적화 지역이 아니라서 인민군의 징집을 피할 수 있었으므로 어린 나이에 죽지는 않았을 것이다.

어머니의 원래 이름은 '권치기'이다. 호적이 없다 보니 집에서 부르는 이름만 있었지 한문으로 된 정식 이름은 없었다.

외할아버지의 세 딸은 호적이 없어서 평생을 가짜 이름으로 살았다. 어머니는 1950년 아버지에게 시집을 왔으나 호적이 없어서 혼인신고를 할 수 없었다. 그래서 1948년경 돌아가신 아버지의 본처인 '윤태분' 큰어머니의 사망신고를 할 수 없었다.

1950년 말에 아버지와 결혼한 어머니가 1953년에 누나를, 1956년에 나를, 1959년에 2남을 차례로 낳았다. 어머니의 호적이 없어서 누나와 나, 2남은 죽은 큰어머니 '윤태분'의 자식으로 호적에 올렸다. 1960년, 안동 권 씨로 본적이 영덕군 병곡면 거무역리 541번지 부父 권중일, 모母 임성익의 자로서 1941. 5. 5.생인 '권수교' 양이 만19세에 사망하자, 권수교를 사망신고하지 않고, 어머니를 열한 살 어린 처녀 권수교로 신분을 위장하여 1960. 7. 30. 아버지와 혼인신고를 했다. 1961년 이후에 출생한 여동생과 나머지 동생들은 어머니의 가짜 이름인 권수교의 자로 호적에 올릴 수 있었다. 어머니는 1930년생인데 1941년생 권수교로 11살이나 호적 나이가 적은 탓에 정부의 혜택도 제대로 받지 못하였다.

큰이모와 작은이모도 호적이 없어서 가짜 신분을 사서 혼인신고를 하고 주민등록을 할 수 있었으니, 그 고통과 수모가 얼마나 컸겠는가? 그런 이유로 두 이모는 외할아버지 돌아가시고 50여 년이 넘도록 산소 참배를 하지 않았다. 내가 1996년 10월 영덕지원 사무과장으로 재직할 때, 두 이모를 모시고 외할아버지 산소에 가서 참배를 시킴으로서 천륜을 회복시킨 것은 지금 생각해도 뿌듯하다.

어머니는 생전에 외할머니를 어리석다 비난하고, 외할아버지는 학문이 높고 손재주가 좋은 분이라고 입만 열면 칭찬하였으나 나는 어머니의 판단이 잘못되었다고 생각한다. 자식들 호적조차 만들어 주지 않은 아버지가 글이 좋고 손재주가 좋으면 무슨 소용인가? 외할아버지를 따라와서 낯설고 물선 배불에서 가난하게 살다가 불구까지 된 후, 다시 시집간 딸 집에서 외손자, 외손녀들을 애지중지 키우신 외할머니를 비난할 일은 아닌 것이다.

그렇다면 우리 외손들은 외할아버지를 어떻게 평가할 것인가? 나는 외손자로서 외할아버지를 무작정 비난하고 싶은 마음은 없다. "뿌리 깊은 나무는 바람에 아니 지므로 꽃이 좋고 가지가 울창하며, 샘이 깊은 물은 가뭄에 아니 마르므로 내를 이루어 바다에 간다."는 용비어천가와 같이 외할아버지라는 뿌리와 샘이 없었다면 오늘의 우리가 있을 수 없다.

외할아버지는 우리 외손들의 근원이다. 엄마와 작은이모 소생 중 네 명의 외손자가 공직에 나갈 수 있었던 것은 외할아버지의 좋은 유전자를 받았기 때문이다. 외할아버지가 궁벽한 배불에서 무적자로 살았을 때에는 반드시 그 이유가 있었을 것이고, 그 이유는 모두 외할아버지의 선택이었기에 이 외손자가 평가할 수 없다. '동기감응' 이라, 외할아버지의 영혼이 유택에서 편안하셔야 우리 외손들도 편안하게 번창할 것이므로 외할아버지와 외할머니의 영혼을 위하여 늘 기도할 것이다.

- 2024. 2.

명희 엄마

명희 엄마는 평산 신 씨이고, 밭네미와 이웃한 시늘 출신이다. 내가 초등학교 5학년쯤인 1966년경, 명희 엄마는 우리집과 한마당 두 집으로 살던 이춘란의 배다른 오빠로서 노총각이던 한이 형에게 20살 꽃다운 나이에 시집왔다.

내가 2-3살 때 또래와 노는 법을 알게 되었을 무렵, 춘란이는 한마당에 살았으므로 나하고 제일 많이 놀았다. 그 시절, "세상에서 누가 제일 좋으냐?"고 어른들이 물을 때마다 "나는 세상에서 춘란이가 제일 좋아요."라고 말하여 사람들을 웃겼다고 한다.

한이 형이 결혼을 하자 분가를 해줘야 하므로 춘란네는 축산항으로 이사간 나와 동갑이던 성철네 집을 사서 이사했고, 우리집과 한마당이던 초가집은 한이 형이 새색씨와 살게 되었다. 우리와 살게 된 때는 내가 중학생으로 넘어가던 사춘기 때였다. 그 후 10여 년 이상을 한마당에서 살았으니까, 내가 소년에서 청년으로 변하던 시기였다.

명희 엄마는 풋풋한 새색씨로 키가 크고, 몸매도 좋고, 얼굴도 참한데다 잘 웃고 인상도 좋아서, 나이가 10살쯤 많은 한이 형과 비교하니 어린 마음에도 아까운 생각이 들었다. 마음씨도 착해서 한마당에서 10년 이상을 살았으나 우리에게 싫은 소리 한 번 한 적 없었고, 성질이 조금 별난 우리 엄마하고도 별로 다툰 적이 없었다. 춘란네와 살 때는 엄마와 춘란네 엄마는 별 것 아닌 일로 다툼이 빈번하였다. 명희 엄마가 온 뒤로 우리 마당에 평화가 찾아왔다.

갯가 사람들은 욕이 심해서 반촌 사람들이 무시하는 경향이 많은데 명희 엄마는 아이들 네댓 명을 키우면서도 아이들에게 욕하는 것을 별로 듣지 못했다. 한이 형은 십대 시절 친어머니를 여의고, 재취한 계모와 계모보다 열 살 이상 늙으신 아버지를 모시고, 노총각이 되어도 친부와 계모를 효성으로 모시다 보니, 하늘이 명희 엄마와 같이 참하고 착한 여자를 보내준 것이다.

명희 엄마는 1967년경 첫 딸 명희를 낳고, 이후 몇 년 사이로 딸 셋, 아들 하나를 더 낳았다. 그 시절 시골 엄마들은 대부분 아이들에게 모유를 먹였다. 선천적으로 모유가 적은 산모들은 어쩔 수없이 시중에 파는 분유나 연유를 먹였으나 명희 엄마는 젖이 많아서 아이들을 모두 모유로 키웠다.

우리와 명희네 집은 작은 마당을 같이 사용하여 젊은 명희 엄마가 아이들에게 젖을 먹이기 위하여 하루에도 수없이 가슴을 내어 수유하는 것을 본의 아니게 매일 볼 수밖에 없었다. 그 시절 시골 어머니들은 아이들이 배고프다고 울면 부끄러움 없이 저고리를 올려 양 가슴을 내어

놓고 아이들에게 젖을 먹였다. 명희 엄마는 팔팔한 20대 중후반의 꽃다운 나이이고, 아기들을 출산한 엄마는 젖이 불어서 가슴이 크게 보였다. 몸매도 육감적으로 변하므로 사춘기에서 20대에 접어들던 나는 본능적으로 여자와 성에 대한 관심이 증가하여 마음이 흔들릴 수밖에 없었다. 내 육체와 마음은 한없이 고조되지만, 명희 엄마의 입장에서는 10살 정도 어려서 동생뻘인 나는 남자로 보이지도 않아 의식도 하지 않고 하루에도 수십 번씩 양 가슴을 내놓고 번갈아 가면서 젖을 먹였다. 그나마 겨울에는 방에서 먹이니까 괜찮지만 봄, 여름에는 마루에서 젖을 먹이고, 한여름에는 집 마당에 안이 훤히 보이는 모기장을 쳐서 그곳에서 명희 엄마와 아이들이 잠을 잤다.

한이 형은 방에서 혼자 잘 때가 많았지만 가끔 한밤중에 모기장에서 명희 엄마와 부부관계를 하는데 밤에 볼일을 보러 가던 중 그들의 부부관계를 여러 번 본 적이 있었다. 여름 모기장은 밖에서도 안이 훤하게 보인다. 밤에 불을 꺼도 보이고, 달이 뜨면 눈이 밝은 아이들에게 대낮같이 보인다. 젊은 엄마가 아기에게 젖을 먹이다가 잠이 들어 두 가슴을 열어놓은 경우가 많았고, 치마가 올라가서 속옷이 보이는 경우도 허다하였다. 명희 엄마의 가슴과 몸매를 알게 모르게 감상하면서 10대 중후반과 20대 초반을 보냈다.

우리 집은 명희네 집보다 크다 보니 마루가 더 높았다. 높은 마루에서 명희네 모기장을 보면, 명희 엄마의 벗은 몸이 적나라하게 보였다. 10대 후반기에 명희 엄마는 나의 이상이었다. 키 크고, 몸매 좋고, 마음씨 좋고, 모든 것이 이상형이었다. 그러나 흠모하면서도 훔칠 수 없는 여인으로서 금단의 열매였다. 그때 나는 여자를 모르는 풋내기였고, 어른의 세계는 미지의 영역이었다. 뜨겁고 순수했던 그 열정은 세월이 흘러도 가슴 속에 꺼지지 않는 불씨로 남았다. 관계를 해서 맺은 인연은 헤어지면 금방 잊히지만 관계가 없는 순수했던 사랑은 세월이 흘러도 잘 잊혀지지 않는다.

명희네 화장실은 출입구 쪽에 있었고, 우리 화장실은 집 북쪽담에 붙어 있었다. 우리 식구는 외할머니를 포함하여 9명이고, 명희네는 부부 2명이고 아이들은 어렸다. 볼일이 급할 때, 우리 화장실은 사용자가 많아서 비어있는 명희네 화장실을 자주 이용했다. 우리 식구들이 많이 이용해도 명희 엄마는 모른 척해주었다.

어느 해 명희네 집에 검정색 강아지 한 마리가 왔는데 검둥이라고 불렀다. 중학교에 다니던 나는 검둥이와 친하게 지냈고, 검둥이는 명희네 집 아이들의 똥을 받아 먹으면서 무럭무럭 자랐다. 우리 어릴 때 시골개는 아이들의 똥을 잘 먹었고, 똥이 주식이었다. 그래서 당시 개를 똥개라고 불렀다. 어느 날, 검둥이가 개장수에게 팔려간 것을 알고 슬퍼하고 상심해했던 기억이 난다.

2013년 봄, 한이 형이 75세경 암으로 돌아가셨다. 연락을 늦게 받아 장례식에 가보지 못해 마음이 아팠다. 그해 가을 추석 즈음, 같은 해 봄에 돌아가셔도 사정상 가보지 못했던 영덕 대부리 고종사촌 형님의 집을 찾아 형님의 영정에 잔을 올렸다. 그날 대부리에서 차를 타고 해변을 따라 올라오면서 명희네 집에 들러 한이 형의 영정에도 잔을 올리고, 부조금도 전달하였다. 남편의 죽음에 크게 상심한 듯 명희 엄마의 얼굴이 많이 상해 있었다. 속으로 한이 형의 명복을 빌면서 형은 그래도 명희 엄마와 같이 착하고 참한 여자를 만나 한세상 잘 살았다는 생각을 했다.

한이 형이 명희 엄마와 결혼한 지 47여 년 만인데 당시 명희 엄마는 67세쯤이었을 것이다. 결혼했던 20살 때의 풋풋한 햇과일과 같은 시기를 지나 인생의 황혼기에 왔는데도 젊은 시절 따뜻하고, 넉넉했던 얼굴이 남아 있는 것 같아서 한가닥 위안이 되었다. 내가 갔을 때, 명희네는 옛집에서 이사해서 고향마을에서 제일 높은 곳에서 살고 있었다. 우리 가족은 1977년 겨울, 골목마을 삼촌집 근처로 이사했다가 이듬해 영해 괴시리로 다시 이사를 했다. 명희네도 우리가 이사한 몇 년 후 마을 꼭대기 집으로 이사했고, 그곳에서 한이 형이 돌아가셨다.

명희네가 이사했던 꼭대기 집 바로 밑에 있던 집이 아버지와 그 형제들이 태어나서 살았던 곳이고, 조부님과 증조부님이 살았던 집이었다. 내가 네댓 살쯤 어릴 때, 그 집에서 제사나 명절 차례를 지내고, 뒷문을 열고 나가면 명희네가 이사한 집 마당이 나오는데 마당이 넓은 그곳에서 어린 사촌들과 놀았던 기억이 아련하다.

2020년 코로나가 온 그해 가을, 고향에 가서 몸이 편찮으신 막내 숙모님을 뵈옵고, 마을 이장을 보는 사촌 형을 찾았더니, 사촌 형수님이 이웃집에서 명희 엄마를 비롯한 동네 아줌마들과 고스톱을 하고 있었다. 형수님과 명희 엄마에게 안부 인사를 하고, 고스톱 자금으로 각 몇 만 원을 드리고, 섭섭하지 않게 다른 아지매들도 얼마씩을 드렸다. 사촌 형수님과 명희 엄마의 고향이 시늘이라서 두 분이 친한 것 같았다. 아버지의 본처로 젊었을 때 요절하신 윤태분 큰어머니도 시늘이 고향이다. 시늘이 고향인 윤태분 큰어머니가 사시다가 돌아가신 우리집 마당을, 명희 엄마 가족들이 우리와 10년 이상을 같이 산 것을 보면, 명희 엄마와 우리는 인연이 있는 것이다.

윤태분 큰어머니의 유일한 혈육이 정자 누나로 나보다 10살 정도 나이가 많았다. 정자 누나는 내 나이 10살쯤 때, 만 19세의 나이로 고향 마을 언덕에서 추락사고로 돌아가셨다. 그 누나는 나에게 다정하게 대해주고 동화책을 사주면서 공부 격려를 많이 해주었으므로 누나에 대한 따뜻한 감정이 남아있었다. 그 누나에 대한 애틋한 감정이 돌아가신 1년 후, 비슷한 연배로 우리 마당에 나타난 명희 엄마를 보고 누나의 환생을 본 듯 했을 것이다.

명희 엄마에 대한 나의 정은 누이에 대한 사랑과 마찬가지로 정신적인 것이다. 사춘기 시절 순수했던 그 정은 내 성장과 정서에 소중한 밑거름이 되었다. 명희 엄마는 내 영혼에 소박하면서도 아름답고, 풍만하면서도 착한 여인으로 각인되었다. 시인 서정주의 '국화 옆에서'라는 시에서, '머언 먼 젊음의 뒤안길에서 이제는 돌아와 거울 앞에 선 내 누님 같이 생긴 꽃'과 같이 명희 엄마는 향기로운 한 송이 꽃으로 산식되어 있는 것이다. 그 곱던 명희 엄마도 이제 70대 후반이 되었고, 사춘기 소년이던 나 역시 60대 후반이 되었다. 무정한 50년이 구름같이 흘러갔다.

명희 엄마, 인생 백 년은 구름과 같은 것.
운다고 옛 사랑이 오지 않고,
젊음이 오지 않듯이
내 인생에 오늘이 제일 좋은 날이라 생각하시고,
하루하루 웃으면서 행복하게 살아가시라! - 2022. 10.

고향 생각

우리 어릴 때의 고향과 그 풍속이 많이 변하였다. 그때 그 시절을 뒤돌아보면서 향수에 젖어본다. 고향은 태어나고 자란 사람들의 추억이고, 기쁨이고, 슬픔이고, 그리움이다. 옛고향을 생각하면 제일 먼저 명절이 떠오른다. 그 시절 남자 어른들은 명절이나 제사나 묘사일이 되면 모두 흰 한복을 입었다.

1년 중 가장 먼저 오는 큰 명절은 음력 1월 1일, 구정인 설날이다. 그때 정부에서는 구정을 금하였지만 적극적으로 막지는 못했고, 도시에서도 신정을 쉬는 곳은 소수였다. 대부분의 국민들은 구정을 명절로 인식하고, 구정에 때때옷을 입고 음식을 만들고 차례를 지냈던 것이다.

구정은 대체로 양력 1월 말에서 2월 초에 오고, 24절기 중 입춘은 양력 2월 3-4일경이므로 구정의 날씨는 포근할 때가 많았다. 그래도 아직 겨울이고, 3월 초중순까지는 동복을 입어서 설빔으로 아이들에게 사주는 옷은 겨울 티셔츠인 도쿠리거나 간혹 스폰지가 든 잠바를 사주면 대박이었다. 설에는 양말도 새로 한두 컬레 사주었는데 당시에는 양말도 몇 번씩 기워서 신었다. 설 전날 잠을 자면 눈썹이 센다는 말이 있어서 밤 12시가 넘어 잠을 자려고 억지로 참았던 기억이 난다.

설날이 되면, 여자들은 집에서 차례를 준비하거나, 차례가 없는 집은 큰집으로 가서 차례 음식을 도왔다. 남자들은 한복을 입고 아침 9시경 종가집부터 서열에 따라 차례를 지내는데, 대체로 두세 시간 정도 걸렸다.

설날이나 추석에 차례를 다 지내고 친구들과 놀기 위하여 밖에 나가려고 하면, 아버지가 다른 동생들은 그냥 두고 나만 불러서 아직 차례가 남았다고 했다. 큰방 구석 소반 위에 밥 한 그릇과 물 한 그릇을 놓고 절을 하라고 했다. 알고 보니, 아버지의 전처로서 돌아가신 '윤 씨' 큰어머니에 대한 차례였다.

설날이 지나고 보름 후면 정월 대보름이다. 정월 대보름에는 찰밥과 찰떡을 해먹고, 오곡밥을 먹었다. 그때쯤이면 갈바람이 강하게 불어 언덕에서 연도 날리고, 백사장에서 쥐불놀이도 하고, 마당이나 얼음판 위에 팽이도 돌렸다. 그 외에 자치기, 딱지치기, 구슬치기 등 놀거리가 많았다.

음력 2월 1일이 되면, 어촌마을에는 '이월'이라고 삼각형의 귀떡을 만들어 안에 새알을 넣어 찌고, 백설기를 만들어 영등 할매, 삼신 할매에게 공양을 하는 등 이월을 큰 명절로 취급했다. 음력 2월 1일과 말일에 내려오는 이월, 올라가는 이월이라고 두 번 모두 음식을 하여 공양을 하였는데 어촌마을 특유의 명절이 아니었는가 싶다. 이월이 지나면 명절

없이 조용하다가 음력 5월 5일 단오절이 온다. 단오날은 음식을 만들거나 차례를 지내지는 않지만, 마을 뒷산에 처녀들과 아낙들이 그네 타기 대회를 하고, 청장년들끼리 모여서 술판과 노래판을 벌리기도 했다.

마지막 명절이 음력 8월 15일 추석이다. 추석도 설날과 같이 집안 남자들이 종가집부터 순서에 따라 차례를 지냈다. 설날이나 추석 때, 동네 아이들은 또래끼리 모여서 윷놀이도 하고, 화투놀이도 하고, 유행가도 부르면서 밤새워 놀았다. 그때는 주로 유행가를 부르면서 놀았다. 시골이라 별 다른 놀이문화가 없었기 때문이다.

그 시절, 집의 제사에는 8촌까지 모여서 제사를 지냈다. 제사 때는 우리 같은 꼬맹이들도 아버지를 따라가서 떡이나 과일을 얻어먹고 기분 좋게 집으로 돌아오는데, 12시 넘은 깊은 밤이라도 먹을 것이 있어서 기분은 좋았다.

그 시절 명절보다 더 큰 행사는 마을 '풍어제'인데, 옛날에는 '배신'이라고 불렀다. 풍어제는 무당패를 불러 백사장에 넓은 천막을 치고, 수백 송이 각색으로 조화를 만들어 제단을 치장했다. 남자 무당들은 장구와 북, 꽹과리를 치고, 여자 무당들은 춤을 추고 노래를 부르면서 3일 이상을 명절보다 더 큰 잔치를 벌였다.

그때에는 배신을 하는 천막 주위에 엿장사, 떡장사 등이 몰려와 장사를 하고, 먼데 있는 일가친척들도 구경을 한다고 몇십 리 밖에서 놀러왔다. 마을 백사장에는 구경꾼들이 인산인해를 이루므로 단순한 동네잔치가 아니고, 명실공히 지역 잔치로 풍어제만큼 재미있는 볼거리는 없었다.

나는 초등학교 때부터 만화를 좋아해서 읍내 만화방에서 몇 시간을 보내고도 미련이 있어서 만화를 사거나 빌려서 집에 가져왔는데, 1년을

모으면 몇 십 권이 되었다. 아버지에게 발각되면, 만화를 많이 봐서 내성질이 나빠졌다고 만화책을 바다 위에 모두 던져버렸다. 내 마음은 한없이 쓰렸지만 만화책이 바다에 둥둥 떠다니는 모습은 가관이었다.

8-9년 전 6월, 어머니와 우리 식구들이 고향을 찾았다. 어릴 때 이웃에서 살던 선배님의 처인 형수님이 내 아들 문규를 보고 "너희 아버지가 어렸을 때, 바다에 만화책이 둥둥 떠다녔다."는 등 내 어릴 적 뒷얘기를 했다. 그말을 들은 어머니가 형수님을 질책한 일이 있었다. 어린시절 얘기는 흉도 아닌데 어머니가 과민하게 반응하여서 그 형수님 보기가 민망하였다.

어릴 때, 큰길도 없는 높은 재를 넘어 우리 마을에 먹거리를 팔러 오는 장사꾼은 엿장사뿐이었고, 여름 한철에는 읍내 소년들이 아이스케키를 팔려고 왔다. 15cm 정도 나무막대기에 길이 10cm, 넓이 3cm 정도의 달달한 팥물을 냉동하여 만든 얼음과자를 시골에는 아이스케키라고 하였다. 지금의 하드를 말한다. 한 개의 가격은 5원 아니면 10원 정도였다. 현금이 없어서 입맛만 다시는데, 천초는 받아주므로 집에 가서 천초를 훔쳐서 사 먹었다. 엿장사는 고무신 떨어진 것이나 고물을 줘도 받아 멀쩡한 숟가락이나 젓가락, 고무신을 갖다 준 뒤 부모님께 들켜서 혼이 나기도 했다.

고물도 없고, 천초도 없으면 양식을 퍼다 주든지, 그것조차 없으면 부모님이 돈을 감추어 둔 곳을 찾아내어 표나지 않게 몇십 원을 훔쳐서 엿이나 아이스케키를 사먹기도 했다. 지금 아이들은 엿은 먹지도 않고, 하드는 냉장고에 지천이라도 한두 개 먹는 것이 고작인데, 우리 시절과 비교하면 음식이 너무 흔해졌다.

그때는 제사를 지내거나 무당을 불러 푸닥거리를 해도, 떡, 전, 과일을 이웃에 나누어 주었다. 음력 시월에 묘사를 지내도 떡을 나누어주는 등 가난해도 인심만은 풍성하였다. 지금은 설날과 추석만 존재하고 나머지 명절은 거의 사라졌다. 설이나 추석에도 형제나 자녀들이 모두 모이지 않고, 형편에 따라 여행을 가는 등 시절에 따라 명절 풍습도 많이 바뀌고 있다.

무엇보다 설날이나 추석 때 종가집부터 순서에 따라 지내던 집안 차례가 없어지고, 각 가정마다 자기 조상에게만 차례를 지낸다. 시월 묘사도 입향조만 지내고, 각 개인 산소는 추석 전 벌초할 때 잔 한 잔 올리면 끝이다. 경우에 따라서는 추석차례를 산소에서 지내기도 하는데, 우리 집이 그렇다. 또 언제 바뀔지는 더 두고봐야 할 것인데, 나이가 더 들면 집에서 지내야 할지도 모른다. 풍어제도 형식적으로 지내지만, 이웃 동네 사람이나 친척들도 놀러오지 않고, 동네 사람들만 지내기에 옛날같이 풍성했던 활력은 사라졌다.

밭네미에 살던 1977년 3월경, 어머니가 보리골 가는 길 가에 있던 밭 450여 평을 길문이 좋다면서 그때 시세로 다른 밭의 두 배인 평당 3,000원을 주고 샀다. 내가 영덕 법원에 근무할 때라 어머니 명의로 소유권 이전등기를 해주었다. 우리 가족이 괴시리에 이사 가던 1978년 9월경, 밭네미 삼촌들에게 그 밭을 우리가 샀던 가격으로 팔려고 했으나 거절을 당하고, 다른 사람들도 그 가격으로는 사지 않겠다고 했다. 어머니는 손해 보고는 팔지 않는다면서 괴시리에서 고향까지 먼 거리를 오가며 농사를 지었다.

1980년경 고향에 해안도로가 생기면서 450평 중 120평이 도로에 들어가고 330평이 남았다. 1987-8년경 전국에 부동산 투기붐이 일었을 때, 고향마을 사람이 엄마에게 밭네미 밭을 외지 사람이 평당 1만 원에 사겠다는데 팔 의향이 있는지 물었다. 살 때보다 가격이 3배 높고, 먼 길 다니면서 농사 짓기도 힘들어서 엄마는 팔고 싶어 하였다. 그때 나는 결혼해서 밀양에서 살았는데, 밭 매매문제로 엄마의 전화 연락을 받았다. 내가 엄마에게 "퇴직하면 밭네미 밭에 집을 지어 살 것이니, 평당 1만 원이 아니라 10만 원이라도 팔아서는 안된다."고 강경하게 못을 박았다.

2004년 8월, 집행관 근무를 마치고 그해 9월에 영덕에서 법무사 개업을 하였다. 개업한 후 밭네미에 주택을 신축하여 영덕으로 출퇴근을 하려고 했다. 그때는 해안도로 포장이 되어서 영덕까지 30여 분이면 출퇴근이 가능하였다. 그런데 고향에 집 짓는 것을 엄마가 반대하였다. 고향을 떠난 지 25년이 넘어 다시 귀향하는 것은 내 신상에도 좋지 않다고 했다.

결국 집을 짓지 못했고, 나도 개업 2년 만에 경산으로 법무사 사무실을 이전하였다. 밭네미 밭은 2011-12년경 평당 80여 만 원에 팔았는데, 20여 년 만에 80배나 더 받게 되었다. 내가 못 팔게 막는 바람에 엄마는 그 밭에서 10여 년간 오징어 건조업을 하여 묵돈을 벌었고, 밭까지 비싸게 팔아서 이중으로 덕을 보았다.

그 밭은 다시 제3자에게 넘어갔고, 밭을 산 후배가 카페를 지어서 지금 성업 중이라고 한다. 다행이다. 우리가 그 밭을 가지고 있어도 이용하지 않으면 무용지물이고, 시골은 인구소멸로 점점 사라지는데, 카페라도 있어서 손님들이 많다면 고향 소멸은 막을 것이 아닌가?

내 고향 밭네미여, 너만은 소멸하지 말고 영원히 남아주길 기원한다.

– 2024. 10.

제2장

고등과 청년 시절

도라지 고갯길

내 고향 사진1리는 400년 전 조선 광해군 때 안동권씨가 처음 개척하였고, 200여 년 전 청주한씨가 세거하면서 동네가 커졌다. 우리 어릴 때는 70여 호에 이르렀으나 지금은 많이 줄었다. 나는 1956년 음력 3월 4일 사진리 447번지에서 아버지 청주한씨 상자 경자, 어머니 안동권씨 치자 기자 양친의 4남 2녀 중 장남으로 태어났다.

나는 집의 나이 7살 때 초등학교에 입학하여 중학교를 졸업할 때까지 9년간 통학하였다. 그때는 매일 다니는 왕복 20리 길이 힘들어 괴시리나 성내에 사는 아이들이 너무 부러웠다. 영덕군의 유일한 인문계인 영해고등학교는 1971년 1월 10일 입학원서가 마감되었다.

나는 중학교 때부터 사촌 형이 다니던 포항수산고등학교를 희망하였는데, 부모님이 반대하자 영해고등학교 원서를 거부하였다. 남은 길은 1년 재수나 그해 1월 30일까지 원서를 받는 다른 지역의 공고나 상고 등

2차 실업계밖에 갈 곳이 없었다. 결국 부모님과의 타협으로, 두 이모가 사는 대구에 소재한 2차 실업계인 협성상업고등학교에 원서를 내기로 했다. 1971년 1월 20일경, 대구 봉덕동 작은이모 집으로 갔다. 대명동에 위치한 협성상업고등학교에 원서를 내었는데, 입학생 500여 명 중 10% 안에 들어가는 상위권에 포함되었다.

  학교 인근인 대구교육대학 뒤편 언덕배기에 2명 1실의 조그마한 방에 하숙을 구했다. 고등학교 3년 동안 여름, 겨울방학 때 외에는 고향에 갈 수 없었다. 대구-영해는 300리가 넘는 데다 교통편이 좋지 않아 시간이 많이 걸리고, 학생의 신분으로 돈이 없어 주말이나 명절 때에 고향을 방문할 엄두조차 낼 수 없었다. 1학년 때를 제외하고, 2-3학년은 집안의 경제적 사정으로 자취를 하였다. 가까운 경산이나 청도, 영천이 고향인 학생들은 자취를 해도 주말마다 집에 가서 옷도 세탁해 오고, 반찬과 양식도 가져오고, 용돈도 가져올 수 있었지만 나는 방학 외에는 갈 수 없었으므로, 2년 동안 빨래도 스스로 하였고, 밥과 반찬도 혼자서 해결했다.

  주인집 시래기도 여러 번 훔쳐 먹었고, 같이 세들어 사는 이웃에게 반찬이 없어서 많이 얻어먹었다. 돈만 있으면 시장에서 반찬을 사먹을 수 있지만, 시골에서 올라오는 소액의 생활비로 연료비, 공과금, 교재비, 식품대 등을 공제하면 얼마 남지않아 사실상 거지꼴로 살았다. 그나마 매월 일정한 시기에 생활비가 오는 것이 아니었다. 중구난방으로 오다 보니 생활비가 떨어지면 똑같이 궁색한 처지인 옆방 학생들에게 5원씩, 10원씩 빌려서 겨우겨우 연명하였다. 쌀이 떨어질 때도 많았는데 돈이 없어서 라면조차 제대로 사먹을 수 없었다.

대도시에 물건과 음식은 지천인데도, 돈이 없어 제대로 사지도, 먹지도 못해 서러움을 많이 받다보니, 고향이 그립고 향수에 젖어 외로울 때가 많았다. 1972년, 고향노래를 구성지게 잘 부르는 '김상진'이란 가수가 '고향이 좋아', '도라지 고갯길' 등을 불러 크게 히트하여 라디오에 김상진의 노래가 자주 나왔다. 노래가사 내용과 창법이 향수병에 시달리는 나를 위로하고 달래주었다.

해마다 여름방학이 되면 고향을 찾았다. 방학이 시작되는 7월 25일경은 삼복 중에도 중복 즈음이라 가장 더울 때다. 당시 대구 신암동에 있던 시외버스 터미널에서 포항, 영덕을 거쳐 울진으로 가는 한일여객이나 아성여객 버스를 타고 5시간이면 영해 버스정류장에 도착한다. 버스정류장에서 4km 정도 산길을 걸어서 재 밑에 도착하면, 온몸에 땀이 비오듯 흐른다.

재 밑 개울가의 늙은 오리나무 밑에서 땀을 식히고, 손바닥으로 개울물을 조금 마신 후 100여 미터 되는 재를 천천히 올라간다. 재는 경사 70도의 가파른 언덕으로 어른 발걸음으로도 오육백 보 이상 걸어야 했다. 나무 한 그루 없는 맨 흙길로 한여름 폭염에 땅이 말라 먼지가 푹푹 일어나는 고행의 길이었다. 중복의 땡볕을 받으면서 재를 올라가면 땀방울이 물처럼 흘러내렸다.

한여름 고갯길을 올라가노라면, 오른쪽 산허리에 연보라색 도라지꽃과 진한 붉은색 꽃잎에 매력적인 검은 점이 박힌 산나리꽃이 지천으로 피어 있었다. 산나리꽃이 피어있는 곳에 화려한 날개에 둥근 무늬가 있는 호랑나비들이 짝을 이루어 사랑의 춤을 췄다. 그때 그 고갯길의 풍경은 너무나 아름답고 신비했다.

나는 고향 영마루 길을 도라지 고갯길이라고 불렀다. 도라지 고갯길 마지막 급경사 4-5m를 올라가면 평평한 네댓 평 정도의 고갯마루가 나온다. 고갯마루에 서면, 멀리 왼쪽 산자락 사이로 동해 바다가 나타나는데, 바로 앞쪽은 동네 산과 배산에 막혀 바다가 보이지 않았다. 고갯마루 앞쪽 경사면 초입에 중키 정도의 해당화가 붉은 꽃을 피우고 있는데, 해당화의 붉은 꽃잎과 멀리 보이는 푸른 바다와의 조화는 한 폭의 동양화와 같이 환상적이었다.

도라지 고갯길을 몇 구비 돌아가면 고향마을이 보였다. 내려가는 길에 위치한 배산에도 연보라색 도라지꽃이 무리지어 피어서 반가운 미소를 보냈다. 도라지꽃은 연보라나 흰색으로 여름내내 피는데, 꽃모양이 소박하여 사람들로부터 많은 사랑을 받고 전래 민요에도 많이 등장한다. 지천으로 피어있는 도라지꽃을 보면, 김상진의 '도라지 고갯길'이란 노래가 절로 떠올랐다.

어릴 때 고향 친구들은 남자 10여 명, 여자 10여 명으로 베이비붐 시대라서 제법 많았다. 고향 친구들은 어른들의 노는 풍습에 따라 어릴 때부터 유행가를 부르면서 놀았다. 가수 오기택이 부른 '영등포의 밤', '아빠의 청춘', 박재란의 '님' 등 당시 유행하던 트로트를 즐겨 부르면서 어린 시절을 보냈다. 특히 밤이 긴 겨울이면, 남녀 친구들이 모여서 밤 12시가 넘을 때까지 놀다보니 서로 간에 정이 많이 들었다. 밤 12시 넘어 집으로 돌아갈 때, 서쪽 하늘가에 걸려 있던 초승달과 그믐달이 지금도 눈에 선하다.

초등학교 2-3학년이 되었을 무렵, 남녀 친구 간에 짝찾기 놀이를 하였다. 남자가 짝을 정하여 여자 친구에게 편지를 전하면, 여자 친구가 오케이 해서 짝이 되는 방법이었다. 나는 좋아하던 B를 선택하였고, B도 동의하여 우리는 형식상 짝꿍이 되었다. 고등학교 1학년 여름방학이 되어 고향으로 돌아오니 B는 부산으로 가고 없었다. 그때 나를 위로해 주고 방학 동안 따뜻하게 대화해 준 여자 친구가 S였다. S마저 2학년 여름방학 때 고향에 오니 부산으로 떠나고 없었다.

1974년 고등학교를 마치고 고향에 돌아와서 친구, 선후배들과 무궁화회를 조직하고 야간학원을 만들어서 후배들에게 중학교 과정을 가르쳤다. 나는 초대 무궁화회 회장을 맡아 그 운영에 최선을 다하였다.

1975년 1월, 무궁화회와 무궁화 학원을 후임 회장에게 인계하고 공무원시험 준비에 박차를 가하여 그해 9월 실시한 법원공무원 시험에 응시하여 바로 합격하였다. 1차시험 합격을 통지받은 그해 10월 초순, 임시직으로 근무하던 직장에 휴가를 내어 도라지 고갯길을 내려오던 중이었다. 고향 선배로서 나보다 10살 정도 많은 형을 만났는데, 그 형님께서 내가 1차시험에 합격한 사실을 어떻게 알았는지, "동생, 1차시험은 객관식이라 쉽지만, 2차는 논술 시험이라 매우 힘들 것이네."하고 겁을 주었다.

나는 그 당시 선산에서 임시직 공무원을 하면서도 열심히 2차시험 준비를 하였다. 11월 중순경 서울 동국대학교에서 실시한 2차시험은 1차보다 더 우수한 성적을 받아서 12월 중순경에 발표한 최종 합격자 150명 중에 최연소인 만18세에 합격했다. 대구지방법원 소속 합격자 15명 중에 시험성적으로 1등이었다. 가난하고 외로운 객지에서 고등학교 3년을 어렵게 마치고, 고향에서 무궁화 학원를 하면서도 독학을 하고, 객지에서 임시직장을 다니면서도 주경야독하여 마침내 그 결실을 맺은 것이다.

어린시절, 200미터가 넘는 재 넘기가 힘들어서 매번 눈물로 넘던 인고의 고갯길, 다정한 친구들이 모두 떠나 외롭고 쓸쓸한 마음을 안고 넘던 애수의 고갯길, 해마다 여름이 오면 연보라색 도라지꽃이 지천으로 피어나고, 피보다 진한 붉은색으로 산천을 불태우던 산나리꽃이 피어나고, 화려하고 귀품 있는 호랑나비들이 쌍쌍이 날아들던 그림같은 풍경은 이제 모두 세월의 뒤안길로 사라졌다.

1977년부터 2여 년에 걸친 고향길 확장공사 때, 옛 고갯길은 사라지고 새 도로가 생겼다. 새길을 내기 위해서 옛 고갯길 전부를 깎아낼 수밖에 없었다. 그 공사로 고갯길 영마루에서 미소를 짓던 해당화도 사라지고 말았다.

아름다웠던 도라지 고갯길이여! 내 청춘을 눈물짓게 한 애수의 길이여! 옛날의 도라지 고갯길을 어디에서 찾을까? 옛날이 그립구나! 도라지 고갯길이 그립구나! 가수 김상진의 '도라지 고갯길'을 다시 한번 불러보자. - 2022. 9.

내친구 정용

우리나라 역사상 우리 세대가 태어난 1950년도 중반부터 1960년도 중반까지가 신생아 출산율이 가장 높았던 시절이다. 이른바 베이비붐 시대였다. 6.25사변이 휴전을 한 1953년부터 전쟁의 공포가 사라졌고, 미국의 구호 물품으로 먹을 것이 조금은 넉넉해진 시절이라, 그동안 미루어 왔던 결혼을 많이 했으므로 자연스럽게 신생아 출산이 늘었으리라.

당시에는 결혼을 했거나 연애를 했거나 아이가 생기는 대로 낳을 수밖에 없었다. 고향 마을에서는 우리 또래들이 제일 많았다. 1년에 10여명이 초등학교에 입학하였고, 다른 마을도 비슷한 실정이었다. 지금 시골마을은 10년에 한 명도 입학을 못하는 마을이 대다수이다. 시골마을의 신생아 출산은 거의 절멸했다.

고향에서 내가 초등학교에 들어간 1962년에 입학한 아이들 중 여학생은 한순희, 한순태, 한금화, 한용순, 한자야, 한정란, 김진숙 등 7명이고,

남학생은 나, 김정용, 이재훈, 한국광 등 4명으로 11명이었다. 순희는 중 퇴한 후 1963년도에 재입학하였고, 금화는 3-4학년 때 이사를 갔고, 용순, 순태, 자야, 정란, 재훈, 국광은 4-5학년 때 중퇴를 하였으므로, 입학생 11명 중 초등학교를 졸업한 사람은 진숙이, 나, 정용이 3명뿐이었다.

나와 정용이는 영해중학교를 졸업한 후, 정용이는 영해고등학교에, 나는 대구 협성상업고등학교에 진학하였다. 초등학교 입학 할 때 나는 7살, 정용이는 8살이라 정용이는 나보다 한 살 많았다. 한 해 뒤인 1963년에 입학한 아이들 중 여학생은 재입학한 순희를 포함해서 한정희, 한응련, 김해자, 이춘란, 박미화, 박정옥 등 7명이고, 남학생은 한상정, 한정택, 한성희, 한세환, 황철수, 이상묵, 김중식, 김호산, 한성철 등 9명으로 총 16명인데, 마을이 생긴 이래 입학생이 가장 많았다. 1962년과 1963년에 입학한 학생들은 대부분 1954년에서 1956년에 태어나고, 학년과 나이가 비슷해서 모두 고향 친구였다.

나와 같이 중학교에 진학한 정용이는 공부 잘하고 운동도 잘하는 팔방미인인 데다 효자였다. 정용이 어머니는 한쪽 눈이 없는 장애인이었다. 정용이 아버지는 작은 목선에 크다란 물안경으로 바다 밑을 살펴 전복이나 해삼, 문어, 고기 등을 뜰채나 작살로 잡는 수경발이가 주업이라서 반찬거리나 푼 돈을 벌 뿐이고, 큰 돈을 만들 수는 없었다. 없는 집에 식구는 많아서 정용이가 맏이이고, 그 밑에 남동생, 여동생들이 줄줄이 6-7명이나 되었다. 식구들 밥먹기도 벅찬 살림이었지만 정용이의 부모님은 정용이를 초등학교, 중학교, 고등학교까지 진학시켰다.

그 당시 어촌에서는 보기 드물게 자식에 대한 교육열이 대단하였다. 물론 정용이가 공부를 열심히 하고, 성적이 좋은 것도 한몫을 했을 것이다. 남자들은 부끄러워서 아이들을 잘 업지 않았는데, 정용이는 어린 동생들을 자기가 업고 키웠다. 정용이는 착해서 물질이나 남의 집일에 품앗이로 나서는 부모님을 돕고자 어린 동생들 업기를 스스로 선택했다.

정용이네 집은 읍으로 가는 뒷산 자락에 있어서 마을에서 제일 높은 곳에 있었는데, 마당이 넓고 뒤안에 시원한 물이 나오는 샘터가 있었다, 학교에 가거나 집에 돌아올 때면 정용이네 집 앞을 지나야 했다. 샘터에서 물을 먹기 위해 정용이네 집을 수시로 드나들었다. 나하고는 초등학교와 중학교에 같이 입학한 동급생이다보니 매우 절친하였다. 정용이는 효자로서 자기 부모님에게도 잘했지만, 마음이 착하여 친구에게도 항상 부드럽게 대하고 욕을 하거나 시비하는 일도 없었다.

나는 수시로 정용이네 집에 들락거리면서 같이 공부도 하고 놀기도 하였다. 그렇게 착하고 공부도 잘하고 운동도 잘하던 정용이가 고등학교 1학년 때 죽었다. 고등학교 1학년 여름방학을 바로 앞둔 1971년 7월 24일, 고향에 살던 친구 상묵이로부터 정용이가 죽었다는 편지를 받았다. 그날의 내 일기장에는 이렇게 적혀있다.

'인생이란 이렇게 허무한가, 그렇게 열성적이던 용이가 저 세상 인간이 되었다니 친우들이 얼마나 놀랐겠는가? 아! 아! 용아, 부디 천국에 가서라도 나를 용서해다오.'

학교에 다니는 동안 안부가 없었던 나를 용서해 달라는 뜻이었다.

1971년 7월 중순경, 주말 마을 백사장에서 4-5년 후배 남학생들이 축구를 하고 있었다. 고등학교 1학년이던 정용이는 그날 어린 동생을 업고

자기 집에서 백사장으로 내려왔다. 공을 차는 후배들을 보니 운동을 좋아하는지라 같이 공을 차고 싶었다. 동생을 다른 아이에게 잠시 맡기고, 자기도 공차기에 끼어들어 열심히 공을 찼다.

7월 중순은 날씨가 덥고 장마철이라 습도도 높아서 영양이 부실한 사람이 더운 땡볕에, 그것도 뜨거운 백사장에서 격한 운동을 하면 일사병이나 열사병이 올 확률이 높다. 보릿고개 시절이라 밥도 제대로 못 먹어서 평소에도 영양실조인 데다 후배들에게 지기 싫어서 무리하게 공을 차다보니 순간적으로 일사병이 덮쳐 소리없이 백사장에 쓰러지고 말았다.

일사병으로 쓰러진 사람은 즉시 그늘로 옮겨서 열을 식히고, 환자의 가슴과 입을 열어 손으로는 가슴을 지압하고 입에 숨을 불어 넣어 인공호흡을 시켜야 한다. 우리가 학교 다니던 시절, 여름에 아침조회를 하다 보면 꼭 한두 명 정도가 일사병으로 쓰러지는 경우가 있었는데 선생님들이 응급조치를 하면 대부분 깨어났고, 죽는 경우는 없었다.

만약 정용이가 친구들과 운동하다가 쓰러졌다면, 친구들이 필요한 조치를 했겠지만 4-5년 후배들과 운동을 하다가 갑자기 쓰러지니, 후배들은 선배를 두려워하는 경향이 있고, 쓰러진 이유도 모르고, 그에 대한 조치도 모르다보니까 대책 없이 내버려 두어 용이는 손 한 번 쓰지 못하고 백사장 위에서 숨을 거두었다.

너무나 허망하고 안타까운 죽음이었다. 효자박명인가? 하늘도 무심하고, 땅도 무심하다. 친구인 나도 그렇게 허무했는데 그 부모와 형제들은 어떠했겠는가? 나중에 들은 바에 의하면, 정용이 바로 밑 남동생인 '천만'이도 20대 후반에 스스로 생을 정리하여 세상을 떠났다는 소식을 들었다. 믿었던 형이 떠난 세상에 절망하여 형의 뒤를 따라간 것이리라.

정용이가 살았다면 나와 동기로서 좋은 우정 친구, 인생 친구가 되었을 것이다. 정용아! 다음 번에는 좋은 곳에 환생하여 못다 피운 너의 꿈을 이루거라! - 2023. 11.

춘근이

1971년 1월 10일, 영해고등학교 원서 마감일인데, 나는 원서를 내지 않고 진학을 포기하였다. 우여곡절 끝에, 그해 1월 30일이 마감인 2차 실업계 원서를 내기 위하여 대구 봉덕동 효성여자대학교 근처에 사는 작은이모 집으로 갔다. 그때 작은이모 집에서 춘근이를 만났다.

춘근이는 중학교 3학년 졸업반이었으나 나보다 나이가 한 살 많았다. 본처가 사망하고 작은이모와 재혼한 이모부의 전처 자식 1남3녀 중 장남이었다. 대구에서 나고 자랐으므로 세상 돌아가는 눈치가 나보다 한 수 높았다. 대구에서 3년간 고등학교를 졸업할 때까지 춘근이의 신세를 많이 졌다. 춘근이는 봉덕동 소재 대성공업고등학교에 입학하였고, 나는 상고를 선택해서 대명동에 위치한 협성상업고등학교에 입학하였다.

한 달 보름 정도 이모집에 있다가, 3월 초에 대구교육대학교 인근에 있는 하숙집으로 옮겼다. 이모집에서 지낼 때, 이모집에서 셋방 살던 강원도 정선이 고향인 박 씨 아저씨에게 딸 둘이 있었는데, 큰딸은 '영애'로 15-6살쯤이고, 둘째 딸은 홍연이로 14-5살이었다. 홍연이와 인사를 할 때, 내 이름이 '근희'로 여자 이름과 비슷해서 '한대식'이라고, 고향의 집안 형님의 이름을 차용한 기억이 있다.

'홍연'이는 얼굴이 귀엽게 생긴 여학생이었다. 그 홍연이가 나를 좋아한다고 춘근이가 알려주었다. 이모 집에 있을 때 서로 호감을 갖고 교제를 하였으나, 홍연이 가족이 이모 집을 떠난 후에 춘근이와 함께 홍연이의 학교 등을 찾아다니며 여러번 연락을 취하였으나, 마음이 변한 홍연이의 거절로 실패로 끝났다. 고등학교 3년간 춘근이는 나와 함께 많은 시간을 보냈는데, 밭네미에 놀러 온 적도 있었다.

고등학교 2학년 10월 어느날 저녁, 같은 학교 2학년 실업반에 다니던 영해중학교 출신 '권찬선'이가 나를 보고, '명덕로타리' 인근 친구집에 놀러가자고 하였다. 그날 저녁에 찬선이를 따라서 명덕로타리 옆 상호불명의 '페인트 상회' 뒷방에 들어가니, 우리보다 한두 살 더 많은 듯한 노가다 스타일의 5-6명의 청년들과 찬선이가 인사를 하고, 나에게도 인사를 시켰다. 5-6명이 둘러앉아 화투를 꺼내어 바닥에 까는데, 가만히 보니 도박을 하는 것이었다. 일명 도리짓고땡으로 판이 큰 것이 장난이 아니었다. 판돈이 몇만 원씩 왔다갔다 했다. 나는 찬선이 옆에서 구경만 했다.

찬선이가 빨리 끝내고 돌아가기만을 기다렸는데, 7시경부터 시작한 노름이 밤 10시쯤 되었을 때, 찬선이가 제법 돈을 딴 것 같았다. 10시쯤 찬선이가 변소에 갔다 온다면서 나가서는 소식이 없었다. 찬선이가 도망간 사실을 눈치챈 나머지 5-6명이 내가 찬선이와 공모했다면서 페인

트와 공구 등을 쌓아둔 점포 뒷마당으로 끌고 갔다. 나는 찬선이가 인질로 남기고 간 희생양이었다.

뒷마당은 건물 안쪽이라 골목보다 더 적막한 곳으로 쥐도 새도 모르게 죽을 수도 있었다. 5-6명이 나를 둘러싸고 손과 발로 무자비하게 폭행하였다. 가만히 있으면 맞아 죽을 것 같아서, 나는 쓰러지면서 양손으로 머리를 감싸면서 "사람 죽는다."고 비명을 지르면서 "내가 책임지고 내일 찬선이를 데리고 오겠다.", "내가 찬선이를 설득하겠다."고 사정사정했다. 그들이 "너희 학교와 학년을 알고 있으니까 내일 저녁 6시까지 찬선이를 데려오지 않으면 학교에 가서 응징하겠다."고 단단히 협박하고는 풀어주었다. 나는 '네놈들이 설마 벌건 대낮에 우리 학교에까지 와서 행패를 부릴것인가?' 하는 배짱으로 찬선이에게 같이 가자는 말도 하지 않은 채 무시해버렸다.

이틀쯤 뒤, 오후 5-6시경 하교하는 학생들 40-50명과 함께 교문을 나서는데, 교문 왼쪽 골목 입구에 노름패들 5-6명과 함께 10여 명이 나를 기다리고 있었다. 그냥 나가면 납치되어 크게 당할 것이므로, 일단 학교에 다시 들어와서 뒷문으로 나가 경북여상 교문으로 도망하였다. 경북여상과 우리 학교는 바로 앞뒤에 붙어 있었다.

다음날도 학생들 속에서 골목 쪽을 보니 10여 명이 기다리고 있으므로 어제처럼 도망을 했으나, 더 이상 가다가는 큰일이 생길 것 같아서 춘근이에게 도움을 받기로 했다. 춘근이에게 사정을 얘기하고 도와달라고 하니까 걱정하지 말라고 하였다.

이튿날 춘근이가 봉덕동 건달패 10여 명을 데리고 우리학교 정문 앞쪽 교대 골목에서 기다리고 있었다. 내가 교문에서 나가니까 노름패 10

여 명이 나를 알아보고 바로 다가왔다. 춘근이패 10여 명도 나에게 다가왔다. 춘근이가 노름패들에게 제의해서 협상이 시작되었고, 노름패들이 더 이상 나를 괴롭히지 않겠다는 약속을 하고 물러갔다. 사실 나는 죄가 없었다. 모든 것은 찬선이의 농간이었다.

고등학교 3학년 초, 대구 비산동에 있는 전파사에 근무하던 춘근이가 이웃에서 '낙원의상실'이란 양장점을 하던 '이서원'이란 여성을 알게 되어 소개해 주었다. 이서원 씨는 연안이씨로 나보다는 두 살, 춘근이보다는 한 살 많은 갑오생이었다. 그후 춘근이와 나는 '서원 누님'과 자주 만나 술과 밥을 얻어 먹는 등 많은 신세를 졌다. 고등학교 졸업 후 몇 년간 춘근이를 못보다가, 1982년 9월 내가 대구로 인사이동이 된 후 춘근이를 다시 만났다. 그때 춘근이는 영남대학병원 건너편에 살면서 전파사를 운영하였다.

몇 년 뒤, 춘근이는 이모집에서 멀지 않은 봉덕동에서 에어컨과 김치냉장고 대리점을 운영하는 등 나름대로 사업을 잘하였다. 범어2동 70번 도로변에 살던 1994년 8월, 수십 년 만에 닥친 폭염에 아침부터 한밤중까지 더위에 시달리다가 춘근이에게 에어컨을 주문하였다. 전기세는 배가 더 나왔으나 그 상쾌함과 시원함에 에어컨 좋은 줄 처음 알게 되었다.

그 후에도 춘근이와 여러번 길흥사에서 만나는 등 인연을 이어갔으나, 근래에 와서 매우 적조하였다. 춘근아, 언제 한 번 만나 술 한잔 하자! - 2023. 11.

서원 누님

1973년 3월 초, 아직 완전한 봄이 오지 않아 쌀쌀한 날씨가 겨울을 연상케 했다. 그때 나는 실업계 고등학교 3학년에 재학 중이었다. 대구 비산동 전파사에 다니던 친구 '춘근'이가 저녁에 가게에 놀러 오라고 했다. 당시 자취하던 때라 밖에서 한 끼 때우는 것이 덕이었고, 실업계 3학년은 부담 없이 놀 수가 있었다.

그때 춘근이가 전파사 이웃에서 낙원의상실을 경영하던 '서원' 누나를 소개해 주었다. '서원' 누나는 연안 이 씨이고, 20살로 춘근보다는 한 살 많고 나보다는 두 살 많았다. 키는 155-6cm 정도로 작았으나, 얼굴에 기품이 있어 단단하고 야물어보였다. 그날, 서원 누나가 저녁을 샀는데 시원한 맥주도 몇 잔 마셨다.

그 이후, 매번 만날 때마다 누나가 술과 밥을 샀다. 춘근이도 월급을 받지만 적어서 여유가 없었고, 나는 생활비조차 모자라는 자취생이라 만날 때마다 누나에게 기대는 수밖에 없었다. 그래서 항상 누나에게 미안하고 고마웠다. 배고픔에 시달리던 자취생 입장에서는 맛있는 음식을 사주는 사람이 최고였다.

나는 누나와 춘근이가 사귀는 줄 알았다. 한 살 차이는 충분히 그럴 수 있는 것이다. 그런데 가만히 보니 그것이 아니었다. 춘근이는 누나가 좋아서 따라다녔지만, 누나는 일정한 거리를 두면서 춘근이를 만났다. 나는 두 살이나 차이가 나므로 처음부터 '누님'이라고 깍듯하게 예우하였다. 그렇게 1여 년 정도 만났는데 누나는 우리를 친동생처럼 따뜻하게 대해주었다.

1974년 2월 13일, 나의 고등학교 졸업식이었다. 서원 누나와 누나 친구, 태국이 등 세 사람이 꽃다발을 들고 졸업식장을 찾아주었다. 네 사람은 사진관에서 졸업 사진을 찍었는데 지금도 보존하고 있다. 친누나와 형제들, 자형, 이종 형제들, 친구들 중 어느 누구도 졸업을 축하해 주지 않았는데, 피 한 방울 섞이지 않은 맺은 누나가 꽃다발까지 들고 와서 축하해 주고, 사진관에 가서 졸업사진까지 찍어주고, 회식까지 시켜주니 어찌 고맙다 하지 않겠는가? 졸업식 이후, 누나에 대한 관심은 존경과 흠모에서 점점 사모하는 마음으로 바뀌어지면서 나는 고향에 내려가서는 대구에 올라오지 않았다. 누나에 대한 내 마음을 들키고 싶지 않았기 때문이다.

1975년 1월부터 공무원 시험에 몰두하면서 두문불출하였으나, 주위의 영향으로 시험공부는 별 진전이 없었다. 학원이라도 다녀볼까 해서 졸업 후 1년이 지나서 대구에 올라왔다. 봉덕시장 뒤편에서 여관을 운영하던 이모님 집에서 한 달간 신세를 졌다. 1975년 2월 말경 대구에 올라오자, 나는 다시 서원 누나를 만나기 시작했다. 늦바람이 드니까 감당하지 못해 매일 만나러 갔다. 공부하러 왔다는 놈이 책은 한 페이지도 안보고 매일 누나의 궁둥이만 따라다녔다. 1975년 3월 12일 내 일기의 한자락을 보자.

'여자에 어리석은 인간이 되지 않겠다. 결코 비굴한, 졸렬한, 치사한 인간은 되지 않겠다. 오늘 이후, 약속을 지키지 않을 땐 다시는 낙원을 찾아가는 과오를 범하지 않으리라. 내가 먼저 찾아가는 무지를 범하지 않으리라. 남자의 체면과 긍지를 걸고 굳게 결심하는 바이다.'

당시 나는 누나를 사모하는 단계로 넘어가는 과정이었다. 그러나 누나에게 나는 아직 풋내기 어린애였다. 나에게 도피처가 필요했다. 그때 선산농촌지도소 해평지소에 근무하던 자형이 해평지소의 숙직을 선담하면서 지소 사환을 하면 어떻겠느냐는 연락이 왔다. 찬물 더운물 가릴 일이 아니었다. 1975. 3. 26부터 1975. 5. 31까지 2개월 1주일간 해평지소 사환으로 근무하였다. 낮에는 지소의 공문을 면사무소, 경찰지서, 우체국, 농협 등에 돌리고, 밤에는 당직실에서 숙직을 하면서 법원공무원시험 공부를 했다.

애초 약속한 한 달 15,000원의 당직비 겸 봉급은 한 푼도 받지 못했다. 그래도 '고진감래면 홍진비래'라는 옛말과 같이 고생을 이기고 그해 법원공무원시험에 우수한 성적으로 합격했으므로 당직비 이상의 성취를 이룬 것에 만족한다. 무엇보다도 '서원 누님'에 대한 열정을 식히고 공부에 전념하는 전화위복이 되었다는 점이다. 공무원이 되어 지방으로 전전하다보니 누나와의 연락이 끊기었다.

1979년 4월 26일, 방위병 휴가를 얻어 대구 평리동에 사는 큰이모의 장남 유재학 형님을 뵈러 갔다가 오는 길에 누나가 운영하던 의상실 앞을 지나게 되었다. 그때 점포가 바뀐 걸 보니 새삼스럽게 낙원 의상실 시절과 누님이 그리웠다. 1979년 11월 27일, 방위 제대를 하고, 그해 12월 7일 대구법원에 복직원을 내려고 올라왔을 때, 구미에서 4일, 부산에서 4일을 여행하였다.

그때 구미에 살던 누나와 5여 년 만에 연결이 되어 누나의 자택에서 해후하였고, 누나의 남편인 이 모 형님에게도 인사를 드렸다. 1986년 1월, 강추위가 찾아와 영하의 날씨에 떨던 어느 날, 구미에 사는 누나가 갑자기 연락을 해서 그날 저녁 밀양에 오겠다고 했다. 그날 저녁 6시경, 밀양역에서 누나를 모시고 와서 아내에게 처음으로 인사를 시켰다. 저녁을 먹은 후 밀양역에 다시 가서 누나를 설득하여 구미에 보내기로 하였다. 옛날에는 내가 누나의 짐이었지만, 이제는 누나가 나의 짐이 되었다.

밤 10시경, 역 인근 건물 2층 카페에서 몇 시간에 걸쳐 누나와 나는 지난 인생을 고백하고 토론하였다. 누나가 25살이 된 1978년, 지금의 남편인 이 형을 만나 강간을 당해 임신을 하게 되자, 어쩔 수 없이 사랑없는 결혼을 하였다고 한다. 첫째, 둘째, 셋째 아들을 낳으면서 사랑없는 결혼생활을 계속 하던 중, 점점 회의가 들고, 남자들에게 치이며 살다보니 삶에 대한 불신에 종교에 빠져들고, 결국 이혼을 결심했다는 것이다. 더군다나 남편은 노골적으로 바람을 피우고 누님에게 수시로 폭력도 행사한다고 했다.

그후 누나는 남편과 이혼하고 설악산으로 들어가 불교에 귀의했다는 이야기를 들었고, 우리 가족이 대구 신매동에 살던 2001년 가을경 15여 년 만에 다시 재회하였다. 이듬해 5월, 햇살이 따뜻한 신록의 계절에 누님과 우리 가족, 영식이 가족이 누님의 지인으로 하동 쌍계사 인근에 사는 호복이 집을 방문하게 되었다. 그때 누님의 또 다른 의동생 동희도 만나서 서로 인사를 하였다.

누님은 2002년 봄 하동에서 만난 후 몇 번 더 교류를 하다가, 결혼한 우리에게 부담이 되었던지 2003년 이후부터 소식이 없다. '서원 누님'은 내 인생에서 긴 시간 동안 인연의 끈이 연결 되었던 가슴 아픈 사람이다. 한때 내 어린 영혼을 움직이던 지존 같던 여인이었다.

누님이 저버린 가족에 대한 슬픔과 상실된 모성의 크기만큼, 추구하는 종교의 가르침으로 아픔이 치유되시길 진심으로 기원한다.

"누님, 부디 건강하시고 행복하십시오." - 2023. 11.

1등의 전설

    나는 고등학교 3학년이던 1973년 10월까지, 초등학교 6년, 중학교 3년, 고등학교 3학년 동안 학교 성적이나 과외 활동에서 한 번도 1등을 해본 적이 없었다. 네댓 살 때 한글을 익히고, 대여섯 살 때부터 큰아버지 댁에서 새농민 잡지 등을 읽었지만, 학교 공부란 산수도 있고, 과학도 있어서 누가 체계적으로 잡아주지 않으면, 당시 한 반에 60-70여 명이던 학생 중에 1등을 한다는 것은 어려웠다.

    초등학교 다닐 때부터 가장 문제가 되는 것은 산수와 과학이었다. 국어나 사회, 국사 등은 암기과목이라 시험 일자가 다가오면 무조건 외우고 이해하면 되지만, 산수나 과학은 암기만 해서는 안 되고, 원리를 분석해야 하는데, 초등학교 2-3학년까지는 따라가지만 4학년을 넘어서면 따라갈 수 없다. 말 그대로 수포자나 과포자가 될 수밖에 없다. 초등학교 1-3학년 때는 10% 이내의 등수에 들어갔지만, 그 후 1년에 20-30%

이상 결석률이 높다 보니 자연히 공부와 멀어지게 되었다.

옛날에는 중학교에 자동으로 입학할 수 없고, 입학시험에 합격해야 입학할 수가 있었다. 초등학교 졸업생보다 중학생 수가 많이 적고, 의무교육도 초등학교까지였다. 6학년이 되면 중학교 입학시험에 대비해서 희망자에 한하여 야간에 과외수업을 하였다. 과외 수업을 받으면서 모자라던 과목의 기초실력을 높힌 관계로 입학시험에 상위권에 들어갈 수 있었다. 그래서 중학교 때는 공부를 더 열심히 해 보기로 마음을 다져먹었다.

그러나 중학교 때 다시 암초를 만났으니 영어과목이다. 기초에 대한 사전 교육이 없었는 데다, 부모님과 다툼이 많아서 결석이 잦다 보니 진도를 따라갈 수 없어서 영어공부도 헛돌 수밖에 없었다. 그러다 보니 중학교도 시험 때가 되면 암기로 따라잡을 수 있는 국어, 국사, 사회 등에 치중할 수밖에 없었다. 수학이나 물리 등 공식이 필요한 과목이나 문법이나 회화 등 활용 공부가 필요한 영어는 좋은 성적이 나올 수 없었다. 그래도 중학교 동기들을 만나보면, "근희야, 너는 중학교 때 결석을 많이 해도 시험성적은 잘 나오는 게 신기하더라."는 말을 들었다.

암기과목 성적은 90점 이상으로 월등하고, 수학, 물리, 영어 등도 기본적인 공부만 해도 60점 정도는 나오므로 전체 성적은 항상 10% - 20% 이상은 유지하였다. 그나마 고등학교를 인문계에 들어갔으면 이를 악물고 수학, 영어를 기초부터 다시 시작해 볼 것인데, 상업학교에 가다 보니, 학교에서 취업과목인 주산, 부기, 타자 등에 치중하므로, 국어, 영어, 수학 등 진학과목은 도저히 인문계 고등학교를 따라갈 수 없었다. 더군다나 주산, 부기, 타자도 내 적성과는 맞지 않아서 이래저래 먹고 살 방법이 없었다.

상업고등학교에 가서야 꼼꼼이 따져보니, 내 적성에 맞는 과목은 국어, 사회 등 인문계열이지 수학이나 부기 등 상공계열은 아니었다. 고등학교를 잘못 들어갔다는 후회가 절로 들었다. 이제와서는 대학 진학공부도 늦었고, 금융권회사의 취직도 물 건너갔다는 자괴감에 될 대로 되라는 자포자기에 빠져 고등학교 2학년을 마쳤다. 그래도 학교성적은 상위 10%를 유지했으므로 3학년 여덟 개 반 중 취직계 우수반인 3학년 4반, 진학계 우수반인 3학년 8반 중 희망대로 3학년 8반에 배정되었다. 말이 우수반이지 수업내용은 다른 반과 별 차이가 없었다. 다만 우수반이라 분위기가 좋아서 무난한 1년을 보내게 되어 마음만은 편안하였다.

3학년 2학기인 1973년 9월 말이었다. 3-6반 담임이고, 국어 담당인 키 180㎝가 넘는 이호천 선생님이 나를 보고, "오는 10월 9일 대구상고에서 치르는 제527주년 한글날 백일장에 너가 산문부 대표로 뽑혔으니 출전하라"고 명하였다. 나는 학교 문예반에 가입한 적도 없고, 글짓기도 자신이 없다면서 빠지려니까, 선생님이 "국어 실력이 좋으니까 그냥 참석만 해라."고 강요해서 마지못해 순응하고 말았다.

10월 9일 오전 10시, 대구상고 강당에서 대구 시내 실업계 고등학교 연합체인 '제2지구 현장장학협의회 위원장인 대구상고 교장의 주최로 실업계 고등학생들의 백일장이 열렸다. 시 부문인 운문부와 수필 부문인 산문부 두 파트로 진행하였다. 대구상고 강당에서 각 실업계 고등학교 대표로 온 백여 명의 학생들이 실력을 겨루었는데, 나는 그때까지 일기만 써보았지 논문이나 수필 등을 작성해 본 적은 없었다.

당시 산문부 제목은 '세종대왕'이었다. 나는 국어와 국사를 좋아하므로, 고등학교 국어 고문에서 배운 '훈민정음'의 서문 '나랏 말쓰미 중국에 다라 서로 사맛지 아니할세'로 시작되는 훈민정음 서문 전체를 서두에 쓰고, 세종대왕은 한글 창제와 더불어 수많은 서적 발행과 발명품을 개발하여 민족문화의 중흥을 일으켰다고 썼다. 이어서 김종서 등 장군들을 보내어 북방의 영토를 확장하고, 이종무 장군으로 하여금 대마도를 정벌하여 남쪽의 왜구들을 토벌하는 등 5천년 역사상 가장 훌륭한 성군이라고 적었다. 한글 창제로 민족 정체성을 가지게 함으로써, 사대주의를 벗어나 우리나라가 독립하여 현대국가를 세우는데 크다란 공헌을 하였다는 등 역사적 사실을 중심으로 기술하였다.

백일장 14일 후인 10월 23일, 성적이 발표되었는데 내가 산문부 최고인 1등을 차지하였다. 예상치 못한 개인의 영광이고, 개교 후 18년 만에 맞이하는 학교의 영광이었다. 협성상고는 시내 실업계의 명문인 대구상고나 대구공고에 비교하면 격이 약하여, 제2지구장학협의회 백일장에서 지금까지 입선조차 못하였는데, 내가 1등을 했으니까 학교에서도 대단한 자랑이었다.

지금까지 교내 백일장 3년동안 입선조차 한 번도 못했는데, 그해 10월 초에 실시하여 채점을 미루어 둔 교내 백일장에서 자동으로 1등을 주므로, 10월 말 전교생 1,500명이 모인 조회에서 교장 선생님으로부터 두 번이나 1등 상장을 받는 영광을 누리게 되었다. 중요한 것은, 연합회 백일장과 교내 백일장에서 1등을 한 자체가 아니라, 두 번에 걸친 1등이 나에게 강한 자존감과 자신감을 주었다는 것이다. 이 자신감과 자존감은 정신적인 자산으로써 나의 미래에 서광을 가져오게 했다.

1974년 2월에 고등학교를 졸업한 후 고향으로 귀향하였다. 고향에서 후배들에게 공부를 가르치면서 틈틈이 공무원시험을 준비하였다. 공무원 중 '법원공무원' 쪽을 택하여 헌법, 행정법, 민법, 형법, 민사소송법, 형사소송법 등을 암기하면서 독학하였다. 한문이 모자라서 옥편을 놓고 일일이 독해하면서 공부를 하였다.

1974년 7월부터 시작하여 1여 년이 지난 1975년 9월로 시험날짜가 공고되었다. 그때 나는 선산농촌지도소에서 임시직으로 근무하고 있었다. 호적이 1년 늦어 1957. 4. 3.이므로 1975년 4월이 되어야 만 18세로 응시할 자격이 되었다.

1975년 9월부터 1차, 2차로 두 번 시험을 쳤는데 장소는 모두 서울에 있는 동국대학교였다. 1차 시험 합격자 발표 후 한 달 정도 뒤에 2차시험을 치렀는데 2차는 더 자신이 있었다. 그해 연말 합격자 발표에서 대구지역 법원서기보 응시자 15명 중 2등이었다. 군대를 갔다 오거나 원호가족이면 백점 만점에 5%의 가산점을 주는데, 군대에 갔다와서 가산점 5%를 받은 사람이 1등을 했지만 시험성적으로는 내가 1등이었다.

1984년 주사보 승진 시험에도 마산 관내 승진자 20여 명 중 내가 1등이었다. 1990년 사무관 승진 시험에도 전국의 승진자 50명 중 총 점수(시험 70%, 내신 30%)에는 2등이었지만, 내신을 제외한 시험성적은 1등이었다. 아내와 결혼한 후 입학한 한국방송통신대학도 1학년 때에는 요령을 몰라 학점 따기에 급급했지만, 2학년부터 5학년까지 전후반기 모두 평균 B+이상으로 재학생 중 1%에만 해당하는 장학생을 8번이나 연속한 사실도 있다. 1등의 전설은 내 인생에 자신감을 줌으로써 나를 분발하게 한 원동력이 되었다.

1973년 10월, 고등학교 시절도 거의 저물어가는 시점에 우연히 응시

한 백일장에서 1등이 된 것이 내 인생의 변곡점이 된 것이다. 백일장 1등의 전설은, 그때까지 자신의 능력에 대한 회의에 빠져있던 한 소년에게 무한한 가능성을 열어 준 사다리가 된 것이다.

나는 백일장 1등 뒤에, 첫째, 자존감을 갖게 되었다. 나는 가치 있는 인간이라는 자각을 갖게 되었고, 둘째, 하면 된다는 자신감을 갖게 되었다. 셋째, 내 힘으로 인생을 개척할 수 있다는 자력감을 갖게 되었다. 이후, 나의 공직 입문과 승진은 빛을 발하여 최연소인 만 18세에 법원서기보 입사, 만 27세에 주사보 승진, 만 33세에 사무관 승진, 만 41세에 서기관 승진이라는 사법부 일반직 사상 최연소 입사, 승진이라는 대기록을 남긴 것이다.

우리 집에 4가지 보물이 있는데, 1번이 1973. 10. 23. 백일장 1등 상장이고, 2번이 1992. 2 .29. 방송통신대 졸업장이고, 3번이 1990. 7. 1. 법원사무관 승진 임명장이고, 4번이 1998. 1. 11. 법원서기관 승진 임명장이다.

"이호천 선생님, 연합회 백일장에 출전시켜 주셔서 고맙습니다. 실업계 고등학교 출신으로 최연소로 법원서기관까지 진급하고, 현재 전문직인 법무사로 살게 된 것은 모두 선생님 덕분입니다. 선생님, 정말 감사합니다. 만수무강 하십시오." - 2024. 8.

창으로 보는 세월

창을 통하여 세월을 본다. 거실 창을 통하여 마당의 세월을 보고, 교실 창을 통하여 학교의 세월을 보고, 빌딩 창을 통하여 도시의 세월을 본다. 창을 통하여 오늘의 세상을 보듯이, 창을 통하여 어제의 세월을 본다. 보이는 세상은 객관적이나, 보이는 세월은 주관적이다.

우리집 거실 창을 통하여 우리집의 지난 세월을 보고, 자서전 회고록 교육장소인 대구교육대학 상록교육관 11층 창을 통하여 50여 년 전 나의 세월을 본다.

풍경 1. 우리 집 거실

거실 창을 통하여 정원을 본다. 3월초에 피었던 복수초가 지고, 영춘화, 산수유, 생강나무꽃이 노오란 자태를 뽐낸다. 이른 봄에 피는 노란 꽃 3총사다.

만성신부전증으로 사형선고를 받은 복실이가 복수초 지고 난 3월 14일 세상을 떠났다. 복실이가 떠난 정원이 너무나 적막하다. 온 가족이 슬픔에 빠지고, 꽃피는 봄인데도 정원은 생기를 잃었다.

복실이가 아장아장 우리 마당에 온 날이 2016년 3월 13일, 복수초 필 때다. 복실이가 간 날이 2022년 3월 14일로 입양 6년 만에 우리 가족과 이별한 것이다. 34일간 마지막 하루를 빼고는 식사를 못하면서도 6년간 걷던 정원 구석구석을 매일 몇 번씩 힘들게 걷고, 데크 위 꽃창포 키우는 화분과 수돗가 물통에 담긴 물만 마시고도 하루하루 목숨을 이어준 복실이의 생명력이 놀랍고도 신기하다.

떠나고 하루 뒤인 3월 14일, 복실이를 장례식장인 하얀 민들레에서 화장하고, 3월 19일 복실농원 양지 쪽에 묘를 마련하고, 복실이를 사랑하는 사람들과 함께 조용한 이별식을 가졌다. 우리집 첫 입양견인 복실이에게 최대한의 추모를 하고 싶었다. 우리 가족에게 기쁨을 주고 사랑을 준 복실이에 대한 예우였다. 나와 아들 문규가 복실이의 무덤 묘비에 바친 애도사가 다음 두 편이다.

사랑하는 복실아, 우리에게 와주어서 너무 고맙다.

너는 사랑이 무엇인지, 행복이 무엇인지 우리에게 가르쳐주고 떠났구나.

고통없고 이별없는 하늘나라에서 영원히 행복하여라. - '나의 애도사'

사랑하는 복실아, 너의 이름 그대로 너는 우리 가족에게 큰 복이었단다.

너무도 보고싶은 사랑스러운 복실아, 너와 함께한 그 시간을 영원히 기억할게.

다시 만날 그날까지 천국에서 꼭 행복하여라. - '문규의 애도사'

복실이가 떠난 마당에 복길이가 왔다. 의성군 다인면 봉정리 701번지 산골농장에서 풍산개 부부가 낳은 9남매 중 하나로 만사 제치고 2시간을 달려간 아내와 아들의 품에 안겨 생후 52일인 2022년 3월 24일 18:30 경에 우리집 마당으로 들어왔다. 복실이가 살았던 펜스 근방 나무집에 복길이가 주인처럼 자리를 잡았다.

복길아! 우리 곁에 와주어서 너무 고맙다.

복실아! 복길이를 보내주어서 너무 고맙다.

너희 둘은 풍산개라는 동기감응으로 연결된 혼연일체로써 우리 앞에 나타난 것이다.

요즈음 복길이가 아장아장 마당을 산보하는 모습을 보는 재미가 쏠쏠하다. 복길아! 사랑하는 복길아! 이름과 같이 길한 복을 우리 가족에게 많이 주고, 건강하게 오래오래 같이 살자.

우리 아이들의 표정이 밝고 행복해 보인다. 복실이 아플 때부터 복길이 올 때까지 45일간 슬퍼하던 아들의 얼굴에 행복이 가득하고 미소가 넘친다.

우리 집 정원에서 우리가 키우는 순돌이(푸들, 5세), 금동이(말티즈, 5세)와 복길이가 같이 장난치면서 노는 모습이 보기 좋다. 복길이가 와서 복실이의 빈 공간을 채우니 화룡정점이 이루어진 듯 마당이 생기를 찾았다. 우리 가족은 잃었던 웃음을 다시 찾았다.

풍경 2. 상록교육관 11층

아침시간과 휴식시간 잠시잠시 교육관 11층 창을 통해 교육대학 주변 풍경을 보면서, 동시에 흘러간 나의 지난 세월을 본다. 동쪽으로 보면 대학운동장 동, 남향 담장과 영남대학병원(구, 영남대학교) 쪽의 풍경이 보이고, 서쪽으로 보면 명덕로타리 방향으로 시내 쪽이 보인다.

1971년 3월, 고향 영덕에서 교육대학교 인근 협성상업고등학교에 입학하여 대구에 왔다. 대구교대 근처인 대명2동 1959번지에 2인1실의 하숙을 얻었다. 상록교육관 창을 통해 동쪽을 보면 옛날 하숙집이요, 서쪽을 보면 옛날 다니던 고등학교(현 대구예술고등학교)가 보인다. 51년이 지났지만 학교는 옛날 모습 그대로이다

하숙집 주인의 가족은 60세 전후의 할머니와 군대를 막 제대한 26-27세의 영남대학교 2학년 김삼천 형으로 단출하였다. 교육대학 운동장 동쪽 담장에서 언덕으로 작은 골목길이 나있고, 그 초입에 위치한 하숙집으로 골목 아랫길에는 오른쪽으로 교대 담장이 있고, 왼쪽으로 단층으로 만화방, 구멍가게, 세탁소 등 낡은 회색빛 건물들이 줄지어 있었다. 그 길을 똑바로 가면 '저 하늘에도 슬픔이' 라는 영화에 나오는 이윤복이 사는 대명동이 나온다.

나는 동네 만화방에서 당시 유행하던 무협지 시리즈와 만화책을 수없이 빌려보았다. 교육대학 담장을 무단으로 넘어간 일도 부지기수다. 학교에 갈 때는 하숙집에서 지금 교육대 정문 앞 골목을 지나 교대 옆 골목으로 돌아나가면 우리 학교 정문이 나오는데 걸어서 7-8분 거리였다.

1학년 3-4월 어느 비 오던 날, 하교해서 하숙집으로 돌아오는 길에

배수구에 빠져 울고 있는 아기 고양이를 구해서 하숙집에서 일주일 정도 키우다 도망간 일, 한방을 쓰던 교대 1학년 영덕 출신 형님, 옆방 포항 흥해 출신 교대 2학년 누님들과 바둑을 두던 일, 주인집 청마루에서 난생처음 본 전축으로 백년설, 남인수, 오기택의 노래를 배우던 일, 바닷가 고향에서 쓰던 욕설로 주인 할머니에게 대들다가 아들 삼천 형에게 귀싸대기를 맞은 일, 학교에서 늦은 봄 앞산으로 송충이를 잡으러 가고, 10월 가을에는 앞산으로 백일장을 가던 일, 친구와 교대 정문 꽃밭에서 교련복을 입고 사진을 찍던 일, 학교 운동장에서 교련 훈련을 받고 옛날 영남대학교 운동장에서 열병식을 하던 일 등이 어제 일 같이 떠오른다.

교육관 11층 창을 통하여 옛날 하숙집 쪽을 바라보니 골목과 단층 하숙집을 포함한 수백 채의 동네가 통째로 사라지고, 수십 층의 고층 아파트가 우거진 밀림과 같이 즐비하다. 한마디로 천지개벽이다. 10여 년 전 아내와 아이들을 데리고 하숙집과 모교를 둘러봤을 때는 내가 학교 다니던 그때와 변한 점이 별로 없었는데 10여 년 만에 완전히 천지개벽하였다.

다시 11층 서쪽 창을 통해 모교 쪽을 바라보면서 지나간 세월을 돌아본다. 청운의 꿈을 안고 15년간 살아온 고향을 떠나 고등학교를 다니는 3년 동안 1년은 하숙, 2년은 남대구우체국 뒤편 언덕바지 대명8동에서 자취를 했다. 반찬이 없어 주인집 시래기를 훔쳐 먹은 일, 옆방 포항출신 아주머니로부터 갓 담긴 햇김치와 겉절이 등을 얻어먹던 일, 어설픈 실력에 연탄불로 밥을 익힌 후 연탄집게로 뜸을 들여 맛있게 하고, 된장에 멸치 등을 넣어 된장국을 해먹던 일, 시골 장학금이 떨어져 옆방 여

학생에게 5원, 10원을 빌려 쓴 일, 협성중학교 옥상에서 태권도를 배우던 일, 실업계 고등학교 연합체인 제2장학협의회에서 주관한 제527주년 한글날 기념 백일장에서 1등을 하여 전교생 1,000여 명이 모인 운동장에서 상장을 받던 일 등이 지난 세월의 풍경으로 살아난다.

교실 안 창문으로 명덕로타리 부근에 진행 중인 십만 평 이상의 재개발 현장을 바라보니, 추후 대규모 아파트단지로 변모될 모습이 보인다. 아파트 일색의 재개발만이 도시의 정체성에 좋은 것인지? 깊은 회의에 빠진다. 50여 년 전 정들었던 대명동, 대봉동이 일률적인 대규모 어파트단지로 변하고 있는 현장을 바라보니, 아름다운 옛 풍경과 옛 추억을 도둑맞은 듯 슬픔에 젖는다. 세상의 변화를 막을 수는 없지만 미래에 다가올 풍경이 아름다우면 얼마나 좋을까? 거실창이나 교실창을 통하여 옛 세월을 돌아보고, 다가올 더 아름다운 세상을 기다린다.

이 글을 쓰는 동안 언론에서 금년 83세인 원로가수 오기택 선생이 별세했음을 알린다. 51년 전 하숙집에서 LP로 듣던 오기택 선생의 '고향무정', '영등포의 밤', '우중의 여인' 등 내가 애창하던 명곡이 귓가에 흐른다.

삼가 오기택 님의 명복을 빈다. - 2022. 3.

샛길

내 고향은 읍에서 십 리 정도 떨어진 작은 해변마을이다. 해변가 바위 근처에 봄이면 갯기린초와 해당화가 피고, 가을이면 해국과 갯메꽃이 피어났다. 마을 앞은 바다가 가로막고, 뒤에는 해발 200여 미터의 가파른 산이 막고 있어, 뒷산 꼭대기의 재를 넘어 다시 십여 리를 더 가야 시장이나 학교에 갈 수 있었다. 어른들이 재까지 오르는 데는 20여 분 정도, 어린 학생들은 30분 이상 걸렸다. 어른들은 산을 가로질러 만든 30도 경사의 큰길로 다녔지만 학생들은 산 아래에서 중간까지 일직선으로 연결된 70-80도 경사의 좁은 샛길로 다녔다.

샛길은 경사가 가파르고 돌이 많아서 넘어지고 미끄러져서 다치는 일이 많았다. 안전한 큰길보다 가파른 샛길로 가려면 더 조심하고 신경을 써야 사고 없이 통과할 수 있다. 우리 인생도 샛길을 이용하여 남보다 먼저 목적지에 도착하려면, 그만큼 더 준비하고 노력해야 샛길의 여러 고비에서 기다리고 있을 위험을 넘기고 살아남을 수 있다.

나는 대구에서 실업계고등학교를 만 17세에 졸업하였다. 늙으신 아버지의 경제적인 여건때문에 수업료가 비싸고 돈이 많이 들어가는 사립대학은 갈 여건이 안 되고, 실업계고등학교에서 배운 실력으로는 국립대학은 언감생심 역부족이라 샛길로 선택한 것이 공무원시험이었다. 당시 내가 선택한 법원공무원 시험은 만 18세부터 응시자격이 있었다. 고등학교 졸업 후 2년을 준비하여 1975년 9월에 시행한 시험에 만 18세에 합격하여 다음 해 3월에 발령을 받았다.

1985년 결혼한 후 이듬해 3월 방송통신대학 법학과에 입학하여 1992년에 졸업하였다. 방송대 1-2학년은 교양과 전공과목이 반반이고, 3-5학년은 전공과목 위주로 편성되었다. 입학 때 7급 계장으로 당시엔 회식이 잦아 직장 일과 병행하여 공부하기가 쉽지 않았다. 방송대 수업은 먼저 방송으로 진행하는 강의를 듣고, 매 학기말에 1주일 정도 출석 수업을 했다. 그때 치르는 필기시험과 중간에 제출하는 과제물을 70점으로 하고, 출석수업 시 시험을 30점으로 하여 총점을 주었다. 그 평점이 엄격하여 방송대 입학생 중 5학년까지 이수하여 졸업하는 학생은 5%도 채 되지 않았다. 나도 1학년 때는 경험부족으로 영어와 국어를 60점 이하인 F학점을 받아 5학년 이후 재이수를 받은 관계로 졸업이 1년 늦었다.

2학년 때부터는 1학년 때를 교훈 삼아 분발하고 노력하여 5학년까지 4년간 한 학기도 놓치지 않고 B+이상을 받아 장학생으로 공부하였다. 법학과 학생은 학년 당 1,000여 명으로 약 5,000명이고, 그중 1%인 50명 정도가 장학생이었다. 나는 장학금보다 1%에 들어간다는 자긍심 때문에 계속 분발하였다. 1990년 사무관 승진 시험에 성적으로는 합격자 50

명 중 1위에 올랐다. 밀양지원이 생긴 이래 사무관 승진자가 처음 나와서 화제가 되었다. 사무관 승진시험의 우수한 성적은 방송대학을 다니면서 열심히 공부한 대가였다.

길에만 샛길이 있는 것이 아니라 우리 인생에도 샛길이 있다. 샛길은 큰길로 통하는 작은 길 혹은 지름길을 말한다. 차를 운전하여 목적지를 가기 위해 네비게이션을 작동하면, 큰길도 있고, 이면도로도 있고 골목도 지나서 목적지에 도착하듯이, 인생에도 목적지에 도착할 때까지 수많은 샛길이 있다. 내가 직업을 먼저 갖고 공부를 한 것도 따져보면 인생 샛길을 이용한 것이리라.

공무원 생활 22년째인 1998년에 서기관으로 승진할 때, IMF라는 험난한 경제적 파도가 닥쳐 대마불사를 자랑하던 유수한 은행과 대기업들이 줄줄이 도산하여 수많은 은행원들과 회사원들이 일자리를 잃고 사회와 가정이 무너지는 참담한 사태가 발생하였다. 내가 상업고등학교를 졸업할 때, 동기 몇 명은 고액연봉을 받는 은행이나 금융권에 취업하여 큰 부러움을 받았으나 이때 대부분 직장을 잃었다. 남들은 직장이 없어지거나 구조조정으로 쫓겨나는데 서기관까지 승진하고 생존할 수 있었던 것은, 인생 샛길을 이용하여 세상의 흐름에 유연하게 대처했기 때문이리라.

성공의 3대 조건은 재능, 운, 가족의 희생이라고 한다. 나는 재능은 모자라지만 시대의 운과 아내의 내조가 큰 힘이 되었다. 특히 방송통신대학은 아내의 적극적인 요청에 의하여 시작하였다. 그 후 10여 년 동안 사무관, 서기관까지 승진을 거듭하였으니, 누가 뭐라고 해도 내 인생의 샛길을 열어준 아내에게 감사해야 할 것이다.

IMF 후에 나는 다시 한 번 사고의 전환을 하였다. 공무원으로 정년까지 근무하여도 연금 몇 푼 더 받는 것 외에 별다른 이점이 없으므로, 다시 한 번 샛길로 빠져 인생 후반전에 도전해 보기로 했다. 당시 어떤 글에서 읽은 '솔개의 선택'이라는 글도 참고가 되었다. 솔개는 가장 장수하는 조류로 약 70세의 수명을 누릴 수 있는데, 장수하려면 약 40세가 되었을 때 고통스럽고 중요한 결심을 해야만 한다.

솔개가 40세 정도가 되면 발톱과 부리와 깃털이 노화하여 사냥감을 잡을 수 없게 된다. 이 때 솔개에게는 두 가지 선택이 주어진다. 그대로 죽을 것인가 아니면 반년에 걸친 고통스러운 갱생과정을 수행할 것인가? 갱생의 길을 선택하면 솔개는 먼저 산 정상 부근으로 높이 날아올라 그곳에 둥지를 지어 고통스런 수행을 시작해야 한다.

먼저 바위를 쪼아 부리가 깨지고 빠지게 만든다. 그러면 서서히 새로운 부리가 돋아나는 것이다. 그런 후 새로 돋아난 부리로 발톱을 하나하나 뽑아낸다. 새로 발톱이 돋아나면 이번에는 날개의 깃털을 하나하나 뽑아낸다. 이리하여 약 반 년이 지나 새 깃털이 돋아난 솔개는 새로운 모습으로 변신하여 힘차게 하늘로 날아올라 30년의 수명을 더 누리게 된다는 글이다.

나는 솔개의 각오로 조직이란 묵은 깃털을 털어내고 자기성취적인 인생 후반전에 도전하기 위하여, 서기관 승진 2여 년 후인 2000년 중반, 집의 나이 45세 때 남들이 부러워하는 법원서기관 직을 과감히 버리고 명예퇴직을 하였다. 퇴직 후 20여 년 동안 집행관, 법무사로 일해 오면서 나름대로 실력도 인정 받았고, 고객도 조금씩 증가하여 전문직으로서 어느 정도 기반을 잡았다. 무엇보다 시간에 쫓기지 않고 유연하게 근무할 수 있고 하고 싶은 운동과 취미 생활도 병행하면서 나만의 시간을 즐기면서 살고 있다.

　20대부터 청, 장년시절을 빠르게 달려오다가, 이제 60대 후반 인생의 저녁에 도착하였다. 옛날을 회상하니, 지금도 무거운 등가방을 메고 높은 샛길을 뒤뚱뒤뚱 올라가는 7살 꼬마가 떠오르고, 어린 나이에 공직에 입문하여 고뇌하고 힘들어하던 풋내기 청년이 떠오른다. 이제 넉넉한 휴식이 있는 저녁을 맞이하여, 옛날의 풋내기 그 청년을 불러내어 "고생했다. 그래 이만하면 잘 살았다."는 격려와 위로의 술 한 잔을 드리고 싶다. - 2022. 6.

시늘 친구 영일이

영일이는 사진2리 시늘 출신이고, 갑오년 말띠로 나보다 2살 많다. 1962년 영해초등학교에 입학한 동기생으로 영해초등학교와 영해중학교를 같이 다녔다. 당시 우리 마을 밭네미는 초등학교에 입학한 남학생이 나와 정용이, 국광, 재훈 등 4명뿐이었으나 사진2리는 황영일, 하태진, 김용호, 백순길, 한석창, 김무은, 김명하, 박영식 등 우리 마을보다 두 배나 더 많았다.

시늘에서 초등학교와 중학교를 같이 한 동기 중 친했던 친구는 같은 반을 하였던 김무은과 하태진이었지만 중학교를 졸업하고 떨어져서 각자 다른 곳에서 살다보니 시늘 친구들도 대부분 소식이 멀어졌다. 대구에 사는 영일이는 사십 대 초반에 다시 만나 지금까지 친하게 지내고 있다.

영일이는 한쪽 다리를 약간 전다. 자세히 보지 않으면 모를 정도로 극히 미세하게 전다. 그래도 영일이는 동기 친구 중 제일 성격이 밝고 사교성이 좋다. 성격이 좋아서 친구들 사이에 다리도 잘 놓고, 연락도 도맡아서 한다.

초등학교 6학년 2학기였다. 중학교 입학시험을 준비하기 위하여 야간 수업을 받았다. 우리 마을에는 야간 수업을 하던 아이는 나밖에 없었고, 시늘 친구는 6-7명이 있었다. 나는 혼자 밭네미 산길 5리를 갈 수가 없어서 시늘재까지 동행했다가 시늘재에서 산 정상을 1키로 정도 걸어서 밭네미 재에서 고향 마을로 내려왔다.

12살 어린 소년이 문바위골의 귀신소리 같은 골바람을 들으면서 조심조심 숨죽이며 걸어가던 생각이 난다. 어른도 밤에 혼자 가는 산길은 겁이 나는데 어린 꼬마가 얼마나 두려워겠는가? 밭네미 재 부근에서 마중 나온 부모님이 "근희야!" 하고 나를 찾는 소리가 들리면 긴장이 풀려서 다리 힘이 쏙 빠졌다. 나중에는 시늘 친구들이 해안길로 몇 번 밭네미까지 데려주었다. 야간 동행을 같이 하다 보니 시늘 친구들과 정이 더 들었다. 그 뒤 한두 달은 괴시리에 하숙을 정하여 야간 수업을 마쳤다.

영일이는 내가 대구에서 고등학교를 마치고 귀향해서 공무원 시험 공부를 하던 1975년 1월경, 밭네미 우리 집에 찾아와서 열심히 하라고 격려해 준 일도 있었다. 나는 기억하지 못했는데, 영일이가 밭네미 집을 찾아와서 나를 만났고, 그때 내가 법원공무원시험 공부를 한다는 말을 했다고 한다.

1976년 3월 1일, 대구지방법원에 입사하여 22여 년이 지난 1998년 1월 1일자로 대구고등법원에 서기관으로 승진하여 형사과장으로 발령받았다. 그때 대한민국은 IMF가 닥쳐서 온 국민이 고통속에 허덕이고 있었다. 그해 4-5월경 영일이가 대구고등법원 형사과장실로 나를 찾아왔다. 영일이는 마당발이라 다른 연고를 통해서 내 소식을 들었으리라. 약 23년 만의 만남이었다. 그때 내 나이가 42살이고, 영일이는 44살이었다.

반가웠다. 밝은 얼굴과 낙천적인 성격은 여전하였다. 사무실 소파에 앉아서 커피 한 잔을 하면서 용무를 물어보았다. 동년배의 남자와 싸움이 벌어져서 서로 엉켜서 싸웠는데, 그 사람이 과잉 진단서를 끊어서 영일이를 고소하고, 영일이는 대수롭잖게 여기고 방치하였더니 영일이에게만 벌금 100여 만 원이 나왔단다. 자기가 사지육신 멀쩡한 그 남자에게 더 당했는데도 벌금을 물게 되어 억울하다는 것이다.

"일단 억울하면 1주일 이내에 정식재판 청구를 해서 그 이후 재판과정에서 소명하고 증거를 대서 감형을 받는 방법밖에 없다"고 조언하고, 같이 담당과에 가서 정식재판 청구를 하였다. 그후 재판기일에 진술서 등을 제출하고, 영일이의 진단서와 장애인증 등을 증거로 제출하여 1-20만원의 소액 벌금이 선고되어 영일이의 억울함이 약간은 풀렸다.

지금까지 20여 년간 영일이와 가끔 만나서 술 한잔씩 하고 있다. 특히 영일이와 중학교 동기인 명식이는 부부 동반으로 영덕에 은어구이를 먹으러 1년에 한두 번 같이 간다. 갈 때마다 도곡리의 중락이를 불러서 서로 얼굴을 보고 술잔도 나눈다.

십 몇 년 전, 시늘 하태진의 자녀가 울산에서 결혼식을 한다고 영일이가 전해주어 집사람과 함께 울산에 가서 하태진과 다른 시늘 친구들을 만난 적이 있다. 근래 태진이가 지병으로 죽었다는 소식을 들었다. 아직 60대인데 너무나 안타깝다. 영일이와 나는 벌금 사건 이후 꾸준하게 만나고 있는데, 초등학교와 중학교 동기 중 유일하게 만나는 사람이 영일이다. 고향이 시늘이라 내 고향과 이웃이고, 영일이가 정을 주므로 그 우정이 오래가는 것이다.

요사이 영일이가 몸이 좋지 않아 좋아하던 맥주도 잘 먹지 못한다고 하여 안타깝다. 영일아, 몸 관리 잘해서 건강을 회복해라. 함께 백세 시대를 누리며 자주 만나 맥주나 한 잔씩 하자. – 2023. 12.

고향 무정

1973년 12월, 고등학교 3학년 수업을 종료하였을 때 미련 없이 귀향하였다. 실입세 고등학교의 실덕으로 국립내학은 꿈노 꾸시 못하고, 사립대학은 학자금이 국립대학의 두 배가 되고, 도회지의 비싼 생활비도 감당할 수 없었다. 아버지도 노쇠하시고 기우는 가정형편에 동생들이 즐비한 형편이라 대학진학이 아닌 딴 방도를 찾아야 했다.

고향에 내려와서 중학교 입학을 앞둔 남학생 10여 명에게 과외를 하여 용돈을 벌면서 나름대로의 꿈을 찾고 있었다. 1974년 1월, 포항고등학교 2학년 때 휴학을 하고 고향에 내려와 있던 사촌 겸 친구인 성희가 나를 찾아와서 상의할 얘기가 있다고 했다. 자기와 합심하여 고향마을에 청년회를 설립해서 야간학원을 해보자는 것이다.

나는 당시 공무원시험 준비와 중학생에게 하는 과외수업도 있어서 시간을 내기가 힘들었지만, 친구의 부탁이고 외지에서 배운 지식으로 고향 후배들을 위하여 봉사하는 것도 나쁘지 않다고 생각하여 동참하기로 하였다.

　우리 친구들을 중심으로 선후배들과 청년회를 결성한 후 청년회 사업을 선정하기로 하였다. 회원 모집 결과 우리 친구 3-4명, 선배 2-3명, 후배 3-4명 등 10여 명이 청년회 결성에 찬성하여 청년회 명칭을 무궁화로 결정하였다.

　총회를 개최하여 회장을 선출하였다. 자천타천으로 나와 성희 외에는 후보자가 없어서 회원 11명이 비밀투표를 하여, 내가 6표, 성희가 5표로 내가 선출되었다. 총무 겸 서기로 세희 형을 지명하니 흔쾌히 도와주겠다고 해서 임원은 두 명으로 했다. 사업에 들어가서 1위로 무궁화학원을 설립하여 야학운영을 하고, 2위로 마을도서관 운영, 3위로 회원소비조합 운영, 4위로 기타 새마을사업 등으로 정하였다.

　무궁화학원은 동사무소에 설치하고, 교사로는 내가 국어, 국사, 주산, 성희가 수학, 순란이가 영어, 세희가 사회 등을 맡았고, 수업시간은 저녁 7시경부터 밤11시까지 4시간을 잡았다. 학생 수가 초기에는 20여 명이었으나 대폭 정리하여 중기에는 15명 정도였다.

　개강은 1974년 1월 중순에 하였다. 초기에는 교재가 없어 일반 중학교 교재를 사용하여 기본 알파벳 정도를 가르치다가 4-5년 전에 해변초소 군인들이 마을에서 야학을 운영할 때 사용하던 교재를 수소문하여 그 교재를 구입하여 중학교 과정을 가르쳤다. 그해 4월, 학생들과 교사, 회원들이 뒷산으로 봄 소풍을 가서 단체사진을 찍었다.

　1974년 7월부터 2학기 학생회 자치회장은 나와 동성동본인 H 여동생이 맡아서 도와주었는데 사제지간으로서 정이 들었다. 내가 저녁시간에 깜박 잠이 들어 수업에 가지 않으면, 백사장가에 있던 우리 집까지 와서 나를 깨워 학원에 같이 올라간 적도 여러 번 있었다.

나는 동사무소에 설치한 마을 도서관에 필요한 도서의 수집에도 열성을 다하였다. 1974년 3-4월 봄부터 서너 개의 신문과 잡지에 투고하여 많은 독지가들로부터 도서를 기증받았다. 특히 영부인이신 육영수 여사께서 100여 권의 도서기증과 격려의 서신을 보내주셔서 무궁화회와 무궁화학원에 커다란 활력을 주었다. 육영수 여사는 그해 8.15 광복절 행사장에서 북한의 지령을 받은 문세광의 흉탄에 서거하셨는데 나도 울고, 동민들도 울고, 온 국민이 울었다.

무궁화회 총무로 나를 도와주던 세희 형의 책장에서 공무원 시험안내 책을 보았다. 일반 행정직, 교정보도직, 세무직, 선거사무직, 경찰직, 법원, 검찰직 등 여러 직종의 공무원 중 법원과 검찰 일반직 시험에 뜻을 두고 법률과목에 집중하여 공부하였다. 세희 형은 교정보도직 시험공부를 몇 년간 하였으나 결국 실패하였다. 나는 박일경의 법제대의를 포괄적으로 정리하고, 그 뒤에 민법, 민소법, 형법, 형소법, 헌법, 행정법 등 단행본을 차례로 독파하는 방법을 택하였다.

1975년 3월 초순, 대구에 나가 작은 이모집에서 얼마간 머물다가, 3월 말에 자형이 근무하던 선산농촌지도소 해평지소에 취직하여 낮에는 관내 행정관서에 공문을 배달하는 사환 일을 하고, 밤에는 지소 당직실에서 당직을 하면서 법원공무원 시험을 준비하였다.

그해 6월 1일자로 자형이 농촌지도소 본소로 발령이 나서 사환 일은 그만두었다. 자형이 선산으로 발령난 후, 나도 선산읍 이문동에 따로 방을 얻어 서너 달 집중적으로 공부하여 그해 9월 7일에 시행한 법원서기보시험에 합격하였다.

1976년 3월 1일, 성주등기소에 첫 발령을 받아 1년 근무를 하고, 이듬해 3월 1일자로 대구지방법원 영덕지원으로 인사이동이 되어 금의환향하였다. 영덕지원에 근무하던 1977년 6월에 아버지 환갑잔치를 할 때 지원장님과 과장님, 계장님들을 초대하였다. 당시 고향마을은 차가 다닐수 없어서 대진항에서 보트를 빌려 고향마을 백사장까지 해상으로 운송하는 에피소드도 있었다.

환갑잔치를 한 그해 연말, 아버지는 해변가 옛집을 매도하고 윗마을에 마당이 넓고 평수도 큰 단독주택을 매수하여 이사하였다. 윗마을로 이사한 1978년 봄부터 주말에 별 일이 없으면 고향을 찾았다. 고향에 오면, 내가 무궁화학원을 할 때 학생회 회장을 맡아서 많이 도와준 동성동본인 H여동생이 나를 보기 위하여 우리집에 자주 놀러왔다. 동생의 집은 우리 집에서 2-30여 미터쯤 가까이 있으니 자주 놀러온 것이다. 동생은 부산에 있는 언니 집에 1-2년 있다가 고향에 다시 온 듯 하였다. 이른 봄부터 7월 여름 때까지 올 때마다 매번 만나다보니, 나와 여동생은 같은 동성동본인데도 연애한다는 소문이 좁은 마을에 파다하게 퍼졌다. 나만 그 소문을 모르고 있었다.

그해 7월 어느날, 고향집에 와서 저녁을 먹고 쉬고 있는데, H가 놀러와서 이야기를 하고 있었다. 갑자기 노크도 없이 방문이 열렸다. 아버지께서 화를 내면서 큰소리로 나와 H를 몹시 나무랐다. 나무람을 듣다 보니, 아버지의 말씀 속에 상당한 곡해가 있다는 사실을 알게 되었다.

나는 남자니까 넘어가면 그만이지만, H는 처녀로 많은 문제가 생길 것이 뻔해 중대 결정을 해야 할 시기임을 직감했다. 정황을 분석하고 심사숙고한 끝에, 이제 고향을 떠날 때가 되었음을 느끼고 실행에 옮기기로 결단하였다.

환갑을 지난 노쇠한 아버지가 바닷일을 하기에는 무리이고, 읍내의 아홉 마지기가 넘는 논농사도 집이 멀어서 불편하고, 초등학교 1학년인 막내와 5학년인 셋째 남동생의 통학에도 불편하고, 나도 9월 훈련을 마치면 면사무소에 방위로 근무해야 했다. H 사건을 계기로 면소재지로 이사할 것을 결정하였다.

8월 중순 주말, 고향에 내려와서 아버지, 어머니에게 이와 같은 이유를 설명하고, 읍내로 이사할 것을 요청드렸다. H와 나는 소문과는 달리 지금까지 아무런 문제가 없었지만, 앞으로 어떻게 될지 알 수 없고, 이러한 소문이 오래가면 H에게 반드시 피해가 갈 것이라고 했다.

처녀인 H와 총각인 내가 법적으로 허가되지 않는 동성동본끼리 연애한나는 소문이 계속 놀면 내 자신조차 감당할 수 없는데, 그 난제를 해결하는 방법은 이사밖에 없다고 하자 부모님도 이해를 하고 이사갈 집을 알아보기로 했다.

다음 주 토요일 오후, 영해에서 어머니를 만나 부동산 중개소를 통하여 매물로 나온 단독주택 3-4곳을 살펴 보았다. 괴시리 94번지 주택이 고향 가는 길 입구에 있고, 마당도 100평 정도로 넓었으며, 기와지붕이 수리한 지 얼마 되지 아니하여 깨끗해서 마음에 들었다. 다른 집들은 대부분 마당이 없거나 좁아서 답답하였다. 그래서 바로 괴시리 94번지 주인과 매매계약을 체결하였다.

9월에 집을 비우는 것이 가능하다 하여 우리 예정과도 맞게 떨어졌다. 나의 훈련 입소일이 9월 16일이고, 훈련기간이 3주인데, 영해면사무소는 10월 7일부터 근무하므로 모든 것이 적시에 꿰어 맞춘 듯 해결이 된 것이다.

당시 나의 연애사건을 부풀려 소문을 낸 것이 사촌여동생이라고 들었다. 삼촌 집이 우리 집 앞이라, H와 주말마다 만나는 것을 삼촌이 알고, 사촌여동생에게 알려주었을 것이다. 삼촌이나 사촌여동생 모두 나를 위한 선의였을 것이다.

삼촌 집 앞 우리가 살던 집은 이사한 후인 1980년에 해안도로가 생기면서 철거되었다. 그집에 살았다 한들 2년 후에는 어차피 타지로 이사해야 할 운명이었다. 나는 소문을 내었다는 여동생을 원망하지 않았다. 나쁜 소문이 날 때 고향을 떠나야 한다. 떠날 때가 되면 정을 떼려고 나쁜 일이 생기는 법이다. 그래, 고향무정이다. 떠날 때는 무정하게 떠나자. 미련 없이 떠나자.

내가 3주간 훈련소에서 훈련을 받을 때인 1978년 9월 20일, 우리 가족들은 이사를 하였다. 3년의 고등학교 생활을 마치고 고향에 돌아와서 무궁화학원을 운영하다가, 어렵다는 법원공무원시험에 합격하여 영덕지원으로 금의환향하였으나, 다시 만난 여동생과의 소문 때문에 200여 년간 선대부터 살아온 고향을 떠나게 되었다.

동성동본끼리 연애한다는 소문으로 고향을 등진 꼴이 되어 가족들에게 면목이 없었으나, H를 보호하자면 고향을 떠나는 것이 최선의 길이어서 지금도 그 선택을 후회하지 않는다. 고향을 떠난 후에도 명절 때나 계추가 있거나 막내삼촌을 방문하기 위해 고향에 들릴 때마다 H의 모친을 방문하여 몇 만원이라도 용돈을 드리고 인사를 드렸다. 지금은 막내삼촌과 숙모님이 돌아가셔서 고향에 갈 일이 없어졌다. H의 모친이

건강하신지 궁금하다. 내가 찾아 뵐 때마다 항상 웃으면서 반갑게 맞이
해 주셨다.

H는 우리가 이사한 이듬해, 농협에 근무한다는 남자를 만나 결혼했
다고 한다. H도 잘 된 것이다. 행복하게 잘 살기를 기원한다. - 2022. 9.

방위병 시절

1978년 9월 20일, 우리 한 씨 집안이 200여 년 이상 살아오던 고향 사진1리 밭네미를 떠나서 우리 가족은 영해면 괴시1리 94번지로 이사하였다.

나는 1978년 9월 16일 방위병 훈련을 받기 위하여 영덕 지품면 신안리 소재 신양훈련소에 입소하여 3주간 훈련을 받고 있었다. 3주간 훈련을 마친 후, 같은 해 10월 7일부터 영해면사무소에서 호적 및 병사업무 보조로 근무하다가 1979년 11월 27일에 제대를 했다.

우리 가족이 괴시1리에 이사온 지도 어느덧 45년이 지났다. 괴시1리는 동쪽으로 괴시2리, 서쪽으로 괴시3리 사이에 있는데 일명 호지마을이라 부른다. 수백 년 된 기와집 고택 등 문화유산이 많아서 마을 전체가 전통 민속마을로 지정된 곳으로 송천강을 끼고, 들이 넓어 큰 마을을 형성하고 있다. 고려 말 삼은(포은 정몽주, 목은 이색, 야은 길재) 중 한 사람인 목은 이색의 외가로 이색이 1328년 탄생한 곳이다. 이색의 후손 이경재가 1843년에 유허비를 세웠는데 괴시1리 마을 입구에 현존하고 있다. 괴시2리는 '관어대'라 하고 괴시3리는 '교촌'이라 한다.

내가 면사무소에서 병사업무를 볼 때 자전거로 통근했는데 집에서 10분 정도 걸렸다. 아침 8시30분경 면사무소 정문 앞에 있는 예비군 중대본부에 도착하여 행정병으로 근무하는 방위병 10여 명이 모여서 매일 점호를 취하고, 30여 분 정도 PT체조로 몸을 단련했다. 매일 정해진 일과였고, 가끔 예비군 중대장이 나와서 훈시도 하고 전달 사항도 고지하였다.

오전 9시쯤 면사무소에 출근하여 병사와 호적사무의 보조업무를 보면서 한 달에 한 번 이상 도곡대대나 영덕에 있는 연대본부에 들어가서 집체교육이나 각개전투 훈련을 받았다. 수시로 대대나 연대의 작업에도 동원되었다. 방위병은 허가난 군부대 작업병이었고, 식사는 주지 않으면서 가끔 일요일에도 동원하여 아침 9시부터 저녁 5시까지 노역을 시킨 일이 허다하여 고생을 많이 하였다. 예비군 중대본부 5-6명, 면사무소 2-3명, 영해지서 2-3명 등 10여 명의 방위병 전우들이 아침마다 예비군 중대본부에서 운동을 하고, 한두 달에 한 번씩 체육대회를 열어 축구나 족구를 하여 체력을 단련했으므로 방위병 생활 15개월 만에 몸이 탄탄하게 되어 인생을 살아가는데 유익한 건강 자산이 되었다.

또한 5-6월에는 방위병 전우들이 단체로 영해들 한복판을 흐르는 송천에 천렵을 가서 붕어나 메기, 피라미 등을 잡아서 뿌구리탕을 해먹는 재미도 쏠쏠하였다.

방위병 생활 9개월이 되던 1979년 5월 26일이었다. 저녁에 성내리에 거주하는 방위병 한춘모의 집에서 방위병 전우이던 이상국, 김수겸의 제대 축하 회식이 있었다. 얼마씩 돈을 각출하여 기념품으로 앨범과 만년필을 선물하고 맥주와 하야비치를 혼합하여 만취를 하였고, 내가 '송시'를 작사, 낭독하여 분위기를 살렸다.

頌詩(이상국, 김수겸의 제대에 부하여)

꽃 피는 봄, 매미 울음소리 요란한 여름
낙엽 지는 가을, 그리고 눈보라 치는 겨울
아! 이제 돌이켜보면, 그 수많은 인고의 나날들
세월을 한 장의 종이쪽에 맡기고
전우여, 우린 얼마나 울었던고
이제, 우리 헤어져야 하는 이 시간
그대 보내는 우리의 마음
지는 낙엽처럼 쓸쓸하고
찬 바람 부는 광야처럼 삭막하구나
아! 그래도 그대 가는 길이 영광의 길이라면
그대의 손등에 이별의 키스를 드리고
그대의 가슴에 우리의 사랑을 담아 보내리
이제 가더라도 우리 서로 잊지를 말자
그 지나간 숱한 나날들, 어찌 잊을 수 있으랴
괴롭고 슬픈 일 가슴을 맞대어 위로하고
쓰다듬던 그 정겨운 얼굴, 얼굴들

이제 떠나면 어느 날을 기약할까?

이별은 만남의 시작이니

우리 먼 훗날 오늘을 기억할 수 있다면

그날 오늘을 기리며 해후의 술잔을 들자꾸나

전우여. 아! 잊을 수 없는 전우여

부디 안녕히 가시라!

송별 후 4개월 정도가 지난 9월 중순, 전우 윤정철, 광년, 원하가 제대를 하게 되어 연평의 용덕이 집에서 성대하게 제대 회식을 하였다. 당시 방위병 전우의 이름은 다소 착오가 있을 수 있지만 내가 아는 이름은 윤정철, 이상국, 김수겸, 한춘모, 김광년, 김원하, 박용덕, 김용호, 김은태, 김재한 등이다. 나머지 누락된 전우나 성이나 이름이 틀린 전우들은 내 기억의 한계이니 용서해 주기 바란다.

1979년 11월 27일, 나도 제대를 했다. 제대 회식은 영해면 사무소에 나보다 1기 후임으로 같이 근무한 영해초등학교 후배인 성내리 김은태의 집에서 11월 21일 저녁에 했다. 은태와 재한 등 방위 후배들이 맥주 4박스, 떡과 과일 등을 푸짐하게 마련해서 축하해 주었다. 면사무소 박노일 선배도 맥주 10병을 가져와서 축하해 주어서 감사하였다.

2022년 가을, 은태가 죽었다는 얘기를 들었다. 축구도 잘하고, 밝고 건강한 사람이었는데 안타까운 일이다. 은태는 교촌에 살던 육촌 형님의 처남으로 나와 사돈 간이고, 영해면사무소에서 방위병으로 1여 년간 같이 근무한 인연도 있다. 삼가 고인의 명복을 빈다.

방위병 시절인 1979년 9월 29일 토요일, 영해초등학교 운동장에서 면민체육대회가 있었다. 나는 체육에는 취미가 없어서 관심을 두지 않았다. 체육대회를 며칠 앞두고 단골인 '수복이용소'에 이발을 갔다가 안면 있던 괴시1리 권이구 선배를 만났는데 나를 보고 면민 체육대회에서 괴시1리 씨름 선수로 뛰어달라는 부탁을 하였다. 옛날 고향 밭네미 백사장에서 친구들과 씨름을 하면 승률이 있었고, 방위생활을 하면서 체력 단련을 한 자신감도 있었다. 새로 이사 온 동네에 협조를 한다는 의미로 결과에 연연하지 않고 승낙을 하였다.

9월 29일, 면민체육대회가 열렸다. 괴시1리 씨름선수는 나와 봉환이, 진영이 3명이었다. 씨름팀은 8개 팀이 참석하였는데, 첫 번째 시합에서 1번으로 나간 진영이가 지고, 2번 선수인 봉환이가 이겼다. 3번이던 내가 괴시3동 선수인 방앗간 집 아들로 쌀 한 가마니를 둘러맨다는 김대식을 2번 연속 물리쳐서 4강에 올라갔다. 4강에서는 성내3리 팀원 중 부정 선수가 있어서 부전승으로 결승에 진출하였다.

결승에서 가장 강팀인 성내1리와 겨루다. 1번 선수로 나간 진영이가 이기고, 2번 선수 봉환이가 졌다. 3번 선수로 내가 나가 만능 운동선수로서 예비군훈련 때 씨름으로 명성을 날렸다는 김재환 선배와 대결하게 되었다. 세 번 해서 두 번을 먼저 이기면 승리하는데, 첫째 판은 내가 지고, 둘째 판은 나의 발걸어 밀기가 성공하여 내가 이겼는데, 성내1리 출신 심판이 무효를 선언하는 오심을 하였다. 나는 이에 굴하지 아니하고 둘째 판을 확실히 이기고, 세째 판은 패하여 준우승에 머물렀으나, 괴시1리 전체 사기를 올리는 데는 뜻깊은 시합이었다. 비록 상품은 거름치는 쇠스랑에 불과했지만 그날 저녁 구멍가게를 하는 봉환네 집에서 소주로 회식을 하면서 참석한 청년들이 괴시1리 청년회를 결성하기로 중론을 모았다.

며칠 후 10월 7일, 괴시1리 청년회 발기 회장배 동민 축구대회에 참석했다가 권이구 형의 부탁으로 내가 괴시1리 청년회 정관에 들어갈 '전문'과 '청년회 발기 취지문'을 작성하기로 하였다. 나는 제대를 하고 복직을 하는 바쁜 와중에도 이를 작성하여 1979년 12월말, 청년회장으로 추대된 권이구 선배에게 전달하였다.

그때 작성한 청년회 정관 '전문'과 '청년회 발기 취지문'은 다음과 같다.

청년회靑年會 정관定款 전문前文

옛 선조들이 터 잡아 그 유구한 역사를 자랑하고, 오늘날 우리들의 애틋한 삶의 보금자리로 사랑받는 땅, 이 땅의 발전과 그 영광을 위하여 이 땅에서 호흡을 같이하는 우리 젊음의 우정과 인격도야의 향상을 위하여, 우리의 작은 힘 함께 모아 본동청년회를 발족함에 있어서, 우리의 힘 미약한 줄 알지만, 나라에 애국하고, 부모에 효도하는 충효심과 내 고향 내 향토를 아끼고 사랑하는 애향심에 입각하여 우리의 모든 사업과 행동 지침을 설정하고, 그 최선을 다 할 것이며, 이에 수반되는 우리 회원들의 능력과 그 자질의 향상을 추구하며, 우리의 원래의 취지가 회원 간의 훈훈한 인간애와 그 우정의 도모에 있음을 상기하고, 불화 없는 화목, 불신 없는 믿음, 위선 없는 진실, 시기 없는 축복을 위하여 우리 젊음의 예지와 슬기를 동원하여 끝 없이 토론하고 노력할 것을 약속하면서 괴시1동 청년회 회원들의 이름으로 이 정관을 제정하고 이 공약을 준수할 것을 다 함께 천명하는 바이다. - 1979. 12. 30.

청년회 발기 취지문

태백의 장엄한 줄기와 동해의 푸른 바다에 둘러싸여 그 정기 찬란히 빛나는 전원의 마을 괴시 1동, 일찌기 옛 선조들이 터 잡아 그 역사를 자랑하며 오늘날 우리의 부모와 우리가 생존하고 활동하는 삶의 터전, 이 땅의 주인, 우리 젊은 사자들이 여기 뭉치다.

뭉치면 살고 흩어지면 죽듯이, 우리의 작은 힘 서로 모아, 침묵의 이 땅, 그 영광과 발전을 위하여, 이 땅의 동무들이 함께 모이다.

영웅은 가도 그 역사는 남듯이, 세월이 흘러가 우리는 가더라도 처음 뭉친 그 뜻이야 불멸이 아니랴? 젊음의 광장, 그 푸른 깃발이야 끝없이 펄럭이지 아니하랴?

향토의 영광과 그 땅에 숨 쉬는 우리의 우정을 위하여 빛나는 청춘의 이상과 정열로써 우리들이 조직한 우리들의 광장, 청춘의 토론장, 사랑과 화목과 신의의 집합소, 괴시 1동 청년회, 한 알의 모래알이 모여서 사막을 이루고, 한 점의 물방울이 모여서 대하를 이루듯, 우리의 작은 힘 함께 뭉치면 거센 폭풍, 모진 파도, 그 무엇이 두려우랴?

젊은 벗들아, 우리 서로 어깨도 나란히 함께 가자. 처음 잡은 그 손 허물지 말자. 이 땅의 영광과 우리들의 모임 청년회를 위하여 함께 노력하고 추구하자. 우리의 영원한 우정을 위하여.

1979.12.30.

괴시1동 청년회 회원 일동

나는 이후에도 괴시1리 이장을 보던 남이육 선배님의 부탁을 받고 마을회관에 책상 등 비품을 찬조하는 등 동네 발전에 나름대로 노력하였으나, 직장 일로 객지를 전전하다 보니 괴시1리 청년회에 적극적으로 참여하지 못해서 항상 미안했다.

1986년, 아버님이 돌아가시고 청년회의 도움으로 무사히 장례식을 치렀으므로 감사를 드린다. 2017년 1월, 어머니가 돌아가셨지만 괴시1리 집은 아직도 잘 관리해오고 있다. 제2의 고향인 괴시1리의 무궁한 발전을 기원한다. - 2023. 11.

박정희 대통령과 서울의 봄

2023년 가을에 상영한 '10.26 사태와 12.12 사태'를 배경으로 한 영화 '서울의 봄'이 몇 개월 만에 관람객 1,300만 명을 돌파하였다. 5.16 혁명 이후 18년간 집권했던 박정희 대통령이 부하인 중앙정보부장 김재규에게 시해되고, 10.26 사태에 대한 수사를 계기로 당시 보안사령관이던 전두환이 12.12쿠데타를 일으킨 지 44년 만에 그 역사적인 사건들이 영화화되어 전 국민의 관심을 폭발적으로 불러 모은 것이다. 이 영화를 상영할 당시, 12.12쿠데타로 대통령이 되었던 전두환은 이미 세상을 떠난 후였다.

10.26사건은 우리 역사상 맨 마지막에 일어난 국가 최고 지도자에 대한 시해사건이다. 나는 대구에서 고등학교를 마치고 고향에 돌아온 1974년 봄에 무궁화회를 조직하여 야간학원을 운영하면서, 도서를 수집하였다. 당시 청와대 영부인이던 육영수 여사로부터 격려 친서와 함께

백여 권의 도서를 기증받았다. 그해 8·15 광복절 식장에서 육영수 여사님이 북괴가 파견한 문세광의 저격을 받아 서거하였다. 그 5년 뒤, 또 다시 부하의 손에 죽음을 당한 박정희 대통령의 서거에 깊은 슬픔을 느낄 수밖에 없었다.

나는 1979년 10월 26일, 방위병으로 영해면사무소에서 근무하고 있었다. 그해 11월 27일 제대를 했으므로 제대 한 달을 남기고 박정희 대통령이 돌아가신 것이다. 박정희 대통령이 서거한 후 나타난 권력 공백기에 군대 인맥인 하나회 회장이던 전두환 보안사령관이 대통령 시해사건에 대한 수사를 빙자하여 당시 참모총장이고 비상계엄사령관이던 정승화에게 대항하여 12.12쿠데타를 일으켜 많은 희생자가 있었다. 그중 가장 억울한 죽음에는 전두환 세력에 반대하여 끝까지 투쟁한 특전대 사령관이던 정병주의 부관으로서 사령관을 보호하다가 동료의 손에 사살당한 30대인 김오랑 소령이 있었다. 그 김오랑 소령은 내가 밀양지원에서 모시던 김 모 판사님과 연결된 부분이 있다.

김 모 판사는 1953년생으로 1988년 밀양지원에서 처음 만났는데 전라남도 광산군 출신이다. 내가 법원 근무 중 전라도 출신 판사님을 만난 건 남원 출신 소 모 판사와 김 판사로 모두 밀양지원에서 만났다. 두 분 모두 소탈하시고 따뜻한 분들이었다. 김 모 판사는 한양대학교 출신으로 1979년 사법시험에 합격한 후 부산에서 판사를 시작했다. 부산 출신 부인을 만나 두 아들을 낳았는데 둘째가 자폐아로서 말조차 제대로 하지 못했다. 우리 맏딸 민주가 약한 자폐라서 우리 부부가 가슴앓이를 많이 하였으므로 김 모 판사의 아픔을 누구보다 잘 알았다.

김 판사는 밀양지원에서 처음 테니스를 배웠다. 시합을 할 때마다 로

빙으로 공을 넘기는데 일가견이 있어서 공받기가 껄끄러웠다. 김 판사는 밀양지원에서 2년여를 근무하다가 1990년 부산지방법원으로 인사이동이 되었다.

김 판사의 취미 중 하나가 바둑이었는데 아마추어 1급 이상의 높은 수준이었다. 부산에서 김 판사가 자주 가던 기원이 있는 건물에 김오랑 소령의 미망인인 백영옥 여사가 복지시설에서 봉사활동을 하였다. 바둑을 두려고 건물에 자주 들리던 김 판사와 알게 되어 서로 간에 교제가 있었던 모양이었다. 이 교제가 문제 되어 김 판사는 사모님과 이혼하고, 공직에서 사표를 내고 1991년 변호사 개업을 하였다는 것이다. 나중에 밀양지원 직원들로부터 들은 풍문으로 사실 여부는 불확실하다.

백영옥 여사는 1991년 6월 28일, 부산 자비원 건물에서 실족사로 죽음을 맞이하였다. 1979년 12. 12.사태 때 김오랑 소령의 죽음이나 그의 부인 백영옥 여사의 죽음은 비극적인 한국 현대사의 한 장면이다.

박정희 대통령 사후 44년 만에 발표된 영화 '서울의 봄' 흥행 소식에 당시 방위병으로 근무하던 중 내가 쓴 일기가 생각나서 여기에 그 중 몇 편을 실어보았다. 그 글 속에는 내 나이 만 23살 때의 국가관과 인생관이 담겨 있다.

1979년 10월 27일, 토요일, 맑음
아, 슬프다! 아, 통제라! 이 가슴 메어지는 슬픔을 어쩌란 말인가!
이 피눈물 나는 슬픔을 어쩌란 말인가!
진정 님은 가셨다는 말인가? 이 백성, 이 민족을 남겨두고 그렇게 홀홀히 떠날 수가 있단 말인가? 님이여! 삼천만의 님이여! 그렇게 무정하게, 그렇게 매몰차게 떠나시다니? 이 어린 백성들을 어쩌란 말이오!

오, 님이여! 만백성의 님이여! 그렇게 야속하게, 그렇게 미련 없이, 이 강토, 이 겨레는 어쩌라고? 그렇게 혼자 가신단 말이오!

비 바람 모진 풍파 헤쳐가며, 이 나라 이 민족 위해 불철주야 봉사타가, 민족 중흥의 대업을 눈앞에 두고서 그렇게 홀연히 떠나시다니. 님이여, 말하소서! 이 겨레의 앞날을!

겨레와 민족의 큰별은 떨어졌다. 이 나라의 위대한 지도자이시며, 이 민족의 전무후무한 영웅은 가셨다. 1979년 10월 26일 오후 7시경, 이 겨레, 이 민족의 어버이 박정희 대통령께서는 조용히 서거하셨다.

아! 드디어 역사의 소용돌이가 시작되려는가? 이 민족의 평화는 여기에서 안녕을 고해야 한단 말인가? 해방 후 16년 간 잠시도 바람 잘 날 없이 가난하고 고난했던 이 나라, 이 민족의 백년 대계인 민족 중흥의 역사적 대업을 성취하고자 분연히 일어서셨던 지도자는 가셨다.

이 강토, 이 산하에 님의 손길이 미치지 않는 곳이 없었고, 헐벗고 삭막했던 이 강산에 님의 손길은 기적의 마술 방망이인 양, 닿는 곳마다 생동과 희망과 번영이라는 기적을 일으켰다.

이 겨레, 이 민족 위해 노심초사 18년 성상, 이룩해 놓은 그 공적은 말로 다할 수 없으니, 이 민족 오천 년사에 가장 위대한 지도자였던 각하께서 민족의 염원인 남북통일도 보지 못하시고 그렇게 비명 횡사하시다니, 이 무슨 청천 하늘에 날벼락이란 말인가!

그러나 우리 국민은 슬퍼하고만 있어서는 아니 된다. 가신 님께서 남겨주신 유지를 받들어 이 민족의 정통적 계승국인 우리 대한민국이 민족반역자들인 북괴의 도발에 농락되어서는 아니 된다. 이런 때일수록 우리 국민은 일치단결하여 정부와 우리 군을 신뢰하고 협조하여 건국 이래 최고인 이 난국과 시련을 극복하여 가신 님의 염원인 풍요 속의 복지국가를 건설하여야 한다.

김재규 중앙정보부장! 이 자가 대통령을 암살한 원흉이라니 실로 가슴 쓰리다. 이 나라의 지도자격 인사인 그가 이토록이나 민족적 반역을 할 수 있단 말인가? 더러운 그놈에게 침을 뱉고 싶다. 아니 갈갈이 찢어죽이고 싶다.

아! 님은 가셨지만 님은 영원히 가지 않으셨습니다. 발전하는 이 조국과 이 역사에 영원히 살아남으셨습니다. 아! 님이여! 명복을 비옵니다.

1979년 10월 28일, 일요일, 맑음

박대통령께서 운명하시므로 20세기 중후반기의 이 겨레의 한 역사는 그 막을 내렸다. 이제 이 나라의 앞날에 어떠한 역사가 그 장을 열 것인가?

아! 영웅의 무상함이여! 역사의 냉혹함이여! 온 국민이 오열하는 가운데 대통령님의 서거 3일째를 맞이했다. 저 동해바다에서 떠오르는 아침해는 오늘도 예외 없이 찬란히 솟아나건만, 한 번 가신 그 님은 영원히 오지 않으신다. 그 님을 그리는 온 국민은 급격한 슬픔에 오열하고, 그 오열 속에 가신 님을 애도하는 물결이 전국에 메아리친다.

각하여, 극락왕생하시라고 모든 가정과 직장에서 조기를 계양하고, 각지에 설치한 분향소에는 온 국민의 발길이 줄을 잇는다. 평소 그분이 그렇게도 사랑하고 아끼던 백성들이었기에 온 백성은 그분의 유고에 가슴 저리는 슬픔과 비통에 몸부림치는 것이다. 시인 조병화씨는 조시에서 각하를 현대 한국의 창조자이시며, 이 민족 발전의 불사조라고 울먹인다.

그렇다. 그분은 진정 이 현대 한국을 창조하신 위대한 영도자이요, 지도자이신 것이다. 그분은 비록 가셨지만 그분이 남기신 그 큰 뜻, 그 큰 애국심, 그 큰 주체심 등은 우리들의 가슴속에 맥맥히 이어져서 민족정신의 영원한 불사조가 되어 번영하는 조국과 함께 존재해 나갈 것이다.

전국의 모든 분향소, 사찰, 교회 성당에서는 그분을 기리는 분향, 법회, 기도회 등이 연일 계속되는 모양이다. 이 모든 것이 그분의 높은 뜻과 유지를 계승하고, 다시는 이 땅에 그와 같은 비극을 막고, 온 국민이 각하의 영정 앞에 홀연히 일치단결하여 이 민족, 이 겨레, 이 국가를 위하여 헌신하겠다는 것이니, 실로 가슴 뭉클한 감회가 어린다.

이 엄청난 민족적, 역사적 비극 앞에 울고 있을 수만은 없지 아니한가? 울 땐 울더라도 우리는 결코 감상적인 나약성을 노출하여 적들에게 허점을 보여서는 아니되는 것, 그분이 키우고 가꾸신 이 조국 강산을 결코 한치라도 적의 더러운 손에 양보해서는 아니 되는 것, 그것이야말로 돌아가신 그분께 제일 큰 대죄를 범하는 것, 저 찬란한 아침 해가 떠오르듯, 역사는 영원히 계속되고 민족은 불멸하는 것, 오늘의 난관을 극복하고 민족의 무한한 저력을 과시할 때는 바로 지금인 것이다.

정부에서는 최규하 국무총리가 헌법 제 45조 및 제 48조에 의거하여 대통령 권한대행에 취임하여, 군과 관과 민이 혼연일체가 되어 이 난국을 수습하고자 하니 온 국민은 일체의 동요 없이 그 본분의 직무에 충실하라고 담화문을 발표했다. 계엄군 또한 전군에 비상을 하달하고 이 어려운 시기를 맞이하여 각 군은 일심단결로 이 국가와 조국의 강토를 수호하겠다고 발표하고, 미국 또한 한국의 방위를 재확인하고 있으니, 우리는 군과 정부를 신뢰하고 이 난국을 현명하게 대처해 나가야 하겠다.

청와대에 설치한 빈소에는 삼부요인 및 대법관, 공화, 유정의원들 및 신민당의 김영삼 총재, 이철승 전대표, 야당인 신민당 의원들이 다녀갔다는 TV뉴스를 보니 더 한층 가슴 뿌듯하다. 그리고 3.1운동 민족대표 33인 중 유일한 생존자인 노구의 이갑성 옹이 각하의 빈소에서 울먹이는 모습을 보니 더 한층 가슴이 저리다.

정부에서 각하의 장례일을 9일장으로 하여 11월 3일로 발표했다. 가난한 영남 땅 한 농부의 7남매 중 막내로 태어나서 일구월심 이 민족과 이 겨레를, 이 국가를 위하여 노심초사 정열을 바치시더니, 평소의 말씀대로 그 영부인과 함께 민족의 재단 앞에 몸을 바치니, 실로 눈물겨운 비극이라 아니할 수 없구나.

계엄수사부의 중간발표에 의하면, 1979년 10월 26일 전 중앙정보부장 김재규는 평소 그가 올린 정책이 차지철 경호실장의 제지로 여러 번 좌절되고, 그의 무능에 대한 각하의 비난이 있고, 요직 개편설에 따른 문책성 해임이 우려되던 중, 각하가 당일 18:30분경 중정 궁정동 분점에 도착하여 저녁 만찬을 들던 차, 은연중 각하 및 차실장의 시해를 마음먹고 있었는데, 차 실장의 오만불손한 견책이 있자 중정의 부하들과 모의하여 19:35분경 자신은 중정식당에서 각하와 차 실장에게 각각 3발씩 권총을 발사하고, 그의 부하들은 대기실에 있던 경호원 5명을 사살하였다는 것이다.

실로 이 엄청난 역사적 비극에 유구무언일 뿐이다. 정확한 수사로 모든 사건의 전모가 밝혀지길 바랄 뿐, 다시 한번 각하의 극락왕생과 명복을 두 손 모아 기원한다.

1979년 10월 29일, 월요일, 맑음

이미 떠난 사람은 잊어야 하는 것이 인지상정이거늘, 박대통령에 대한 흠모의 정은 날이 갈수록 더해진다. 오늘은 아침에 중대장 두 분과 전우들이 면사무소에 설치된 대통령 각하의 분향소에 참배하고, 그분의 명복을 빌었다.

오늘 조용히 가신 그분의 업적을 그려보았다. 너무나도 많은 업적인지라 일일이 전부 다 열거할 순 없지만, 첫째, 경제면에 있어서의 그분이 이룩한 금자탑은 실로 눈부시다.

15년 전만 하더라도 단 1억 불 수출도 못하던 이 나라의 수출량을 80년도의 목표를 2년 앞 당긴 지난 1978년에 이미 100억 불 수출 고지를 달성시켰다. 포항제철 공업단지, 울산, 마산, 창원, 구미 공업단지를 비롯한 울산 조선소, 원자력 발전소 등 그분의 굳은 신념과 투지로써 이 나라를 약소 농업국에서 일약 중진공업국으로 탈바꿈 시킨 것이다.

둘째, 농업, 즉 농민에 대한 정책에서 그분의 유업을 살펴보자.

오천여 년 기나긴 민족사를 이어오면서 단 한 번도 인간다운 인간의 생활을 살지 못하고, 굶주림에 시달리던 불쌍하고 가난했던 우리 농촌, 농민들이었다. 그들 앞에 구세주처럼 나타나 하면 된다는 신념과 잘 살아보자는 제창으로 새농촌 건설에 몸소 혼신을 바쳐 투구하고, 농촌의 지도자들을 격려 양성하여서, 그들로 하여금 어둠과 나태의 굴레를 벗어나지 못했던 농촌에 개벽의 종소리를 소리 높이 퍼지게 하였다. 특수 작물 재배, 기적의 볍씨인 통일벼로 단위 생산량을 증가하여 그 누구도 꿈꿀 수 없었던 미곡 4,000~4,500만 섬이라는 사상 유래없는 대풍을 이룩하여 녹색 혁명을 일으켰으니, 전 세계가 깜짝 놀라지 않을 수 없었다. 이로 인하여 이 나라 이 농촌에 '보릿고개'란 말은 까마득한 옛날 얘기가 되고 말았다. 아니, 오히려 식량을 수출할 지경까지 도달한 것이다.

1970년대에 들어와선 새마을 운동의 제창으로 우리 농촌의 모습과 생활 수준은 현대식으로 탈바꿈시켰으니, 이야말로 가난한 농민의 아들로 태어나서 이 땅의 농민들의 아픔과 가난을 직접 체험하고 자라신 그분의 인생 산 교훈에 기초하신 진정한 농민에 대한 사랑의 결실이 아니겠는가?

그리고 각하야말로 문화면에서도 우리 반만년 역사상 민족문화 창달의 태양이라고 일컬어지는 세종대왕과 쌍벽을 이루었다고 할 것이다. 해마다 춘추국전을 열어 화가들을 양성하시고, 예능 교육의 진흥으로 정경화, 한동일, 정명훈 등의 세계적 음악의 대가들을 이 땅에서 탄생시켰다. 전국의 박물관 등을 새로 건설 또는 증축하여 새로운 문화재를 발굴, 보존하였으며, 신안 앞바다 보물, 구석기 유물 발견, 경주 고분발굴 등으로 우리의 찬란한 문화적 유산을 길이 보존하시게 하였다. 예술원을 설립하시어 예술인들의 창작과 연구를 뒷받침케 하였으며, 세종문화회관이란 세계 굴지의 문화회관을 건설하여 세계적인 음악가들의 연주와 무용가들의 무용을 관람하게 하여 국민들의 문화적 소양을 향상시켰다. 국어순화운동을 장려하여 우리의 말과 글을 다듬게 하셨고, 국민교육헌장을 반포하여 참교육의 뜻과 국민정신을 앙양시켰다. 참된 역사의 연구와 옛 조상들의 깊은 얼을 오늘에 되살려 전통적 민족주체사상을 가진 국민을 만들고자 전통 문화의 발굴 계승, 무형 및 유형문화재를 발굴, 지정, 후원하였다. 국사교육의 중요성 강조로 그분 자신이 매일 국사 강의늘 늘으셨고, 민속 영웅들의 사당 및 그 유적지를 손수 점검 손질하셨다. 공무원 시험, 대학입학시험 등에 국사를 필수 과목으로 넣어서 민족의 정신문화에 기여한 바 실로 크다 할 것이다.

그 외 일일이 지면을 채울 수 없을 만큼 이 민족의 문화 발전과 계승을 위하여 하신 일이 무궁무진하다.

그리고 국방, 6.25의 비극을 맞이할 때까지 언제나 외세의 도움에 의지하던 이 나라에 내 나라는 내 손으로 지킨다는 각하의 굳은 자주적 철학의 소산으로, 향토 예비군 창설, 민방위대 창설, 학도호국단을 창설하였다. 이제는 총, 총알, 대포, 탱크, 미사일까지 우리의 공장과 우리의 기술로 만들고 있으니, 이는 실로 기적이라 할 것이다.

거기다가 온 국민의 총화단결이라는 정신력의 굳은 무장 앞에 그토록이나 남침야욕에 날뛰던 북의 무리들도 우리에겐 감히 손을 댈 수 없어 장장 20여년 이상 평화를 구가했다는 것은 실로 각하의 은덕이라고 할 것이다. 각하야말로 노벨 평화상을 수상한다고 해도 결코 무리는 아닐 것이다.

또한 외교, 스포츠 등에서도 건국이래 최초로 올림픽에서 금메달을 획득했고, 아시아 제일을 자랑하는 축구, 세계 정상을 다투는 여자 탁구, 농구, 배구 등 이 모든 것이 각하의 위대한 지도력의 결실로 맺어진 민족 부강의 한 단면이 아니고 무엇이겠는가?

진실로 이 조국은 위대한 지도자를 잃으셨다. 아! 또다시 이러하신 분이 우리의 역사에 그 빛을 나타낼 것인가?

하나, 장강의 뒷물이 앞물을 밀어내듯, 역사는 흐르는 강물과 같은 것, 묵은 물이 떠나 새물이 흐르듯, 우리는 그분의 유업을 높이 받들고 전수하면서, 새로운 역사의 주인공을 맞이하여, 그리고 우리 스스로 그 주인공이 되어, 아직도 요원한 우리 민족 대 부흥의 대도를 가야 할 것이다.

매일 이 맘때쯤, 각하에 대한 일 분간의 묵념을 올린다.

각하! 오늘도 각하의 명복을 기원드립니다.

부디, 천상의 세계에서 편히 쉬십시오.

1979년 11월 3일, 토요일, 흐림

고 박정희 대통령의 국장이 3700만 국민과 전 세계 자유민들의 간절한 애도 속에 엄숙히 거행되었다.

하늘도 대통령의 마지막 가는 길을 슬퍼함인가? 전국에 안개가 자욱한 가운데 거행된 각하의 마지막 떠나는 영결식에는 무거운 침묵과 가슴 저미는 단장의 슬픔이 가득할 뿐, 세계 42개국에서 파견된 조문단과 전 국민들의 오열 속에서 오전 9시 청와대를 출발한 각하의 유해는 10시경 중앙청에서 마지막 영결식을 마치고, 오후 2시경 동작동 국립묘지에 도착하여, 고 육영수 여사의 묘소 옆에 묻히셨다.

이 세상의 모든 인연과 미련을 뒤로 하시고, 오로지 영생만이 존재하는 영원한 육신의 안식처로, 이 나라 이 겨레에 아직도 각하의 하실 일이 산적하건만 어찌 그다지도 매정스럽게 이 국민을 버리시고 영원히 돌아오지 못할 곳으로 가시나이까? 이 겨레 이 국민이 아직도 각하를 사랑하고 원하고 있건마는 어찌하여 그렇게 서둘러 훌훌히 떠나시옵니까?

각하 가시는 마지막 길에 하늘이 울고 산천도 울었습니다. 이 백성들의 울음소리가 들리시는지요? 들리시거던 무어라고 한 마디 말씀 좀 해주시옵소서!

하나, 이젠 유명을 달리하신 분, 이젠 오로지 역사의 인물로 기억될 뿐, 우리의 곁을 영원히 떠나갔습니다. 기왕에 가신 길이라면, 당신의 가는 길에 영원한 신의 축복과 자비가 내리시길 기원드리며, 당신의 반려자이신 육영수 여사와 지하에서나마 화기애애하신 재회를 하시어 영원히 행복하시기를 축원하나이다.

삼가 각하의 영전에 엎드려 읍을 하니 망극할 뿐이옵니다. (이상 네 개의 일기, 끝)

박정희 대통령이 김재규의 흉탄에 서거한 1979. 10. 26부터 장례일인 11. 3까지 내 마음을 담은 여러 개의 일기 중 위 4편을 엄선하여 실어보았다. 지금에 와서 다시 읽어보니 유치한 표현도 있고, 봉건적인 군주제식 표기도 있지만, 박정희 대통령이 재직한 18년간의 업적을 객관적이고 사실적으로 기술한 것은 나름대로 평가받아도 될 것이다.

박정희 대통령이 돌아가신지 45년이 지났다. 1948. 8. 15 건국 후, 지금까지 초대 대통령 이승만을 비롯하여 13명의 대통령이 있었지만, 박정희 대통령이 국민의 인기도 1-2위를 유지하고 있는 것은 건국 후 76년 동안 그분을 능가하는 대통령이 나타나지 않았다는 뜻이리라.

그분은 근대 한국을 만든 창조자요, 개척자요, 완성자인 것이다. 대한민국이 전세계 경제대국 10위 안에 드는 것은 온전히 그분의 덕택이다. 오천 년 민족사 중 오늘날처럼 우리 민족이 부강하고 잘 산 적은 없었다. 그것도 남북한이 갈라진 극한의 대립 속에서 이룩한 찬란한 성공의 결정체이다.

매년 식량부족으로 아사자가 생기는 북한과 비교하면 대한민국의 성공은 확실한 대비가 된다. 훌륭한 지도자 없는 국가의 번영은 있을 수 없다. 북한의 김일성, 김정일, 김정은과 비교하면 너무나 뻔한 정답이다.

다시 한 번 박정희 대통령과 육영수 여사님의 명복을 빈다. - 2024. 6.

어느 방위병 휴가 일기(1979.4.21-4.30)

황금 같은 열흘 휴가 특명을 받고 휴가를 떠나는 기분이 상쾌하다. 약 8개월간의 방위 생활에 몸이 탄탄해진 탓인지 입대 전 입던 사복이 맞지 않는다. 아무려면 어떠랴. 영해 버스정류장에서 대구행 직행버스에 몸을 실은 것은 4월 21일 오전 10시, 달리는 버스 밖의 신록이 싱싱하다. 오랜만에 가지는 여행이다. 더군다나 10일의 장기 여행이다.

대구에 도착하니 오후 1시30분, 약 3시간 30분이 소요되었다. 동부정류장 구내식당에서 밥을 먹고 북부정류장에 도착하니 토요일이라 인파가 복잡하다. 구미에 도착하니 오후 3시 30분, 지난해에도 들렀는데 그동안 많이 변한 것 같다. 우뚝 솟은 공장 굴뚝, 허허벌판에 밀림처럼 들어선 아파트들, 앞으로 구미의 발전이 예상된다.

신평동 누나집에서 저녁에 호희, 정옥이, 민희, 용수 형 등 집안 형제들을 만나 해후의 한잔 술을 드니 매우 반갑다. 헌구와 호구도 많이 컸다. 특히 헌구는 이제 어른같이 행동할 정도로 성숙하였다. 헌구 2-3살 경, 내가 선산 농촌지도소에 근무할 때 사무실까지 찾아와 재롱을 부릴 때가 엊그제 같은데, 정말 세월은 유수와 같구나.

다음날 22일, 마침 자형의 생일 축하를 겸해 금오산 야유회를 가기로 하였다. 참여할 자는 자형, 누나, 민희, 용수, 호희, 정옥이, 헌구, 호구, 나까지 9명이다. 이튿날, 일요일 하늘은 쾌청하고 구름 한 점 없다. 봄바람도 상쾌하여 나들이 하기 최적이라 황금의 휴일이다.

금오산 올라가는 길에 노오란 개나리가 활짝 피어 행락객들에게 화사한 미소를 보낸다. 금오산 관광호텔 앞에서 단체 사진을 찍고 정상으로 향한다. 공단의 수 많은 여공들이 회사복에 자연보호라는 허리띠를 두르고 자연보호 운동에 앞장 서는 것을 보니 흐뭇하다. 금오산 중턱의 명금폭포는 산을 오르면서 쌓인 피로를 명금 같이 풀어주는 듯하다. 민희 형이 나를 보고 "야! 방구, 사진 한 방 찍지." 하길래 포즈를 잡아보았다. 수십 미터 절벽 중간에 자리 잡은 도선굴로 가기 위해 좁은 절벽길을 타고 가는데, 밑을 보니 천 길 낭떠러지라서 심장이 멎는 듯하다. 절벽에 부착한 쇠줄은 금방이라도 빠질 듯하여 신경이 곤두선다. 헌구가 자꾸 보채어서 같이 올라가는 바람에 더 불안하다.

도선굴에서 단체 사진을 찍고 하산하여 평지에 둘러앉아 가져간 점심을 먹고, 하야비치 술로 목을 축이니 산해진미보다 맛있고, 신선이 된 듯 상쾌하다. 23일은 하루 쉬면서 헌구를 데리고 놀이터에 가서 놀아주고, 오후에는 낮잠을 잔 후 독서를 조금 하였다. 호희가 직업훈련원 야간에서 매일 기술 공부하는 것을 보니 기본자세가 된 것 같아 흡족하다. 몇 마디 위로를 주었지만 모든 결과는 본인의 노력에 달려있다.

25일 아침 10시, 누나 집을 나서는데 여전히 4월의 하늘은 맑고 푸르다. 대구로 향하는 내 마음도 즐겁다. 호희와 정옥이가 책 사는 데 보태라고 돈 2만 원을 주길래 못내 받았지만 마음이 무겁다. 4박5일 신세만 졌다. 구미 버스터미널에서 버스를 타고 북부정류장에 도착하니 낮 12시, 바로 봉덕동 작은이모 집으로 갔다. 1년 전, 이모부님의 부고를 받고도 군에 몸을 담고 있는 처지라 상가에 가지 못해서 이모님 뵙기가 미안했으나 이모는 따뜻하고 반갑게 맞이해 주었다.

이모는 내 어릴 때 외할머니를 보러 밭네미에 오면 꼭 사탕과 과자 등 먹을 것을 챙겨주셨다. 올 때마다 할머니에게 용돈을 드리면, 그 용돈은 나에게 떨어지므로, 작은이모에 대한 고마움은 큰이모보다 더 크다 할 것이다. 이모 댁은 이모부님이 타계하시고 몹시 궁색해 보였다.

이모 슬하에 어린 네 자식이 모두 학생이라서 이모를 도와줄 사람은 없고 돈 들어 갈 일만 있으니, 어느 하시절 이모에게 편한 날이 올까 싶어 마음이 착잡하다.

저녁 때 작은이모와 함께 노원동 큰이모 집으로 갔다. 마침 들어가는 골목에서 큰이모를 만나 내가 돈 2,000원을 주어서 그날 저녁은 푸짐하게 소고기국 파티를 열었다. 1년 전 결혼한 큰이모의 장남인 유재학 형을 찾아가니, 평리동 언덕 위 양옥집에 방 하나를 세 얻어 살고 있었다. 형님과 형수님을 만나 인사를 드린 후, 오래간만에 만난 이종형제간 술을 나누며 회포를 풀다 보니 어느새 밤 1시다.

그곳에서 잠을 자고, 이튿날 집을 나서서 북비산로타리로 가는 중 비산동이 나오는데, 정말 오랜만에 걸어보는 비산동 골목이다. 서원 누님이 생각났다. 몇 년 전 누님이 운영하던 낙원 의상실 자리에는 다른 사람의 점방 상호가 붙어있으니, 새삼 가버린 시절과 가버린 사람이 그립다.

작은이모 집에서 점심을 먹은 후 바로 부산에 가려고 하니, 이모가 "너희 파동 누나 집에 한 번 들려가지." 하신다. 가만히 생각하니, 영천 백부님이 파동 누나 집에 계신다는 걸 깨닫고, 저녁에 근택이를 데리고 알렉산더 보드카 한 병을 사들고 파동으로 갔다. 누나 집은 아담하고 조용한 대규모 전원주택단지로 조성된 곳이라서 큰아버지의 휴양에는 좋은 듯 했다.

큰아버지를 뵈니 얼굴이 좋아 보이신다. 몇 개월 전, 목 수술을 하실 때엔 사경을 헤매셨다니 안타까운 마음 금할 길 없다. 인생의 황혼기에 여유로운 마음으로 여생을 보내셔야 할 분이 75세의 고령으로 딸네 집에서 불편한 안식을 하시고, 이곳을 벗어나면 의탁할 곳 하나 없다는 것을 생각하니 가슴 아픈 일이다. 이는 오로지 당신의 잘못으로 벌어진 인과응보요, 사필귀정이 아니겠는가? 그 옛날, 구미, 울릉경찰서장이란 막강한 감투와 재물을 가졌던 당신이 이제는 자신의 몸 하나 제대로 근사 못하는 초라한 신세로 전락한 것은, 좋은 시절에 본처인 축산 큰어머니에 대한 무관심과 고향 형제들에 대한 방치가 그 원인이다. 하나, 인생은 원래 슬픈 것, 이제와서 늙고 병든 당신이 가야 할 곳은 어디인가요?

누나집은 조카들이 모두 졸업반이라 정신이 없는 것 같다. 대현이는 계명대 졸업반이고, 은주는 원화여고 졸업반이다. 둘 다 취업과 진학 공부에 밤낮이 없는 듯하다.

이튿날, 큰아버지와 누님께 하직 인사를 드리고, 이모집에 가서 가방을 챙겨서 부산으로 가는 고속버스를 타기 위하여 동대구역 근처에 있는 고속버스터미널로 갔다. 하늘은 맑고 바람은 고요하다. 4월의 금빛 햇살은 대지 위로 쏟아지고, 4월의 꽃내음은 우울한 심성을 정화한다. 남도의 항구도시 부산으로 향하는 내 마음은 상쾌하다.

동래에 도착하니 오후 3시 30분경, 순희와 연락을 하려고 고속다방에서 계속 전화를 걸었으나 통화가 되지 않는다. 다방을 나와 공중전화로 재차 연락했으나 통화가 되지 않고 전화비 10원만 날려버렸다. 태환이에게 연락하니 아직 들어오지 않았단다. 할 수 없구나. 철수에게 가볼 수밖에. 택시를 타고 대우공장에 도착해서 수위에게 면회를 신청하니 친절하게 불러주었다.

"야! 임마, 오랜만이다."

반갑게 손을 잡는 철수를 보니 그래도 친구가 제일이라는 생각이 든다.

철수 퇴근 후에 순희에게 같이 가기로 하고, 나는 철수 방에서 라디오를 듣고 소설을 보다보니 어느 순간 잠이 들었다. 갑자기 깨우는 소리에 놀라 눈을 떠보니 시간은 저녁 8시, 밖은 칠흑이었다. 부랴부랴 세수를 하고 철수와 같이 택시를 타고 연산로타리에 내리니 시간은 9시였다. 부산, 대구, 서울 등 대도시에서 택시 잡는 요령이 없으면 몇 시간이 걸려도 잡기 힘들다. 일단 손을 들어 잡은 후, 손님이 있더라도 합승을 하지 않으면 택시 잡을 방법이 없다. 그만큼 영업용이나 개인택시가 수요에 비해 부족하기 때문이다.

연산로타리에서 조금 올라가 1번 종점에서 철수가 전화를 하니 5분 뒤쯤 순희가 나왔다. 도로 건너편 가로등 아래에서, "야, 근희!" 하는 소리가 들려서 돌아보니 순희였다. 지난가을 순희 결혼식 때, 방위 복무

중이라 참석을 못해서 소식도 궁금하고 보고싶기도 했는데 반가웠다. 순희 부부가 사는 방에 들어가서 철수와 세 명이 이런저런 지난 얘기를 하고, 순희의 결혼사진을 보며 시간을 보내던 10시경, 순희 신랑 이 형이 들어오길래 서로 인사를 하고 마주 앉아 술잔을 나누었다. 대화를 나누어 보니 인성이 건실하고 착실해 보여서 안심이 되었다. 순희의 장래를 봐서 훌륭한 신랑을 선택한 듯하여 기분이 좋았다.

순희의 신랑과 첫 대면에서 호감을 갖게 되자 밤세워 술잔을 나누며 세상 이야기를 하고 싶었으나, 이 형이 밖에서 술을 좀 드신 것 같아 술자리에서 일찍 일어났다. 붙드는 이 형을 뿌리치고 철수와 함께 밖으로 나와 시계를 보니 밤 11시 10분경이다. 어렵게 택시를 잡아타고 철수의 자취방에 오니 자정이 되었다. 피곤한 몸을 눕히고 바로 꿈나라로 향했다.

이튿날 눈을 뜨니 아침 7시경, 분옥이가 밥을 짓고 있었다. 어느덧 4월 28일 토요일, 휴가도 이틀 뿐, 8시경 태환이에게 전화하니 등교길에 들린단다. 환이가 와서 12시쯤 연산동 순희집에서 만나기로 약속 한 후, 환이는 학교로 가고, 나는 10시경 택시를 타고 연산동으로 갔다.

가는 길에 마침 가게에 햇토마토가 나왔길래, 순희가 임신 중이라 과일을 좋아할 것 같아서 1,000원어치 사서 들어가던 골목 길에서 순희 신랑을 만났다. 오늘은 일찍 퇴근해서 처남 태환이와 함께 유원지에 놀러 가자 하여 고마웠다.

순희와 마주 앉아 이런저런 얘기에 시간 가는 줄 몰랐다. 1시에 태환이가 와서 같이 점심을 먹고 어제 내가 사온 매실주로 한 잔 하면서 이 형을 기다렸으나 웬일인지 함흥차사다. 전화라도 오길 기다렸으나 다섯 시가 넘어도 무소식이다. 기다리다가 지쳐서 순희가 우리끼리 나가자고 한다. 나 또한 책 살 것도 있고 해서 저녁 6시쯤 서면으로 가는 시내버스를 타는데, 저녁시간이라 버스가 대만원이라서 임신한 순희가 염려되었으나 오히려 본인은 태평이다.

서면에 있는 서점에서 법률 서적 6권을 샀는데 가격이 많이 올랐고, 정찰제라 부담이 컸다. 저녁을 먹으러 분식점에 가서 환이와 나는 함박스테이크를, 순희는 함흥냉면을 먹었다. 저녁을 먹은 후 순희가 집에 전화를 하니 이 형이 집에서 기다리고 있단다. 택시를 타고 집으로 가니 시간은 8시경, 저녁도 못 먹고 기다리는 사람에게 약속시간 어긴 것 따져봤자 무엇하고, 사정 얘기를 들어보니 몇 번 전화를 했는데도 통화가 되지 않았단다. 밤에 이 형, 나, 환이 세 명이 육백 화투를 치면서 순희가 끓인 매운탕과 맥주로 회식을 했다. 화투를 마치고 계산을 하니 내가 1,000원을 땄길래 그 돈으로 사과를 사먹고, 환이와 나는 다락에 올라가 잠을 잤다.

이튿날 아침, 이 형은 회사로 가고 환이와 나는 철수에게 가기로 했다. 환이와 시내버스를 타고 철수집에 가니 아침 10시인데 철수는 아직 꿈나라다. 철수를 깨워서 세 명이 해운대로 향하였다. 버스종점에 내려 해운대 백사장에 들어서니 남해가 눈 앞에 펼쳐지고 명사십리가 끝이 없다, 쥐포를 씹으면서 우리는 구경을 하고, 태환이는 자기 여자친구를 만나러 갔다. 쌍쌍이 짝을 지은 청춘들은 백사장을 거닐며 데이트에 바쁘고, 나는 시원한 바닷바람에 도시의 탁한 공기를 버리고 오존을 취하기에 바쁘다.

1시경, 환이가 여친을 데리고 나타나서 우리에게 인사를 시킨다. 환이 여친이 가져온 카메라로 사진을 찍어준다. 해운대 백사장, 바다, 극동

호텔을 배경으로 추억 담기에 바쁘다. 점심을 먹기 위해 시내로 향하는데, 등 뒤에서 또 셔터 누르는 소리가 들린다. 환이 여자 친구가 솜사탕을 권하고, 받아 먹는 내 마음도 유쾌해진다. 남포동 행 시내버스를 타고 해안선을 가는데 주변의 호화 주택과 아름다운 경치가 시선을 끈다. 버스 안에서 재잘거리는 환이 여친의 구김살 없는 태도는 세대 차이를 느끼게 한다.

남포동 중국집에서 4명이 짜장면을 먹었다. 소주 1병으로 반주를 한 후, 탁구 한 게임을 하려고 스포츠센터 11층을 향하여 나는 달음질, 3명은 엘레베이터를 타고 출발, 내가 먼저 선착을 했으나, 탁구장이 대만원이라 할 수 없이 그냥 내려왔다. 남포동 시내를 구경하며 걸어가다가 얼마 전 군 탈영병이 저지른 남포동 수류탄 폭발사고 현장을 살펴보았다. 시커먼 폭발 잔흔과 푹 파인 도로가 그때의 참사를 말해주는 듯, 뉴스에서 본 그날 그 군인의 앳된 얼굴을 생각하니 선뜻 발걸음을 돌릴 수 없다. 무엇이 그를 그토록 참혹한 최후로 이끌었을까?

사랑, 배신 이 두 가지가 그를 그렇게 만든 것일까? 그러나 그의 죽음으로 끝나지 않고, 많은 사상자를 냈기에 세인의 동정을 받을 수 없다. 오직 그의 인생이 불쌍할 뿐.

용두산 공원을 올라가는데 가는 빗줄기가 얼굴을 스친다. 공원 정상에 올라오니 감개가 무량하다. 일 년 전, 처음 용두산공원에 놀러와 눈이 귀한 부산에서 백설이 휘날리는 광경을 보고 타워탑 커피숍에서 순희, 철수, 셋이서 마시던 커피의 맛, 그때의 추억이 새삼 떠오른다. '용두산엘레지' 노래에 나오는 일백구십사 계단의 추억이라고 할까? 환이가 사진을 찍어 준다고 바쁘다. 이순신 장군 동상, 청룡상, 타워탑, 공원의 비둘기 등 모두 정답고 아름다운 추억들이다.

용두산공원 벤치에 앉아 멀리 아래 쪽을 내려다보니, 영도 다리와 부산항에 정박한 수많은 선박들이 시야에 들어온다. 부두, 도크, 배, 으슥한 골목길, 옛날에 보았던 부산항을 배경으로 의리의 사나이들이 나오는 액션 영화들이 떠오르는 배경이다. 환이와 잠시 스포츠 센터에서 공기총 사격 시합을 한 후, 시내 부영극장에서 '더 헌터' 라는 영화를 보는데, 영화가 상영되자말자 철수는 옆에서 코를 곤다. 월남 전쟁을 배경으로 인간의 악마성을 파헤치고 친구의 우정을 나타내는 수작이었다.

영화 구경을 마치고 나오니 시간은 밤 8시, 빗줄기가 쏟아지는데 우산장수들이 분주하게 우산을 사라고 외치고 다닌다. 환이에게 여자 친구를 데려드리라 하고 아쉬운 작별을 했다. 철수와 함께 빗속에 시내버스를 타고 들어오다 종점에 내려서 근방에 있는 중국집에 들러 저녁을 먹고 들어가니 저녁 9시쯤, 철수가 사귀는 여자 친구가 그때까지 기다리고 있었다. 인사를 하고, TV를 보다가 분옥이가 과자와 맥주 한 병을 가져왔길래 맥주를 마시고 나니, 하루의 피로가 일시에 풀린 듯 하였다.

이튿날 아침, 철수와 아쉬운 작별을 하고 동래 시외버스정류장에서 고향으로 가는 한일버스에 몸을 실으니 4월 29일이라 방위병 열흘 휴가도 막바지다. 본 것도 많고 배운 것도 많은 유익한 여행이었다. 여행이란 몸으로 부딪쳐 현실을 배우는 산 교육이다. 휴가기간 동안 따뜻하게 대해 준 벗들과 지인들에게 감사의 인사를 드린다. - 1979. 5. 14

김 목사 이야기

김정인 목사는 1955년 을미생이고, 고향은 울진군 원남면 갈면리이다. 아들만 8형제인 가난한 집에 넷째로 태어났다.

내가 김정인 씨를 처음 만난 때는 1980년 1월이다. 1976년 3월 법원에 입사하여, 1978년 9월 방위병으로 입소한 후, 1979년 11월에 제대를 했다. 제대 후 복직 신고를 하였는데, 1980년 1월 10일 자로 울진등기소에 발령을 받았다. 울진등기소는 원래 사무관 소장 1명, 서기 1명, 청부 1명 등 정원이 3명인데, 당시 특별조치법 사건이 폭주하여 서기인 내가 추가로 배정된 것이다. 나는 대구 본원이나 고향인 영덕지원을 희망하였는데 오지인 울진등기소에 발령이 나서 매우 실망하였다.

울진등기소의 순회재판은 영덕지원 관할이다. 등기 사건 외에 한 달에 한 번씩 영덕지원 판사가 나와서 즉결심판 사건을 처리하였다. 내가 발령을 받기 전에는 나보다 8살 정도 나이가 많은 이 모 주임이 등기소 차석을 보았는데, 내가 더 고참이라서 차석이 되었다. 업무 조정이 되어 이 주임은 등기 기입을 보고, 등기접수와 즉결심판은 내가 담당하게 되었다. 그래서 내 입장이 곤란해졌고, 결국 이 주임은 그해 9월 인사 때 다른 곳으로 전보되었다.

등기소 관내 법무사(당시에는 사법서사)는 직전 등기소장이던 50대 초반인 황원근 씨와 80대인 남연극 씨 등 두 명이었다. 그 남연극 법무사 사무장이 김정인 씨인데 나이는 나보다 한 살 많은 26살이었다. 말이 사무장이지, 본직이 고령이고 노쇠하여 김정인 사무장이 전권을 쥐고 있었다. 그 밑에 사무원으로 이영탁, 이명희 씨 등이 있었는데, 모두 김정인 씨가 청년회 회장으로 있는 울진제일교회 청년회 소속이었다.

등기소 차석으로서 관내 법무사들의 업무상 협조를 받으려면 본직과 사무장의 도움이 필요했고, 김 사무장 또한 등기 사건의 원활한 통과를 위해서는 나의 도움이 필요하므로 서로 간에 상부상조해야 할 입장이었다. 당시 나는 젊은 혈기에 술을 좋아했고, 등기소에 법무사들의 협조로 비공식적인 급사로 일하던 22-3세의 김 양에게 현혹되어 그 열정을 술로 해소하는 입장에 처해 있었다.

그해 1월에 발령받아 3월까지 2달 반 동안, 방황하던 내 모습을 본 김정인 씨가 나를 전도하여 그해 3월 23일 일요일, 내 생전 처음으로 교회에 출석해 보았다. 그때부터 나와 김정인 씨는 일생의 인연으로 맺어지게 되었다. 3월 23일 첫 입교 후 3개월이 지난 6월 29일, 학습 교인이 되어 7월부터 울진제일교회 중고등부 교사직을 맡게 되었는데 모두 김정인 회장의 입김이었다.

나는 교회에 나간 지 13개월만인 1981년 4월 중순, 영덕지원으로 인사이동이 되어 울진제일교회를 떠났고, 몇 주 뒤에 제일교회에 가서 교회에서 주는 충성패를 받았다. 내가 울진을 떠난 몇 년 후, 우여곡절 끝에 김정인 회장도 울진제일교회를 떠나서 목사가 되기 위한 공부를 시작하였다. 어렵게 학위를 딴 후 한국장로교 신학대학원에 입학하였고, 모진 고생 끝에 1990년경 목사 안수를 받았다.

참으로 피눈물 나는 인고의 세월 끝에 얻은 인간승리였으나, 대학 공부와 신학대학원 공부를 연속하면서 건강이 나빠졌다. 나빠진 건강을 챙기지 못하고 날씨가 덥고 습도조차 높은 동남아에서 불철주야 무리하게 선교 활동에 전념한 것이 결정적인 병고가 되어 김 목사가 오십을 넘기지 못하고 세상을 떠나는 단초가 되었다.

나는 1984년 7월, 계장으로 승진해서 마산지방법원 거창지원으로 발령을 받았다. 그곳에서 아내를 만났고, 6년 만에 사무관으로 승진하여 다시 대구지방법원으로 돌아왔다. 우리 가족이 1991년 대구 범어동에 살 때였다. 막딸인 민주가 다니던 샤론 유치원을 운영하던 장로교 소속 샤론교회에서 김 목사를 라오스에 선교사로 파송하는 예배를 드릴 때, 김 목사가 우리 집을 방문함으로써 울진을 떠난 후 10년 만에 다시 만나게 되었다. 그 후 김 목사는 파송 교회가 있는 대구를 1년에 서너 번씩 방문하였고, 대구에 올 때마다 꼭 우리 집에 들러서 한두 끼 식사를 하고 하루 밤을 자고 갔다.

1996년 4-5월경 내가 영덕지원 사무과장으로 재직할 때, 김 목사가 한국에 와서 불갑교회 허임복 목사와 함께 나를 찾아왔다. 나는 울진에서 내려 온 만우와 영덕지원 서무계장으로 근무하던 김 목사와 고등학교 동창인 김상수 씨와 함께 강구 근처 횟집으로 김 목사와 허 목사님을 모시고 가서 식사를 대접하고, 같이 찍은 사진도 몇 장 남아있다.

　김 목사는 인도차이나반도 내륙에 위치한 공산주의 국가인 라오스에 선교사로 파송되었으나, 라오스 정부로부터 비자를 받지 못하였다. 선교를 위한 센터건립을 위해서는 정부로부터 N.G.O(비정부기구) 승인을 받아야 하는데, 몇 년에 걸쳐 100여 회가 넘는 끈질긴 정부기관 방문 끝에 공식 승인을 받게 되었다. 이에 1997년 4월 24일 정부 승인 축하예배를 드리게 되고, 승인 받은 라오스 선교센터에 한국인 선교사 20 가정을 초청하여, 국립병원 사역뿐 아니라 제자 양육, 신학교 설립, 고아원, 교회 개척 등을 점진적으로 추진할 수 있게 되었다.

　김 목사는, 1991년 샤론 교회에서 라오스 선교사로 파송된 후 약 5-6년 간을 필리핀 등지에서 선교 훈련을 받고, 라오스 인근인 태국에서 몇 년에 걸쳐 언어 학습과 비자 문제, N.G.O 문제 등으로 노심초사했다. 1996년, 라오스에 입국하여 1997년 4월에야 라오스 정부의 허가를 받아 라오스 선교센터와 한인 교회를 라오스의 수도 비엔티안에 설립할 수 있었다. 이것은 김정인 목사 부부의 간절한 기도와 피눈물 나는 노력 끝에 얻은 신앙적 승리였다. 그 기간 동안 김 목사와 김미애 선교사는 라오스 글과 말을 습득하는데 전력을 기울여, 몇 년 후인 2001년 12월에 라한사전을 편찬하였다.

　동남아 공산국가 중 유일하게 한인 교회가 없었던 라오스에서 정치적인 교섭으로 선교센터와 한인 교회 허가를 공산정부로부터 받아내고, 라오스의 글과 말을 익히고, 그에 따라서 라한사전 등을 편찬하는 강행군 속에 김 목사의 건강은 점점 나빠질 수밖에 없었다.

　김 목사는 1997년부터 일반 선교 활동과 더불어 태권도 선교사를 파송받아, 라오스 청소년들에게 태권도를 통한 기독교 교육을 병행케 하여 많은 성과를 거두었다. 김 목사의 라오스 선교는 공식적으로는 파송교회인 대구 샤론교회와 영광 불갑중앙교회의 후원회 총무인 허임복 목사님이 도와주었다. 나는 비공식적 후원회장이 되어 울진 이만우와 함께 힘을 모아 1998-9년경 교통이 불편한 라오스에서 김 목사가 선교 활동을 하는데 필수적으로 필요한 쌍용의 무쏘 차를 1000여 만 원에 사주었다. 김 목사는 이 자동차로 수도 비엔티안과 시골을 다니면서 현지 교회를 개척하였다.

나는 2000년 6월 30일, 법원공무원을 명예퇴직하였다. 그때 김 목사 부부의 라오스 초청이 있었다. 김 목사는 우리와 같이 가기 위하여 미리 한국에 와있었다. 작은처남 부부도 함께 갔다. 2000년 7월 31일 저녁 7시 40분 대한항공으로 김포공항을 출발하여 8월 1일 01:20분에 방콕에 도착하여 공항에서 취침하고, 08:20분경 TG 타이항공 편으로 09:30 라오스의 수도 비엔티안 공항에 도착하였다.

공항에 김미애 선교사와 김 목사의 외동아들인 명혁이가 꽃다발을 들고 우리를 환영하였다. 도착한 당일 라오스 미션센타를 방문하고 김정인 목사 댁에서 점심을 먹고, 비엔티안에서 제일 좋은 로얄호텔에 입실하여 휴식을 취했다. 저녁 시간에 메콩강변 관광을 하고, 저녁은 스위트 홈에서 식사를 하고, 밤에는 메콩 강변인 남푸 야경을 구경하였다.

8월 2일에는 남음 호수 보트 타기와 낚시를 하고, 호텔에 돌아와서 수영장에서 50여 미터 수영 시합을 두 번 해서 모두 내가 1등을 하였다. 몸무게가 제일 많이 나가는 내가 일등을 하니 김 목사와 처남이 나를 '물 찬 돼지'라고 놀렸다.

8월 3일은 식물원, 동물원 등 비엔티안 시내를, 8월 4일에는 비엔티안 재래 시장 및 민속촌을 구경했다. 라오스 민속 의상으로 갈아입고, 처남 부부와 우리 부부가 기념 사진을 찍었다. 오후에는 태권도 선교사들이 라오스 청소년들에게 가르친 태권도 시범을 관람하고, 라오스 정부로부터 내가 김 목사 후원회장 자격으로 공로패를 받았다.

8월 5일 토요일은 오전에 테니스를 하고, 오후에는 마지막으로 라오스 관광을 했다. 8월 6일 주일에는 한인교회에서 예배에 참석하였고, 8월 7일 월요일에 김 목사 부부, 처남 부부, 우리 부부가 비엔티안에서 방콕으로, 다시 태국의 관광도시 푸켓으로 가서 2박 3일간 글로안다만 호텔에 숙박하면서, 해수욕장 구경, 발마사지 등 관광을 즐겼다.

8월 9일 수요일은 푸켓에서 방콕으로 와서 방콕의 판립호텔에서 1박을 했다. 8월 10일, 하루종일 방콕 시내 관광을 했다. 8월 11일 밤 대한항공으로 김포공항에 도착한 시간이 09:20경이고, 서울에서 비행기로 대구공항에 도착한 시간이 13:30이었다.

이로써 10박 12일간의 라오스, 태국 방문의 대장정을 무사히 마칠 수 있었다. 모든 여정을 처음부터 끝까지 꼼꼼하고 섬세하게 진행하여 10여 일간 완벽한 관광과 음식 등 최고의 대접을 받게 해 준 김 목사께 감사하다. 옆에서 도와주고 물심양면으로 힘을 써준 김미애 씨와 명혁이에게도 진심으로 감사드린다.

태국 여행에서 007영화에 나왔다는 본드섬을 우중에 비옷을 입고 관광하고, 본드섬 인근 수상식당에서 먹은 점심 식사가 잊혀지지 아니한다. 그날 점심 때 먹은 해산물 위주의 음식도 입에 착착 붙는 것이 최상이었다. 2000년 8월, 라오스 방문과 태국 관광을 마친 후, 김 목사는 1년에 서너 번씩 한국을 방문할 때마다 대구로 왔고, 대구에 올 때마다 꼭 신매동에 있는 우리 아파트에 와서 1박을 하고 갔다.

1박을 할 때마다 아침, 저녁으로 집사람이 만든 된장찌개를 최고의 성찬이라면서 맛있게 먹었는데, 고향 음식에 대한 그리움으로 더 맛있게 느껴졌을 것이다. 가끔씩 맛집에서 주먹시 고기, 해물찌개, 버섯찌개를 먹을 때도 있었는데, 먹을 때마다 맛있다고 엄지척하는 김 목사의 모습을 보면 나 자신도 덩달아 기분이 좋았다.

라오스 방문 후 2년 반 정도가 지난 2003년 초봄부터 김 목사의 대구 방문이 없었다. 집사람에게 확인을 해보라고 했더니, 김 목사가 경기도 일산에 있는 백병원에서 간경화치료를 하고 있다는 청천벽력과 같은 소식을 들었다. 3월 중순경, 김 목사 휴대폰으로 경과를 물었더니, 김 목사는 치료경과가 좋아서 식목일인 4월 5일경 대구에 가서 만날 예정이니 걱정하지 말라고 하였다.

김 목사와 만날 날을 기다리고 있는데 갑자기 4월 4일 김 목사가 포항에 있는 선린병원에서 소천하였다는 부고가 날아왔다. 하늘이 무너지고 땅이 꺼지는 슬픔이 밀려왔다. 자신의 몸을 돌보지 않고 선교에 전념하다 48세의 젊은 나이에 운명을 달리하였으니, 목사로서는 순교에 해당하는 죽음이었으나 나에게 젊은 김 목사의 죽음은 허망한 아픔으로 다가왔다. 서재에서 '꺼억, 꺼억' 하고 울었는데, 그것을 아들이 보고, "아버지가 그렇게 슬피 우는 것은 본 적이 없었다."는 말을 지금도 한다.

작은처남 부부와 같이 포항 선린병원에 가서 문상을 하고 조화도 증정했다.

4월 7일 고향인 울진 갈면리 뒷산에 지인들과 교인들이 함께 모여 천국환송예배를 하고 김 목사는 그곳에 묻혔다. 나는 그 주말에 울진에 있는 만우에게 연락하여 같이 김 목사 묘소에 참배하였다. 묘소에 참배하고 내려오면서 김 목사의 생가에 들러 김 목사의 부친을 뵙고, 인사를 드렸다. 나는 김 목사의 10주기인 2013년 4월 초순경, 아들, 집사람과 함께 갈면리 김 목사의 묘소에 참배하였고, 2023년 4월 중순 순교 20주기를 맞이하여 다시 김 목사의 묘소를 참배하였다. 그때는 라오스에서 울진으로 귀향한 김미애 씨를 묘소에서 만났고, 그날 저녁 이만우가 주관한 만찬에 김미애 씨, 만우 부부, 우리 부부가 참석하여 김 목사의 지난 날을 회고하였다.

2020년 12월, 코로나가 한창 전국을 강타하고 있을 때, 김 목사의 외동 아들 명혁이가 38세의 늦은 나이에 서울 종로구 광화문 인근 예식장에서 화촉을 올린다는 연락을 받았다. 나는 집사람과 함께 KTX를 타고 올라가서 축하해 주었다. 김 목사가 살았다면 얼마나 기뻐했을까? 슬픔이 몰려 왔지만 어차피 산 사람은 살아야 하니까 명혁이가 앞으로 잘 살기를 바랄 뿐이다. 김 목사와 나는 종교를 떠나 인간적인 친구로서 긴 인연을 이어 온 것이고, 김 목사 떠난 후에도 그 유족들과 연을 이어가고 있다.

김 목사! 주님의 복된 종으로서 홀로 남은 김미애 씨와 고된 사역에 힘들어 하는 명혁이에게 사랑과 성령의 단비를 내려서 영과 육이 건강하게 김 목사의 유업을 이어가게 해주시고, 우리 가족도 항상 바른 삶을 살 수 있게 인도해 주시길 염원하는 바이네. 김 목사! 천국에서 만날 그 날을 기다리겠네. 주님의 복된 왕국에서 행복하길 비네. - 2024. 11.

의형제들

이만우는 1959년생으로 경북 울진 출신이고, 이성수는 1963년생으로 경남 밀양출신이고, 신영식은 1958년생으로 충북 청원군 출신이다.

이만우를 처음 만난 것은 1980년 3-4월경이고, 이성수를 만난 것은 1988년 8월경이고, 신영식을 만난 것은 1998년 5-6월경이다. 만우를 만난 지는 44년이 지났고, 성수는 36년이 지났고, 영식이는 26년이 지났다. 나는 지금도 세 사람과 인연을 이어가면서 길흉사가 있으면 연락하고 있다. 피를 나눈 친형제나 사촌간도 길흉사에 잘 보이지 않는 세상인데 남남끼리 30-40년 이상 인연을 유지하는 것은 드문 일이라 할 것이다.

1980년, 내가 '울진등기소'에 근무할 때였다. 월변 강변로에 위치한 '울진제일교회' 청년회 회장으로 법무사 사무장을 보던 '김정인'씨의 전도로 1980년 3월 교회에 처음 출석한 후 1981년 4월 인사 이동 되기까지 13개월 동안 교회를 다닌 적이 있었다. 청년회 회원으로서 만우를 처음 만났으나 얼굴만 아는 정도였다.

제일교회에 나간 지 4개월쯤 되는 7월 중순, 청년회 회원이던 '하영호' 씨가 형사사건으로 울진경찰서에 구속되었다. 목사님의 부탁으로 경찰서 보안과장을 통해 목사님과 김정인 회장과 함께 구속된 하영호를 특별면회하고, 영덕지청으로 이송된 하영호를 다시 면회간 것이 그해 8월 23일이었다. 그때 면회에 참가한 사람은 김정인 청년 회장과 김인선 집사 등 7명이었다. 당시만 해도 대중교통을 이용해야 해서 7명도 많은 숫자였다.

8월 23일, 하영호 씨 면회를 갔다온 후 청년회에서 문제가 발생하였다. 문제는 '이만우'였는데, 하영호의 친구인 자기들을 빼고 우리끼리 면회를 갔다고 목사님과 장로님에게 행패를 부리는 등 사건이 커졌다. 내하숙집에도 저녁 늦게 술에 취해 나타나서 불경한 태도로 시비를 걸었다.

만우는 나보다 세 살 아래다. 하영호의 친구인 자기들을 빼고 우리끼리 면회 간 것을 따지길래, "이번 면회는 놀러 간 것이 아니고, 하영호 씨에 대하여 대책을 세우는 공적 면회라서 많이 갈 수도 없었다. 친구로서 면회를 가고 싶다면 사적으로 따로 갈 수 있지 않느냐?"고 설득하였으나 막무가내로 말이 통하지 않았다. 나중에는 막말로 시비를 걸어왔다. 참지 못하고 "내 동생밖에 되지 않는데 함부로 막말을 하느냐?"고 연달아 귀싸대기를 올렸다.

그때서야 눈물을 흘리며 사과를 하면서, 자기는 집에 손위가 없어서 버릇이 없는데 앞으로는 형님으로 모시겠다고 하여 내가 위로하면서 허락하였다. 만우는 나와 같이 교회 중고등부 교사를 맡은 이영탁 씨와 고등학교 동기로 친구였다. 그래서 재미삼아 결성한 것이 청년회 야당이었다.

내가 총재, 만우가 부총재, '김애숙'씨가 여부총재, 대변인은 '이영탁'씨였다. 기독교인은 일요일을 주일이라 하고, 별일 없으면 주일 예배를 지키려고 한다. 야당은 주일 낮, 밤 예배를 마치고, 우리끼리 2차로 노래방에 간다. 교회에서는 예수님을 주님으로 모시지만, 우리 야당의 2차 주님은 술이다. 총재와 부총재, 대변인이 잔을 들고, "주여, 성령을 주소서, 아멘." 하고 잔을 쭉 들이킨다. 그때의 주는 '주님의 주'자도 되고, '술 주'자도 되는 것이다.

1980년 9월부터 내가 울진을 떠난 이듬해 4월까지 야당의 행적은 요란하였다. 이에 김정인 회장이 "야당은 한 근에 이만 원이다." 라는 농담을 할 정도였다. 당시 쇠고기 한 근이 1-2천 원이었다. 대구에서 고등학교를 마치고 법원 공무원으로서 등기소 차석인 총재와 대구에서 전문대학을 나온 부총재의 위상은 '한 근에 이만 원'의 가치가 되었을 것이다.

지방인 울진제일교회 청년회 남자 회원들의 학력은 최고가 지방의 고등학교이고, 대개가 초등 내지 중학교 정도였다. 야당 멤버들은 고향에서 내 지인들이 왔을 때 당시에는 귀한 카메라로 사진을 찍어주고 관광지를 안내해 주는 등 정성을 다하였다. 어느 가을날 야외에 놀러 갔다가 돌아오는 시외버스 안에서 검정색 '쇠고기 봉다리'를 주워서 그 쇠고기로 아는 가게의 야외 탁자에서 소주를 마시면서 "주여 감사합니다. 일용한 안주를 주셔서 감사합니다."고 기도를 하는 일도 있었다. 그렇게 8개월 동안 내 나이 25세, 만우, 영탁, 애숙이 각 22살 때에 참으로 재미나는 시간을 보냈는데, 내가 1981년 4월 영덕지원으로 전근가는 바람에 자동으로 해체되었다.

그 후 몇 년 후 만우가 결혼할 때 울진에 가서 축하해 주었고, 우리가 결혼하여 밀양에 살 때 만우가 3-4살 되는 외동아들을 데리고 밀양에 놀러왔다. 우리도 1989년 여름, 울진에 가서 낚시를 하면서 휴가를 보내는 등 만우, 영탁이와는 계속 인연을 이어갔다. 1997-8년경 김정인 회장이 목사가 되어 라오스의 선교사로 갔을 때, 내가 후원회장, 만우가 부회장이 되어 각 몇백만 원을 희사하여 천만 원 정도로 목사님께 무쏘 자동차를 사준 일도 있었다.

두 번째 의형제인 밀양의 '이성수'를 만난 것은 1988년 8월경이다. 나는 밀양에서 살던 1986년 3월, 방송통신대학 법학과 1학년에 입학하여 1988년에는 3학년에 진학하였다. 당시 방송통신대학은 5년제였다. 일반 전문대학이나 정규대학의 2년 이상 수료자는 3학년에 편입할 수 있었다.

성수는 2년제 농협대학을 졸업했기 때문에 방송통신대학 법학과 3학년에 편입하여 나와 같은 3학년이 된 것이다. 방송통신대학 강의는 평소에는 라디오나 TV로 수강하지만, 1년에 두 번 여름방학이나 겨울방학 때 협력대학교에서 출석수업을 1주일 받은 후 시험을 쳤다. 각 학기별로 과목당 60점 이하는 F학점으로 재 이수를 해야 졸업장을 주는 등 학사관리가 엄격하였다. 평소 강의의 점수가 70%이고, 출석 수업 시 시험 점수가 30%이다.

성수는 1-2학년 때는 못 보았지만 밀양은 창원대학이 협력대학교라서 1주일간 출석수업을 하다 보면 자연스럽게 같은 지역끼리 점심도 같이 먹고, 수업도 같이 하다보니 친하게 되었다. 1988년부터 1989년까지 여름과 겨울 4번의 출석수업 중 3번은 내 차로 출석수업을 다녔다. 출석

수업을 마치고 밀양에 돌아오면 같이 저녁을 먹으면서 술 한잔 할 때가 많았고, 그러지 않을 때는 우리 집에서 맥주 한잔을 하고 저녁을 먹을 때도 있었다.

당시를 회고하면서 성수는 지금도 "1988년인가? 89년인가? 형수님이 형님하고 나가서 술 한잔 느긋하게 하라고 자기에게 돈 30만 원을 준 사실이 있었다."고 했다. 나는 술에 취해서 기억을 잘 못하는데 성수는 기억하고 있었다. 성수는 방송대를 다닐 때는 미혼이었는데, 1992년 12월에 밀양 시내 초등학교에서 교편을 잡고 있던 제수 씨와 결혼을 하였다. 성수 결혼식에 우리 부부가 참석한 것은 당연이다.

내가 밀양에 근무할 때, 성수는 밀양농업협동조합의 과장으로 있었는데 그 후 상무, 전무직에 올랐고, 2019년 3월 밀양농업협동조합 조합장 선거에 출마하여 전국에서 가장 높은 득표율로 당선되었고, 2023년 재선에도 성공하였다. 성수의 꿈은 조합장을 두 번 정도 하고 '밀양 시장'이 되는 것이었다. 시장 선거는 정치적이어서 내가 만류하여 조합장 3-4번 재임 후에 밀양문화원장을 역임하면서 밀양의 역사와 문화를 개척하라고 조언하였다.

성수 부부도 우리 집에 몇 번 다녀갔고, 우리 부부도 시간이 있으면 1년에 한두 번씩 밀양에 들러 성수 부부와 우리 부부, 호야 모친을 불러 같이 식사를 하곤 하였다. 2015년 5월경, 우리가 경산에 단독주택을 지어 밀양 지인들을 초대했다. 옛날 밀양 삼문동 이웃이던 호야 모친, 강 선생 부부, 복성일 씨 부부 등이 우리집에 와서 집들이를 할 때도 성수는 호야 모친을 자기 차에 태우고 참석하였다. 1988년 처음 만난 후 우리집 길흉사, 성수네 가족 길흉사에 빠지지 않고 참석하여 긴 인연을 이어오고 있다.

세 번째로 경산시에 살고 있는 영식이는 세 사람 중 나이가 제일 많지만 나와 만난 것은 맨 마지막이다. 1995년, 우리 가족이 대구 신매동 아파트에 입주하고, 취미인 테니스를 하기 위하여 매호동 테니스장에 다니던 중 아내가 영식이를 1998년 4-5월경에 처음 만나 난타도 치고 시합도 하면서 안면을 트게 되었다.

1998년 8월 초순, 아내의 지인인 송안목 씨 부부와 우리 부부, 영식이와 5명이 같은 차로 고향인 영덕군 사진1리에 피서를 갔다. 백사장에 텐트를 치고 일부는 수영을 하고 나머지는 놀고 있으니까, 근달의 종수 자형과 밭네미 석만이 동생이 자연산 회와 술을 가져왔다. 백사장 텐트 앞에 전을 펴고 낮술에 취하여 비몽사몽 텐트에서 잠이 들었는데, 한밤중에 갑자기 비가 많이 오고 해일이 일어서 파도가 텐트 있는 곳까지 침범했다. 옛날 한마낭에서 살았던 상태 모친의 집에 가서 도움을 청하니까, 일행 모두를 받아주어 그날 밤을 무사히 보낼 수 있었다.

그 피서를 계기로 영식이는 나에게 '형님'이라고 깍듯이 대하고, 우리 부부와 자주 어울려 공도 치고 가족들과 함께 놀러다니기도 하였다. 영덕 강구, 부산 일광 해맞이, 하동 벚꽃구경, 밀양 재약산 등산도 하고, 전국을 다니면서 친형제와 같이 지낸 세월이 벌써 26년이다.

15년 전, 장인, 장모님이 80대 후반에 피치 못할 사정으로 우리가 사는 경산에 오셨다. 장인은 2년 뒤에 돌아가셨고, 장모님은 그 후 9년을 더 사시다가 돌아가셨다. 영식이는 장인, 장모님의 인근에 살면서, 장인, 장모님 병원 출퇴원과 식당갈 때 업어드리기, 장인어른 목욕탕 때 밀어주기, 장모님 변비 시 관장해 주기, 장모님 외로울 때 막걸리 같이 마시기, 장인 돌아가신 후 상주 노릇 등 처가집과 우리집 일에 참으로 노고가 많았다.

만우, 성수, 영식이 세 사람이 같이 만난 것은 2016년 4월, 내 회갑연 때이다. 회갑일을 맞이하여 아내와 상의하여 친동생들과 이종 형제들, 일부 지인들, 의형제 만우, 성수, 영식이 등 손아래 사람들만 초대하여 우리집 정원에서 조촐하게 회갑연을 열자고 상의하였다. 요사이는 회갑연을 하지 않지만, 그래도 60년 만에 돌아온 생일을 그냥 보낼 수 없어 친동생과 일부 지인들, 의형제들만 불러서 서로 인사도 시키고, 1년 전 신축하여 입주한 집들이 겸으로 간단하게 치르기로 하였다.

마침 4월이라 우리집 정원의 80년 묵은 라일락 고목에 자주색 꽃이 만개하였다. 그 향기가 온 동네에 퍼질 때, 의형제들이 모여서 술 한 잔 하는 것은 매우 뜻깊은 일이었다. 의동생들이 각자 나의 회갑에 대한 축사를 하고 건배제의를 하였다. 나이에 따라 영식이, 만우, 성수가 차례대로 축사와 건배제의를 하면서 술을 마셨다.

내가 의형제들, 친동생들과 이종 동생들에게 앞으로 때가 되면 나와 같이 조촐하게 회갑연을 하면서 우리 부부를 초청하라고 했는데 의형제와 이종동생 모두 회갑이 지났는데도 초청한 사람은 단 한 명도 없었다. 간단하게 회갑연을 하는 것이 그렇게도 어려운가? 그걸 생각하면, 우리 결혼 후 40년간 어려운 가정 행사에 선뜻 나서주는 아내가 고맙다. 집에서 하는 행사는 아내의 협조 없이는 불가능하다.

올 3월 10일, 아들 결혼식 때도 세 사람 모두 참석했다. 각박한 세상에 의형제 3명을 44년부터 26년 동안 긴 인연을 이어가는 나는 운이 좋다. 친 남동생만 3명이고, 의형제 3명까지 6명인데 동생들 복이 많은 것이다. 이제 의형제들 모두 60대로 인생의 황혼기에 도착했다. 100세 시대에 건강에 유념해서 최소한 100세는 채워야 할 것 아닌가? 앞으로 30년은 더 살 수 있도록 육체적 운동과 정신적 활동에도 노력해야 할 것이다.

의형제들아, 백 세는 기본이다. 건강하게 백 세까지 가즈-아. - 2024. 10.

제3장

나의 가족사

아버지의 봄날

　아버지는 어부였다. 어부 중에서도 가난한 어부였다. 어촌에서 상위 어업인 정치망이나 안강망, 발동선 어업에는 어부생활 수십 년 동안 근처에 가본 적도 없었다. 하위 어업인 작은 목선조차 몇 명이 동업으로 마련하여, 가까운 수중바위에 소망을 놓아 놀래기, 우럭, 가자미 등 돈 안 되는 잡어만 소량으로 잡았고, 방어나 참치, 청어, 고등어, 꽁치 등 돈 되는 고급 어종을 잡는 데는 품앗이에도 끼어본 적이 없는 어부로 아내의 구박을 달고 사는 남편이었다.

　돈이 없으면 고기 잡는 실력이 좋거나, 실력이 없으면 돈이 있어 상위 어업에 투자할 수 있는 능력이 있어야 바다와 어부라는 험난한 악조건에서 살아남을 수 있는데, 아버지는 둘 중 어느 것도 갖추지 못하였다. 없는 집 5남1녀 중 셋째 아들로 태어나 10여 세 때 엄마가 병으로 돌아가시자 밥 굶기를 다반사로 하고, 학교 문턱조차 넘은 적이 없는 흙수저였다.

아버지는 큰어머니와의 첫 결혼 때도 할아버지로부터 밭뙈기 한 평 분배 받은 적이 없었다. 복 없는 자는 뒤로 넘어져도 코를 깬다는 옛말과 같이 27살 노총각으로 결혼했던 첫째 아내도 19살에 시집와서 5여 년 만에 두살 된 딸 하나를 두고 세상을 떠났다. 그 후 2~3년간 혼자서 동냥젖으로 어린 딸을 키웠다. 6.25사변이 한창이던 1950년 연말 경, 축산면 배불마을에서 나이든 홀어머니를 모시고 살던 21살의 어머니와 중매로 만나 정식 혼례식도 없이 함께 살게 되었다. 각자 없는 살림에 아버지는 다섯 살 딸을, 어머니는 늙은 친정 어미를 데리고, 어머니는 처녀 결혼, 아버지는 재혼을 한 것이다.

가난한 아버지가 선택한 13살 차이의 안동권씨 어머니와 한 어설프고 처량한 이 결혼이 신의 한 수였는지, 30대 중반까지 혹독한 겨울이던 아버지의 인생에 한 가닥 햇살이 비추기 시작한 것이다. 밭뙈기 하나 없어 굶기를 일상으로 알던 아버지가 어머니와 재혼하고 10여 년 만에 읍내에 1,500여 평의 논과 고향인 밭네미에 500여 평의 밭을 장만하여 8명에 달하던 대가족들의 양식걱정을 덜었던 것이다. 당시 고향 마을에서 논 한 마지기 없던 집이 80% 이상일 정도로 갯마을의 가난은 읍내 반촌 농민들의 가난과는 비교가 되지 않았다. 국민 대다수가 빈곤했던 1960년대의 환경을 생각하면 아버지의 성취는 대단한 것이었다.

그 과정에서 뼈를 깎는 아픔도 겪었다. 내가 아직 어머니의 태중에 있던 1955년 10월 말경, 우리 논에서 탈곡한 나락가마니들을 논에서 우리 마을까지 옮겨야 했다. 중간 지점인 영양남씨 문중 소유이던 '재강집'까지 우마차로 운반해놓고, 우마차가 다닐 수 없는 마을까지의 산길은 지게로 운반해야 하는데, 이는 당시 차도가 없던 시골마을의 공통된 운송법이었다.

고향마을에 가기 전 해발 100여 미터의 재가 있었다. 그 재를 힘겹게 올라 경사길을 한 바퀴 돌면 산의 8부 능선에 풀밭이 제법 넓적하게 자리한 공터가 있었다. 재 넘어온 마을사람들이 쉬면서 볼일을 보고 했는데 그곳을 '똥구디'라고 하였다. 마을사람들은 쌀가마, 나뭇짐, 볏단 등 무거운 물건을 지게로 운반할 때는 일단 재강집에서 똥구디까지 와서 짐을 부려놓고, 다시 재강집으로 가서 남은 짐을 차례차례 지게질을 해서 똥구디에 모두 모아 놓았다가 2차로 똥구디에서 내리막길 20여 분 정도 산 아래로 여러 차례 지게질을 해서 자기 집까지 짐을 날랐다.

짐 나르기가 큰일 중의 큰일이라서, 조금이라도 힘이 되는 아이들은 어릴 적부터 나락 반 가마니나 볏짚 몇 단이라도 남녀 구분 없이 머리에 이고 지게에 져서 부모님을 도와주었다. 아버지가 재강집에서 10여 가마니 나락 중 절반 정도를 똥구디에 옮겨놓고, 잠시 쉬면서 담배 한 대를 피우고 꽁초를 무심코 버렸다. 다시 재강집에 가서 나락 한 가마를 지고 오는 도중에 그 담배꽁초가 똥구디의 마른 풀에 발화하여 똥구디에 쌓아 둔 우리 나락과 다른 집 나락에 불이 붙어 산불로 번졌다. 다행이 바람이 세지 않아 산불은 껐으나 적치해 놓은 나락은 모두 잿더미가 되어버렸다.

나락 임자 5~6명이 불을 낸 자가 아버지란 사실을 알고, 각자의 지게 작대기로 아버지를 폭행하여 사람이 죽게 되었으나 말리는 사람이 없었다. 사고현장에 도착한 어머니가 아버지의 몸 위에 자신을 던지면서 "사람을 살려라, 사람이 살아야 보상을 받을 것이 아닌가, 사람이 죽으면 보상도 없다." 면서 울부짖자, 그때서야 사람들이 동작을 멈추어 이성을 찾았다. 어머니가 불에 탄 나락의 숫자와 피해자를 상세히 기록하여 나락 값이 수월치 않았음에도 모두 변제하고, 논과 밭을 장만한 것이다. 아버지가 무슨 재주로 불에 탄 나락 값을 갚고, 논밭을 장만할 수 있었겠는가? 이는 오로지 안동권씨 어머니의 피와 땀으로 가산를 일으킨 덕이다.

어머니는 생전에 "내 손끝으로 돈을 모아 전답을 사고 자식들 공부를 시켰다."고 술회하셨다. 어머니는 어촌계 계원의 자격으로 분양받은 미역바위 중 일손이 없는 집의 바위를 사서 그 바위에 붙은 해초 등 불순물을 깨끗하게 제거하여 미역의 생산량을 2-3배 증가되도록 노력하였다. 생산한 돌미역도 헐할 때 팔지 않고 보관하였다가, 미역이 귀한 겨울에 비싼 가격으로 매도하여 목돈을 만들었다. 구정 전후 추운 겨울에 남들은 따뜻한 아랫목에서 놀 때, 어머니는 갯바위에 지천으로 자라는 자연산 돌김을 채취해서 하루에 백여 장 이상 건조하여 돈을 만들었다. 봄, 여름에는 전복, 해삼, 멍게 등을 잡아서 팔고, 아버지가 소망으로 잡은 소량의 잡고기도 싱싱할 때 시장에 바로바로 팔아서 돈을 만드는 등 억척같은 노력으로 전답을 마련하고, 네 아들을 모두 고등학교까지 공부시킨 것이다. 당시 해변 마을 대부분의 집은 남녀를 불문하고 초등학교까지 졸업이 대세이고, 그나마 나은 집은 중학교 정도인데 고등학교까지의 졸업은 70여 호 마을에서 대여섯 집에 불과했다.

그러나 아버지의 봄은 아직 오지 않았다. 1965년, 내가 초등학교 4학년 무렵에 취업 때문에 서울로 갔던 정자 누나가 1여 년 만에 고향에 다니러왔다. 서울 밝은 곳에 살던 사람이 갑자기 전기도 없고, 가로등도 없는 시골의 좁은 길을 한밤중에 친구들과 걷다가, 마을을 관통해서 흐르는 도랑 가 언덕에서 떨어져 바위에 뒷머리를 부딪혀 의식불명이 되었다.

황급히 집안 남자들이 업고 읍에 있는 병원으로 옮겼으나 가망이 없다하여 다시 돌아온 이튿날 오전 10시경, 만 19세로 세상을 하직하여 아버지의 슬픔은 극에 달했다. 아버지는 큰방에서 마당으로 몇 번이나 몸을 날려 자신이 상처 받기를 고집하고, 처절한 곡성을 멈추지 않았다. 젊은 아내를 병으로 보내고, 어린 딸을 동냥젖으로 키웠는데, 꽃다운 나이에 죽음을 당하니 아버지의 가슴은 찢어질 듯 아팠을 것이다.

1977년 6월, 아버지가 61세로 환갑 잔치를 할 때 맏아들인 내가 22살이었다. 내 밑으로 19살, 11살, 7살 남동생과 16살 여동생이 있었다. 나는 법원공무원 시험에 합격하여 1976년 3월 성주등기소에 첫 발령을 받았는데 환갑 때에는 고향인 영덕지원에 근무하고 있었다. 아버지의 환갑에 지원장님과 과장님을 초청하였더니 기꺼이 승낙하셨다. 당시 지원장님은 뒤에 헌법재판소의 재판관을 역임하신 김영일 판사님이다.

지금은 해안도로가 개설되어 차량 통행이 가능하지만, 당시 우리마을은 육지나 바닷가로 찻길이 없어서 4km를 걸어다니던 시절이었다. 지원장님 등 7~8명의 참석자들이 험한 산길을 걸어 올 수가 없어서 차도가 있는 대진항까지는 차로 운행하고, 대진항에서 큰 보트를 빌려서 우리 마을 백사장까지 이동하였다. 여름 대낮에 신사복을 입은 법원 간부 7~8명이 보트를 타고 바다로 이동하여 외진 해변 마을 백사장에 내리는 모습은 장관이었다.

우리집은 큰 방이 없어서 이웃인 백모님 집에서 접대를 하였다. 법원의 판사님과 과장, 계장님들이 우리집 마당에 차린 접빈실에서 아버지께 큰절로 인사를 올리는 모습을 마을 사람들이 신기하다는 듯 구경하였다. 아버지는 흰 두루마기에 갓을 쓴 모습으로 환하게 웃으셨는데, 기분이 흡족해 보이셨다.

드디어 아버지의 봄날이 온 것이다. 환갑이란 말년에 못난 아들이 아버지께 따뜻한 봄날을 선물한 것이다. 아버지는 환갑 잔치 후 9년이 지난 일흔 살에 위암으로 돌아가셨다. 아이러니하게도 아버지의 묘소는 아버지가 31년 전 불을 낸 '똥구디'터였다. 그곳은 원래 동네 산이었는데 동네 재정이 부족하여 분할하여 입찰을 할 때 아버지가 일부러 똥구디터가 있는 곳을 매입했던 것이다. 아버지는 따뜻하고 명당인 똥구디터를 자신의 유택으로 희망하고 구입했던 것이다. 아버지는 그곳에서 30여 년을 혼자 지내시다가, 2017년 1월 30일에 타계하여 아버지 묘소 옆에 터를 잡은 어머니를 만나게 되었다. 두 분이 그 인연의 땅에서 안식하시길 기원한다.

62년 전, 생사의 위기에서 구해 준 어머니가 곁에 안장됨으로써 아버지의 봄날이 완성되었다. 아버지는 그 불행한 회한의 땅을 안식처로 정하여 자신의 봄날을 완성한 것이다. – 2022. 5.

아버지의 산소

아버지의 산소는 따뜻한 남향으로 고향 마을 가는 옛 산길 옆에 있다. 햇빛이 잘 들어 옛날부터 사람들이 읍에서 볼일을 보고 재를 넘어 마을에 돌아올 때 쉬어가던 잔디밭이 넓적한 똥구디터다. 아버지는 이곳에 가슴 아픈 사연이 있다. 사람들은 악연이 있는 곳을 멀리하는데, 아버지는 반대로 그곳을 자신의 유택으로 삼았다. 상식을 벗어난 선택이다.

아버지보다 30년을 더 사신 막내삼촌은 항상 "돌아가신 형님은 영웅이시다."라고 말씀하셨다. 아버지가 과거에 연연하지 않고, 원하시는 묘소 자리를 선택한 선경지명을 높이 사신 것이다. 동네 산이었던 사진리 산84번지는 원래 한 필지로 임야 15,000평 정도였다. 1978년 초, 옛 재를 허물고 도로가 새로 생길 때 도로와 통하게 되고, 그때 3,000~4,000평은 도로에 들어가고, 남은 임야 대부분은 가파른 계곡의 경사지이고 서북향이라 쓸모없는 땅이었다.

1978년 중반, 사진1리 동네 재정이 빈곤하여 산84번지 임야 중 도로에 들어가지 않고 남은 땅을 7필지로 분할하여 매각했다. 아버지는 똥구디터가 포함된 산84-6번지 임야 2,000여 평을 고향 마을 밭값보다 더 비싼 값에 매수하였다. 산84-6번지 임야 북쪽 하단부에는 조부님의 산소가 있는데 이를 보존함과 동시에 똥구디터에 아버지의 유택을 정하려는 깊은 뜻이 있었던 것이다. 7필지 중 나머지 6필지는 멋모르는 부산 사람들이 투기로 구입하였으나 못 쓰는 땅이다. 아버지는 생전에 나에게 똥구디터에 묻어달라고 부탁하셨다.

아버지가 39세이던 1955년 10월, 똥구디에서 큰 불을 내어 피해자들로부터 매질을 당하여 목숨이 위험하였는데 어머니가 보상을 약조하여 목숨을 건지게 되었다. 그때 나는 어머니 태중에 있다가 이듬해 양력 4월 초순에 태어났다. 아버지에게는 한이 맺힌 곳인데도 그 터에 묘자리를 원하여 구입하신 것이다.

아버지는 막내딸이 신혼여행을 마치고 돌아온 1986년 3월 2일 오후에 숨을 거두셨다. 막내딸 결혼식 때까지 넘어가는 명줄을 의지 하나로 붙잡은 것이다. 나와 아내는 3월 1일 토요일, 영천에서 여동생 결혼식을 마치고 영해집으로 왔고, 일요일인 3월 2일 별세함으로서 임종을 지켰다. 근무하던 밀양지원 당직실에 연락하여 부고를 알리고 휴가를 받았다. 구미에 있는 누나와 남동생, 사촌들에게 연락하고 고향에 계시는 두 분 삼촌과 괴시리에 사시는 큰어머님과 오촌당숙께도 연락하였다.

한문 필체가 뛰어나신 당숙께서 10여 개의 만장은 직접 쓰겠다고 말씀하셨다. 상여는 괴시1리 동회에서 맡기로 하고, 발인은 4일장으로 결정되었다. 이제 중요한 것은, 아버지가 구입한 사진1리 산에 아버지의 묘터를 잡는 일이었다. 아버지 돌아가신 이틀 후에 서울에서 장인이 오셨다. 장인의 선고 제사가 있어 하루 늦은 것이다.

막내삼촌이 추천한 지관과 장인, 막내삼촌과 함께 발인을 하루 앞둔 3월 4일 오전 10시경, 아버지가 매입하신 똥구디터가 있는 산에서 아버지의 묘터를 찾았다. 산 정상부는 조부님 산소가 바로 아래에 있어 불가하고, 반대쪽 남향 아래 송골 해변이 내려다보이는 똥구디터는 묘자리에 걸리는 것이 없어서, 나와 장인의 일치된 의견으로 지관에게 똥구디터를 추천했다. 배 씨 성을 가진 지관이 "이 장소는 사진리 산83번지 임야 소유자인 배 씨 문중산이므로 아버지 묘터가 될 수 없다."고 선언하였다.

지관은 바로 우리 산과 이웃한 산83번지의 소유자인 배 씨 문중의 총무였던 것이다. 자기 문중 선조의 묘소 위 똥구디터에 타인의 묘를 쓰는 것이 달가울 리 없었을 것이다. 하늘이 무너지고 땅이 꺼지는 소리였다. 지적공사에 경계 측량신청을 해도 1-2주일 이상 걸리니 난감하였다.

막내삼촌이 원수에게 집안 대사를 맡긴 꼴이 되었다. 황급히 막내삼촌에게, "아버지 생전 말씀이, 동네에서 이 산을 매각할 때 똥구디터는 분명히 동네 산이라고, 매각에 참여한 동민들이 이구동성으로 확인해 주어서 아버지가 이 산을 구입하셨다. 분명히 똥구디터가 동네 산이라는 것을 잘 아는 분이 있을 것이니, 그 사람을 수소문하라."고 신신당부하여 삼촌을 마을로 보냈다.

급히 모시고 온 배 씨 산을 감독하는 7촌 당숙도 확인을 못 하셨다. 발인이 하루 전인데 한시가 급하였다. 오늘 묘터를 잡지 못하면 발인을 늦출 수 없어서 고향마을 도로가에 있는 우리 밭에 모실 수밖에 없었다.

마을과 가까운 밭에 묘를 쓴다면 마을에서 반대할지도 모르고, 또 묘를 쓴다면 그 밭은 무용지물이 되고, 나중에 경계가 밝혀져도 이장이 쉽지 않아서 이래저래 진퇴양난이었다.

몇 시간 후, 마을을 수소문한 끝에 먼 집안인 남계여산집 형님이 막내삼촌에게 똥구디터가 있는 '임야도'를 주면서, "분명히 똥구디터는 동네 산의 일부이고, 그 터를 돌아가신 아버지가 매수한 것이 틀림없다."면서, 임야도를 나에게 주라고 삼촌에게 전하였다. 십 년 가뭄에 단비를 만난 기분이었다.

임야도를 분석하니까, 우리가 옛날 학교 다니던 산길과 똥구디터 바로 밑을 통하여 송골로 빠지는 폭탄골의 시작점이 바로 우리 산과 연결되었다. 배 씨 문중 산83번지와 우리 산84-6번지의 경계점인 예수골 산계곡 경계와 똥구디는 약간 떨어지므로, 똥구디터는 확실하게 우리 산 경내에 있음을 확인했다. 임야도를 지관에게 보여주면서, 옛 산길과 폭탄골의 위치, 배 씨 문중산인 산83번지를 지적하며 설명을 하니까, 지관이 제안을 했다.

"그렇다면, 맏상주님이 배 씨 문중 회장인 근달동 배개산 어른께 각서를 써주어서 양해를 받는다면, 지관으로서 묘터를 인정해주겠다." 했다. 나는 배개산 어른을 잘 알기에 그렇게 해주겠다고 하였다. 오랜 시간을 빼앗기고 집에 오니, 이미 지관으로부터 연락을 받은 배개산 어른의 서찰이 먼저 와 있었다.

'지금까지의 좋은 인연을 망치지 말고, 맏상주인 내가 경계측량 후 우리 산이 아니라면 이장해 주겠다고 약속한다면, 똥구디터를 인정해 주겠다.'는 것이다. 나는 즉시 '아버지 산소를 조성한 후, 경계측량을 하여 산소 자리가 배 씨 문중산으로 나타나면 지체 없이 이장해 줄 것을 약속한다.'는 서약서를 해 주었다. 그 후 경계측량은 없었다. 우리 땅이 확실하기 때문이다.

배개산 씨는 내가 영덕 법원에 근무하던 8~9년 전부터 잘 알던 사이였다. 그분의 개인적인 법원 일도 여러 번 봐준 적이 있고, 그 어른도 내 인격을 잘 알고 있어 그 어렵다는 이웃 산끼리의 묘소 분쟁 해결이 빨랐던 것이다. 집안 간 묘지 문제로 소송이 벌어지면 수십 년간 송사에 휘말릴 수도 있다.

이튿날, 아버님의 상여가 당숙께서 명필로 써주신 만장 10여 개를 봄바람에 휘날리면서 괴시동네를 굽이굽이 돌아갈 때, 상여꾼들의 상여소리도 구슬프고, 상주들의 곡소리도 낭자하였다. 아버님의 상여는 괴시마을과 재강집을 거쳐 옛길을 따라 산소에 도착하였다. 1955년 10월에 산불을 내어 우환을 당한 그 터에, 31년 후인 1986년 3월 5일 11시경 하관함으로써 아버지는 원하시던 유택에 안식하게 되었다. 우여곡절 끝에 못난 자식이 아버지의 소원을 풀어 준 것이다. 산소를 조성한 후 장인이 읍의 석재사에서 마련해 오신 묘석과 월석을 묘 앞에 놓았다. 묘석에는 '清州韓公相敬之墓'라고 쓰여 있었다. 3일 후 삼우제를 지내고 밀양으로 돌아갔다.

청명, 한식 때, 장인과 영해에서 다시 만나 이틀에 걸쳐 장인, 어머니, 나, 아내, 막내 등 5명이 도랑물을 나르고, 50여 장의 블럭과 시멘트 포대를 날라 경사진 산소 밑에 축대를 쌓고 주변에 향나무 등을 심어서 정비하니 산소의 모습이 반듯해졌다. 아버지 산소 오른쪽에 미리 어머니 묘자리를 잡아놓아 2017년 1월에 88세로 돌아가신 어머니가 아버지 곁에 묻히게 되었다.

아버지, 어머니 산소 바로 밑이 폭탄골이다. 폭탄골은 고향마을에서 병으로 죽거나 미혼으로 죽은 사람들을 화장하는 곳이었다. 폭탄골은 돌아가신 아버지의 첫째 아내인 윤 씨 큰어머니가 병으로 돌아가신 후 화장을 한 곳이고, 큰어머니의 유일한 후손인 정자 누님이 돌아가시자 다시 화장을 한 곳이다. 아버지의 산소는 아버님, 어머님, 이웃한 폭탄골에서 화장하신 큰어머님과 정자 누님의 영혼이 안식하는 공존의 땅이다.

네 분이 저승에서나마 화목하시기를 기원한다. - 2022. 10.

권치기 전

　권치기는 1930년 음력 6월 16일생이다. 부는 안동 권 씨, 모는 이 씨로서 1남 3녀 중 둘째로 태어났다. '치기'의 한자 이름은 모른다. 치기의 아버지가 둘째 딸의 이름을 왜 치기라고 지었을까? 혹, 다스릴 치治자에 몸 기己자로 난세에 자신을 다스리는 지혜를 가지라는 뜻일까?

　치기는 타고난 두뇌가 총명하고, 성격이 강직하고 부지런하여 일가를 이룰만 하였으나, 궁핍한 갯가에서 부모들이 빈곤하여 자기 땅 위에 지은 초가 한 채도 없었다. 동네에서 멀리 떨어진 임자 없는 백사장 위에 지은 조그만 초막에 방 한두 개를 넣어서 기어 들어가고 기어 나왔다. 세간살이도 변변한 것이 없고, 땅 한 평 없는 살림에 치기의 남매들은 호적조차 없어서 공부도 할 수 없고, 외지에 나가 직장조차 얻을 수 없는 처참한 신세였다.

　더군다나 때는 신제국주의 국가로 변신한 일본이 조선을 멸망시켜

병합한 후, 1931년 만주사변, 1937년 중일전쟁, 1941년 미국을 상대로 태평양 전쟁을 일으켜 바야흐로 세계 2차 대전이 한창일 때라서, 조선의 물자와 식량이 일본의 전쟁 물자로 공출되던 궁핍시대였다. 치기의 부모들은 1남 3녀의 의식주도 해결하지 못하고 아사 시킬 곤궁에 처하자, 1942년경 열대여섯 살 되는 큰딸과 대여섯살 되는 막내딸을 멀리 대구에 방출하여 두 여식들이 스스로 생계를 구하도록 하는 극한 상황에 이르렀다.

어린 나이에 방출된 두 딸은 평생 아버지를 원망하였다. 돌아간 부친의 산소를 50여 년 동안 찾지 않다가, 1996년 10월 치기의 맏아들이 주선하여 어린 시절 고향을 떠난 후 처음으로 부친의 산소에 가서 재배를 하고 잔을 올렸다. 방출된 두 딸은 호적이 없는 무적자였다. 일제 강점기에 신분조차 없는 어린 여자들이 반듯한 직장을 얻는다는 것은 불가능하므로 남의 집이나 가게에 무보수의 식모살이로 들어가 입에 풀칠이나 하는 비참한 행보를 걸었을 것이다.

치기는 13세의 어린 나이에 부모와 남동생을 부양하여 가족의 생명줄을 지키고자 혼자서 고군분투하지 않을 수 없었다. 치기 아버지가 능력이 있다고 인정하여 고향에 남겨둔 둘째 딸이 남은 4명의 가족을 구망할 수밖에 없는 실정이나 만 열두 살 치기가 무엇을 할 것인가? 바다에 나가서 미역과 천초, 파래, 김, 진저리 등 해초를 채취하고 전복, 소라, 골뱅이 등을 잡아 인근 시장에 나가 팔아서 잡곡으로 바꾸고, 산야에서 나물을 뜯어 잡곡과 나물로 풀죽을 만들어 부모를 공양하고, 어린 남동생을 먹여 살렸다.

배불 동네에 있는 축산초등학교 경정분교에 자기보다 서너 살 어린 남동생을 입학시켜 공부시키고 싶었으나 월사금도 없고 호적도 없어서 정식입학이 불가하였다. 어찌어찌해서 치기의 남동생이 비공식적으로 1-2학년을 잠시 다녔다. 공부를 잘해서 교사로부터 수재라는 소리를 들었는데도, 호적이 없고 월사금이 없어서 중퇴시킬 수밖에 없었으니 누나 된 마음에 그 한이 컸을 것이다.

치기는 나중에 자식들에게 "남동생은 인물도 좋고 머리도 좋았다."고 누차 말한 적이 있다. 치기의 아버지는 문장은 있었으나 무능력하였는데, 무보수로 동네 아이들에게 한문을 가르치고, 글 없는 집 제사에 지방이나 축문을 써주고 동네에 인심이나 얻었을 뿐, 가장으로서 가족에 대한 부양능력은 없어 식자우환이었다.

치기의 어머니도 생활력이 없기는 매일반이었다. 치기를 낳고 십여 년 뒤인 사십 대에 남의 밭일을 도우다가 사고가 나서 허리를 다친 후부터는 더욱 노동력이 없어서 자식들에게 폐만 되었다. 모든 가족에 대한 양육은 오로지 치기의 몫이었다.

모진 궁핍의 시기를 헤치고 겨우 목숨이나 부지하면서 치기의 나이 15세가 되었을 때, 우리나라는 일제의 치하에서 해방이 되었다. 1945년경 치기의 아버지는 60세쯤의 나이에 세상을 떠났다. 돌아가실 때 60세쯤이라면 태어난 시기는 1885년경이 될 것이다. 당시 치기의 모는 45세 정도였으니까, 치기의 모와 치기의 부는 나이 차이가 15세 정도 났을 것이다.

그후 치기가 한상경에게 시집갈 때, 상경과의 나이 차이가 13살이었다. 부부 간 나이 차가 많은 것은 모에게 대물림한 것이니 그것도 치기의 운명이다. 치기는 15세의 나이에 불구가 된 어미와 어린 남동생을 거느리는 가장이 되었으나, 재산도 없고 가까운 친척도 없는 고아와 같은 입장에 아버지의 장례를 치를 여력이 없었다.

불행중 다행으로 치기의 아버지는 생전에 인심을 얻은 터라, 마을 사람들이 동네 산에 묘자리를 마련해 주고 조촐하게 장례식까지 치러주어 한숨을 돌릴 수 있었다. 아버지가 돌아가시자 치기는 어린 남동생을 데리고 언니와 여동생이 사는 대구에 나가서 새로운 길을 개척하고자 하였다.

그렇지만 불구의 어미를 내팽개칠 수도 없고, 호적조차 없는 자신과 어린 남동생을 생각하니, 대구에 나가도 그 후의 대책이 없었다. 더군다나 대구에 먼저 나간 서너살 손위인 언니조차 치기와 남동생이 대구에 나오는 것을 찬성하지 않으므로 치기 혼자로는 속수무책이었다. 대구에 먼저 나간 언니와 여동생도 남의 집 식모살이에 입에 풀칠이나 하는 극빈상태였다. 호적이 없어서 정식으로 취직도 못하고 모아 놓은 돈도 없다 보니, 치기와 남동생의 대구 입성을 반대할 수밖에 없는 처지인 것을 치기도 모르는 바 아니었다.

다만, 6.25사변 때 남동생이 인민군에 끌려간 후 치기는 두고두고 대구에 못 나간 것을 후회하였다. 대구에만 나갔어도 동생은 나이가 어려서 끌려가지 않았을 것이고, 대구는 인민군 치하가 아니므로 동생을 살릴 수 있었다는 것이다.

치기가 대구행을 포기하고, 모친과 어린 남동생을 데리고 살기 어려워진 해방정국의 소용돌이 속에 입에 풀칠이나 하면서 몇 년을 힘들게 살다 보니, 해방 후 5년이 되었다. 치기의 나이 만 스물이던 1950년 6월 25일, 동족상잔의 처절한 전쟁이 일어났다.

치기가 어렵게 구망하여 이제 겨우 만 16-17세가 된 남동생은 힘써주는 사람 하나 없이 허망하게 인민군에 끌려가서 총알받이로 사용된 후 꽃다운 생명이 소멸하였다. 치기가 혼신을 바쳐 구망한 동생이 이제 겨우 사람 구실할 수 있는 나이가 되어서 허무하게 사라졌으니 치기의 심정이 어떠했을까?

1950년 9월, 인천상륙작전으로 6.25 발생 4개월여 만에 남한 땅 대부분에 평화가 찾아왔다. 그해 연말, 치기는 영해면 사진리에서 전처를 사별하고 30대 초반에 홀아비가 되어 네댓 살짜리 딸 하나를 키우며 살던 가난뱅이 어부 상경과 인연이 되었다.

치기는 상경이 33살로 자기보다 12살 많은 줄 알았는데, 알고 보니 한 살 더 많은 34살인 것을 알고, 친정 어미를 두고두고 원망하는 것을 치기의 자식들이 여러 번 들은 사실이 있다. 늙은 어미까지 동반해서 몸만 시집온 처지에 나이 한 살 더 많은 것이 무슨 대수겠냐마는, 자신보다 13살이나 더 늙고 가난한 데다, 재취에 자식까지 있는 상경에게 시집온 것이 처녀인 치기의 자존심을 상하게 한 것이리라. 집이 가난하여 정상적인 혼인은 못하더라도, 한 살이라도 더 젊은 남자와 혼인하고 싶은 것이 모든 여자의 바람이니 치기만을 나무랄 수는 없을 것이다.

1950년에 상경과 혼인하여 1951년에 첫 자식을 낳았으나 일찍 죽고 1953년에 장녀를 얻었으나 치기의 호적이 없어서 혼인신고는 물론 아이의 출생신고도 자신의 이름으로 할 수 없었다. 마침 전쟁 중의 혼란기라, 몇 년 전에 사망한 상경의 전처 윤 씨의 사망신고를 하지 않았으므로, 1953년생 장녀, 1956년생 장남, 1959년생 차남의 출생신고는 모두 상경의 망처인 윤 씨를 어머니로 해서 출생신고를 할 수밖에 없었다.

1960년 치기와 같은 안동 권 씨 먼 족친의 딸로 1941년 5월 5일생인 권수교权守嬌라는 처녀가 미혼으로 사망하였다. 치기는 그 족친의 도움으로, '권수교'라는 죽은 족친의 딸 이름으로 새로운 인생을 살게 된다. 치기는 1930년 6월에 태어나서 상경과 '권수교'란 이름으로 혼인신고를 한 1960년 7월 30일까지 30년은 치기로 살았으나, 혼인신고 때부터 죽을 때인 2017년까지 57년은 '수교'라는 타인의 이름으로 살았다.

그래도 지킬 수守자, 아름다울 교嬌자, 새로운 이름이 길명이라서 그런지는 몰라도 갓난애기 때 죽은 첫 자식 외, 그후 치기가 낳은 4남 2녀, 6남매는 단 한 명의 낙오자도 없이 지금까지 모두 생존하였으니, 치기 대신 선택한 수교라는 이름이 전화위복이 되었는지도 모른다. 1960년 7월 30일, 상경과 혼인신고를 한 후 태어난 차녀, 3남, 4남은 모두 부 한 상경, 모 권수교로 출생신고를 하게 된다.

2009년 8월 1일, 치기는 '권수교'란 이름으로 대구 시내 모 웨딩에서 팔순 잔치를 열었다. 치기의 팔순연은 소박하나마 화기애애하게 진행되었다. 연예인이나 문인들은 대부분 본명 아닌 예명이나 필명을 쓰는데, 호적도 없는 '권치기'보다는 11살 어린 먼 족친의 이름인 '권수교'이면 어떠한가?

치기의 이름이나 나이가 가짜이다 보니 그의 맏아들이 1971년 대구 소재 고등학교 입학원서에 첨부하기 위하여 호적등본을 뗐다. 호적등본을 살펴 본 대구의 작은이모부님이 "자네 어머니의 이름과 생년월일은 모두 가짜"라고 말하였는데, 그때만 해도 치기의 인생 내력을 모르던 아들은 이모부의 그 말에 상처를 받았지만, 치기의 입장에서는 안동 권 씨 성이라도 지킨 것이 그나마 다행이라 할 것이다.

치기의 팔순연 때, 4남2녀의 아들딸과 며느리, 사위, 손자녀들의 헌주를 받는 치기의 얼굴은 기쁨과 행복에 겨운 듯 미소를 잃지 않았다. 치기가 낳은 4남2녀는 나름대로 일가를 이루었고, 장남은 만18세에 법원 공무원으로 입사하여 만 41세에 서기관까지 승진하였고, 현재까지 전문직인 법무사로 일하고, 막내아들 역시 이른 나이에 세무공무원으로 입사하여 사무관까지 승진하여 세무사까지 바라보는 입장이 되었다.

궁벽한 갯마을에서, 한 집에서 국가직 공무원으로 사무관 이상 고위직급에 두 명을 배출한 것은 기적같은 일이다. 모두 치기의 강한 교육열에 힘 입은 바 크다. 치기의 장남이 십여 년 전 부산에서 거행한 친구 자녀의 결혼식에 참석했을 때, 청주한씨 먼 집안으로 10세쯤 연상인 족형을 만나 인사를 하고 동행한 형수님께도 인사를 드렸다. 그 형수님의 말씀이 "도련님과 동생들을 잘 키우신 숙모님을 너무 존경한다면서, 밭네미와 같은 갯마을에서 아들 네 명에게 고등교육을 시키고, 뒷바라지를 하여 출세시킨 숙모님은 훌륭한 어머니의 상징적 인물이다."고 누누이 치하한 사실이 있다. 치기의 먼 질부인 그 부인의 말은 치기의 일생에 대해 정곡을 찌르는 평가이다.

치기는 6.25사변 때 남동생을 잃은 대신 아들 4명을 올곧게 키우고 성공시켜, 동해 갯마을 어머니 중 자식농사를 잘 지은 표본이 된 것이다. 학문에 정통하여 마을에서 마련해 준 서당에서 훈장까지 했다는 치기의 부가 갯마을인 배불까지 이사한 이유는 무엇이고, 자식들에게 왜 호적을 만들어 주지 않았을까?

치기의 어미를 망부와 일가인 영해 임실마을 권 씨 집안에 노후 양육을 맡기고, 망부의 제사와 배불에 있는 묘사까지 위탁하면서 그 대가로 몇 마지기의 논을 희사하였다. 임실 마을에 망부의 친척이 있고, 병곡 원황에 치기의 외가가 있는 것을 보아서, 치기의 부모가 뿌리 없는 부랑인이 아닌 것만은 명백한데, 치기의 가족들이 평생 무적자로 살아간 것은 불가사의다.

치기는 2017년 1월 말, 향년 88세로 남의 이름으로 살아온 유령세월을 멀리 하고, 영원한 안식의 세계로 떠났다. 치기의 언니는 10여 년 전 80세쯤에 세상을 떠났고, 막내 여동생은 치기보다 8살 적은 나이로 아직도 건강하시다.

먼 세월이 지나면 누가 있어 치기의 본명과 살아온 이력을 기억하겠는가? 이에 치기의 장남이 치기의 87년 인생사를 가감없이 적어서 그 영전에 바친다. - 2024. 9.

어머니와 사월초파일

영해 괴시집 근처에 있는 동화사에서 석가탄신일을 며칠 앞두고 고지서가 왔다. 연등값을 시주하라는 것이다. "얼마하면 되겠느냐?"는 아내의 말에 "10만 원 해라."는 말을 하고 곰곰이 생각해보니, 우리 집은 아버지, 어머니 생전부터 사월초파일이나 평상시에나 절에 불공을 드리던 불교신도는 아니었다는 생각이 들었다.

어머니 살아계실 때는 사월초파일에 절에 가는 것이 아니라, 고향마을 뒷산 계곡 예수골 절벽 돌부처에게 가서 촛불을 밝히고 향을 피우고 떡과 과일 등을 진설하고, 참석자가 합장하며 집안의 번영과 가족들의 안녕을 기원해 왔다. 어머니 돌아가신 후 돌부처 모시던 전통은 끊어지고 동화사와 연결되어 해마다 사월초파일에 연등 시주를 하게 된 것이다.

어머니가 40여 년 전에 고향을 떠나 괴시리에 이사한 후 동화사를 안 것은 약 30년 전이다. 불교신도로 동화사에 간 것이 아니고, 동화사 사주인 여자 보살이 신수를 잘 보기에 매년 정월대보름에 어머니의 슬하인 4남2녀와 그 며느리, 사위들의 1년 신수를 보살님에게 알아보고 그에 따라 예방하는 부적을 받아서 각자 집안이나 자동차 등에 보관해서 액을 막던 풍습이 지속되다가 어머니가 돌아가시고 그 맥이 끊어졌다.

동화사는 우리 괴시집 앞 60여 미터 전방 도로 우측에 있는 다리 건너 마을에 조그마한 가건물에서 시작해서 10여 년 후 우리 집에서 100여 미터 떨어진 동쪽에 600여 평의 토지 위에 대웅전과 요사채, 교육관 등을 건립하여 명실상부한 대사찰로 성장하였다.

괴시1리는 옛날에 학교에 오거나 어른들이 시장에 오기 위해서는 고향마을 뒷산의 영마루를 넘어서 계곡을 따라 연결된 좁은 산길을 4키로 정도 걸어서 도착하는 곳이다. 괴시1리에서 서쪽으로 몇 백미터를 더 가면 초등학교 및 중고등학교와 영해시장에 도착하므로 고향마을과 시내를 연결하는 경유지로서 고향 학생들이나 어른들에게 익숙한 동네이다.

여름날, 괴시리에 서 있는 감나무에서 다 익기 전에 떨어진 중간 크기의 떫은 감을 있는 대로 주워서 고향 가는 길에 위치한 다락논 물속에 숨겨서 삭혀 먹으면 먹을 것이 귀하던 60년대의 가난한 아이들에겐 별미 중의 별미였다.

읍에서 고향 마을로 가는 우측 길 옆에 산계곡에서 발원하여 송천으로 빠지는 작은 하천이 있다. 이 하천을 상류에는 스무개울, 하류에는 괴시천이라 하였다. 그 하천은 장마철이나 홍수 때면 황토물이 제법 많이 흐르나, 1년 중 10달 이상은 건천으로 자갈돌만 뒹구는 삭막한 곳이다.

하지만 고향 마을과 가까운 상류로 가면, 1년 내내 물이 흐르는 실개울이 있고, 실개울 군데군데 물이 고인 곳은 가재가 살고, 피라미 등 민물 고기들이 헤엄치는 정겨운 풍경이 있다. 친구들과 학교를 마치고 돌아오다가, 그 실개천에서 가재를 잡고 도시락으로 싸온 밥풀로 피라미를 잡던 기억이 생생하다.

초등학교 1학년 하교길이었다. 괴시리 진희네 점방 앞 다리 밑에서 고향 마을 1학년 급우 중 돌석이와 국광이가 이유없이 나에게 시비를 걸고 폭행하여 코피가 터지고, 가방을 낚아채서 자물쇠를 고장내고 줄이 끊어지게 해서 가방을 매지도 못하고 손에 들고 1시간을 울면서 집에 갔던 일이 생각난다.

60여 년 전에 시비하던 두 친구는 수십 년 전 세상을 떠났고, 당시 피해를 당했던 나는 이렇게 살아남아 그 옛날을 추억하면서 깊은 상념에 젖는다. 돌석아, 국광아, 석탄일을 맞이하여 좋은 곳에 환생해서 전생에 못 이룬 행복한 삶을 살아라.

5년 전 어머니 돌아가시고 동화사와의 인연도 끊어졌는데, 어머니 사후 1년쯤 뒤에 동화사에서 우리집에 연락이 와서 안부를 묻길래, 어머니 기일 후에 방문하기로 약속하고 동화사를 찾아서 사주인 보살을 만나보니, 어머니가 동화사에 내 이름을 올려놓았다 하였다. 우리 아들을 동화사 명부에 올리면서 부모님의 천도제 불사를 부탁하고 법화경 100여 권의 값을 시주하였다.

이후 해마다 사월초파일이 되면 연락이 와서 연등 시주를 계속하고 있다. 올해는 코로나 방역이 해제된 탓인지 사월초파일을 맞이하여 전국의 사찰에 수많은 연등이 화려하게 매달린 모습을 보니, 어머니 생전에 고향 마을 뒷산 돌부처에게 매년 사월초파일에 향 피우고 공양하던 일이 생각난다.

나도 어린 시절에 어머니를 따라 몇 번 가본 일이 있다. 어머니는 괴시에 이사 오고도 30여 년 이상 한 해도 거르지 않고 매년 사월초파일에 고향 마을 돌부처를 찾아 공양하였다. 그 돌부처는 영천 백부님이 다섯 살 때 몹시 아파서 아는 곳에 물어보니, 뒷 계곡 절벽의 돌바위에 치성을 드리면 효과를 볼 것이라 하여, 그 덕을 본 후에 증조부님 슬하의 친척들이 해마다 사월초파일에 불사를 해 온 것이다.

교촌에 사시는 6촌 형수님은 시집온 50여 년 전 사월초파일에 제물을 머리에 이고, 사진1리 재를 넘어 돌부처에 가면서 바다에 떨어질까봐 벌벌 떨었다고 얘기한 적이 있다. 나는 괴시로 이사온 후 한 번도 돌부처에게 가본 적이 없다. 지금은 나무와 풀이 우거져 계곡으로 올라가는 길이 모두 막혔다고 한다.

사월초파일이 되니 어머니와 예수골 돌부처님이 생각난다.

"어머니! 살아생전 지극정성으로 모시던 고향의 돌부처님과 동화사 부처님의 은덕을 받아 극락왕생하시기를 기도드립니다."

올해도 사월초파일을 맞이하여 괴시리 동화사에 우리 가족 이름으로 연등이 걸릴 것이다.

불교의 연등은 욕심과 집착으로 어두워진 마음과 성내는 마음, 어리석은 마음을 지혜의 등불로 밝히고, 행복을 기원하는 뜻을 담고 있다고 한다. 3년에 걸친 코로나로 인해 어두워질 대로 어두워진 우리 국민들의 고달픈 마음이 사월초파일 연등의 힘으로 행복과 지혜로 가득해지길 기원해 본다. - 2022. 5.

어머니의 팔순 잔치

어머니의 고향은 영덕군 축산면 경정1리, 백불마을이다. '백불마을'을 사람들은 '배불'이라고 부르는데, 가구 수가 150세대가 넘는 큰 마을로 2023년에 폐교한 축산초등학교 경정분교까지 있었다.

어머니는 배불에서 1930년에 태어났다. 외할아버지의 본향은 영해면 묘곡리 어디인 것 같은데, 낯설고 물선 해안가 배불까지 흘러와서 마을 남쪽에 외따로 떨어진 백사장 가에 초막을 짓고 1남 3녀를 낳고 살았다. 외할아버지는 해방되던 1945년, 환갑 즈음에 돌아가셨는데, 동네에 인심을 얻어서 마을사람들이 동네 산에 무덤도 만들어 주고, 장례도 치러 주었다고 한다.

내가 어머니와 두세 번쯤 제수를 마련해서 묘소를 다녀왔는데, 돌아가신 지 50여 년이 지났지만, 최영 장군의 묘소와 같이 풀 한 포기 나지 않는 황토흙 그대로였다. 외할아버지의 하나뿐인 아들은 6.25 동란 때

인민군에 끌려가서 17세 어린 나이에 행방불명되었지만, 필경 어느 이름 모를 산하에서 넋이 되었으리라. 정상적인 부모 밑에서 호적을 갖고 살았다면, 학교에 정식으로 입학하여 공부도 하고 학생이라서 얼마든지 징집을 피할 수 있었다. 아버지도 없고, 호적도 없다보니 나이가 어리다고 항변도 못해 보고 끌려가서 개죽음을 당한 것이다.

어머니는 전쟁 중이던 1950년 말, 전처를 병으로 잃은 아버지의 재취로 배불에서 약 8키로 북쪽인 영해면 사진1리에 살러오셨다. 그때 아버지에게는 전처 소생인 5살 딸이 있었다. 그 뒤에 어머니가 누나를 1953년에 낳았으니, 남아를 선호하던 시절에 딸만 두 명이라 친척들에게 면목이 없었으나, 1956년 음력 3월 4일 첫아들인 나를 낳은 후 연달아 아들 3명을 더 얻었으므로 그 후에는 아들 많이 가진 엄마로서 당당하게 한세상을 살 수 있었다.

어머니 소생 4남 2녀는 거의 외할머니 손에서 자랐다. 외할머니는 내가 대구에서 고등학교를 다니던 중 사진1리를 떠나 외할아버지의 먼 집안이 되는 영해면 임실 마을 권이갑 형 집에 노후를 의탁하게 되었다. 외할머니는 외손자, 외손녀들과 살면서 정이 든 밭네미를 떠나기 싫어했으나, 제사를 지낼 수 없는 출가외인 딸네 집에서 죽을 수 없는 처지라서 눈물을 머금고 묘곡으로 간 것이다.

외할머니는 내가 고등학교에 다닐 때, 일흔쯤 나이로 돌아가셨다. 나는 대구에 있어서 외할머니 빈소에 가지 못했고, 연락조차 받지 못했다. 외할머니는 화장을 하여서 묘지도 없고, 제삿날도 몰라서 제사에 가본 적도 없다. 외할아버지 묘소에 두세 번 갔을 때 잔을 올리며 외할머니의 명복도 같이 빌어 주었다. 아버지가 칠순 전에 돌아가셔서 환갑밖에 못했으므로 어머니는 환갑, 칠순, 팔순 잔치를 다 해주겠다고 마음먹었다.

1990년 8월 5일, 어머니 환갑연은 내가 영양등기소장으로 재직할 때 괴시집에서 했다. 어머니 슬하의 자식 중 군대에 간 찬희를 제외한 전부, 그 며느리, 사위, 손자, 손녀들까지 다 모였다. 칠순연은 1999년 대구 우리 아파트에서 큰이모와 작은이모, 근택이 부부와 참분, 복주 부부, 그 손자, 손녀들과 우리 형제 부부들과 그 자녀들 30-40여 명 등 대규모로, 큰상을 차리고 사진사를 불러 단체 사진까지 찍는 등 구색을 갖추어 치르었다. 내가 대구고등법원 민형사과장으로 재직할 때라 우리과 직원 대표 5-6명이 우리집에 와서 어머니께 큰절로 축하해 주었다.

칠순 잔치 이후 10년이 흘러 2009년 여름이 되었다. 지금까지는 집에서 어머니 생신연을 하고 환갑연과 칠순연을 하였으나, 어머니 팔순 때는 정식 웨딩업체에서 모양 있게 팔순연을 치르고 싶었다. 형제들과 상의하여 대구 시지의 갤러리웨딩에 생신일보다 조금 이른 토요일로 잡았다. 어머니와 남매인 작은이모와 그 가족, 돌아가신 큰이모의 자식들과 그 가족, 우리 6남매의 사돈 식구들, 시지, 경산에 사는 나의 지인 등만 모여 조촐하게 하고자 하였으나, 예상보다 인원이 늘어 70-80명이 참석해서 축하해주었다.

2009년 8월 1일, 토요일 저녁 6시, 대구 수성구 신매동 273번지 갤러리웨딩에서 거행한 어머니 팔순연은 검소하나마 화려하게 시작하였다. 사회자인 여자 민요 가수가 분위기를 띄워 축제 분위기가 넘쳤다. 내가 가족 대표로 나가서 하객들에게 인사를 하였다. 인사를 올리고 나서 어머니에 대한 자식들과 손자들의 헌주가 뒤따랐다.

헌주할 때마다 민요가수가 헌주가를 불러서 분위기가 좋은 가운데,

우리 부부, 호희 부부, 찬희 부부, 청희 부부가 차례로 잔을 올렸고, 그 뒤에 자형 부부와 박 서방 부부가 잔을 올리고, 나중에 손자 손녀들이 합동으로 잔을 올렸다.

유흥 순서에 들어가서 내가 먼저 오기택의 "고향무정"을 부르고, 동생들이 그 뒤 노래를 하고, 나중에는 어머니도 한 곡 불렀다. 내가 엄마를 업고 덩실덩실 춤을 추고 참석한 하객들도 분위기를 살려 몇 시간 동안 흥겨운 잔치 분위기가 계속되었다. 큰이모님은 어머니 팔순연 전인 2001-2년경 이미 돌아가셨고, 팔순연 때는 유일하게 대구의 작은이모님이 어머니 옆자리에 앉아서 같이 잔을 받고 절을 받았다.

팔순 잔치 8여 년 후, 88세 되는 음력 설 다음 날, 어머니가 돌아가셨다. 아버지와 어머니는 돌아가실 날을 미리 정하기라도 하신 듯 참으로 절묘하셨다. 아버지는 여동생의 결혼식 날짜를 피해 막내딸과 사위가 하루의 신혼여행을 다녀온 결혼식 이틀날 돌아가시고, 어머니도 구정 명절을 피해 구정 하루 뒤에 돌아가신 것은, 자식들의 수고로움을 덜어 주려는 부모님의 마지막 애정이었으리라.

아래 글은 어머니 팔순에 내가 하객들에게 올린 인사말이다.

인사문

오늘 어머님의 팔순 잔치를 맞이하여 제가 이 자리에 서게 되니 감회가 새롭습니다.

어머님이 힘든 고비를 여러 번 잘 넘기셔서 건강하신 모습으로 팔순을 맞이하시고, 4남2녀 자식들과 하객들의 따뜻한 인사 속에 잔치상을 받게된 것을 이 아들은 진심으로 축하드립니다.

처음에는 저희 형제만이 어머님을 모시고 간단히 식사나 한 번 하려다가 그래도 팔순인데, 평소 보지 못하던 여러 사돈 식구들과 이모님 등 이종 형제들과 가까운 저의 지인만 모시고, 조촐한 자리를 마련한 것이오니 조금 부족하더라도 너그러운 양해를 바랍니다. 저는 오늘의 주인공이신 어머니의 맏아들로서 덕담만 드리겠습니다.

　　첫째, 이 험난한 세월 속에서도 서로 협조하고 노력하여 아름답게 살아준 우리 형제들 각 내외와 4남 2녀의 장남인 어리석은 저를 믿고 지난 24년간 성실히 맏며느리 역할을 해준 저희 내자에게 감사드리고, 항상 저희 집안의 든든한 후원자로 울타리가 되어준 자형 부부와 박 서방 부부에게도 깊은 감사를 드립니다.

　　둘째, 고령의 노환에도 불구하고 참석해주신 저희 장인, 장모님, 서울, 부산 등 먼 거리에도 달려와주신 처남 내외, 동서 내외와 가족들, 그리고 오희 동생에게도 고맙고 감사한 인사를 드리며, 특히 어려운 발걸음에도 불구하고 기꺼이 참석해주신 정동이 할머니, 고모님 내외분들과 윤규 외삼촌, 고모님들 내외, 동규 외할머니, 세영이 외할아버지와 그 가족들에게도 감사의 인사를 드립니다.

　　셋째, 언제나 저희 집안 길흉사에 만사를 제치고 참석해 주시는 작은이모님과 그 자녀들 내외 및 숙이 및 삼이 동생에게도 고맙다는 인사를 드리고 특히 춘근이 형 내외와 친족이 아니면서 참석해준 지인들, 영식이, 학교 후배 학환이 내외, 윤석호, 김미향 씨에게도 이 자리를 빌어 감사를 드립니다. 아무튼 팔순을 맞이하신 어머님께 앞으로는 돈보다 더 중요한 마음이 말해주는 참된 효도 드릴 것을 약속하오니 돌아가신 아버님의 몫까지 건강하게 만수무강 하시기를 축원합니다.

하객 여러분, 약소한 음식이나마 맛있게 드시고 끝까지 즐거운 시간 함께 해 주시길 부탁드리면서 마지막으로, 어머니, 저희 6남매 건강하게 낳아주시고, 바른 훈도로 잘 키워주셔서 6남매 모두 사회의 훌륭한 일꾼으로 성장하게 해 주신 것을 진심으로 감사드립니다.

여러분, 제가 선창을 할테니 여러분들도 후창하여 어머니의 팔순 잔치 축하에 동참해 주시기 바랍니다.

"어머니 – 어머니

팔순을 – 팔순을

진심으로– 진심으로

축하합니다 – 축하합니다."

"끝이 아닙니다."

"어머니 – 어머니

사랑합니다 – 사랑합니다."

"여러분 감사합니다." – 2024. 1.

큰어머니

　나에게는 큰어머니가 두 분 계셨다. 할아버지는 슬하에 5남 1녀를 두
셨는데, 아버지는 그 중 넷째로 위로 형님 두 분과 누님 한 분이 계셔서
나에게는 큰아버님 두 분, 고모 한 분, 삼촌 두 분이 계셨다.

　큰백부님은 함자가 상相자, 목睦자이고, 아호는 석당石堂이다. 작은백
부님은 함자가 상相자, 순順자이다. 큰백모님은 영해 박 씨에 함자가 명
明자 금今자이고, 작은백모님은 김령 김 씨에 함자가 택澤자 이伊자이다.

　큰백부님은 일제시대 때인 1920년대에 영해초등학교를 졸업하였다.
큰백부님이 초등학교에 다니시던 1919년에 3. 1만세운동이 일어나 많은
사람이 죽고 다쳤는데, 그때 할아버지가 백부님을 읍에 가서 데리고 왔
다는 소리를 들었으니까, 백부님은 초등학교를 15세에 다녔던 것 같다.
일제 시대에는 의무교육이 없었으므로, 당시 밭네미에서 십리 산길을
넘어 학교에 다닌 학생이 하나도 없었는데, 큰아버지가 초등학교에 다

닌 것만 해도 해변 마을에서는 획기적인 일이었다.

큰아버지는 초등학교 학력으로 일정시대 순사 시험에 합격하여 해방이 되고 나서, 울릉경찰서장, 구미경찰서장 등을 역임하였으니까, 당시 영덕군 관내에서도 크게 성공한 사례였다. 내가 법원공무원으로 승진을 계속 하니까 고향 어른들이 왕대밭에 왕대 난다는 말을 하였다.

큰백부님이 경찰간부로 재직하는 바람에 대부 고모부가 6.25사변 때 영덕군 인민위원회 간부로 있었는데도 고모 가족들이 살아남았고, 고향 마을 일가들도 경찰가족이지만 인민군 치하에서 고모부 덕에 살 수 있었다.

작은백부님도 초등학교를 다녀서 국한문에 능통하므로 마을 동장일을 오래 보았다. 큰백부님은 키가 크고 풍채가 좋았고, 작은백부님은 키가 작고 연약해 보이는 선비형이었다. 아버지 5형제 중 백부님 두 분과 막내삼촌은 초등학교라도 졸업했으나, 친조모님이 40대에 일찍 돌아가셔서 3남인 아버지와 4남인 골에 삼촌은 초등학교조차 들어가지 못해서 무학자로 어려운 세상을 사셨다.

큰백부님은 1904년 음력 5월 12일생으로 1923년 20세에 축산 큰어머님과 혼인하여 무희 형을 1924년에, 경자 누님을 1928년에, 중희 형을 1936년에 낳으셨고, 오천 정 씨 둘째 큰어머님 사이에 1937년에 완희 형을 낳으셨다. 백부님은 1960년경 경찰을 퇴직하여 영천에서 오래 사셔서 영천 큰아버지라고 불렀다.

무희 형님은 젊은 나이에 대기업인 철강 회사에 취직하여 40대 초에 임원에 올랐을 정도로 성공하였다. 형수님은 평양 출신으로 서산 장 씨였다. 무희 형은 슬하에 2남 2녀를 낳았는데, 맏아들인 준규가 경기고등학교를 졸업하고도 서울대학교에 진학하지 못한 것을 비관하여 독한 양주를 많이 마신 탓에 1970년 46살에 요절하였다. 아들 준규도 1949년생인데 1998년 49세의 나이에 세상을 떠났다.

중희 형은 1960년 9월 20일 25살 미혼으로 사진리 442번지에서 돌아가셨다. 무희 형님이 영천 백부님보다 10여 년 이상 일찍 돌아가고, 준규 조카도 일찍 죽으면서 큰백부님의 자손들과 우리 밭네미 사촌과는 완전히 연락이 끊기게 되었다. 큰백부님은 밭네미 공동묘지에 있는 증조부님의 묘소 아래 빈 자리에 묻히길 희망하셨는데, 돌아가신 후 묘소를 희망하는 직계자손이 없어 결국 화장하고 말았다.

무희 형을 낳은 큰어머니는 축산에 오래 사셔서 축산 큰어머니라고 불렀다. 축산 큰어머니는 1970년경 황혼의 나이에 시집 곳인 밭네미에 이사와서 아랫마을 백사장 가에 새 집을 지어 사시다가 1973년 72세에 돌아가셨다. 내가 어릴 때 축산 큰어머니집 제사에 아버지와 함께 참석하면, 큰어머니가 봉지에 떡과 과일을 넣어주고, 용돈도 몇 푼 주던 일이 어렴풋이 떠오른다. 축산항 들어가는 초입에 있던 큰어머니의 집은 방이 두 칸 정도로 좁고 어두운 작은 집으로 기억나는데, 큰어머니는 큰백부님의 도움 없이 혼자 힘으로 장사를 하면서 살다 간 것으로 추정된다.

내가 어리던 1962년경부터 1966년경까지 서울 무희 형님이 우리 또래인 인규 등 어린 자녀들을 데리고 여름 휴가를 와서 이웃에 사시는 작은 백부님 집에 머물렀는데, 흰 모시 적삼을 입고 큰 키에 잘 생기고 훤칠하던 그 모습이 지금도 눈에 선하다.

경자 누님의 남편은 이름이 '김석만'인데 교장으로 퇴직하셨다. 포항

효자초등학교 교장으로 재직할 때 놀러간 기억이 있고, 내 결혼 때 참석하셨는데 그 뒤에 소식이 끊어졌다. 작은백부님 가족은 지금까지도 사촌들과 교류하고 있다. 작은백부님 집도 사연이 많아서 가슴이 먹먹하고 힘이 드나, 어느 누가 이 사연을 기억할까 싶어서 눈물을 머금고 집안사를 적어간다.

오늘 이 글의 주인공은 바로 '김택이' 작은백모님이시다. 작은백부님은 1914년 음력 6월 12일 밭네미에서 태어났는데, 바로 아래 동생인 아버지보다 나이가 세 살 위였다. 아버지 형제들은 큰백부님이 음력 5월 12일, 작은백부님이 음력 6월 12일, 아버지가 음력 5월 22일, 상相자 귤橘자 삼촌은 음력 6월 25일, 막내삼촌은 음력 7월 23일로 모두 양력 6월, 7월, 8월, 여름에 태어나신 공통점이 있다.

큰백부님을 제외한 아버지의 4형제는 모두 고향에 기반을 두고 평생을 사셨다. 작은백부님은 1969년 한여름 때, 농약 중독으로 돌아가실 때까지 마을 동장일을 보셨다. 참으로 가슴 아픈 죽음이었다. 아직도 그때가 눈 앞에 선하다.

1969년 양력 7월 말, 중복더위가 한창이고 여름 방학이 시작되어 바닷가에서 물놀이에 빠져있던 오후 3-4시경이었다. 갑자기 윗마을에서 어른 한 사람이 큰집과 우리집이 있는 아랫마을로 내려오면서, "한상순, 죽었다! 한상순, 죽었다!" 라고 큰소리로 외치는 것이다. 큰집에 가보니, 통곡소리가 낭자한 초상집이었다. 작은백부님이 돌아가신 사연은 대략 이러하다.

1969년 7월 말, 여름 더위가 맹위를 떨치던 그날 아침, 무슨 연유인지는 몰라도 백부님은 아침식사도 들지 않으시고 영해들에 농약을 친다고 넘어가셨다. 농약은 맹독성이 강한 파라치온이라 안전조치를 하고 살포해야 한다. 아침식사도 거르고, 더위에 지쳐 체력이 떨어진 상태에서 마스크도 착용하지 아니하고, 겉옷도 제대로 걸치지 아니한 런닝샤스 차림으로 맹독성 농약을 몇 시간이나 치고 나니, 온몸이 농약에 중독되어 쓰러졌다. 주위 사람들이 읍내 병원으로 데려갔으나 얼마 후 바로 돌아가셨다고 한다. 56세로 큰 병이 없었는데 너무나 허망한 죽음이었다.

1여 년 후인 1971년 1월, 동희 형님이 군대에서 병을 얻어 돌아가셨으니, 백모님의 가슴은 그 1-2년 동안 천 갈래 만 갈래로 찢겨졌을 것이다. 작은백모님의 고통은 백부님과 동희 형의 죽음으로 끝이 아니었다.

2006년 11월 초순, 내가 영덕에서 법무사 사무실을 개소한 지 2년이 막 지났을 때였다. 갑자기 서울에서 세희 형이 돌아가셨다는 소식이 왔다. 아프지도 않던 사람이 이제 겨우 54세의 나이인데 돌아가시다니? 이 무슨 해괴한 소식인가? 믿을 수가 없었다. 알아보니 세희 형은 우울증과 조울증이 원인이 되어 돌아가신 것이다.

2006년 3-4월경, 구미에서 골목 숙모님이 돌아가셨을 때, 세희 형의 태도가 조금 이상하였다. 당시 서울누님이나 형수님의 형님에 대한 평판이 우려스러웠으나, 겉으로는 상태가 심하지 아니하여 정신과 치료를 적절하게 받는다면 얼마든지 생활에 지장이 없을 것으로 보였다.

골목 숙모님의 장례식이 몇 달 지나지 않았는데 졸지에 50대 형님의 죽음이라니? 온 집안이 경악하였는데 백모님의 심정이야 어떠했겠는가?

오희 동생의 죽음도 참담하기는 마찬가지였다. 동생은 죽기 몇 년 전제수와 이혼하였다. 알콜 중독으로 술을 마시면 끝이 없었고, 술주정이 심하여 몇 번 병원에 입원하여 치료를 받았으나 퇴원해서 술을 입에 대기 시작하면 모든 것이 도로묵이었다.

혼자가 되어 알콜중독에 빠진 동생을 구해보겠다고 이천에 사는 큰누나가 동생을 몇 개월 데리고 있었으나, 끝까지 술버릇을 못고치고 누나 식구들과 트러블이 생겨서 혼자 살 수 밖에 없었다. 2015년 12월 한겨울 영하 십몇 도를 오르내리는 강추위가 닥치던 날 밤, 술에 만취하여 방의 보온도 하지 않고 깊은 잠에 빠져서 저체온으로 사망하고 말았다. 그때 동생의 나이가 56세였다.

오희 동생이 죽은 지 4여 년이 지난 2020년 1월 중순경 코로나가 닥치기 한 달 전쯤, 부산에서 위암투병 중이던 경불이 동생도 숨을 거두었다. 코로나 오기 직전이라 문상하는 데는 지장이 없었으므로 유족에게는 그나마 다행이었다. 그때 동생의 나이 64세였다. 작은큰어머니가 낳은 3남 3녀 중 3남 1녀, 4명의 자녀가 큰어머니보다 먼저 세상을 떠났다. 큰어머니의 슬픔이자 집안의 슬픔이었다.

작은백부님은 동장일을 오래 보면서 마을 지도자 역할을 하셨다. 그러다 보니 읍내 유지들과 연결되어, 우리 고향에서 사업을 하고자 하는 사람들은 백부님을 통해서 천초기지나 운단기지 일을 알아보고, 그에 부대하는 감독과 창고, 일꾼들의 식사 등을 백부님 집에 부탁하였다. 백부님 집은 외지인들이 천초기지나 기타 해상 사업 등을 할 때, 식사, 창고 일을 겸하여 처리할 때가 많았다. 동장을 하다 보니, 동네에 면사무소 직원이나, 수협, 농협 직원들이 출장을 오면 무조건 백부님 집부터 들려서 백부님 집에는 항상 손님이 끊이지 않았다.

작은백모님의 고향은 영해면 괴시2리로 읍에서 대진으로 가는 상대

산 자락에 자리잡은 관어대이고, 생년월일은 1921년 4월 13일이다. 우리 집은 백부님 집과 담장을 경계로 붙어있어서 한 마당에서 산 것과 마찬가지였다. 백모님은 활달하고 적극적인데 백부님은 얌전하고 소극적인 성격으로 조용하신 분이셨다. 아버지 형제 중 제일 큰집인 큰백부님은 젊은 시절 고향을 떠나 객지를 떠돌았고, 큰어머님은 축산에서 장사를 하면서 혼자 살면서 남편의 고향인 밭네미에는 잘 오지 않았다.

영천 백부님은 정 씨 할머니와 대구 남산동 커다란 기와집에서 사시다가, 정년퇴직 후 남산동 집은 정 씨 할머니에게 드리고, 자신은 영천시 봉동의 조촐한 오두막 집에서 영천 출신의 키가 작고 얌전하신 할머니와 살고 계셨다. 내가 1976년 3월 성주등기소에 발령을 받고, 그해 5-6월에 영천에 사는 백부님을 찾아가서 문안을 드릴 적에 할머니에게도 인사를 드렸다.

당시 백부님은 72-3세 즈음인데도 몸매가 반듯하고 얼굴색도 좋은 것이 건강해 보이셨다. 두 칸짜리 초가집에 국화 등 화초를 많이 기르고, 뽕나무를 키워 누에도 치셨다. 백부님은 일주일 식단을 정해두고, 매일 반찬을 달리해서 건강을 유지하셨는데, 내가 방문했을 때도 방 벽에 일주일간 식단표가 붙어 있었다.

나의 방문 얼마 후에 큰아버지와 살던 할머니의 친아들이 백부님이 할머니와 사시던 봉동의 초가집을 자기에게 소유권을 넘겨달라고 부탁하신 모양이었다. 백부님이 이를 거절하자 자기 어머니를 데리고 가서 백부님은 졸지에 길거리에 나앉는 신세가 되고 말았다. 집만 넘겨주고 그 집에서 할머니와 죽을 때까지 사시면 되는데 고생을 자청하신 것이다. 그때는 축산 큰어머니도, 남산동 큰어머니도, 무희 형님도 모두 돌아가셔서 오갈 데도 없는 노인이 무슨 큰 재산을 아껴서 며느리와 손자들에게 주겠다고, 시골 초가집 하나를 아끼다가 처량한 신세가 된 것이다.

결국 큰백부님은 축산 백모님이 죽으면서 남긴 영해초등학교 앞 금싸라기 논 수백 평과 백부님 소유인 영천시 봉동 전답과 주택을 무희 형님의 처인 평양 출신 장태자 며느리에게 모두 넘겨주고는, 겨우 3-4개월 정도 서울에 머무시다가 며느리에게 쫓겨나서 밭네미 큰집에서 몇 달, 대구 경자 누나집에 몇 달씩 떠돌다가 고달픈 유랑 생활 끝에 병을 얻어 허무하게 돌아가셨다.

고향에서 방위생활을 하던 1979년 4월 중순, 휴가를 얻어 대구 파동 경자 누님 집에 계시던 백부님을 뵈온 것이 마지막이었다. 초등학교 졸업으로 경찰서장이란 고위직까지 역임한 백부님이 본 가정을 지키지 못한 과실도 말년을 비참하게 보내시고 묘자리 하나 없이 인생을 종결한 것은 참으로 안타까운 일이다.

객지를 떠도신 큰백부님 대신 작은백부님은 고향을 지키면서 형을 대신해서 집안 대소사에 맏이 역할을 하시고, 작은백모님도 축산 큰어머니 대신 맏며느리 역할을 훌륭하게 대행하셨다.

우리 사촌에게 고향에 안 계시는 큰백부님이나 축산 큰어머니보다는 고향에 계시던 작은백부님과 작은백모님이 진짜 큰집이었던 것이다. 그래서 우리 사촌들은 작은백부님 집을 항상 큰집이라고 불렀다. 특히 우리집은 큰집과 담 하나를 경계로 가까이 살아서 여러 가지 에피소드와 추억이 많다.

나는 유아기부터 초등학교 4-5학년 때까지 오줌싸개였다. 우리 시절

오줌을 싸면 싸리로 엮은 기다란 키를 머리에 쓰고 이웃에 바가지를 들고 양밥으로 소금을 얻으러 갔다. 큰집이 가까이 있는 바람에 매번 큰집에 가면 큰어머니가 웃으면서 소금 한 줌을 넣어주고 앞으로는 조심하라고 위로해 주셨다. 명절이나 제사 때, 큰어머니가 집안 아이들에게 떡과 과일을 나누어 주는데, 항상 나는 조금 더 주셔서 어린 마음에도 늘상 고마웠다.

큰어머니의 집 뒤안에는 앵두나무가 있어서 5-6월이 되면 앵두가 빨갛게 익었다. 큰집 식구들은 잘 먹지 않아 대부분 내가 따먹었다. 군것질과 과일이 귀한 어촌에서 앵두 따먹기는 소중한 즐거움이었다. 6-7월 장마철에 비가 주룩주룩 쏟아지는 날은 큰집에서 밀가루로 전을 붙였다. 먹을 것이 귀하던 그 시절, 우리에게는 진수성찬보다 더 맛있는 별미로 지금도 큰집에서 얻어먹던 구수한 전이 떠오른다.

엄마는 우리 어릴 때, 남의 집 미역 바위를 사서 돌미역을 많이 건조하였다. 4-5월 미역이 한창일 때, 무슨 일이었는지는 몰라도 큰어머니가 어머니의 미역 건조작업을 도와주지 않았던 일을 수십 년 동안 잊지 않고 우리에게 말하였다.

나는 어머니를 보고, 친자식들도 부모 일을 돕지 않는데 큰어머니도 다른 일이 있으면 동서의 미역 건조일을 못 도와줄 수도 있다고 하면서 사소한 그 일을 수십 년이 지나도 잊지 않는 것은 어머니의 잘못이라고 지적하면, 어머니는 나를 보고 너희들은 자기 어미보다 큰엄마를 더 두둔 한다고 언짢아하셨다.

큰어머니는 1940년 밭네미에 시집와서 우리가 1978년 괴시리로 이사한 후 몇 년 뒤에 우리를 따라 괴시로 이사오면서 시집 온 후 40여 년 만에 밭네미를 떠났다. 밭네미 살 때부터 시작하였지만, 괴시에 이사 온 후에도 큰어머니와 어머니는 영해장에서 건어물과 미역 등을 구입하여 영양이나 청송의 산골 동네를 다니면서 마른 고추 등 농산물과 물물교환하여 영해장에 팔아서 다시 고추도부를 가는 등 긴 세월 동안 돈을 벌어 자식들을 출가시키고 뒷바라지를 하였다. 무거운 건어물을 머리에 이고, 바리바리 들고 굽이굽이 걸어서 산촌을 찾아가고, 물물교환한 수십 근이 넘는 고추와 콩, 보리 등을 들고 돌아오는 일은 고된 일이었지만, 큰어머니와 어머니는 그 힘든 고추도부를 십여 년 이상 수행하였다.

1990년경, 큰어머니가 괴시리 도로에서 교통사고를 당한 후 서울의 세희 형 집으로 합가할 때가 70세 전후였다. 큰어머니는 구십이 넘자 며느리 집을 나와 자청하여 서울 인근 요양원으로 가셨다. 서울 근교의 요양원 생활에 외로움을 느낀 큰어머니가 조카들이 사는 고향 근처에 있는 요양원을 희망하셨다. 포항의 경연 누나가 2011-12년경 포항 인근에 소재한 요양병원으로 전원시켜 주말마다 자녀들과 함께 요양원을 방문하는 등 정성으로 큰어머니를 모셨다. 포항 인근 요양병원에 오실 때 큰어머니의 연세가 91세쯤 되었을 것이다. 우리 부부는 고향에 가는 길이나 대구에 올라 오는 길에 여러 번 요양원에 들러 큰어머니를 문안하였는데 떠나올 때 큰어머니는 꼭 1층까지 우리를 배웅해 주셨다.

2015년 10월, 당시 95세이던 큰어머니를 모시고, 경산에 새로 지은 우리집을 구경시키시고 하루를 모셨다. 이튿날 어머니와 큰어머니, 우리 부부, 포항 경연 누나를 태우고 영해 고래불로 가서, 민희 형과 밭네미 막내 숙모님을 모시고 삼 동서가 횟집에서 식사를 하면서 마지막 해후를 하도록 자리를 만들었다. 그날 고래불에서 점심을 먹고, 큰어머니를 모시고 밭네미에 가는 길에 큰어머니 고향인 괴시2리 관어대에 들러서 옛 집터를 살펴보던 중, 마침 이웃에 살던 옛 지인이 큰어머니를 알아보시고 70여 년 만에 반갑게 끌어안는 감격적인 광경도 있었다.

밭네미 숙모님 집에 도착하니, 마을사람들이 숙모님 집 앞에 많이 모여 있다가 95세 노후에 35여 년 만에 옛 살던 곳을 찾아온 큰어머니를 따뜻하고 반갑게 맞이해 주셨다. 2016년 춘삼월 어느날, 영해에서 어머니를 모시고 경산 우리집으로 가다가 요양병원에 계시는 큰어머니를 방문하였다.

큰어머니가 어머니를 보더니 "정난아, 니가 올해 몇이고?" 하고 물었다. 어머니가 "형님, 제가 올해 팔십일곱 아입니까." 하니 큰어머니가 "아직 한창이다. 좋을 때다. 나는 벌써 구십여섯이다." 하고 말하신 것이 생각난다. 한창이라던 어머니는 이듬해인 2017년 88세에 돌아가시고, 큰어머니는 어머니보다도 4년을 더 사시다가 2021년 101세에 돌아가셨으니, 나이는 숫자에 불과한 것인가?

2023년 3월 말, 큰어머니 2주기 때 보리골 뒷산에서 추모제를 하고, 밭네미 출신 정훈이 운영하는 대진리 횟집에서 점심 식사를 하였다. 그날 점심자리에 밭네미에서 자라서 공시개로 시집간 86세 한금자, 87세 한순연, 83세 한순태 누님을 60여 년 만에 경남이 누나가 만나는 감동적인 해후가 있었다. 내가 축하하는 의미로 '고향무정', '도라지 고갯길'을 부르고, 누님들도 같이 노래를 부르면서 흘러간 그 세월을 그리워하면서 그동안의 회포를 풀었다.

"큰어머님, 많은 고난과 아픔을 참으면서 인고의 백 년 세월 잘 견뎌내셨습니다. 이제 편안이 쉬십시오. 이 조카도 큰어머님의 정신력을 배워서 열심히 살겠습니다.”

　“영천 큰백부님, 축산 백모님, 작은백부님, 작은백모님, 극락왕생하셔서 후손들의 앞날에 큰 음덕을 베풀어 주시옵소서.” - 2024. 4.

막내삼촌

할아버지는 월성이씨 할머니와 사이에 4남 1녀를, 전주이씨 할머니
와 사이에 1남을 낳으셨다. 전주이씨 할머니 사이에서 낳은 막내삼촌은
1929년 기사생으로 호적명은 문랑文郎이고, 족보명은 상학相鶴이다.

숙모님은 평택 임林 씨로 성함은 복례福禮이고 1931년 신미생이다. 두
분은 슬하에 5남 1녀를 낳으셨다. 장남 만희滿熙는 1953년생, 장녀 자여
慈汝는 1955년생, 차남 택희澤熙는 1957년생, 삼남 원희熙는 1958년생, 4
남 강희江熙는 1961년생, 막내 태희太熙는 1963년생이다. 태희는 1992년
8월 17일 뇌종양으로, 택희는 1995년 8월 인천에서 사고사로 3년 사이에
각 세상을 떠나 삼촌과 숙모의 가슴에 대못을 박았다.

1992년 태희가 서울의 대학병원에 입원해 있을 때, 집사람과 함께 병
문안을 한 기억이 있다. 1995년 8월 15일 저녁 8시경, 택희 동생이 인천
시 석남동 롯데우방아파트 인근 노상에서 만취한 상태로 걸어가다 쓰러

져서 인천 길병원에서 치료 중 사망하였다. 그때 나는 대구지방법원 민사과에서 가사조사관으로 근무하고 있었다. 택희가 인천에서 낙상사고로 병원에서 사경을 헤매고 있다는 소식을 막내삼촌으로부터 전해 듣고 이틀간 휴가를 얻어 인천으로 갔다. 병원에서 택희 동생의 상태를 보니 의식불명으로 회생가능성이 전혀 없었다.

당시 서울에서 사업을 하던 강희 동생을 앞세우고 인천시 석남동 사고장소를 찾았다. 현장은 롯데우방아파트 정문을 나와서 우측으로 20여 미터를 가다가 다시 우측으로 돌면 아파트 옆 담장이 나오고, 그곳에서 5-6미터 정도 떨어진 횡단보도 근처였다. 사고장소에 원래 세워진 전봇대를 없애고 전선을 지중화한 곳이라서 전봇대를 철거한 자리를 완벽하게 제거하여 보행하는 사람들이 다치지 않도록 조치해야 하는데도, 전봇대를 고정시키던 철근이 6-7개인데 각 인도 위에 2-3센치미터 철근 끝 부분이 돌출해 있었다. 택희 동생이 이 철근에 걸려 넘어지면서 머리 부위를 크게 다친 것이다.

나는 강희 동생과 함께 관할 파출소에 가서 조사를 의뢰하였으나, 파출소에서는 수사권한이 없고, 본서인 인천 서부경찰서에 고소장을 제출하면 정식으로 수사를 한다는 것이다. 현장을 살펴보니, 동생의 사고는 본인이 술에 취해서 비틀거리면서 걸어가다가 발아래를 잘 살피지 못하여 돌출된 철근에 걸려 넘어진 불찰은 있지만, 원인 제공은 전봇대를 제거할 때 돌출된 철근을 남겨둔 한국전력과 도로를 관리하는 인천시에서 관리를 소홀히하여 일어난 일이었다. 유족들이 한국전력과 인천시를 상대로 손해배상 소송을 제기할 때나, 택희와 제수가 여러 보험회사에 생명보험을 가입하였다는데, 보험사에도 사고사라는 증거가 필요하므로 이래저래 경찰의 수사는 필수적이었다.

할 수 없이 사고일에 택희와 동행하여 경남 남해를 자기 차로 다녀온 롯데우방아파트에 사는 목격자인 김모 씨를 한택희 치사사건의 범인으로 고소장을 작성하여 강희에게 주었다. 강희 동생이 그 고소장을 인천 서부경찰서에 제출하여 조사가 시작되었고, 현장검증과 목격자 진술 등에 의하여 사건이 마무리되었다. 이 사건에 대한 조사기록은 이후 민사소송과 보험 수령에 필요한 증거자료가 되었고, 택희의 유족인 제수와 조카들, 막내삼촌과 숙모 등은 민사소송에서 승소하여 다액의 손해배상금을 받았고, 문제없이 보험금도 수령할 수 있었다.

경찰조사 결과, 택희 동생은 그날 지인이던 김모 씨의 고향인 경남 남해에 놀러가서 술에 만취하였다. 인천에 돌아와서 김모 씨가 롯데우방아파트에 차를 대니까, 동생이 집에 간다고 걸어 나간 얼마 후 '꿍'소리가 나서 현장에 가보았더니, 동생이 넘어져 머리를 다쳐 신음하고 있어서 바로 택시를 불러 길병원 응급실로 구호조치했다는데, 모두 사실이었다. 동생은 사고가 일어난 열흘 정도 뒤에 사망하여 인천 부평공원 묘지에 묻혔다.

1980년경 대진에서 축산까지 해안도로가 개설되면서 삼촌집인 사진리 445번지 앞 444번지 일부가 도로에 편입되면서 건물이 철거되어 나대지가 되었다. 삼촌은 기존 445번지와 합쳐서 주택을 신축하려고 444번지 소유자인 김성도 씨로부터 1992년 3월경 땅을 매수하였다. 사진리 444번지 대지를 삼촌 명의로 이전하려고 하니 김성도 씨의 채무로 1986년 축산수협과 1991년 영해농협을 각 채권자로 하여 가압류 2건이 걸려 있었다.

수협과는 타협이 잘 되어 1992년 2월 29일 가압류가 말소 되었으나, 영해농협은 가압류 된 채권 외에 김성도 씨의 다른 채무를 모두 변제하지 아니하면 가압류를 풀어줄 수 없다 하여 삼촌이 나에게 자문을 구하였다. 삼촌에게 가압류된 100여 만 원만 해방공탁해서 가압류를 푸는 방법이 있으므로, 먼저 삼촌 앞으로 1992년 3월 3일 이전등기를 경료한 후 영덕지원에 100만 원을 해방공탁하고 가압류 취소신청을 하여 동년 3월 20일 영해농협의 가압류를 말소하였다.

삼촌은 1992년 가을에 단층주택을 신축하였다. 우리 부부는 민주와 문규가 물놀이를 할 수 있는 나이가 된 1991년경부터 매년 여름 휴가 때가 되면 고향인 밭네미에서 여름 휴가를 보냈다. 보통 2박3일 정도 백사장에 텐트를 치고 아이스박스에 반찬을, 이동용 가스레인지에 밥을 해서 식사를 해결하였다. 갈 때마다 막내삼촌이 백사장까지 내려와서 안부를 묻고 반찬도 샀다수면서 신경을 썼다.

삼촌과 숙모는 만희 형 소생인 민규와 재흔이를 어릴 때부터 손수 길렀다. 재흔이를 보니까 매일 바닷가에서 살다시피 하니까 얼굴이 흑단과 같이 검었다. 민규는 1975년생이고, 재흔이는 1981년생이다. 그 당시 재흔이는 초등학생으로 우리를 많이 따라다녀서 용돈도 가끔 주었다. 삼촌이 새집을 짓고 고향에 갈 때마다 삼촌을 찾아가면 꼭 가게에서 맥주를 몇 병 사서 나에게 대접하였다. 가압류 사건과 택희 동생 사건에 대한 고마움이 맥주 속에 있었을 것이다.

나도 삼촌께 갈 때마다 용돈을 드렸지만 삼촌의 성의를 보아서 맥주 몇 병은 꼭 마셔주었다. 명예퇴직을 하고 2004년 9월 영덕에서 법무사 사무실을 개소한 후에는 더 자주 고향을 찾았는데 고향에 갈 때마다 삼촌께 안부를 드렸다. 삼촌은 나를 볼 때마다 옛날 재 넘어 가는 똥구디 터에 묻힌 아버지의 산소를 말하면서 "돌아가신 상경 형님은 영웅이시 다." 라고 칭찬하셨다.

삼촌은 보리골 큰집 임야 밑에 있는 100여 평 되는 묵정밭에 묘소 쓰 기를 원하셨다. 나는 삼촌께 만희 형을 설득해 보시라고 조언을 하였다. 부모 묘소는 직계 자손들이 결정해야 할 문제이기 때문이다. 1986년 3 월 아버지가 돌아가셔서 똥구디터에 묘를 쓸 때 삼촌에 대한 에피소드 가 있다. 묘터를 잡기 위하여 우리 산에 서울에서 온 장인을 모시고 갔 을 때, 삼촌은 영해에서 배 씨 성을 가진 지관을 모시고 왔다. 그분이 똥 구디터를 자기들 배 씨 문중산이라고 주장하며 묘터를 거부하므로, 내 가 막내삼촌을 보고, 빨리 동네에 가서 똥구디터가 우리 산에 포함되었 다는 증인이나 지적도 등 증거를 가져오라고 독촉하였다. 이에 삼촌이 동네에 내려가 남계여산 집 형님으로부터 똥구디터가 나타나는 임야도 를 가져오므로 똥구디터에 아버지 묘소를 쓸 수 있었다.

막내삼촌은 6.25 사변 때 탄약 운송부대에 끌려가서 몇 년간 고생을 하고 구사일생으로 살아오셨다. 그런데도 건강이 좋아서 작은 목선으로 하는 수경발이 어업으로 문어나 고기 등을 잡아 생활비를 벌었고, 나중 에는 숙모님과 함께 오징어 건조를 해서 돈을 벌었다. 우리가 1978년 괴 시로 이사한 후에는 해안도로가 났는데도 옛날 길로 해서 수시로 우리 집까지 걸어 오시는 등 칠순이 넘어서도 건강을 자랑하셨다.

막내삼촌은 2012년 12월 22일 84세로 아버지 남자 형제 5명 중 제일 장수하고 돌아가셨다. 삼촌의 소원대로 묘소는 만들지 못하고 화장을 했다. 제사는 음력 11월 9일이다. 삼촌 돌아가시고 10년 후인 2022년 3

월 28일, 숙모님이 향년 92세로 돌아가셨다. 두 분 모두 영해 아산병원에서 장례식을 치렀다.

2024년 10월 26일, 밭네미 민희 형님 집에서 처음으로 사촌계추를 열었다. 10여 년 전 삼촌의 4남인 강희 동생이 나에게 사촌계추 자금으로 200만 원을 기탁하고, 내가 9년 전 경산집 입택 때 200만 원을, 그때 서울 경남이 누님이 100만 원 등 500만 원의 계금으로 회비 없이 처음 계추를 연 것이다. 사촌 계추의 밑거름을 깔아 준 강희 동생 부부에게 감사를 드린다.

매년 추석에 부모님 산소에서 추석 차례를 지낸 후 밭네미에 들러 삼촌 집을 살펴본다. 삼촌 집을 볼 때마다 삼촌이 그립다. 막내삼촌은 생전에 내가 문안을 드릴 때마다 꼭 조카님이라고 경칭을 써주시고, 맥주 1병이라도 먹여 보낼려고 인정을 많이 쓰셨다.

"삼촌, 원하시던 산소는 쓰지 못했지만 너무 섭섭해 마십시오. 살아서도 소탈하시던 삼촌이니까 묘소에 연연 말고 자유로운 영혼으로 편히 쉬십시오. 그리고 부디 숙모님과 좋은 곳에서 행복하게 지내시길 기원합니다."

- 2024. 11.

세 번 살린 막내동생

청희靑熙는 우리 집 4남 2녀 중 막내이다. 1971년 2월에 태어났으나 출생신고는 1년 뒤에 하였다.

1971년 고등학교 1학년 때 여름방학을 맞아 고향에 오니, 영천의 백부님이 막내의 예비 이름 네댓 개를 보냈는데, 어느 것이 좋은지 선택해 보라고 아버님이 문의하셨다. 백부님의 서신을 살펴보니, 방희, 덕희, 용희, 청희 등이 있었다. 우리 집 남자 형제의 이름 끝자는 빛날 희熙자이고, 첫자에는 말씀언言변이 들었으므로 백부님이 보내주신 서신에도 청자의 한자가 말씀 언변이 있는 초청할 청請자였다. 그렇지만 막내는 고향의 푸른 바다와 하늘과 같이 때 묻지 않은 사람이 되었으면 하는 마음으로 푸를 청靑자, 빛날 희熙자, 청희靑熙가 좋다고 생각하여 초청할 청자를 푸를 청자로 바꾸어서 출생신고를 한 것이다. 장남인 나보다 15살 어리고, 아버지가 55세에 낳은 늦둥이다.

1977년 6월, 내 나이 22살에 아버님 환갑연을 할 때, 마을 사람들과 근원동의 친척들, 법원 직원 등 많은 사람들이 참석하여, 우리집 앞에 있는 백사장이 시끌벅적하였다. 막내는 아버지가 환갑노인인데도 만 6세의 꼬맹이로 그때 찍은 사진에 어린 그 모습이 보인다. 그 막내를 내가 세 번 살렸다. 첫 번째는 동생의 생명을 살렸고, 두 번째는 공부를 살렸고, 세 번째는 인생을 살렸다.

첫 번째는 동생이 만 5살 때인 1976년 8월 초순경이다. 삼복더위가 기승을 부리는 한여름이었다. 나는 1975년 법원공무원시험에 합격하여 이듬해 3월 성주등기소에 첫 발령을 받았다. 휴가철이 되어 7월 말, 1주일 휴가를 받아 고향인 사진1리에 왔다. 젊은 시절 여름휴가는 대부분 바다로 가는데, 나는 고향이 바다여서 다른 곳에 갈 것 없이 고향에서 수영, 낚시, 창질, 전복 따기를 하면서 휴가를 보내고자 하였다. 1976년 8월 1일, 캐나다 몬트리올에서 열린 하계올림픽 레슬링 자유형에 출전한 '양정모' 선수가 해방 후 우리나라에 첫 금메달을 안기는 뉴스도 휴가 중인 고향에서 들었다.

휴가 중인 8월 어느 날 오전, 한여름 더위가 기승을 부려서 견딜 수가 없었다. 그때는 시골에 선풍기도 없던 시절이다. 10시 조금 넘어 어머니께 딴방구에 가서 창질이나 하고 오겠다면서 잡은 고기를 담을 망태기, 시장에서 사온 삼지창, 전복을 채취할 작은 칼 한 자루, 물안경, 수영팬츠 등을 챙겨 딴방구와 마주보는 해안가 돌언덕에 올랐다. 돌언덕 구석진 곳에서 수영복으로 갈아입고, 벗은 속옷 등은 돌언덕 턱진 곳에 눌러놓고 좁은 해로를 헤엄쳐 딴방구에 들어갔다.

딴방구는 집에서 100여 미터 떨어진 작은 돌섬인데 해마다 여름이면 수시로 놀던 곳이다. 우리집 앞 백사장을 지나면 바다이고, 백사장은 왼쪽에서 오른쪽 끝까지 200-300미터였다. 백사장 양 옆에는 바다를 향해 길게 뻗은 곶이 있는데, 왼쪽은 500여 미터이고, 오른쪽은 400여 미터로 약간 짧았다. 양 곶을 벗어나면 바로 난바다다. 양 곶 중간쯤 바다 위에 떠있는 딴방구가 있고, 그 외 조그마한 구리방구 등 작은 바위가 몇 개 더 있지만, 대부분 한 평이 조금 넘거나 그보다 작은 바위였다. 딴방구만 40여 평으로 제일 큰 바위인데, 난바다를 바라보는 끝부분은 수심이 3-4m로 깊고 조류가 활발하여 놀래기, 우럭, 임연수, 배도라치 등 다양한 바다고기가 있고, 전복, 골뱅이, 열합 등 조개들도 많았다.

딴방구에서 삼지창으로 놀래기도 잡고 전복을 따면서 놀다보니 시간 가는 줄 몰랐다. 12시가 넘자, 막내가 돌언덕에서 "형님, 엄마가 점심 먹으러 오라 하십니다."고 크게 말하였다. "알았다." 하고 망태기와 삼지창 등을 챙겨 육지와 가까운 곳으로 이동하였다. 전복 따던 작은 칼을 육지 쪽 돌언덕으로 던졌는데, 딴방구와 돌언덕 사이에는 5-6m정도의 좁은 해로가 있었다. 삼지창과 망태기는 달린 고무줄이나 끈을 손에 감아도 수영이 가능하므로 들고 가면 될 것이나, 칼은 수영하는데 불편하여 먼저 던진 것이다.

작은 칼이라 무게가 없어 돌언덕 위까지 날지 못하고 언덕 아래 해수면보다 30-40cm 높은 골이 지고 열합이 붙어있는 곳에 박혀 버렸다. 헤엄쳐 건너서 돌언덕을 올라가는데, 양손에 망태기와 삼지창을 든지라 칼을 뽑지 못했다. 아까 옷 벗어놓은 곳으로 가기 전에 막내를 보고, "언덕 바로 아래 칼이 있으니 찾아서 기다리면 옷 갈아 입고 올 터이니 같이 점심 먹으러 가자" 하고, 옷 벗어 놓은 곳으로 갔다.

수건으로 몸을 닦고 팬츠를 갈아입은 후, 담배에 불을 붙혀 한모금을 빨면서 생각하니, 2-3분이 지났는데도 막내가 아래에서 올라오는 소리가 안 들리는지라 예감이 이상해서 몸을 일으켰다. 딴방구의 해로가 잘 보이는 곳에 서서 아래를 살펴보니, 막내가 수심이 2-3m인 바다에 빠져 물에서 올라왔다 내려갔다 하면서 나를 쳐다보는 게 아닌가? 막내의 상태를 보니, 빠진 지 얼마 안 된 듯해서 위급한 상태는 아닌 것 같고, 무턱대고 물에 뛰어내리면 같이 위험해지니까, 대책을 세우고 막내를 끌고 올라갈 장소를 물색하는 시간이 3-4초 걸렸다. 물에 빠진 막내의 입장에서는 머뭇되는 형이 야속했을 것이다.

생각을 정리한 후 물속 깊이 잠수해서 막내의 허리 부분을 두 손으로 잡아 위로 올려, 숨을 쉬고 말을 할 수 있게 한 뒤 "괜찮으냐?"고 물어보니 "괜찮다."고 하였다. "그럼 내가 안 쪽으로 밀고 갈테니 너는 그대로 있어라." 하고 수면 밑에서 발헤엄을 해서 미리 봐둔 곳으로 간 뒤 튀어나온 바위 끝을 잡게하여 밀어주니 동생은 돌언덕 위로 올라가고, 나도 따라 올라가면서 칼을 바로 찾았다.

막내는 칼을 찾으러 내려갔으나, 칼과 열합의 색깔이 검은 색이라 구분이 안되어 바로 찾지 못하고, 바위 아래 부분은 파래와 청태가 많이 자라서 미끄러운 데도, 눈으로 칼만 찾다가 미끄러져서 떨어진 것이다. 수심이 2미터가 넘고 수영을 못배운 터라, 목숨이 경각에 달린 상태인데도 빠질 때 물을 많이 마셔서 "살려 달라."는 비명조차 못 지르는 상황이었다. 막내가 물에 빠진 곳은 바위 언덕 밑이고, 내가 옷을 갈아입은 돌골과 10여 미터 이상 떨어지고 골이 깊어서 막내가 물에 빠지는 소리와 물에서 지르는 "어푸, 어푸"하는 소리조차 들리지 않았는데, 내가 무심한 사람이었다면, 막내는 만 5살에 심부름을 왔다가 수중고혼이 될 수도 있었다. 예감이 이상하여 바로 현장에 간 것이 막내를 살린 것이다.

막내의 공부를 살린 때는 1979년 5월 초순경이다. 나는 1977년 병무청에서 실시한 입영대상자에 대한 신체검사에서 2급 현역 판정을 받았다. 신체검사에서 1-2급은 현역이고 3-4급은 방위병으로 근무하나, 나는 본적과 주소가 영덕군이고, 영덕군은 해안 취약지역이라 2급 이하는 전부 지역방위병으로 배정되었다.

나는 영해면사무소 행정요원으로 보직을 받아 1979년 11월까지 16개월을 복무하였다. 내가 방위로 복무하던 시절, 우리 가족은 영해면 괴시리 94번지에서 살았다. 면사무소는 아침 9시부터 저녁 6시까지 근무하였는데, 5월 초순이던 그날은 평소와 달리 오후 2-3시경 일찍 퇴근한 것으로 기억한다. 2개월마다 실시하는 방위병 군사훈련을 축산면 도곡 대대에서 실시했다. 오전 9시경 소집되어 오후 4-5시경까지 훈련을 받아야 하나, 가끔 대대의 내부사정에 의하여 훈련시간이 단축되면 오후 1-2시경에 마칠 때도 있었다. 그런 날은 근무가 끝나므로, 방위병 훈련이 고되기는 하지만 나쁘기만 한 것은 아니었다.

그런 사유로 집에 온 것이니까 오후 2-3시쯤 되었을 것이다. 이른 시간에 오니까 부모님도 안 계시고, 6학년인 다섯째도, 2학년인 막내도 보이지 않았다. 일찍 집에 오니 갑자기 할 일도 없고 한가하여 마루 뒷문을 열고 뒤란의 대나무를 구경하다가, 마루 구석에 있던 막내의 책가방이 보여서 무심코 열어보았다. 가방 속에 있던 막내의 2학년 1학기 중간고사 시험지에 채점이 매겨진 것을 보니 가관이었다.

"점수가 큰일인데, 말이 되지 않는데?"

중얼거리면서, 시험지를 꺼내서 자세히 검토해보았다.

국어, 사회, 산수 과목을 살펴보니, 점수가 형편없었다.

'아니, 어려운 산수가 제일 좋네, 왜 산수가 국어, 사회보다 더 받았을까?'

의아해하면서 세 과목을 하나하나 대조하면서 분석을 하니까 답이 나왔다.

'아이고, 이놈이 한글을 모르는구나.'

그래서 국어, 사회는 4지 선답에 대강 찍어서 평균 20-25점이 되고, 산수는 한글이 없는 문항, 즉 25+15=40 같이 아라비아 숫자로 나온 문제는 다 맞추고, 한글로 문제를 낸 문항만 틀린 것이니까 그런대로 40점대 점수가 나왔구나. 2학년이 한글을 모른다면 막내의 장래도 볼장 다 보았다는 생각이 들었다.

'큰형이 되고 너무 방심했구나.'

나는 7살 때 입학하여 8살 때 입학한 막내보다 1년 먼저 입학했는데도, 입학하기 전 네댓 살 때부터 한글을 깨쳤기에 설마하고 무관심했던 것이다.

막내의 한글 공부에 대한 대책이 시급하였다. 나는 사무관 공채시험 준비와 면사무소 방위 근무로 시간이 별로 없었다. 그래서 다섯째를 활용하기로 했다. 그날 저녁, 다섯째와 막내를 불러 무릎을 꿇고 두 손을 높이 들라고 한 후, "왜, 손을 들고 벌을 서는지 아느냐?" 물어보았다. 두 명 모두 "모른다."고 했다. 내가 미리 확보한 막내의 시험지를 마루에 던지면서 같이 보라고 했다.

동생들이 시험지를 보고는 안색이 창백하게 변하면서 겁에 질린 얼굴로 나를 보았다.

"겁을 내지 말고, 내 말을 잘 들어라."고 이르고는, 막내에게 국어책을 가져오게 했다. 내가 국어책을 들고 다섯째와 막내에게 말했다. "다섯째야, 너는 6학년인데, 막내가 2학년이 되어도 한글을 모르는 것은 전부 너의 잘못이다."

"4살이나 많은 형이 있으면서, 동생에 대한 무관심이 아직도 한글을 다 깨우치지 못한 것이다."

엄중히 질책하고, "다섯째가 책임지고 내가 매일 지정하는 곳까지 단어 공부를 시켜라, 내가 퇴근해서 20문제씩 받아쓰기 시험을 봐서 80점 이하면 한 문제에 한 대씩 매를 맞는다.", "만약 50점이면 두 명이 모두 6대의 매를 맞게 된다."

"알겠느냐?"

동생들이 쥐 죽은 듯 조용하게 "예"라고 하였다.

매일 국어책 2장 정도에 20문제를 만들고 퇴근 후 시험을 보니, 처음 1주일은 평균 40점, 2주일째는 50점, 3주일째는 60점, 4주일째는 70점, 한 달이 지나자 평균 80점 이상이 나왔다. 이후 점수를 상향하여 100점 이하면 매는 대지 않고 한 문제당 마당 한 바퀴를 양손에 귀를 잡고 토끼 뛰기를 시켰다. 90점이 나오면 두 바퀴, 80점이 나오면 네 바퀴를 시켰다. 운동 삼아 시킨 것이다.

그렇게 두세 달을 교육시키니까, 국어 받아쓰기는 계속 100점이 나와 받아쓰기 교육은 종료하게 되었지만, 이를 계기로 막내의 국어, 사회, 산수 실력이 급격히 향상되어 3-4학년 올라갈 때는 우수반에 들어갈 정도로 실력이 성장하였다. 저학년 때 기초를 잡아주지 않았다면 막내는 재미없고 어려운 학창시절을 보냈을 것이다. 막내는 적절한 시기에 나를 만나 인생에서 가장 중요한 공부생명을 살린 것이다.

막내는 1987년 영해중학교를 졸업한 후 구미고등학교에 입학하여 1990년 졸업하였다.

당시 지방 국립대도 경쟁이 치열하여 대구에 있는 경북대학교의 원하는 과에는 갈 수 없었고, 청주에 있는 충북대학교 무역학과에 가겠다면서 보내달라고 하였다. 지방대학 무역학과를 나온다 해도, 서울의 명문 대학에 밀려, 졸업 후 별 볼 일 없음을 잘 알고, 차라리 한 살이라도 어릴 때 나와 같이 공무원시험을 봐서 공직에 일찍 입문하는 것이 좋지 않겠느냐고 설득했다. 처음에는 나와 같은 법조 계열인 검찰공무원시험을 보겠다 하였으나 너는 자연계열이 맞으므로 세무공무원을 선택하면 앞으로 형이 할 법무사보다 세무사가 더 좋은 시절이 올 것이라고 충고하였다. 막내는 2년간 대구 우리 집에 있으면서 공무원학원에서 부기 등을 공부한 후 1991년 만 19세의 어린 나이로 9급 세무공무원시험에 합격하였다.

1992년 3월 안동세무서에서 공직을 시작하였다. 1998년 IMF가 왔을 때 공무원이 최고의 직장으로 각광받는 시대가 와서, 불만이었던 대학생이 못 된 아쉬움을 풀었을 것이다. 나는 공무원을 하면서 방송통신대학 법학과 학위를 받았다. 막내에게도 방송통신대학을 추천하여 방송통신대학 경영학과 학사 학위를 받도록 하였다. 막내는 나의 충고와 제언에 따라 세무직이란 어려운 공무원 자리를 20대 초에 진출하여, 일반 대학 4년과 군대를 제대하고 늦은 나이에 세무서 9급으로 들어온 후배들보다 10년 이상 고참이 되어 월급과 승진에 많은 이점을 누리게 되었다.

막내는 2023년 7월 10일 사무관으로 승진하여 내가 39년 전 계장으로 승진하여 발령을 받았던 경남 거창으로 인사명령을 받았다. 내가 39년 전 총각 계장으로 근무하면서 아내를 만났던 곳에 과장으로 승진한 동생이 형수의 고향 거창으로 발령받은 것이다. 동생은 사무관 승진에 따라 세무사 자격을 얻게 되었다. 인생 후반전이 핀 것이다.

막내는 공직과 세무사라는 두 가지를 가져 인생 전반에는 구조조정이 없는 안정된 공직생활을 하고, 인생 후반에는 국민연금보다 두세 배 많은 공무원연금과 세무사 자격까지 얻게 되었으니 대운을 잡았다. 나의 충언으로 노후까지 보장받게 된 것이다.

막내도 오십이 넘어 지천명이 되었다. 인생이 백 년이라면 이제 반환점을 돈 것이다. 벼도 익을수록 고개를 숙인다고 겸손하게 남을 도우면서 잘 살기를 바란다. - 2023. 9.

호사다마好事多魔

　2박3일의 신혼여행을 마치고 서울 상도동에 계시는 장인, 장모님께 신행인사를 드리고 자리에 앉는 순간, "한 서방, 호사다마네." 장인어른의 첫 말씀에 너무나 황망하였다.

　아내와 결혼하기 3년 전, 장인이 59세가 되었을 때 갑자기 발병한 중풍으로 육신이 마비되고 말문이 막혔다. 장인이 고향인 거창에서 20 여년 이상 경영하시던 '신라석재'의 운영을 회사 운영 경험이 없는 28세의 둘째 처남에게 맡긴 후 1여 년 만에 신라석재는 거액의 수표와 어음을 부도내었는데, 사업자 명의가 장인이고, 수표와 어음의 발행인도 장인이라, 졸지에 장인은 부정수표단속법 등으로 수사기관의 수배를 받는 처지가 되었다. 장인의 발병과 사업의 부도 등 처가에 닥친 불행의 연속이었다.

　성치않은 몸을 치료조차 못하시고, 거창을 떠나 서울 상도동 반지하방에 도피중인지라, 흔주인데도 우리 결혼식에 참석도 못 하시고 큰처남이 흔주석에 앉았는데, 어떤 연유로 신혼여행을 다녀온 새신랑에게 느닷없이 '호사다마'라는 말을 언급하시는지? 그 뜻이야 '좋은 일 뒤에는 반드시 나쁜 일이 따른다'는 것이지만, 힘든 세월을 보내시는 장인께서 직접 밝히시지 않는 한 내가 물어볼 처지는 아니었다.

1985년 10월 13일 토요일, 하늘은 맑고 쾌청하여 전형적인 가을이었다. 대구 신암동 궁전예식장에서 결혼식을 올린 우리 부부는, 제주도 여행도 못 갈 정도로 양가 모두 어렵고 곤궁한 형편이라, 언감생심 돈 많이 드는 여행지는 꿈도 꾸지 못하고, 돈 적게 들고 서울까지 기차 이동이 가능한 대전 '유성호텔'에서 1박했다. 이틀째는 가까운 부여의 여인숙에 짐을 풀고 관광객도 없는 낙화암과 고란사를 구경하였는데, 부여는 중학교 2학년 때 수학여행을 갔던 곳이었다.

우리끼리 하는 여행인지라 서로 찍어준 독사진이 대부분이고, 두 사람이 같이 찍은 사진은 관광객들에게 부탁해서 서너 장 찍은 것이 전부인데, 허름한 여인숙의 방이 추워서 아내가 이불을 뒤집어쓰고 찍은 신행 사진을 보면 지금도 서글픈 생각이 든다.

부여여행 후 서울에 올라와 장인, 장모님께 인사를 온 것이다. 1주일 휴가는, 신혼여행 2일, 서울 인사 후 축의금 접수를 본 구미 자형 집에 들린 뒤에 대구에서 1박하고, 영해에서 2일을 지내고 금요일에 근무지인 밀양으로 가는 것이었다.

다음날, 오후 6시 30분경, 구미 시내 아파트 3층에 거주하는 자형을 찾아가니 기다리고 있었다.

현관에 들어서면서, "하객이 많았는데 애썼습니다." 하고 자형에게 인사를 하였다. 마음이 바빠서 거실 바닥에 앉아 자형을 보는데, 맞은편에 앉자마자 나를 보면서 갑자기 "처남, 죽을 죄를 지었네." 하고 고개를 숙이는 것이 아닌가, 아니! 이게 뭔 말인가? 그 순간, 번개 같이 신행인사 때 장인이 말씀하신 '호사다마'가 떠올랐다.

아! 그 뜻인가? '호사다마'란 바로 그 뜻이란 말인가?"

자형의 다음 말에 나는 완전히 무너져 내렸다.

"처남, 부조돈을 모두 잃었네. 면목없네."

자초지종의 설명도 없고 그저 부조돈을 모두 잃었다는 말뿐이다.

"아! 어쩌다가 신문에 나오는 사건인 줄만 알았는데, 그것이 나에게 닥칠 줄이야!"

그 말이 도저히 믿어지지 않았다.

자형이 위암 말기에 오늘내일 하는 장인과 이로 인해 경제적 어려움에 허덕이는 처가와 박봉의 처남을 생각한다면, 맏사위로서 크게 도와주지는 못할망정 축의금 접수라는 중책을 맡았다면, 그 당시 성행하여 신문과 방송에 수시로 나타나던 결혼 축의금 사기, 절도에 대한 대책을 충분히 세워야 하는데도, 처남의 인륜지대사를 시작부터 위험에 빠뜨리다니!

양가 혼주가 한쪽은 위암 말기, 한쪽은 도피자 신세라서, 처가에서 동거부터 하라고, 식은 나중에 형편될 때 하면 된다는데도, 장남인 내가 정식 결혼식을 하지 못하면 내 동생들도 나를 따라 정식 결혼식을 못하므로, 우선 검소하게 식을 올리고 경제적 어려움은 부조금으로 헤쳐나갈 수 있다고 생각하여 어렵게 성사시킨 결혼식이다.

나는 박봉의 공무원이고, 미혼의 동생이 4명이고, 아버지의 병원비,

아내가 빌려온 보증금 잔액금, 신혼살림비, 결혼 피로연, 몇 달 뒤 여동생 결혼식 자금 등 모든 문제를 해결하는 유일한 희망이 부조금이었다.

피같은 부조금은 내가 법원공무원으로 근무한 10 여 년 동안, 친척들, 지인들, 법원 직원들의 길흉사에 일일이 참석하여 만들어 놓은 최후의 보루였다.

그래서 관계를 맺어 온 일가친척과 지인들, 근무했던 곳의 법무사와 그 직원들, 법원 직원들에게 일일이 연락하여 내 결혼을 보기 위하여 많은 하객들이 예식장을 채웠는데, 모든 희망이 일시에 무너져 버렸다.

자형의 입을 통해서 처음 도난사실을 알고, 나는 당시 너무나 어려운 형편이라 자형에게 1,000만 원이라도 일시불로 주어서 나를 살려달라 말하고 싶었고, 그 많은 부조금을 어찌해서 단 한 건도 못 건지고 모두 잃어버렸는지, 그 이유라도 알고 싶었지만, 자형의 혼란한 정신상태를 생각해서 모든 문제를 일단은 접어두기로 했다.

장인의 '호사다마'란 말씀이 그 혼란 속에서도 나를 억제시키고 정신을 차리게 하였다. 그래, 돈은 이미 잃어버린 것이다. 이 상황에서 목돈을 요구하고 분실 이유까지 추궁해서 사람마저 잃을 수는 없다.

'호사다마'란 말이, 나와 자형의 관계를 살린 것이다. 장인의 '호사다마'는 돈보다 더 귀중한 핏줄의 연을 잊지 말라는 깊은 충고였다. 엄청난 충격으로 자형 집에 더 있다가는 내가 죽을 것만 같았다.

대구에 가겠다고 몸을 일으키니, 미리 준비한 듯 자형이 봉투를 주면서 백만 원이란다. 황당해서 아내를 보자, 아내가 이 돈도 반만 받으란다. 아내의 뜻을 알고,

"이 돈도 받고 싶지는 않지만, 아버지께 약값도 좀 드려야 하고 내 수

중에 현금이 없어서 반만 받겠습니다." 하고 돈 50만 원을 거실 탁자 위에 빼놓고 도망치듯 집을 나왔다.

나는 추후 자형이 돈을 잃게 된 경위는 이러저러하다고, 나의 궁금증을 풀어주고 진정성 있는 사과를 해 줄 것이라고 굳게 믿었다.

늦은 밤 대구에 내려와서, 여동생, 아내, 나, 세 사람이 정신줄을 놓고 앉아있는데, 누나가 주인집을 통해 전화로 "돈을 다 가져갔느냐? 돈 50만 원이 보이지 않는다."고 해서 아내가 돈 50만 원을 두고 온 장소를 말해 주었다.

다음날 영해에 가서, 몸도 아프신 데다 부조금 사건으로 상심해 하시는 부모님을 위로하고, 어머니에게 가져온 50만 원 중 25만 원을 아버지 약값조로 드리고 밀양으로 왔다.

당시, 박봉에 결혼식까지 치르느라 통장에 잔고가 없었고, 아내 역시 결혼 당시 별다른 직업이 없어서 돈이 없기는 마찬가지였다.

부도난 처가나 시한부 암 투병에 병원비도 쩔쩔매는 우리집, 어느 곳에도 우리의 어려운 처지를 호소할 길 없고, 매달 받는 박봉에 부모님과 어린 동생들의 명줄을 걸어야 하는 현실이 너무나 답답하고 무기력하였다.

'부조사건'에서 돈을 잃은 것은 그나마 참을 수 있지만 진짜 나를 미치게 하는 것은, 결혼식을 축하하기 위하여 서울, 부산 등 전국에서 축의금을 들고 찾아온 수많은 일가친척, 각 법원과 등기소 직원들, 법무사와 그 직원 등 축하객들에게 '결혼식에 참석하거나 축하해 주셔서 감사하다.'는 인사장조차 보낼 수 없으니. 너무나 괴로워서 죽고싶은 마음뿐이었다.

그때나 지금이나 길흉사 뒤에 부조한 사람들에게 인사를 하는 것은 기본이었다. 예의를 중요시하는 공직사회에서 근무하는 내가 그 사실을 잘 알면서도, 부조봉투와 장부까지 모두 잃어버렸으니 부조한 사람들의 이름과 주소를 어떻게 알겠는가? 공무원이 제 결혼식에 참석하고 부조한 하객에게 인사조차 하지 않는 인간말종이 된 것이다. 참석한 하객들은 부조금 도난 사건을 모르기 때문에 나만 죽일 놈이 된 것이다.

당시 아내인 신부 측 접수계 일을 보던 둘째 처남의 후일담에 따르면, 신부 측은 손님이 없어서 한산한데, 신랑 측은 자형 한 사람이 접수를 보는데, 긴줄을 서서 대기할 정도로 하객들이 많았다고 한다.

나의 손님 대부분은 내가 10여 년간 근무했던 울진, 영덕, 성주, 대구, 거창, 밀양 지역의 법무사나 변호사 등 대부분 경제력이 있는 법조인들로 내 눈도장을 찍기 위하여 많이도 왔다.

법무사나 변호사들은 당시 관례로 최하 5만-10만 원 이하가 없었고, 한 사람이 최소한 몇 개의 다른 사람들, 못 오는 사무원이나 동료 법무사들의 봉투까지 들고 왔으니, 부조금이 상당했으리라고 짐작된다.

결혼식 접수에 대한 자형의 처리 방식은 너무나 허술하였다. 처남이 법원에서 10여 년 이상 근무하여 부조한 곳도 많고, 아는 법조인들도 많아서, 당연히 하객들이 많이 올 것이라 예상하고, 이에 대한 대책으로 젊고 팔팔한 동생들이나 사촌 형제들 중 서너 명을 접수계에 두어 봉투 접수와 장부 기재를 맡기고, 자형은 하객 인사와 감독 역할을 맡아 했더라면 부조봉투 절도라는 불상사는 일어나지 않았을 것이다.

내 결혼식 4개월 뒤 여동생 결혼식이 있었고, 하루 뒤에 아버님이 돌아가셨는데, 결혼식 때 하객들에게 인사를 못한 죄로, 여동생 결혼식이나 아버님 초상에 염치가 없어서 지인들에게 연락조차 하지 못하고, 초라하게 치른 것이 평생의 여한으로 남았다

부조돈을 잃은 충격으로 근무하던 밀양법원 직원들에게 피로연을 못함으로써 욕을 많이 먹었는데, 2년 후 맏딸의 돌잔치에 직원들을 초대하여 그때의 결례를 사과하고 부조금 도난사고를 들려주니, 그때서야 모두 이해하고 오해를 풀게 되었다.

구미에 들러 돈 50만 원만 달랑 들고 영해에 가는 시외버스 안에서, 아내에게 "당신은 수녀가 되고, 나는 신부가 되어 속세를 떠나자."고 한 말을 지금도 아내가 생생하게 기억하고 있다. 얼마나 상처가 컸으면 그런 모진 말을 했겠는가? 비극적인 그 결혼식 후, 39 년이란 세월이 유수같이 흘러갔다.

2024년 3월 10일, 아들이 좋은 인연을 만나서 결혼하였다. 이제 지난 아픔은 잊고 심기일전하여 결혼한 아들 내외에게 모범을 보이고, 막내딸인 민영이도 결혼하여 잘 살수 있도록 도와주어야 할 것이다.

"장인어른, 39년 전 '호사마다'라고 하셨지만. 한 서방 이제 호사다마 졸업하겠습니다."

"39 년간 호사다마를 전화위복 삼아 잘 살고 있습니다."

"인간사 새옹지마라, 뿌린 대로 거두며 살 것입니다."

"장인어른, '호사다마' 잊지 않고 더욱 겸손하게 살겠습니다."

- 2024. 11.

생사의 고비

　사람이 평생을 살면서 한두 번 죽을 고비가 있을 수 있지만, 나는 1985년 10월 결혼한 후 2005년까지 20년 동안 치명적인 생사의 고비가 네 번이나 있었다.

　첫 번째 위기는 1990년 2월 말, 영해에서 아버님 기일 제사를 지내고 근무지인 밀양으로 돌아가는 길이었다. 밀양에 가는 길에 대구에 사는 여동생을 데려주려고 동대구IC 쪽으로 차를 운전해 가는데, 2월 말 우수가 지난 시기라서 봄비가 세차게 내려 전방이 잘 보이지 않았다. 자가용으로 대구 길은 초행이라 동대구IC가 어디 있는지 잘 몰랐고, 심한 빗속이라 이정표조차 보이지 않았다. 운전을 배운 후 영해에서 밀양에 갈 때는 대부분 경산IC로 진입해서 갔는데, 대구를 거쳐 가는 길은 처음이었다.

　차에는 집사람과 세 살 민주, 한 살 문규, 여동생과 여동생의 어린 아들, 딸 등 7명이 타고 있었다. 조수석에 집사람이 문규를 안고 있었다. 내가 집사람을 보고 오른쪽에 있는 동대구IC 방향의 이정표를 봐달라고 부탁하였다. 비가 워낙 세차게 내리고 있어서 2-3km 전에 있는 안내표시를 놓친지라 1km 전에 있는 동대구IC 이정표를 찾아야 했다. 편도차선 중 3차선에서 서행을 해야함에도 초행이라 거리를 몰라서 계속 2차선으로 달리고 있었다. 3차선은 화물차가 달리는데 뒤를 따라가면 물보라가 일어서 전방이 잘 보이지 않는지라, 계속 2차선에서 시속 100키로 정도의 속도로 달린 것이다.

동대구IC 500여 미터를 앞두고, 집사람이 "아! 동대구IC가 바로 앞에 있다."고 소리쳤다. 엉겁결에 동대구IC를 놓치지 않으려고 우측 깜빡이를 넣고 브레이크를 밟으면서 2차선에서 3차선을 지나 계속 우측으로 무모하게 운전하였다. 자동차의 우측 백미러는 보지도 않았고, 보았다 해도 장대비 속이라 보이지도 않았다. 무조건 동대구IC 입구로 차를 진입시켰다. 내 차 뒤에서 연속해서 울리는 클락션 소리가 시끄럽게 들렸다. IC입구에 들어서니, 바로 뒤따라서 자동차를 실어 나르는 거대한 트레일러가 내 오른쪽에 차를 대면서 클락션을 울리는 것이었다. 깜짝 놀라 오른쪽 차문을 열고 원인을 물어보았다.

트레일러 운전사의 말인 즉, 3차선을 달리고 있는데 장대비 속에서 2차선을 달리던 승용차가 갑자기 우측 깜빡이를 넣고는 무작정 자기 앞으로 차를 몰아 IC쪽으로 계속 진행하므로 우리 차와 추돌할 것 같아서 급브레이크를 계속 밟으면서 진행 방향이 아닌 IC쪽으로 우리와 같이 우회전하여 천신만고 끝에 추돌없이 우리 옆에 진입했다는 것이다. 나의 우측 깜박이와 이를 본 트레일러 기사의 방어운전이 없었다면 우리 가족 4명과 여동생 가족 3명은 이 세상에 존재할 수 없을 것이다. 트레일러 기사에게 깊이 사죄하고 인사를 한 후, 여동생 가족을 대구에 내려주고 밀양까지 무사히 갈 수 있었다.

두 번째 위기는 1990년 8월 초순에 있었다. 1990년 7월 1일 사무관으로 승진하여 영양등기소장으로 발령받았다. 8월 초순, 정식으로 여름휴가를 내면 1주일간 직무대리가 와야하므로 다른 사람에게 부담을 주기 싫어서 비공식적으로 토, 일요일을 끼워서 5일 정도 쉬기로 하였다. 등기소 주임에게 내 도장을 주면서 휴가 중 급한 사건을 처리해 달라고 부탁한 후, 아이들과 집사람을 태우고 아직 이사하기 전이라 밀양으로 향했다.

영양에서 밀양으로 가는 길은 청송, 영천, 경산, 청도를 거쳐서 가는 길과 영덕, 포항, 경주, 언양을 거쳐 언양 신불산과 밀양 천황산을 가로지른 가파른 재를 넘어가는 2가지가 있는데, 그날은 평소 다니지 않던 경주, 언양을 거쳐서 재를 넘어가는 길을 택했다. 성능도 좋지 않은 중고 88스텔라를 몰고 언양에 도착하니 어느덧 오후 2-3시경이 되었다.

언양을 지나 밀양으로 가려면, 당시에는 함양-울산 고속도로가 없어서 석남사가 있는 신불산과 밀양 천황산을 거쳐 굽이굽이 산길로 해발 7-800미터의 재를 넘어야 했다. 10여 분을 운전해서 올라가니 어느덧 천황산 7부 능선쯤에 있는 재 꼭대기에 올라섰다. 바로 가려다가 민주가 물이 먹고 싶다고 하여 포장도로 위쪽 비포장 경사 부분에 차를 댔다. 민주를 데리고 수도가 있는 쉼터 쪽으로 열 걸음 정도를 걸어가다 생각하니, 쉼터에서 담배를 피우고 싶어서 민주보고 잠시 기다리라 하고는 담배와 라이터를 가져가려고 주차해 놓은 차 뒤 쪽에서 운전석 쪽으로 돌아가던 중이었다.

　아내는 자고 있는 아들을 깨우기가 싫어서 차 안에서 내가 돌아오기를 기다리고 있었다. 우리 차 뒤를 막 돌아가는 찰나, 갑자기 차에서 덜컹하고 소리가 나는 것 같았다. 예감이 이상하여 차 뒤를 바라보는데, 차가 슬슬 내려오는 것이 감지되었다. 경사진 곳에 차를 주차할 때는 주차 사이드를 당겨 놓더라도 돌맹이나 나무로 차 뒷바퀴를 고정시켜야 되는데, 운전 초보이고, 언덕에 차를 대본 적이 없어서 간과했던 것이다.

　갑자기 소름이 쫙 돋고 위기감이 느껴졌다. 주차한 비포장 땅에서 차를 잡지 못하면, 차가 포장도로에서 빠른 속도로 후진하여 수백 미터 절벽으로 굴러 떨어질 것이다. 나 혼자 트렁크 뒤에서 온몸으로 후진하는 차를 막았으나, 차에 밀려서 계속 후퇴할 수밖에 없었다. 속수무책이었다. 그때 포장도로 아랫부분에 5-6명의 중년 남녀들이 산 아래 경치를 구경하고 있었다.

　"도와주세요."

　나는 큰 소리로 도움을 청했다. 남자 2-3명이 뒤돌아 서서 나를 보더니 바로 달려와서 차 뒤를 잡았다. 나까지 합쳐서 남자 3-4명이 되니까 차가 멈추었다. 천운이었다. 구경꾼들이 없었다면 그 결과는 상상조차 하기 싫다. 도움을 청하는 고함을 치지 않았으면, 경치를 구경하던 5-6명도 우리 차와 함께 수백 미터 절벽으로 떨어졌을 것이다.

　나는 아내와 아들, 그리고 우리를 구해준 그 사람들의 목숨까지 살린 것이다. 내가 담배를 구하러 차에 돌아가지 않았다면 아내와 아들은 물론 다른 사람까지 죽게 하는 대형 참사가 일어났을 것이다. 그때 나를 본 아내의 말이 "당신 얼굴이 하얗게 변했는데, 그렇게 질린 모습은 처음 보았다." 라고 했으니 그 당시 내가 얼마나 놀랐겠는가?

　세 번째 사고는 1991년 12월 한겨울에 일어났다. 1991년 7월, 영양등 기소장에서 본원 형사합의과 입회관으로 전보되어 범어동 70번 도로 근처 단독주택 2층에 전세 살 때이다. 그해 12월 20일, 법원 입사 동기인 홍모 계장의 모친이 돌아가셔서 상가인 군위군 효령면에 갔다가 일행 중 술을 마시지 않아 운전을 자청한 강모 계장의 차를 타고 우리집 근처인 70번 도로에 도착한 시간은 밤 12시쯤이었다.

　도로에서 바로 보이는 단독주택 2층이 우리 가족이 사는 곳이었다. 상가 집에서 거나하게 마신 후라 다리가 약간 비틀거렸다. 겨울이고 상가에 가는 길이라 양복에 넥타이까지 맨 정장이었다. 차에서 내려서 집 2층을 보니 불빛이 보이는 것이 아내가 아직 잠을 자지 않은 것 같았다. 차도를 건너면서 오른쪽을 보니 전방 100여 미터쯤 언덕배기에 자동차 불빛이 보였다. 술을 먹지 않았다면 재빨리 도로를 달려서 건널 것인데, 상갓집에서 술을 마신 터라 제한 속도가 30-40km인 편도 1차선 골목도로에 100여 미터 이상이면 걸어도 차보다는 빨리 건널 수 있다고 판단해서 느긋하게 건너고 있을 때, 갑자기 우측에서 커다란 충격이 가해진 후 나는 5미터 정도 튕겨서 정신을 잃고 도로 가장자리에서 하늘을 보고 쓰러졌다.

　깨어보니 파티마병원 응급실이었다. 사고 1시간 정도 후에 정신을 차린 것이다. 나를 치인 차는 개인택시였다. 밤 12시가 다 되어가는 시간에 동대구역에서 밤 12시 20여 분경 서울로 출발하는 마지막 기차 손님의 독촉으로 과속으로 달리다가 사고를 낸 것이다. 운전사는 손님과 함께 자동차 뒷좌석에 나를 싣고서 동대구역에 손님을 내려주고 역 바로 옆에 있는 파티마병원으로 데려온 것이다. 정신을 차리고 기사에게 우리집 전화번호를 주면서 연락을 하도록 부탁했다.

한 시간쯤 뒤에 아내가 나타났다. 내가 사고를 당한 그 시간에 아내는 나를 기다리다가 '꽝'하는 소리와 '키익'하는 급브레이크 소리를 듣고 사고가 난 사실을 알았다고 했다. 그러나 설마 내가 교통사고를 당한 당사자일 줄은 몰랐다고 했다. 그런데 밤이 늦어도 돌아오지 않고 한 시간쯤 뒤에 전화 벨소리가 나자 사고를 당한 예감이 들었다고 했다. 다행히 오른팔이 부러진 정도의 골절 부상이라서 안심했다. 오른 팔목에 복합골절을 당해 30바늘 정도의 큰 상처가 지금도 남아있다.

택시 운전사는 경찰 조사 시에는 시속 40-50키로로 기존 속도보다 10키로 정도 초과한 속도였다고 거짓말을 하였다. 나와 합의가 끝난 후에 고백하기를, 동대구역에 막차를 타기 위해 빨리 가달라는 손님의 부탁을 받고 시속 100키로 이상을 밟았다고 했다. 내가 도로를 건널 때 살펴본 100미터 이상 거리에서 2-3초 만에 나를 치인 것이다.

사고 당시, 나는 도로의 반을 넘어 반대편 도로 입구에 진입한 상태인데, 기사가 뒤늦게 나를 발견하고 급브레이크를 밟으면서 우측으로 차를 돌린 찰나, 내가 택시의 좌측에 치여서 범퍼 위에 몸이 올라간 후, 상의 정장이 택시 왼쪽 범퍼 위에 부착된 안테나에 걸려 찢어지면서 내 몸이 바로 전방으로 날아가지 않고, 서서히 범퍼 위를 구르면서 오른쪽 도로변에 떨어졌다. 그때 오른손이 땅을 짚으면서 골절되고 뒷머리에 찰과상이 생긴 것이다. 사고 택시 범퍼 위 라디오 안테나에 양복 상의가 걸려 찢어짐으로써 살게 된 것이다. 100km 이상 달리는 차에 치여 즉사하지 않고 경미한 부상으로 살아난 것은 기적이었다.

마지막 네 번째 사고는 2005년 3월 중순경 일어났다. 영덕에서 2004년 9월 중순부터 법무사 업무를 시작하였다. 그해 11월 막내동생을 결혼시키고 개업식을 하는 등 바쁜 일정을 보내고, 2005년 새해를 맞이하였다. 개업을 한 2004년 9월부터 영해 괴시리 어머니집에서 사무실까지 통근하던 때였다. 경칩을 지난 3월 중순 주말, 부산에서 순희와 순희의 남편이 사진1리의 순희 모친 집에 가는 길에 전화를 하였다.

퇴근 후 영해에서 만나 식당에서 저녁을 먹고 노래방에 가서 모처럼 회포를 풀었다. 식당과 노래방에서 술을 연달아 마셔서 취기가 있었다. 그때만 해도 대리운전이 없을 때였다. 순희와 이 형은 시외버스를 타고 왔기 때문에 내가 사진1리까지 데려다 주어야 했다. 시내에서 대진항으로 가서 구불구불한 해안도로를 운전해 가는데, 해안길에 가로등이 없어서 길이 잘 보이지 않았다. 음주운전이라 집중력이 떨어진 상태에서 큰 도로는 시야가 있어서 어려움이 없는데 꼬부랑 해안길이 문제였다.

근달을 벗어난 언덕배기에서 논밑으로 내려가던 중 차가 좌측 도로 아래로 빠져버렸다. 바로 브레이크를 밟아서 앞바퀴가 언덕 아래 약간 평평한 돌바닥에 멈춘 상태였다. 차를 세우고, 모두 내려서 대책을 논의하였다. 차체를 둘러본 결과 1/3은 바닷가쪽으로 내려가고, 2/3는 도로쪽에 걸려있으므로 일단 후진기어를 넣어 차를 도로 위로 올릴 수 있다면 견인차를 부를 필요가 없어서 해보기로 했다. 지금 생각하면 위험천만한 방법이었다.

차가 자갈이 많은 돌바닥에 앞바퀴 두 개가 걸려있어서 바퀴 회전이 어렵고, 35도로 기울어진 상태에서 후진조차 어려웠다. 후진기어가 잘못되어 충격이 앞쪽으로 쏠리면 운전자와 자동차는 십여 미터 이상 되는 바다로 추락할 위험성이 있고, 그 아래는 칼날 같은 갯바위들이 지천으로 있어서 차와 운전자 모두 위험하였다. 겁도 없이 차에 올라가서 후진 기어를 넣고 엑셀을 밟았다. 차가 몇 번 '부우웅' 공회전을 하더니 천우신조로 후진하여 도로 위에 올라왔다. 순희와 이 형 모두 안도의 한숨을 내쉬었다.

처음 도로를 벗어났을 때, 바로 깎아지른 절벽이 아니고 돌바닥 면적이 어느 정도 있어서 앞바퀴 두 개와 차체의 힘을 받아줄 공간이 있는 바람에 절벽으로 떨어지지 않았고, 그 공간이 있으므로 차 앞부분이 안정되었기 때문에 후진기어를 넣어서 차가 몇 번 공회전을 했을 때도 차체가 앞으로 쏠리지 않고 후진이 가능했던 것이다. 그 시절에는 혈기가 있어서 그런지 겁 없이 음주운전을 하였다. 철없던 시절에 목숨을 담보로 만용을 부린 것이다.

네 번의 생사고비는 모두 자동차와 관련이 있다. 문명의 이기인 자동차는 편리하기도 하지만 사람을 죽이는 흉기가 되기도 한다. 1990년 2월부터 2005년 3월까지 15년간 일어난 4번의 고비는 모두 기적이 없었다면 죽음을 벗어날 수 없는 절체절명의 순간이었다. 네 번의 고비는 내 생명뿐만 아니라 우리 가족의 생명과도 관계가 있었다. 가장이 잘못 판단하면 본인이나 가족의 생명이 바로 직결되는 만큼, 가족들과 동행할 때는 백 번 천 번 더 조심해야 한다.

결혼과 자동차는 운이라고 한다. 나는 두 군데 모두 운이 좋은 셈이다. 네 번의 죽을 고비에도 살았고, 아내와의 결혼도 초기에는 몇 번 고비가 있었지만, 그런대로 40여 년 동안 큰 어려움 없이 잘 살고 있다. 네 번의 생사고비를 생각할 때마다 많은 생각이 떠오른다. 인간의 생명은 단 한 번의 고비에도 속절없이 끝난다. 앞으로 남은 인생은 남에게 베푸는 따뜻한 삶을 살고 싶다. - 2024. 8.

명예퇴임식

1998년 1월, 법원 서기관으로 승진하였다. 사무관 승진 후 7년 6개월 만이나. 만 34살에 사무관으로 승진하고, 41살에 서기관으로 승진하였으니, 9급으로 들어와서 21여 년 만에 서기관으로 승진한 것이다. 대구고등법원에서 1년은 형사과장, 1년은 민사과와 형사과가 통합된 민형사과장, 2년 뒤 대구지방법원으로 전보되어서는 형사합의과장으로 근무하였다.

서기관으로 승진을 하니까 기분이 좋은 것이 아니라 이제 물러날 때가 되었다는 압박감이 강렬하였다. 그래서 벼슬이 올라가면 내려올 때를 생각하라는 옛말이 생긴 것 같았다. 보통 사무관 6년이 지나면 서기관으로 승진하는데 나는 6년이 지나도 승진이 되지 않았다. 입사 동기나 직장 동료들은 고위층에 연줄을 대라고 채근하였으나 나는 모른 체했다. "승진될 거면 그냥 두어도 되는 것이고, 승진이 되지 않는다 해도 별

거 없다. 사무관이나 서기관이나 한 급 차이인데 별 대수냐?"

서기관으로 승진이 되지 않는다면, 2-3년 후 사무관 만 10년에 퇴직하여 법무사로 인생 후반전을 새로 시작하자 라는 것이 속마음이었다. 서기관으로 승진하면 유리한 것이 4년간 집행관을 할 수 있다는 것이다. 사무관 고참도 할 수 있지만 경쟁이 심하여 로비가 필요한데 그런데는 관심도 재주도 없었다. 사무관 7년6개월만에 서기관으로 승진하였는데도 별로 고맙지가 않았다. 다만 서기관 승진을 하여 집행관 임명에는 유리한 고지를 점했으므로 안심이 되었다. 서기관으로 퇴직하면 변두리 지원의 집행관 정도는 별 문제가 없기 때문이다. 그런데 서기관으로 승진하니 할 일이 없었다.

아침 9시에 출근하여 서기관 과장들이 9시 30분쯤 국장님실에 같이 가서 국장님을 모시고 법원장님실에서 30여 분 정도 커피를 마시면서 고등법원 전반 사무에 대한 의논이나 지시를 받는다. 형사과 사무실에 와서 책상 위에 놓인 서류에 10여 분에 걸쳐 결재를 한 후에는 할 일이 없어서 소파에 앉아서 신문을 보거나 낮잠을 자면서 지루한 시간을 보낸다. 하루 이틀도 아니고, 날이면 날마다 소파에 앉아 낮잠이나 자면서 시간을 때우자니 40대 초의 젊은 놈이 환장할 노릇이었다. 당시에는 사법보좌관 제도가 없었으므로 법원서기관 과장은 할 일이 없었다. 서기관이 되니 내 신세가 뒷방 늙은이와 같이 쓰잘 데 없는 노인네가 된 기분이었다.

접수계장이 알아서 두세 달에 한 번씩 직원 회식은 할 수 있었다. 내가 볼 때 돌아가면서 변호사 사무실 사무장에게 신세를 지는 것 같았다. 나는 대체로 1차 식사 자리에만 가고, 2차 노래방에는 불참하였다. 1차

회식에서 20여 명의 직원들로부터 한 잔씩만 받아도 소주 3병 꼴이다. 음주운전을 하지 않으려고 1차를 마칠 때쯤, 아내가 택시를 타고 와서 내 차를 몰도록 했다. 당시에는 대리운전이 없을 때였고, 시지에 살아서 차가 없으면 이튿날 출근에 지장이 많았다. 몇 번은 식사 후 노래방에도 갔고, 아내도 운전 때문에 할 수 없이 따라갔다. 회식 때도 보고, 가끔 2차도 가다 보니 고등법원 2년과 지방법원에서 같이 일을 했던 직원들은 집사람을 잘 알았다. 법무사 개업을 해서 아내가 사무장을 하는데 현직 직원들이 아내를 잘 알아서 업무에 많은 도움을 받았다.

고등법원이나 지방법원이나 서기관이 되면 직원들 길흉사에 부조할 일이 많이 생긴다. 수당을 합쳐서 30여 만 원 오른 봉급으로 판사님 포함 지방법원, 고등법원의 직원들 경조사나 사적인 길흉사까지 챙기다 보면, 많은 돈이 들어가서 결혼생활 중 처음으로 장인께 1,000여 만 원의 빚까지 지게 되었다.

사람 사는 애로 중 첫째가 돈이고, 둘째가 애정이고, 셋째가 가족이다. 결혼을 하면 애정 문제는 종결된다 하더라도 돈 문제만은 죽을 때까지 따라붙고, 죽고 나서도 끈을 놓지 않는다. 서기관 재직 시 300여 만 원의 월급으로 직원들과 집안의 경조사비와 용돈 등을 제하면, 아내에게 한 달 100여 만 원밖에 줄 수 없으므로 장인께 부채를 질 수밖에 없었다.

지방법원 과장을 하던 2000년 2-3월에 집행관 신청을 받았는데, 나는 본원이나 경주지원 등 목 좋은 곳은 경쟁이 심하여 제일 돈 안 되고 경쟁이 없는 안동지원 집행관으로 희망하여 낙찰되었다. 내 서열로 따져서는 본원이나 경주지원도 가능하였지만, 나이 많은 서기관들과 경쟁하기가 싫어서 포기한 것이다.

먼 장래를 보아 집행관으로 돈을 벌기보다 법무사가 된 후 본인의 능력으로 판가름난다 생각하고, 집행관 보직에는 아예 경쟁을 하지 않았다. 2000년 6월 30일, 법원 생활 24년 4개월 만에 명예퇴직을 하였다. 근무 연한이 20년이 넘었으므로 매월 나오는 연금 신청을 하고, 그때 나이가 만 43세로 정년이 17년이나 더 남아서 명예퇴직금만 해도 제법 되었다.

2000년 6월 28일 퇴임식 때, 퇴임사 낭독을 선임자라면서 법원 총무과에서 나를 지정하였다. 나는 아직 40대 중반이라 나보다 10살이 많은 50대 중반인 최모 과장님을 천거하니, 퇴임사는 선임이 해야 한다면서 수용하지 않았다. 나는 내 명예퇴직에 일말의 후회도 없다. 인간에게 진정 소중한 것은 자의적으로 인생을 향유하는 자유임을 깨달았다.

그날 내가 작성하여 낭독한 퇴임사는 아래와 같다. 퇴임사를 낭독한 후, 법원장님과 사무국장님, 퇴임하는 퇴직자 및 그 아내들과 가진 점심 식사 자리에서 사무국장님이 "오늘 한 과장의 퇴임사가 정말 좋았다."면서 역시 서기관은 아무나 하는 것이 아님을 새삼 알았다고 했다. 24년 4개월간 법원 재직 중 들어본 처음이자 마지막 칭찬이었다.

퇴임사

존경하는 최덕수 법원장님, 김진기 수석부장님, 채경수 사무국장님, 여러 판사님, 각 과장님 그리고 동료 여러분,

제가 지난 1976년 3월 1일 청운의 꿈을 안고 법원에 입사한 후, 어언 24년 4개월, 청춘을 다 보내고 40대 중반의 장년이 되어 명예퇴직

이라는 절차를 선택하여 오늘 이 자리에 서고 보니, 영광된 마음보다 송구하고 미안한 마음이 먼저 드는 것이 저의 솔직한 심정입니다.

그동안 정들었던 법원과, 박봉과 개혁이라는 이중고 속에서 고생하고 있는 동료 여러분들을 뒤로하고, 한창 일할 나이에 자신의 입장만 고려하여 재야의 길로 떠나가는 저 자신에 깊은 환멸을 느끼기도 합니다.

하지만 장강의 뒷물이 앞물을 밀어내듯, 도도히 흐르는 세월 속에서 마르고 닳도록 조직에 남아 있는 것만이 동료들에게 결코 유리한 것만 아니라는 어설픈 자위와 변명을 가슴에 안고, 여러분의 곁을 떠나고자 합니다. 어쩌면, 조금은 도약하여 제 2의 인생을 살아보고 싶은 것이 제 솔직한 심정일지도 모릅니다.

사실 저는 공식적인 명예퇴임식을 간곡히 사절하고 간략하게 법원장님실에서 인사만 하고 떠나는 약식절차를 총무과 담당 직원에게 간곡히 주청하였으나, 법원장님의 깊은 배려에 의해 오늘, 이 명예스러운 자리가 마련됨에 따라, 저와 함께 법원을 명예퇴직하여 떠나는 최종득 과장님, 이근배 과장님, 김대희 소장님, 임창식 사무관님, 김상종 계장님 들을 대표하여 이 자리에 서게 되었습니다.

먼저 그분들의, 법원장님과 판사님들, 그리고 동료 직원들에 대한 뜨거운 사모와 석별의 정을 제가 대신하여 여러분들에게 전하고자 합니다. 이제 가더라도 멀리 가지는 못하고 여러분들의 지근에 맴돌게 될 것이니, 앞으로 잘못이 있더라도 너무 질책하지 마시고, 따뜻한 마음으로 고려해 주시길 빕니다. 저와 저희 퇴직자 일동이 그동안 받은 은혜는 재야에 가더라도 잊지 않고, 항상 법원과 법원 가족들을 위하여 기도하겠습니다.

계시는 동안 더욱 연구하시고, 성실히 봉직하시어 조직의 발전과 직원들의 인화단결에 힘써 주시길 충심으로 바라옵고, 그동안 저의 허물로 인하여 상처받으신 분이 계시면 이 자리를 빌어 간곡히 사죄하오니 너그럽게 용서해 주시기 바랍니다.

오늘의 제가 있게 물심양면으로 도와주신 법원 가족 여러분과 저의 부모님, 형제들, 그리고 저의 아내에게도 무한한 애정을 드리며, 특히 항상 저의 기둥이 되어주시고 인생의 스승이 되어주신 빙장어른께 진심으로 감사드립니다.

끝으로 오늘의 영광된 자리를 마련해 주신 존경하는 최덕수 법원장님, 김진기 수석부장님, 채 경수 국장님, 여러 판사님과 동료 여러분들에게 같이 퇴직하는 과장님들을 대표하여 깊은 감사를 드리며, 참석하여 주신 여러분들과 가정에 건강과 행운이 늘 함께 하시길 기원합니다.

안녕히 계십시오. 감사합니다. – 2023. 11.

제4장

거창 이야기

어두운 시절

제5공화국 전두환 시절 8여 년은 우리 역사상 어두운 시절이었다. 1979년 10월 26일, 김재규에 의한 박정희 대통령의 암살과 12.12 사태를 거치고, 1980년 5월 광주의 비극으로 탄생한 제5공화국은 분명 어두운 시절이었다.

나는 1984년 7월 주사보로 승진하여 마산지방법원 거창지원의 계장으로 발령을 받았다. 그해 8월 중순부터 9월 초순까지 매년 여름에 실시하는 을지연습으로 거창군청, 거창경찰서 등 행정기관은 매일 비상근무로 분주하였으나, 우리 사법부는 본원 단위에서만 실시하고, 지원 단위는 을지연습에 참가하지 않았다.

하기휴가도 끝나고 시골은 일이 많지 않아 한산하였고, 오지인 거창군에 위치한 지원에 근무하다보니 마음이 풀린 상태이고, 시골 생활에 즐거움은 없고 아는 사람도 없다보니 하루하루가 적적했다. 그 와중에 밤 9시만 되면 전두환의 땡전뉴스를 봐야 하고, 사전검열로 언론의 자유마저 사라져서 모든 신문도 볼 만한 뉴스가 없는 데다, 풍문으로 광주의 소식을 들을 때마다 전두환 정권에 대한 불만으로 가득하였다.

을지훈련이 진행 중이던 8월 어느 날 밤, 지인의 초대에 응하여 저녁 식사에 소주 대여섯 병을 마시고 2차 맥주집에 가서 소맥으로 끝장을 보았다. 술에 만취하여 밤 11시50분경이 되어 집으로 가기 위하여 거창지원 언덕 아래 사거리 교차로에 도착한 후, 비몽사몽간에 주위를 둘러보니 교차로 근처에 17-18세의 남학생과 여학생이 몸장난을 하면서 희희낙락하고 있었다.

술만 취하지 않았다면 그냥 넘어갈 것을 술에 취하다 보니 쓸데없는 호기가 발동되었다. 학생들에게 인생 선배로 한마디 한다는 것이 공직자로서 넘지 말아야 할 정치적 발언으로 내 인생 최대 위기를 자초한 것이다. 세 치 혀로 생사가 결정된다는 옛말이 틀린 것이 아니다. 내가 학생들에게 한 말은 전두환 군사정부와 같은 독재 시절에는 뱉지 말아야 할 금기어였다.

"어이, 자네들은 인생에서 가장 중요한 시기인 고등학생들로서 공부에 전념해야 할 때가 아닌가? 군사독재의 암울한 이 시기에 장차 이 나라의 동량이 되어야 할 학생들이 밤늦은 시각에 대로변에서 희희닥거리면서 놀기만 한다면 나라의 장래는 어떻게 될 것인가?"

학생들이 한밤중에 길거리 데이트하는 것이 못마땅하였다면, 이 정도의 질책에서 그쳐야함에도 술에 만취하여 제어가 되지 못하고 영웅심에 도취하여 그 선을 넘고 말았다.

"지금, 우리 나라는 언론의 자유와 집회, 결사의 자유가 죽어버린 전체주의 국가로서 4년 전 발생한 '광주사태' 조차 언론에서 보도하지 못하는 '전두환 군부독재시절'이다. 전두환은 김일성보다 더한 독재자다. 이러한 나라에 사는 학생이라면 열심히 공부하여 더 나은 나라를 만드는 일에 역량을 키워야 할 것인데도 지금 자네들의 행동을 보면 이 나라가 심히 걱정된다."

아무리 체육관에서 선출하여 정통성이 없다 해도, 공식적으로 대통령인 전두환을, 6.25사변을 일으켜 수백 만 민족을 살상한 김일성보다 더한 독재자라고 극언을 한 것은, 대통령 모욕죄는 물론이고 국가원수 비하로 엄연한 실정법 위반이었다. 일장훈시 후 학생들에게 집으로 돌아가라고 한 뒤 비틀비틀하면서 그곳에서 100여 미터 떨어진 사글세방에 가서 옷도 벗지 않은 채 잠이 들어버렸다.

그날 밤 그런 일이 있었던 사실조차 잊어버리고 잠에 빠졌다가 이튿날 출근하였다. 그날 밤, 학생들은 을지연습으로 비상근무 중이던 거창경찰서에 거동불량자이고, 정체불명의 20대 청년이 대통령을 비방하고 다닌다는 신고를 하였고, 학생들의 진술서를 확보한 정보경찰이 그때부터 나에 대한 조사를 바로 시작하였으나 나는 전혀 몰랐다. 그날부터 2-3일이 지났을 무렵, 거창경찰서에서 법원 사무과를 통하여 나에게 전화가 왔다. 경찰은 숙박지 등을 수소문해서 나의 신분을 확인한 것이다.

당시 나에게 전화한 사람은 경찰서 정보계장인 걸로 짐작한다.

"한 계장님, 거창경찰서 정보과 OOO입니다. 며칠 전 밤 12시경 OO장소에서 남녀고등학생 둘을 만난 것을 기억하시는지요? 계장님이 그 학생들과 나눈 대화에 대하여 저희 경찰서에 신고가 들어와서 조사할 것이 있으니 오늘내일 시간이 나는 대로 경찰서 정보과에 한 번 출석해 주지 않겠습니까?"

말은 정중하였지만 말 속에는 뼈가 있었다.

약점이 드러나면 가차 없이 물겠다는 경찰 특유의 냄새가 났다. 그래도 법원은 경찰의 상급기관이고, 거창은 좁은 시골로 각 기관장들의 체면이 있는지라, 아무리 군부독재 시절이라 해도 상급기관의 중간 간부인 법원계장을 함부로 할 수는 없으므로 막무가내로 밀어붙이지는 않았다. 나는 그들의 생리를 알기에 밀려서는 안된다는 점을 명심하고 일단 잡아떼기로 했다.

"아니, 무슨 말씀인가요, 2-3일 전 지인들과 회식으로 술에 취해 귀가한 적은 있었지만, 00시간 00장소에서 학생들을 만난 사실은 없습니다. 만약 이 일로 저를 조사하시겠다면, 우리 지원장님에게 경찰서장님이 직접 말씀을 드려서 저희 사무실로 오셔서 정식으로 조사하십시오, 제가 경찰서까지 갈 일은 없습니다."

그들의 출석 요구를 단호히 거절하였다. 밀리면 끝이다. 그들은 판사의 영장 없이는 법원계장을 구인할 수 없다. 구속영장은 우리 법원 소관이다.

나는 속으로는 찜찜했지만 일단은 조직을 믿고 그들의 공세를 묵살하기로 했다. 그들이 나에게 혐의를 씌우려면 나의 자백이 필수적이다. 나의 발언을 녹음하지 못했으니, 내가 일단 부인하면 밤늦은 시간에 거리를 배회한 불량학생들의 진술만 가지고 법원계장을 어쩌지는 못할 거라는 논리적인 근거도 있었고, 내가 사상적으로 깨끗하다면 먼저 고개를 숙여 혐의를 인정할 필요가 없는 것이다. 아무리 독재정권이라 해도 법원계장을 불법으로 구인하여 고문으로 자백을 받아내지는 못할 것이라는 믿음도 있었다.

원래 법원직원들은 정치 성향상 야당이 많다. 당시 대부분의 경상도 지역은 YS(김영삼)를 추종하는 전통 야당지지 세력인데, 그 영향을 받아 내가 그날 밤 학생들에게 말한 발언의 내용도 근본적인 취지는 좌파 추종이 아닌 전두환 독재정권의 비민주화를 비판한 것이므로 양심적으로 꿀릴 일도 없었다. 김일성을 전두환보다 낫다고 한 것은 취중 발언으로 부인하면 그만이었다.

전화 후, 거창경찰서에서 한 달 이상 조용하였다. 그들의 생리상 내가 부인한다고 그냥 넘어갈 것은 아니므로 태풍전야의 고요함과 같이 기분이 좋은 건 아니었다. 그때까지 지원장이나 사무과장 등 내 위층에서 아무런 언급이 없어 일단 마음을 놓았으나 걱정은 잠재되어 있었다. 한 달여가 지난 그 해 9월 말경, 경찰서 정보과장이 나에게 직접 전화를 하였다.

"한 계장님, 경찰서 정보과장 OOO입니다. 저희들이 한 달 동안 계장님의 고향인 영덕군으로 출장을 가는 등 다방면으로 조사를 하였습니다. 계장님의 백부로 몇 년 전 돌아가신 '한상목' 어른은 6.25 사변 때 경찰서장으로 최일선에서 좌익들과 싸운 공훈이 있는 바, 저희들이 조사한 바로는 계장님은 철저한 반공주의 집안으로서 불순한 좌익과는 전혀 관계가 없다는 것을 확인하였습니다. 이 사건이 발생할 당시에는 술에 만취한 상태에서 타향의 외롭고 울적한 심사에서 무심코 헛소리를 한 것으로 사료됩니다. 일단 신고가 들어와서 저희도 사건을 종결해야 하기에 퇴근 시에 잠시 저희 경찰서 정보과장실에 오시면 제가 책임지고 사건을 없던 걸로 종결할 것이니 믿고 들려주십시오."

연하로서 공직 후배인 나에게 정중하게 부탁하였다. 공직 선배님의 부탁이므로 거부할 명분은 없었다.

"예, 과장님을 믿고 퇴근 후 6시30분쯤 방문하겠습니다."

저녁 퇴근 시에 경찰서를 방문하여 정보과장님을 찾았다. 50대 후반으로 나보다 곱이나 연세가 더 드신 과장님이 나를 정중히 맞이하여 의자를 권하고 커피까지 한 잔 따라주었다.

"과장님, 거창 지원의 한 계장입니다. 심려를 끼쳐드려서 죄송합니다. 잘 부탁드립니다."

나 역시 정중하게 인사를 하였다. 과장실에는 과장님과 나, 두 사람밖에 없었다. 정보과장님이 말씀하셨다.

"한 계장님, 저희들은 지난 한 달간 조용히 계장님의 고향을 찾아 주변을 조사하였습니다.

계장님의 백부님은 울릉, 구미경찰서장 등을 역임하신 분으로 계장님 집안은 훌륭한 반공 집안임을 확인하였습니다. 백부님은 초등학교 학력으로 경찰서장이 되셨지만, 계장님도 고등학교 학력으로 연소한 20대에 벌써 법원계장으로 승진하셨으니 앞으로 더욱 더 발전할 것이 아닙니까? 일전에 술에 취해서 고등학생들에게 한 말은 술김에 무의식적으로 나온 소리로 진심이 아닐 것입니다. 앞으로는 돌아가신 백부님을 생각해서라도 더욱 더 자중하시길 바랍니다."

인생 및 공직 후배인 나에게 진중하게 당부하셨다. 당시 나의 언행에 대하여 신고 학생들이 작성한 진술서 2장을 가리키면서, "이 진술서는 제가 직접 찢도록 하겠습니다." 하시고는 바로 진술서 두 장을 찢어 쓰레기통에 버렸다.

사건을 수사하는 경찰로서 자기 위험을 감수하고 대가없이 호의를 보인 것이다. 나는 정보과장님께 깊이 감사 인사를 드리고 경찰서 정문을 걸어 나왔다. 전두환 제5공화국 어두운 시절에 있었던 내 인생의 위기였으나 나는 돌아가신 영천 백부님과 이름조차 잊어버린 정보과장님의 은덕으로 그 위기를 벗어나게 되었다.

1980년대 당시, 군사정권을 술김에 욕하던 많은 행정, 교육계 공무원들이 경찰의 정보망에 걸려서 대통령 모욕죄나 시국사범으로 구속되거나 입건되어 모진 고초를 겪고 형사 처벌되어 공무원 신분을 박탈당하는 일이 허다하였다. 일부는 그 모질다는 삼청교육까지 받은 사례도 있었다. 군사정권을 지탱하기 위하여 조성한 공포시대였다.

38년 전 그때를 뒤돌아보니 너무나 어두운 시절이었다. 지금은 현직 대통령을 술자리나 술김에 욕한다고 정보사찰을 받는 시절이 아니다. 나는 그 사건으로 돌아가신 영천 백부님의 소리없는 음우를 받았다. 백부님의 배경이 없었다면 공비 출물이 잦은 해안가 출신인 나는 사상적으로 의심을 받아 많은 고초를 겪고 오늘의 내가 없었을지도 모른다.

백부님은 내가 1976년 성주등기소에 첫 발령을 받았을 때, 등기소장에게 나의 지도를 부탁하는 서신을 보냈고, 당시 영천등기소에 근무하던 직원들에 의하면, 백부님이 등기소에 볼일을 보러 오시면, 내 조카도 지금 성주등기소에 근무한다고 자랑을 하셨다고 한다.

"백부님, 음우해 주셔서 감사합니다. 백부님이 지어주신 이름대로 삼가하면서 잘 살겠습니다. 백부님, 부디 극락왕생하시기를 기원합니다."

- 2022. 8.

정아

정아는 1984년 12월 24일에 만났다. 크리스마스를 앞두고 법무사 모 사무장이 조 계장과 나를 읍내에 있는 요리집 중 정아가 일하는 남성관 으로 모신 것이다. 나는 당시 29살 노총각이고, 사무장과 조계장은 처자 식이 있는 유부남이었다.

그때 나는 외로웠다. 고향에는 늙으신 아버님이 위암 말기로 투병 중 이고, 거창에서 사귀던 B양도 두어 달 전 헤어져서 노총각으로 객지에 서 홀로 지내다보니 외로웠다. 20대의 마지막인 29살이 저물어가는 세 모에 '정아'를 만난 것이다.

정아는 나보다 네댓 살 적었으므로 23-4살 되었을 것이다. '정아'라 는 이름이 예명인 것이 뻔한데도 그녀는 자기를 '신정아'라고 하였다. 그 날 저녁 자리에 아가씨 3명이 나왔는데, 정아가 내 옆에 앉았다. 정아는 매우 쾌활하고 하는 행동이 귀여웠다. 나는 키 큰 여자를 별로 좋아하지 않는데 정아는 키가 155cm 정도로 작고 아담한 편이었다.

그날 모처럼 술을 많이 마셨다. 시기가 크리스마스와 망년회 즈음이라 노래도 부르면서 흥겹게 놀았다. 정아는 특히 내 분위기를 잘 맞추어 주었다. 밤 12시가 넘어 정아가 나를 따라 나왔다. 사무장과 조 계장은 유부남이라 집으로 갔다. 보통 술집 애들은 김 양, 현 양, 신 양이라고 부르는데, 나는 그냥 '정아'라고 불렀다.

한창 외롭던 시절이라 1주일에 한 번 이상 정아를 찾았다. 형편이 어려워 1주일 정도 거르면 정아에게서 꼭 놀러오라는 연락이 왔다. 그러면 무리해서라도 안 갈 수 없었다. 우리 같은 공무원은 외상도 가능하다. 나 역시 정이 들어 1주일 정도 못 보아도 보고 싶었다. 우리는 서로 젊어서 정이 들면 보고 싶고, 같이 있고 싶은 것이 당연지사였다.

정아는 항상 나를 보고 오빠라고 불렀다. 정아를 만나 정신없이 몇 달을 지내다 보니 어느덧 꽃 피고 새 우는 춘삼월이 돌아왔다. 나는 주말이 되면 대구 여동생에게 가서 옷을 세탁했다.

꽃피는 봄이 오니 주말에 꽃구경을 가자고 정아가 꼬드겼다. 그래, 꽃 피는 봄이다. 너도 얼마나 봄 나들이를 가고 싶을까? 좋다. 꽃 구경 가자. 봄 구경 가자.

3월부터 오월까지 안의 농월정, 거창 건계정을 다니면서 꽃 구경, 봄 구경을 많이 했다. 사진도 많이 찍었다. 내 총각 시절 찍은 사진 중 이 무렵 정아가 찍어 준 것이 제일 많다. 정아의 사진도 있었으나 아내와 결혼할 때 여동생이 모두 정리하였다. 아내를 만나기 전이라서 그냥 두어도 될 것을 괜한 노파심에 정리한 것이지만, 세월이 지나고 보니 잘한 일이라는 생각이 든다.

5월 중순이 지나자 정아가 거창을 떠났다. 정아가 대구의 소개소를 통하여 전출한 곳이 하필이면 내 고향 영해였다. 영해에서 놀러 오라고 몇 번 전화가 왔다. 여름휴가 때 가겠다고 약속을 했다.

1985년 7월 20일부터 열흘간 여름 휴가를 잡았다. 그해 여름휴가는 내 총각 시절의 마지막 휴가였다. 휴가 1주일 전쯤 아내를 처음 만났는데 아내와 석 달 뒤에 결혼할 것이라고는 상상조차 하지 않던 시기였다. 7월 20일 휴가를 얻어 대구에서 2박하고 22일 저녁 늦게 영해에 도착하였다. 시내에 여관을 얻어 가방을 보관하고 정아가 근무하는 술집으로 갔다.

술집은 영해 버스터미널 건너 편에 위치하고 있었다. 후미진 변두리 동네에 지은 2층짜리 단독주택으로 상호가 00정이었던 걸로 기억한다. 두어 달 만에 다시 만나니 반가웠다. 그날 저녁 10시경 정아와 시내에 나와 나이트에서 술 한 잔을 더 한 후 여관에서 잠을 자고, 그 이튿날 영해 들을 가로질러 흐르는 송천의 상류지인 창수에 가서 강변에서 수박을 깨어 먹으면서 하루를 보냈고, 그 다음날은 대진해수욕장에서 나는 수영과 창질을 하고, 정아는 내 사진을 찍어주고 같이 비치파라솔에서 맥주를 마시면서 오붓한 시간을 보냈다. 정아를 만날 때, 4여 년 전 영해에서 1여 년간 만나다가 헤어진 '정화'가 떠올랐다. 총각 때 친했던 술집 여자들이 어쩌다 보니 '정아' 아니면 '정화'다.

1981년 3월경, 친구 '철수'가 강구에서 결혼할 때 내가 사회를 보고 축사를 해주었다. 당시 참석한 우인들은 나와 재훈, 정택, 세환, 정환이 등 6-7명이었다. 철수가 10-20만 원의 우인비를 따로 주므로, 그 돈으로 영해에서 술을 먹기로 하였다. 비싼 곳은 못 가고 우시장이 있는 변두리에 대포집이 몇 곳 있었는데 그중 한 곳에 들어갔다. 그야말로 번지 없는 주막이었다. 그곳에 '정화'가 있었다.

그 집에 주인 아줌마 외에 술 따르는 아가씨는 정화밖에 없었다. 정화는 28-29세로 26살이던 나보다 2-3살이 더 많았다. 물론 정화도 본명이 아니고 가명이리라. 우리 우인들은 처음 막걸리로 시작해서 나중에는 맥주와 소주로 바꾸었다. 시간이 지나자 전부 술에 취하였고, 젓가락으로 술상을 두드리면서 노래에 취하였다.

당시 우리 가족은 괴시리로 이사를 했고, 딴 친구들은 집이 재 너머 사진리에 있어서 내가 마지막까지 남아 정화와 술을 마셨다. 늦은 시간에 정화는 주인의 허락을 받고 시내에서 나와 하룻밤을 보내게 되었다. 그 후 1981년 4월 20일 울진 등기소에서 영덕 지원으로 전근을 오게 되었다. 집이 읍내에 가까운 괴시리에 있어서 영덕으로 출퇴근을 하였다.

전근을 온 후에 정화를 일주일에 한 번 이상 만났다. 나는 당시 사귀는 아가씨가 없다보니 정에 굶주린 탓도 있었다. 물론 가정집 처녀와 사귀는 것은 총각 공무원으로서 부담이 되어 아무 아가씨나 만날 수는 없었다. 얼마 후 정화는 고급 술집으로 옮기게 되었는데, 그 곳에는 서너 명의 아가씨가 있었다.

나는 1982년 9월 1일자로 대구 본원으로 인사이동이 나서 정화와 헤어졌다. 정화는 25살경 결혼하였으나 상습적으로 폭력을 행사하는 남편을 피해 가출했다고 한다. 불쌍한 여자였다. 나를 좋아해서 술집에 갈 때마다 웃음꽃이 피어나는 것을 지금도 기억한다. 내 청춘의 수 많은 술집 여자 중 이상하게 정화는 기억에 오래 남는다.

여름휴가 때 영해에서 '정아'를 보고 다시 거창으로 올라왔다. 여름휴가를 마친 7월 말경부터 밀양지원으로 인사 발령이 난 8월 20일까지 거창에 있으면서 아내와 깊은 인연을 맺었고, 우리는 그해 10월 13일 결혼식을 올렸다. 우리 부부는 밀양시 삼문동에 보금자리를 잡았다.

결혼식 때 부조금을 잃어버려 많은 경제적 어려움을 겪다보니 정아에 대한 생각도 안개처럼 사라졌다. 다만 정아와 거창에서 만났을 때, 빚진 음식 값이 100여 만 원 정도 남았으므로 그 빚을 갚는데 고생을 많이 했다.

결혼하고 1여 년이 지난 1986년 연말인지, 1987년 연초인지는 몰라도 까마득이 잊고 있던 정아가 나에게 전화를 했다. 밀양시 삼문동 소재 영업집에 근무한다면서 놀러 오라고 했다. 결혼을 한 입장이라 많이 난처했다. 그래도 옛정이 있어 몇 번 찾아보고 미련 없이 걸음을 끊었다. 정아도 내 입장을 이해했으리라. 그 뒤 정아의 소식은 모른다. 정아도 나와 원진이 연락을 끊었다.

내 청춘의 변곡점에서 만난 여자, 아내의 고향에서 만난 여자, 내 고향 영해와 우리가 신접살림을 차린 밀양까지 와서 나를 찾던 여자, 묘한 인연이다. 그래도 너를 만나 내 청춘의 마지막 시절이 외롭지 않아서 고마웠다. 부디 행복하여라! - 2022. 9.

헤어질 결심

로터리 부근, 이층 다방의 구석진 자리에 앉자마자, 왼쪽, 오른쪽 두 뺨을 차례로 얻어맞고 나는 눈앞이 깜깜하였다.

"미스B, 이유나 압시다. 이 무슨 행패입니까?"

나는 아픈 것은 차치하고 말 한 마디없이 무턱대고 사람을 때리는 이유를 알고 싶었다. "이유를 알고 싶나요? 어제 당신은 내 친구들을 모욕했어요."

"아니, 내가 당신 친구들을 어떻게 모욕했다는 게요?"

나는 B양의 말뜻을 알 수 없어 다시 반문하였다.

"어젯밤 당신은 내 친구들에게, 어느 정도 시간이 되면 데이트하는 사람을 위하여 자리를 비켜주는 것이 에티켓 아니냐고 말을 하여 내 친구들을 모욕했어요."

B양은 차분하게 대답하면서 나를 노려보는데, 그 눈매는 죄인을 신문

하는 수사관보다도 더 냉정하였다. 이거야말로 뭐주고 뺨 맞는다더니, 내가 바로 그꼴이었다.

"아니, 이거 적반하장 아닌가요? 어제 B양과 친구들에게 저녁부터 늦게까지 식사와 노래방 대접을 한 것은 간 곳 없고, B양과 나에게 시간 좀 달라고 부탁한 것이 그렇게 B양의 친구들에게 모욕을 주었단 말인가요?"

나는 가슴이 떨려 말도 잘 나오지 않았다. 주객이 전도라더니, 아무리 네댓 살 어리다 해도 그렇지, B양과 친구들은 나같은 연장자에 대한 최소한의 예의조차 없단 말인가? 친구와 데이트하는 남자에게 대접을 받을 수는 있지만, 어느 정도 선을 지키는 것이 기본 예의가 아닌가? 어젯밤, B양과 단 둘이서 데이트할 수 있게 자리 좀 만들어 달라고 부탁한 것을 곡해하고 그것도 모자라서 B양에게 사주까지 하다니, 철 없는 친구들을 달래고 무마해야 할 B양은 한 수 더 떠서 이런 행패까지 부린단 말인가?

어이가 없었다. 그냥 넘어갈 문제가 아니었다. '호랑이에게 물려가도 정신만 차리면 산다.'는 옛말이 있듯이 침착하게 이성을 되찾은 후 최대한 예의를 지키면서 B양에게 말하였다. "알겠습니다. 모든 것은 나의 불찰입니다. 그 대가로 B양과의 만남을 깨끗하게 정리해 드릴 것이니 심려를 거두시고 그동안의 잘못은 너그러운 용서를 바랍니다." 나는 말을 마치고 바로 일어나 다방 문을 열고 밖으로 나갔다. 결혼을 전제로 사귀어오던 B양과 미련 없이 헤어질 결심을 한 것이다.

두어 달 전 매미도 울음을 멈춘다는 처서쯤 퇴근 무렵, 경남 K읍에 있는 모 지원에서 민사계장을 보던 시절, 내 밑에 있는 직원과 사무과 직원 서너 명을 데리고 로터리 근처에 얼마 전 개업한 호프집에서 생맥주로 늦더위와 스트레스를 풀자고 제의하여 그곳으로 갔다. 술값은 상사인 내가 내기로 하였다. 사무실의 더운 바람이 나오는 고물 선풍기에 시달리다가 호프집의 쌩쌩한 에어컨 속으로 들어 가니 날아갈 듯 상쾌하였고, 가슴속까지 시원한 생맥주를 마시면서 동료들과 즐거운 한담을 나누면 무엇과도 바꿀 수 없는 소소한 행복을 느낀다.

생맥주를 마시던 우리 자리 건너편에 우리와 숫자가 비슷한 아가씨들 역시 늦더위를 쫓아내는 생맥주 피서 중이었다. 그들 중 한 명이 B양이었다. 나는 그때 29살로 결혼적령기였고, 병고에 시달리는 늙으신 아버님이 나의 결혼을 간절히 바라고, 나도 계장으로 승진하여 가정을 가지려는 애착이 있었는데, 일행 중 가장 얌전하고 청순해 보이는 B양을 마음에 두고 그녀들에게 합석을 제의하자 흔쾌히 승낙하였다.

합석 후 서로를 알게되어 교제가 시작되었다. 처음 한 달여는 두 사람만 매일같이 만나던 중 깊은 관계까지 가게 되었다. 그래서 나는 한층 더 B양을 결혼상대자로 생각하였다. 그런데 무슨 바람이 불었는지 한 달여가 지났을 무렵부터 B양이 자기 여자 친구들을 자꾸 부르기 시작하여 두세 번 저녁과 노래방 대접을 하던 중 이 같은 불상사가 일어난 것이다.

전날 밤 11시쯤 B양이 잠시 화장실에 간 사이, 내가 B양 친구들에게 B양과 단둘이 데이트할 시간을 좀 달라는 뜻으로 말한 건데, 그 부탁이 오히려 비수가 되어 돌아온 것이다. 아무 것도 아닌 일로 식사대접까지 한 사람에게 기본적인 예의도 모르고, 무례한 폭력까지 행사하는 B양과 그 친구들의 사고에 절망하였다.

B양에 대해 순수했던 마음이 한순간에 무너졌다. 어느 철학자의 말과 같이 "결혼의 성공은 적당한 짝을 찾는 것이 아니라 적당한 짝이 되는 데 있다."는 말처럼 B양과 같이 좁은 소견을 가진 여자는 배우자가 될 수 없다는 판단을 내렸다. 그 사건 이후 그녀와의 만남을 끊었다.

B양도 자신의 행동을 아는지라 얼마 동안 조용하였다. 내 나이 20대 후반, 이성 간의 만남에서 근본적인 소통이 안 된다면 그 만남은 무의미하고 서로에게 상처만 준다. 나는 장남으로 동생들이 여럿이라, 맏며느리는 마음씀이 큰 여자가 들어와야 할 텐데, 아무 것도 아닌 일로 남자에게 손찌검이나 하는 여자와 결혼한다면 그 결과는 뻔할 것이다.

그렇게 헤어지고 두어 달이 지난 크리스마스 연휴 때 대구에 가서 며칠 쉬고 오니까, 내 방에 누가 들어와서 뒤진 흔적이 있었다. 내 방은 잠만 자는 방이고, 별다른 물건도 없어 자물쇠도 없었다. 아무래도 누가 일기장을 훔쳐 본 느낌이 있었다. B양이 의심스러웠지만 모른 체했다.

아니나 다를까, 이듬해 3월, 이른 봄부터 B양의 공세가 시작되었다. 주임 시절, 대구 법원에 같이 근무하다가 계장으로 승진되어 같은 K지원에 근무하게 된 나보다 연상이고 기혼인 모 계장을 통하여 B양은 나와의 만남을 끈질기게 시도하였다. B양과의 만남을 계속 기피하던 그해 7월, 여름 휴가철이고 아버님이 위암 말기로 6-7개월 시한부 선고를 받은 상태라, 사무과장님에게 그 사정을 설명하고 1주일 휴가에 연차를 보태 10일 정도의 휴가를 얻었다.

대구에서 며칠 볼일을 보고, 휴가 후 3일 만에 부모님이 사시는 영해 집에 도착한 시간은 오후 두세 시경이었다. 나는 영해 집에서 너무나 황당한 광경을 목격하였다. 우리집 아랫방에 B양이 인간 망부석처럼 꿇어 앉아 있는 것이다. 너무나 괴이하고 당혹하여 어머니에게 내막을 물어보니, B양은 부모님께 아무런 이유도 설명도 하지 아니한 채 나를 만난다면서 막무가내로 기다린다고 했다. 참으로 어처구니 없고 소설스러웠다.

B양을 데려나와 집 건너편 밤나무 숲이 있는 곳에 가서 회유하였다. 우선 아버지의 병세를 설명하고 이곳에 계속 있다면, 내가 나가서 다시 돌아오지 않을 것인 바, K읍으로 간다면 휴가 후 서로 만나서 문제를 해결하자고 설득하여 그녀를 돌려보냈다. 골치 아픈 문제였다. 여자가 한을 품으면 오뉴월에도 서리가 내린다지 않는가? 그녀와 좋아 지낼 시에 한두 번 육체관계를 가진 적이 있었는데, 이 난관을 어떻게 헤쳐나갈 것인지 해결책이 보이지 않았다.

아무리 헤어질 결심이 강하다 해도 마음의 상처를 주는 방법으로 헤어지는 것은 위험하였다. 그녀는 이판사판의 마음으로 2박3일의 영덕행을 감행할 정도로 막판까지 와 있는 상태였다.

무거운 마음으로 휴가를 보내고 다시 B양이 있는 K읍으로 왔다. 고민하던 중, 얼마 전 알게 된 같은 K읍에 사는 S양에게 B양과 헤어질 방법을 부탁하였다. S양은 20년 이상을 K읍에서 살아서 B양과 B양의 집을 잘 알고 있었다.

S양의 방법은 간단하였다. B양 집의 실세인 그녀의 어머니를 만나 지금까지 있었던 사실을 말하여 B양과는 불가능하다는 것을 전달하고, B양을 말려 달라고 부탁한다면 B양은 자기 엄마의 말은 복종할 것이므로 그 방법을 사용하라고 처방해 주었다. 나는 바로 B양을 만나서 모친을 뵙고 우리에 대한 의견을 듣고 싶다고 제의하였고, 즉시 승낙을 받아

그 이튿날 저녁 6시 30분경 나 혼자서 그녀의 모친을 만나기로 하였다.

다음날 저녁, 로터리 근처 2층 모 다방에서 B양의 어머니를 만났다. 나는 지난해 8월 처음 만났을 때와 10월 말경 헤어지게 된 이유와 올 봄부터 계속 전화 등을 통하여 스토커 같이 나를 괴롭힌 일, 휴가 때 나의 동의없이 2-3일 동안 부모님이 계시는 고향집에 진을 친 일, 아버지는 노령으로 위암 말기인데 나는 장남으로 어린 네 동생을 거두어야 할 가정사 등을 빠짐없이 설명하고, B양과는 너무나 인식이 달라서 결혼이 불가능하다는 나의 본심을 확실하게 전달하고, 그녀의 협조를 간곡히 부탁하였다.

B양의 모친은 끝까지 경청하고서는, 모든 허물은 딸에게 있고, 나의 잘못은 없다면서, 부모로서 B양을 잘못 교육시킨 실책이 크다면서 정중하게 사과를 하고, 딸은 자기가 설득할 터이니 걱정하지 말라고 오히려 나를 위로해 주었다. B양과 헤어질 방법을 찾다보니 S양을 만나게 되고, S양의 방법이 성공을 거두면서 현명하게 처방해 준 S양에 대한 믿음이 생기고, 이 여자야말로 나와 천생연분이라는 생각이 들었다.

그해 8월 20일자로 K읍과 멀리 떨어진 경남의 M지원으로 인사이동이 되었다. 몸의 거리가 마음의 거리라고 B양과 멀리 떨어지게 되어 운신의 폭이 넓어지게 되었다. S양과 나는 그해 10월 13일 대구 궁전예식장에서 결혼식을 올렸다. 아버님이 살아 계실 적에 하루라도 빨리 식을 올려야만 했다.

결혼하고 약 4개월 후 아버님이 돌아가셨다. S양과 결혼하여 밀양에서 신접살림을 차리면서 정신없이 2-3개월을 보내던 어느 겨울 오후, M지원 사무과 전화로 B양이 나를 찾았다. 내가 B양인 줄 모르고 전화를 받은 후 아무 말도 하지 않으니까, B양은 딱 한 마디를 했다. "멀리가지 않았더군요." 알고 보니 자기와 같은 고향이고, 이웃인 S와 결혼했다는 뜻이리라.

나는 할 말이 없었다. 말없이 수화기를 내려놓았다. - 2022. 8.

인연因緣

1985년 7월 14일 일요일 오전 9시, 당직자로서 숙직자와 교대해 주기 위하여 법원으로 올라갔다. 몇 달 전, 정부에서 사법부 본원 및 지원 일요일 당직은 책임자를 계장 이상 간부로 하고, 주임을 책임자로 하지 말라는 협조 공문이 있었다. 거창지원은 계장이 4명이라 최소한 한 달에 한 번 이상 일요일 당직을 해야 하므로 기분이 좋지 않았다. 당직은 두 명인지라 일요일 낮은 내가 하고, 밤에는 주임이 하도록 했다.

나는 1984년 3월, 대법원에서 실시한 주사보 승진시험에서 당시 부산지방법원에서 분리 독립한 마산지방법원에 지원하여 그해 7월 1일 거창지원 계장으로 발령을 받았다. 부산지방법원 마산지원에서 1984년 마산지방법원으로 승격한 마산은 고참들이 자신들의 근거지인 부산으로 일시에 이동한 관계로, 신참들의 신천지로 때가 되면 6급 승진도 빠르고, 사무관 승진도 빠를 것이라 판단하였다. 대구에서 8여 년간 근무하였지만 앞날의 비전을 본다면 신생 법원인 마산이 유리할 것이라고 판단하고, 이왕이면 마산 본원 근무를 희망하였는데, 제일 오지인 거창에 발령을 받아 1년이 막 지났을 때였다.

해마다 6월이면 1년 이상 된 직원들이 새로운 희망지를 제출하는데, 나는 다시 마산시 소재 본원을 희망했는데도 인사 기일인 7월 1일자에 발령이 나지 않아 유임된 상태였다. 거창은 대구로 가는 기차도 없고 고속도로도 없어서 대구 서부정류장에서 거창읍까지 버스로 1시간 40분 이상 걸리는 오지였다.

1년이 되니 지겹기도 하고, 시골이라 답답하고 싫증이 나던 참인데, 1주일 중 하루종일 쉴 수 있는 일요일 당직을 맡으라고 하니 짜증이 더 났다. 오전 9시쯤 당직실에서 토요일 숙직과 교체해주었다. 7월은 장마철이라 지난 이틀간 비가 온 뒤에 주말에 해가 나니까 갑자기 날씨가 더워졌다. 흰 반바지에 반소매 면티로 간단하게 차려입고 당직실에서 베개를 베고 TV에서 볼 만한 프로를 골라보다가, 오전 10시 30분쯤 2층에 올라가서 지난 주 재판한 공판조서를 작성하기로 했다.

우선 청사 현관문을 잠그고, 뒷문도 살펴보고, 구속영장대장과 당직부를 확인한 후 느긋하게 TV를 보던 오전 10시쯤, 갑자기 현관문 두드리는 소리가 났다.

'아니, 이 시간에 누구냐? 지청에서 구속영장 사건이 갑자기 발생한 것인가? 사전 연락도 없이 이상한데?'

당직실 문을 열고 현관으로 갔다. 현관문 통유리창 밖에 묘령의 아가씨 2명이 문을 두드렸다.

"무슨 볼일이 있습니까?" 물으니, "오늘 모임이 있어서 그러는데, 테니스코트 좀 빌려 줄 수 있느냐?"고 했다. 생각하니, 지난 목, 금요일에 비가 와서 코트가 물렁하고 지금은 날이 좋아 롤러로 땅을 다져놓으면 내일 직원들과 공치기에 좋겠다 싶었다. "예, 그저께 비가 와서 코트가 좀 물렁하니 밀어서 치도록 하세요." 말하고 롤러와 회가루 있는 곳을 알려주었다.

몸을 일으킨 김에 2층 사무실에 올라가서 공판조서를 작성하다보니 12시가 되었다. 유리창을 통해 테니스장을 내려다 보니 남자 4-5명, 여자 2-3명이 공을 치는데, 코트가 하나라서 돌아가면서 복식으로 치고, 나머지는 우유와 빵, 김밥을 먹고 있었다. 속으로 "코트를 빌려주었는데도 자기들끼리만 먹고 빵 한 개, 우유 한 병 없단 말인가? 의리없네" 궁시렁거리면서 점심시간이라 혼자서 짜장면을 시켜먹었다.

짜장면을 먹고 공판조서를 다 작성하고 나니, 오후 네댓 시가 되었다. "이제 갔겠지?" 하고 밖을 보니 아직도 공을 치고 있었다. 2층에서 느긋하게 누가 공을 잘 치나 하고 살펴보니, 아까 문을 두드리던 아가씨 중 키 작은 아가씨가 공을 잘 치는데, 폼도 제법이고 하체에 근육이 탄탄해서 건강미가 있어 보였다.

7월 중순은 오후 7시 30분이 넘어야 해가 진다. 7시경이 되자 공치는 것을 멈추고 정리하는 것이 보였다. 1층에 내려가서 당직실에서 TV를 보고 있었다. 7시 20분쯤 누가 현관문을 두드렸다. "누구냐? 낮에는 빵한 개도 안주더니." 투덜대고, 일어나 밖을 보니 아침에 왔던 아가씨 두명이었다. "웬일입니까? 무슨 볼일이 있습니까?" 물으니까, "실내 화장실을 사용할 수 있을까요?" 했다. 남자가 좀스럽게 할 수도 없고, 웃으면서 안으로 들어오게 해서 친절하게 안내해 주었다.

아가씨들이 화장실에 간 사이, 두 명 중 공 잘치는 아가씨에게 평일 코트에 와서 같이 공을 치자고 말할 목적으로 지갑에서 명함 한 장을 꺼내 들었다. "법원의 한 계장입니다. 우리는 평일 오후 네 시에서 다섯 시 사이에 공을 치는데 선수가 부족하니 공을 치고 싶으면 연락주십시오." 그렇게 말하고 "설마 연락하겠느냐?" 하고 잊어버렸다.

다음 날 오후, 나를 찾는 전화가 와서 받으니까 어제 명함 받은 아가씨가 오늘 공치러 가도 되느냐고 물었다. "오시면 공을 칠 수 있다."고 말하고, 혹시 해서 사무과장님께 말씀드리니까 과장님도 공 잘 치는 아가씨가 와서 같이 공을 치는 것은 환영이라 했다. 4시 30분경, 나, 조 계장, 과장님 등 네댓 명이 테니스장에 내려가서 아가씨 일행과 복식으로 공을 쳤다.

내 명함을 받은 아가씨는 키가 160여 센티미터 정도이고, 테니스를 많이 해서 얼굴은 많이 탔으나 건강미가 있고 표정이 밝아 보였다. 나중에 알았지만, 거창 신 씨이고, 이름은 귀할 귀자에 아들 자자 '귀자' 씨였다. 그때 나이는 스물일곱 살로 나보다 세 살 적었다. 고등학교 때부터 테니스를 하여 구력은 10년 정도이고, 서브, 발리, 스매싱 모두 좋았다. 신 양이 들어가는 팀은 승률이 좋아서 모두 신 양과 한 조가 되고 싶어 했다.

그 주일 월요일부터 금요일까지 5일간 신 양과 같이 공을 치고, 토요일부터 10일간 여름 휴가를 받아 고향을 다녀왔다. 그 당시 거창지원 사무과장은 8여 년 전 내가 고향인 영덕지원에 주임으로 근무할 때, 계장님으로 모시던 서 과장님으로 서울대 법대 출신이다. 휴가를 마치고 출근하자, 서 과장님이 나를 보고 "한 계장, 휴가 가기 전 함께 공을 치던 신 양이 한 계장 휴가 가고 공을 치러 오지 않는데, 오늘 공 치러 오게 해보셔요." 했다. 내가 "미스 신의 연락처는 모르지만 알아보겠습니다." 하고, 읍내 '체육사'에 전화하여 혹시 테니스 치는 신귀자 씨의 연락처를 아십니까?" 하고 물었다.

사장님이 내 전화를 받고 있다가, "계장님, 잠시 기다리세요. 마침 신 양이 가게 앞을 지나갑니다."하면서, "신 양, 빨리 법원 전화 받아라."고 독촉하였다. 사전 약속이나 한 듯 우리는 바로 통화를 하였다. "오랜만입니다. 휴가 갔다 오늘 출근했습니다. 네 시 반경 공치러 오십시오." 하였더니, 매우 반가워하면서 올라오겠다고 했다.

그날부터 매주 토, 일요일을 제외하고 신 양은 지원 테니스장에서 오후 4시 30분부터 7시 30분까지 우리 직원들과 어울려 공을 쳤다. 내가 밀양지원으로 전근 가기 전 20여 일을 매일같이 공을 치고 밤에도 따로 만나 놀면서 서로 정이 들었다. 신 양은 휴가 전 5일간 같이 공을 쳤는데도, 아무런 언질 없이 장기간 휴가를 떠나서 몹시 섭섭했던 모양이었다. 다시 만난 것이 즐거웠는지 만날 때마다 얼굴이 밝았다.

신 양이 공을 치러 올 때, 여자 조카를 데리고 왔는데, 그 조카가 지금은 결혼하여 아들이 하나 있는 신현이다. 현이는 당시 돌도 안된 애기이고, 귀여워서 나도 많이 안아주었다. 8월 초순은 여름의 절정이라 뜨거운 태양열에 대지가 녹을 지경이었다. 거창지원 테니스장은 높은 언덕에 있어서 저녁 때 불어오는 산들 바람에 공을 칠 만하였다. 뜨거운 여름에 이열치열로 공을 치고나서 시원한 생맥주나 맥주를 한 잔 하면 날아갈 듯 기분이 좋아졌다. 처녀총각으로 자주 만나다 보니 하루라도 보지 않으면 안 될 정도가 되었다.

신 양은 배려심이 깊은 여자였다. 내가 살던 유리창도 없는 단칸 사글세 방이 덥다고 선풍기도 마련해 주었고, 내 빨래까지 해주어 주말에 대구 여동생 집에 가지 않고 아예 신 양 집에서 죽치고 지냈다. 신 양은 당시 자기보다 나이가 13살 많은 언니와 함께 거창 하동 마당 넓은 집에서 살았다. 신 양 부모님은 사업 부도로 서울 상도동에 도피 중이었는데, 한 집에 살던 신 양의 언니와 형부의 눈치가 보였으나 총각을 무기 삼아 배짱을 부린 것이다.

8월 첫 주말, 여름 태풍이 지나가면서 많은 비를 뿌려 거창 건계정 하천에 황토물이 힘차게 흐르고 있었다. 마침 신 양이 서울 중국집에서 일할 때 알게 된 '지희'라는 동생이 부산에서 와서 세 사람이 건계정에 놀러갔다. 8월 초순은 여름의 절정이라 덥고 습도까지 높아서 수영을 하고 싶었다.

나는 젊은 데다 수영은 자신 있었으므로, 홍수로 황토물이 강하게 흐르고 폭이 넓어진 하천을 헤엄쳐서 건너겠다고 큰소리 쳤다. 하천 상류 쪽에서 건너편 하류 쪽을 가로지르는 방법으로 헤엄쳐 건너고, 다시 건너편 하천 상류로 올라가서 하류 쪽을 가로질러 헤엄쳐서 왕복을 하였다. 태풍이 금방 끝난 후라 급류가 강하게 흐르는데, 위험을 무릅쓰고 왕복 수영을 한 것은 신 양에게 잘 보이고자 하는 일종의 만용이었다. 당시 물의 압력을 이기려고 온 힘을 다해 넓어진 하천을 어렵게 건넜다. 지금 같으면 절대 하지 않았을 것이다. 서른 살 젊은 시절의 풍경이었다.

8월 둘째 일요일 오전, 미래의 장모님이 연락도 없이 갑자기 오셨다. 주말이라 신 양 집에 있던 나에게 신 양은 어머니께 인사를 드리라고 했다. 내가 머리와 옷매무새를 대강 살피고 마루에 나가서 "안녕하십니까?" 하고 꾸벅 인사를 하였다. 나를 찬찬히 올려다보면서, 미래의 장모님이 "인물 좋네." 하셨다. 그 말에 기분이 좋았다. 미래의 장모님이 나를 보고 놀라지 않는 것을 보니 사전에 정보가 있었던 모양이었다.

얼마 후, 거창에 살던 신 양의 작은 오빠와 형부가 보자 하더니, 지금 양쪽 가정 모두 어려우니 정식 결혼은 어렵고, 우선 동거부터 하라고 했다. 나는 시간을 두고 생각해보겠다고 했다. 신 양이 3년 전 자기 아버지에게 발생한 중풍 때문에 아버지의 석재회사를 작은오빠가 대신 경영하다가 부도를 내었는데, 나보고 검찰 지청에 가서 부정수표단속법으로 기소중지 되어있는 사건의 부도금액이 얼마인지 알아봐 달라고 했다. 내가 검찰 지청에서 알아보니 부도금액이 엄청난 금액이었다. 신 양의 입장에서 결혼식은 매우 힘든 일이었다. 나는 집안의 장남이고, 공무원으로서 동거만 할 입장은 아니므로 생각해 보겠다고 한 것이다.

그해 8월 20일자로 밀양지원으로 인사발령이 났다. 밀양지원 이 계장이 갑자기 퇴직하여 집행관으로 나갔기 때문이다. 거창보다 사건이 두 배나 많은 밀양은 계장이 세 명이고, 거창은 네 명이어서 거창에서 한 명이 밀양으로 가야 하는데, 1년 이상 근무자는 나밖에 없어서 내가 차출된 것이다. 만나자 이별이라고, 만난 지 36일만에 헤어지게 된 것이다.

8월 14일 저녁, 이 소식을 들은 신 양의 얼굴이 매우 어두웠다. 그날부터 송별연이 시작되었다. 2-3일은 '조 계장', '김재식 주임' 등 법원 테니스 멤버들과 신 양 친구들, 그 뒤 2-3일은 나와 신 양, 소영 씨 등 세 명이 만나 이별을 위로하였다. 인사발령이 8월 20일이라서 8월 19일 오전 일찍 거창을 출발해서 오후쯤 본원 총무과에 보직 인사를 갔어야 8월 20일 9시 정시에 밀양지원에 출근할 수 있는데, 갑자기 인사가 난 탓에 미리 잡은 형사재판을 연기할 수도 없고, 딴 계장들에게 맡길 수도 없어서 공판조서를 전부 작성한 후 판사의 결재를 받아야 떠날 수 있었다. 조서가 마무리 되지 않아 8월 19일 오후 늦게서야 인수인계를 끝내고 거창지원을 떠날 수 있었다.

그날 저녁, 신 양과 함께 관내 지인들에게서 받은 전별금을 정리하고, 신 양과 신 양의 절친 소영 씨와 함께 저녁을 먹고, 조용한 클럽에서 술 한 잔을 나누면서 14개월 남짓한 거창의 마지막 밤을 보냈다.

다음날 아침, 신 양과 소영 씨가 대구 서부정류장까지 나를 배웅해 주었다. 다시 만나자는 약속도 없이 우리는 헤어졌다. 떠나는 내 마음은 담담하였다. 구차하게 약속하지 않더라도 만나야 할 사람은 반드시 만나리라, 그런 마음이었다.

8월 20일 오후 세 시경, 마산 본원에 가서 신고를 했다. 그날 퇴근 시간이 다 되어 밀양지원에 부임인사를 하여 사무과장의 눈총을 조금 받았다. 밀양에는 숙소가 없어서 여동생이 자취하는 대구 신암동 주택 단칸방에서 아침 7시경 기상하여 8시경 동대구역에서 밀양으로 가는 무궁화호 기차를 타면, 밀양역에 8시 4-50분에 도착했다. 그곳에서 다시 시내버스를 타면 9시쯤 지원에 도착한다.

대구에서 밀양으로 출퇴근을 하려니 피곤하여 처음 1주일은 정신이 없었다. 그런 와중에도 주말에 지인이 소개해 준 대구 아가씨와 선을 보았다. 그날 선을 보고 난 후 부질없다는 생각이 들었다.

'그래, 다시 시작하는 것은 무의미하다. 만난 인연을 버리지 말자.'

'신 양을 선택하자. 기왕의 인연을 두고 밖으로 도는 것은 나를 속이는 짓이다.'

'사람을 돈으로 평가하지 말고 그 사람의 자질이나 성품을 보자.'

그 다음 주 금요일 오전 일찍, 밀양지원 사무실에서 거창의 신 양에게 전화하였다. 오늘 대구에서 저녁 7시 30분쯤 만나자고 연락하니까, 신 양이 기뻐하며 승낙하였다. 저녁 7시 30분, 다방에서 신 양을 다시 만났다. 거창을 떠난 지 10여 일 만이었다.

자리에 앉아 커피를 주문하고 서로를 보았다. 거두절미하고, "미스 신, 우리 결혼합시다. 간단하게라도 식을 올립시다. 내일 구미에 가서 누나와 자형을 만나고, 다음 주에 영해에 가서 부모님께 인사합시다. 장인은 어차피 결혼식에 못 오시니, 오는 9월 15일 일요일, 근처 식당에서 조촐하게나마 약혼식을 합시다." 나는 일사천리로 약혼식과 결혼식을 밀어붙였다. 내일 집 근처에 있는 궁전예식장에 알아보고 가장 빠른 날짜를 잡기로 하였다.

우리 결혼식은 한 달 보름 후인 10월 13일 토요일로 결정되었다. 이튿날 오후 늦게 구미에 가서 인사하고 다음 주에는 영해에 가서 부모님께 인사하였다. 약혼식과 결혼식 날도 알려주고, 자형에게 결혼식 날 축의금 접수에 대한 책임을 부탁했다.

일요일인 9월 15일, 신암동 한정식 식당에서 처갓집은 장인어른과 장모님, 우리집은 부모님과 백모님, 자형부부, 둘째 남동생이 참석하여 상견례 겸 약혼식을 마치고, 근처 사진관에서 약혼 사진도 촬영하였다. 처음 만난 1985년 7월 14일부터 두 달 만에 약혼식을 하였다. 결혼식에 참석할 수 없는 장인을 배려하여 숙고 끝에 내린 결정이었다. 약혼 며칠 후 다가온 추석은 아내가 영해 우리 집에서 보냈다.

노인네만 사는 집에 새 신부가 한복을 입고 명절을 함께 하니, 모처럼 사람 사는 집 같이 화사하고, 따뜻한 기운이 넘쳤다. 위암 말기에 힘들게 투병하시는 아버님도 기분이 좋으신지 연방 웃음을 지으셨다.

우리는 예정대로 10월 13일, 대구 궁전예식장에서 결혼식을 올렸다. 아버지는 병중에도 참석하였지만 장인은 참석하지 못하셨다. 한 달 전 간소한 약혼식조차 없었다면 매우 섭섭하셨을 것이다.

우리는 만난 지 두 달 만에 약혼하고 석 달 만에 결혼했다. 내가 마산지방법원 본원 근무를 희망했음에도 오지인 거창지원에 발령난 것도 인연이었고, 아내의 친정이 부도가 나서 서울에 살던 아내가 거창으로 낙향한 것도 인연이었다.

결혼식 두어 달 뒤쯤, 장인이 영해 괴시집을 찾아 투병 중인 아버님께 인사를 드리고, 우리와 함께 고향을 방문하여 막내삼촌과 함께 조부님의 묘소도 참배하셨다. 그때 우리 부부와 함께 밀양에 오셔서 머무실 때, 족보를 보고 싶어 하시길래, '청주한씨정랑공파' 족보 책 일곱 권을 보여드렸다.

장인이 "한 서방, 족보 1권 91페이지에 '거창신씨 할머니의 열녀 행적'이 나오시네. 자네 집안 족보에 나오는 것을 보니, 자네와 자네 집사람은 먼 조상 때부터 인연이 있었네." 하셨다. 족보에 아내와 본이 같은 '거창신씨 할머니 이야기'가 있다는 소리를 듣고 깜짝 놀랐다.

우리 족보 책에 나오는 '거창신씨 할머니 열녀 행적'은, 조선 인조 때인 1636년 병자호란 때, 청주 한 씨 가문에 시집와서 당시 한양에 살던 거창신 씨 할머니와 며느리 황 씨가 강화도에 피난을 갔다가, 강화도마저 청나라 군대에게 함락되자, 다시 배를 타고 피신을 하던 중 바다 한복판에서 청군들에게 사로잡히게 되었는데, 늙은 여종에게 손자들을 맡기고 신 씨 할머니와 며느리는 몸을 지키기 위해 바다에 뛰어들어 자결하므로서 정절을 지켰다는 이야기다.

인간은 알지 못하지만 하늘은 이미 인연을 점지하여 수많은 시행착오를 겪게 하다가 결국은 맺어지게 하는 것인가? 옷깃만 스쳐도 삼천 번의 인연이 있다는데, 부부는 수억 겁의 인연이 있지 않겠는가? 부부의 인연을 가꾸지 못하고 훼손하면 그 또한 천륜을 어기는 것이다. 부부는 서로 아끼고 사랑하면서 인연을 아름답게 가꾸어야 한다. 부부의 인연이 끝나서 헤어지는 날, 우리는 이렇게 말할 수 있어야 할 것이다.

우리의 인연은 아름다웠고, 서로 최선을 다하였다. 다음 삶이 있다면 또 다시 부부의 연으로 만나고 싶다고. - 2022. 9.

고희연

1993년 11월 초순, 나는 대구지방법원 왜관등기소장으로 재직 중이었다. 1992년 10월에 전임 등기소장이 집행관으로 가는 바람에, 갑자기 왜관 소장으로 발령받았다.

1992년 10월에 왜관등기소장으로 발령받은 관계로 이듬해 1993년 7월 1일 정규인사에서 보직 후 1년 미만이 되어 나만 인사에서 제외되었다. 그래서 늦어도 다음 정기인사인 1994년 1월 1일이나, 아니면 1994년 7월 1일자까지는 현 보직에 있는 것이 아닌가 하고 느긋하게 생각하고 있었다. 1993년 11월 초, 갑자기 11월 10일자로 대구지방법원 경주지원으로 인사발령이 떨어졌다.

경주지원 등기과장이 11월 10일자로 대구지방법원 집행관으로 나가는 바람에, 1년 이상 근무한 사람이 나밖에 없었으므로 또 다시 내가 경주지원으로 발령받은 것이다. 그래도 경주지원에 근무하는 사무관 중에는 내가 고참이라서 등기과장 보직을 받았다.

1993년 11월이 장인의 고희연인데 갑자기 인사이동이 나는 바람에 정신을 차릴 수 없었다. 그래도 큰처남, 작은처남이 준비를 잘해서 서울의 모 호텔에서 장인의 고희연을 개최하였다. 고희연 비용은 장인 슬하 2남 2녀가 각 몇 백만 원씩 각출하여 준비하였다. 30여 년 전, 그만한 돈이면 호텔에서 하는 고희연이라도 궁색하지는 않았다.

고희연을 할 때 우리 가족은 대구 범어동 단독주택 2층을 임차하여 살고 있었다. 장인은 당시 서울 상도동에 살면서, 서울 경동시장의 유명 한약방을 거점으로 전국적으로 한약 판매업을 하였다. 장인의 고객들은 주로 대구, 부산, 진해 등에 많이 있었다.

그러므로 장인은 대구와 부산, 진해에 볼일이 있으면, 부산에 내려가는 길에 들리고, 서울로 올라오는 길에 또 들려 한 달에 평균 2-3차례는 우리집에 들러가시곤 하셨다. 그래서 장인은 영양등기소에 근무할 때부터 알던 정훈이와 왜관등기소에서 나와 같이 근무하고 자택이 만촌동이라 우리 집에 자주 왔던 이종필 씨를 잘 알았다.

나는 두 사람에게 장인의 고희연을 알리고 시간이 나면 참석해 달라고 특별히 부탁하였다. 고맙게도 두 사람은 먼 길을 달려 고희연에 참석해 주었다.

1993년 11월 27일 오전 11시, 서울의 모 호텔에서 행진곡에 맞추어 장인과 장모님이 입장하면서 고희연은 시작되었다. 장인 소생의 2남2녀와 그 배우자들, 손자녀들, 연회장을 꽉 메운 하객들의 우렁찬 박수 소리가 연회장을 진동하였다.

우아한 한복으로 등장하신 장인은 오른손을 살짝 들어 하객들의 박

수에 답례하였다. 먼저 장인, 장모님이 주빈석에 나란히 자리를 잡으셨다. 기립한 2남2녀와 그 배우자들이 '어머니 은혜'를 불렀다.

> 나실 제 괴로움 다 잊으시고,
> 기르실 때 밤낮으로 애쓰는 마음,
> 진자리 마른자리 갈아 뉘시고,
> 손발이 다 닳도록 고생하시니,
> 하늘 아래 그 무엇이 높다 하리오.
> 어머니의 은혜는 가히 없어라.

네 자녀들과 며느리, 사위들은 노래를 부르면서 모두 눈물을 훔쳤다. 장인이 그동안 모진 병고를 겪고 회사의 부도로 도피 생활을 한 회한의 10년 세월을 잘 알기 때문이었다. 장인은 그 회한의 세월을 이겨 내시고 만인들에게 출사표를 던진 것이다. 장인, 장모님의 눈가에도 서러움과 기쁨이 교차하는 듯 눈시울이 붉어진 듯하였다.

노래가 끝난 후, 장인 우인들의 헌사와 축사, 시조창이 있고, 자식들의 헌주가 있었다. 먼저 큰처남 부부가 장인, 장모님과 봉찬 삼촌, 울산 외삼촌에게 헌주를 올리고, 다음에는 작은처남 부부, 동서 부부, 우리 부부가 차례로 헌주를 올렸다. 마지막에는 손자녀들이 합동으로 할아버지, 할머니에게 헌주를 올리고 큰 절을 했다. 손자 대표로 당시 10여 세되는 '현재'가 할아버지가 내리는 하례주를 받아 마시고는 얼굴을 찡그려서 한바탕 웃음을 주었다.

장인이 운영하시던 회사가 부도난 후, 낯설고 물 선 객지를 떠돌면서 모진 고생을 하시고, 중풍과 싸우면서 보낸 10여 년의 세월이 장인의 뇌리를 스쳤으리라. 고난의 10여 년 만에 드디어 고희연을 치르면서 장인의 잃어버린 명예를 회복하고, 무너진 집안의 자존심을 살려 장인의 묵은 한도 풀렸을 것이다.

점심 식사를 마친 오후에는 여흥의 시간을 가졌다. 큰처남이 인사말과 선곡 '모정의 세월'을 부르고, 그 다음에는 작은처남, 동서, 나의 순서로 노래를 불렀다. 처형과 집사람도 웃음 띤 얼굴로 한 곡씩 하였고, 나중에는 흥이 나서 장인과 장모님도 한 곡씩을 하였다.

거창 신 씨 집안 일족들과 그 사위 등 인척들이 흥에 겨워 돌아가면서 노래를 부르며 춤을 추고 놀면서 오후 서너 시가 잠시만에 흘러갔다. 특히 대구에서 올라온 이종필 씨가 가수 이태호의 '미스 고'를 신나게 불러서 하객들의 인기를 독차지하였다. 재청으로 부른 '원점'도 그날 최고의 노래로 공인받았다. 이종필 씨는 사회자 민요가수 아줌마와 둘이서 사교춤을 멋지게 추어서 인기를 독점하였다.

장인과 장모님이 흥에 겨워서, 나보고 업어달라 하여 번갈아 가면서 두 분을 업었다. 장인과 장모님이 흥겨움에 등 뒤에서 덩실덩실 어깨춤을 추면서, 하객들과 함께 그날의 분위기를 최고로 이끌었다. 고희연 때 장인과 장모님과 처갓집 어른들이 찍은 사진을 서재에 걸어놓고, 가끔씩 그때를 회상해 보곤 한다.

31년 세월이 구름처럼 흘러갔다. 그때 내 나이 38살이었는데, 어느덧 나도 고희가 되어가는 69세이다. 흐르는 세월은 쏘아놓은 화살과 같아서 잡을 수도, 돌릴 수도 없다. 장인이 고희연 행사를 비디오로 편집하여 한 편을 보내주셨는데 지금도 보관중이다. 장인은 고희연 후 18년을 더 장수하시고, 2011년 3월 초순 88세로 영면하셨다. 장모님은 장인보다 9년을 더 사시다가 2020년 3월 20일 93세의 나이로 돌아가셨다.

나는 생전에 장인의 많은 사랑을 받았고, 장모님에게도 넘치는 애정을 받았다.

"그 은혜 항상 잊지 않겠습니다." - 2024. 2.

고유제

1999년 3월 초순 일요일 오전, 서울 장인이 전화를 하셨다. 당시만 해도 휴대폰이 아닌 가정용 전화였다. 쉬는 날 낮에 전화를 하신 적이 별로 없어서 그 이유가 궁금했다.

장인의 말씀이 "올 4월 중순에 그동안 미루어왔던 자네 처조부님의 묘소를 비롯하여 선대 3대 묘를 이장하는 고유제를 하고자 한다. 이장 장소와 묘지석, 상석, 망부석 등이 모두 준비되었으므로 설치만 하면 된다. 그날은 거창 신 씨 일가들과 전 통일부장관이던 '신도성' 어른도 모시고 행사를 한다. 고유제는 대학리에 있는 거창신씨 문중 사당과 이장하는 묘소에서 거행하는데, 그날 사당에서 제를 올릴 때 한 서방이 '조시'를 작성하여 낭독해 달라."고 하셨다.

나는 처남들보다 서열이 아래이고, 부산 동서보다도 낮은데 막내사위가 처조부님 고유제에 조시를 헌사하는 것은 주제 넘는다면서 일단은 사양을 하고 전화를 끊었다. 장인의 부탁을 사양하여 미안한 마음에 아파트 베란다에서 남쪽을 바라보며 상념에 잠겼다. 당시 우리 집은 아파트 10층이고 남향이라 베란다에서 남쪽으로 보면 바로 성암산과 그 아래 욱수골이 보이고, 욱수골 오른쪽에 두꺼비 산란지로 유명한 망월지가 보였다.

성암산과 망월지를 바라보니까, 머릿속에 '조시'의 윤곽이 그림처럼 떠올랐다. 내 눈에 성암산은 태산같이 보이고, 망월지는 바다와 같이 보여 시상을 다듬어 보았다. 일단 전반부를 정리하니, "태산보다 더 높고 바다보다 더 깊은, 생전의 부모 은덕 어디에서 갚으리까. 님 가신 후 수십 년간 청산에 외롭다가, 이제야 님의 앞에 유택을 장만하니, 지하의 혼백이여, 불효자식을 용서하소서." 라는 문구로 정리하고, 장인께 전화를 드려서 '조시'로 적당한지를 확인하였다.

장인은 내용을 다듬으면 훌륭한 '조시'가 될 것이므로 한 서방이 알아서 정리하되, '조시'에 '노심초사', '오매불망' 두 문자는 반드시 넣어달라는 신신당부가 있었다. 나는 장인의 사연과 이장할 처조부님의 묘소가 88고속도로 근처인 가조 비계산인 점 등을 고려하여 아래와 같이 '조시'를 작성하여 장인의 허락을 받았다. 고유제 후 장인은 이 조시를 옥돌에 새겨서 선물로 주셔서 지금도 서재에 보관하고 있다.

태산보다 더 높고 바다보다 더 깊은
생전의 부모 은덕 어디에서 갚으리까?
님 가신 후 수십 년 간 청산에 외롭다가
노심초사 오매불망 대대유택 마련하니

지하의 망혼이여 이제는 영면하사
뒤늦은 불효를 관대히 사하소서

앞에는 망망평야 뒤에는 준산이라
배산임수 명당인들 이보다 좋을쏘냐
팔팔 고속도로 막힘없이 뻗은 길이
후손들의 앞날에도 그대로 연결되어
한없는 음덕을 원 없이 베푸소서

살아서 그 인품이 사방에 퍼졌더니
고유제 오늘에도 망인을 추모하여
가없는 발길이 청산을 수놓으니
이제는 밍혼이여 속세를 적멸하여
천상의 세계에서 안식을 즐기시다
천제의 은을 입어 극락왕생 하옵소서

후손들이 일심으로 님의 앞에 읍을 하니
망극한 그 성의를 하늘이여 살피셔서
천추만세 후 영원무궁 하옵도록
님의 안식 지키시고 후손 발복 도우소서
님의 안식 지키시고 후손 발복 도우소서

기묘년(1999년) 삼월 초열흘 손서 한근희 근상

장인의 망부 고 신필성 옹은 1903년 계유년 정월 1일에 경남 거창군 가조면 마상리 116번지에서 부 신종년愼宗年 모 두병종杜炳宗의 삼남으로 태어나셨다. 1923년 창녕조씨 조맹순曹孟順과 혼인하여 1남1녀를 낳고서 아내가 병을 얻어 일찍 사망하자, 1934년 2월 26일 재혼으로 현풍곽씨 곽순順과 혼인하였다. 가조면 마상리 114번지로 분가하였다가, 청운의 뜻을 품고 1936년 서울 종로구 화동 117번지로 전적하였다. 서울 종로구 화동 및 가회동에서 큰 기와집에 살 정도로 자리를 잡았으나, 졸지에 심혈관질환으로 1949년 기축년 정월 23일 47살(만 46살) 이른 나이에 돌아가셨다.

　　장인이 1945년 장모님과 혼인한 후 아직 기반을 잡지 못한 해방 정국의 어려운 시기에 갑자기 돌아가셔서 예를 갖추어 장례식조차 치르지 못하였다. 서울에서 화장하여 가조면 선산에 홀로 묻혀 있던 생모의 묘에 합장으로 장사 지내고, 바로 6.25사변이 터져서 생사에 쫓기다 보니, 긴 세월 동안 버려둔 부친 산소에 대한 여한이 쌓였다. 장인은 칠순 잔치를 하신 1993년경부터 장지 이전과 비석 설치 등을 염원해오시다가 망부 돌아가신 지 반세기만인 1999년 4월 중순에 망부를 비롯한 망조부, 망증조부 등 3대에 걸쳐 묘소를 정비, 이전하는 고유제를 드리게 되었다. 그동안 장인의 심정은 진정 노심초사이고 오매불망이었다.

　　1999년 4월 중순, 따뜻한 날씨에 바람도 조용하고 철 지난 진달래가 그늘진 산자락에 미련을 못 버린 듯 몇 포기씩 피어있는 화사하고 청명한 봄날이었다. 하늘도 장인을 도와서 좋은 날씨를 보내주었다. 그날 가조면 대학리 거창 신 씨 문중사당에는 일가친척 등 수십 명이 모여서 고유제가 열리길 기다리고, 집안 아낙들도 손님 접대를 위해 준비하고 있었다.

오전 11시쯤, 거창군 위천면 황산에서 90세가 넘으신 통일부장관을 역임하신 신도성 어른이 도착하자 고유제를 시작하였다. 초헌을 장인이 먼저 하시고, 차례대로 큰처남 작은처남이 잔을 올렸고, 식순에 따라 순서가 되자 내가 좌정하여 조시를 낭독하였다. 사당에서 하는 식순을 모두 마치고, 신도성 어른을 배웅하고 난 후 점심시간이 되어 참석자들은 마련한 국밥을 먹고 푸짐한 안주로 음복을 하였다.

오후에 삼대를 이장한 묘소로 이동하였는데, 가까운 친척 3-40명만이 묘소에 올라갔다. 이장한 묘소에서 산 위를 보니 비계산 정상이 눈앞에 보이는 명당 중의 명당이었다. 처조부님 돌아가시고 50여 년 만에 평생 숙원이던 선대 묘 이장을 완료하고 고유제까지 성대하게 치렀으니, 장인의 마음도 개운하시고 도리를 완수하였다는 성취감도 들었을 것이다. 고유제에서 손서인 내가 '조시'를 헌사하는 영광을 맛보았으니, 나 역시 잊지 못할 순간이었고, 글로써 '처가봉사'를 했으므로 조금은 떳떳해진 기분이 든 것도 사실이었다.

다만 고유제를 한 1999년 봄만 해도 아무 문제가 없던 장인의 배다른 유일한 남동생인 '봉찬 삼촌'이 고유제를 하고 난 다음 해인 2000년부터 지금까지 23년 이상 창녕, 밀양, 삼천포 등 경상남도 일원의 정신병원을 전전하고 있는 것은 매우 가슴 아픈 일이다. 장인이 살아계실 때인 2010년, 삼촌을 보기 위해 창녕군 부곡 소재 병원으로 가던 도중 이미 삼천포로 옮겼다는 소식을 듣고 장인은 크게 낙심하시다가 이듬해 돌아가셨다.

그 후 나와 집사람이 장인의 유지에 따라 장모님과 처형 등을 모시고 삼천포, 창녕, 밀양 등 삼촌이 계신 정신병원을 2012년부터 코로나 전인

2019년까지 8여 년간 매년 위로 방문한 사실이 있다. 2019년 추석 즈음, 밀양시 소재 병원에 입원한 삼촌을 마지막으로 방문하였는데, 그때 삼촌이 간절히 고향 방문과 선산 참배를 원하였다. 집사람에게 부탁하여 가조의 숙모님과 의논하니 일언지하에 거절하여 삼촌에 대한 희망을 접었다. 25년 동안 병원에 유치되어 있는 사람을 대안 없이 위로 방문하는 것이 덧없는 줄 그때 알았다.

삼촌은 십 몇 년 전에 의사와 결혼한 자기 맏딸의 결혼식조차 몰랐고, 장인을 비롯한 집안의 죽음도 몰랐다. 고유제 때나 가조를 방문했을 때마다 어린애 같이 선한 웃음을 짓던 '봉찬 삼촌'을 생각하면, 그렇게 소원하던 한 번의 고향 방문조차 들어주지 못하는 내 입장이 초라하였다. 삼촌 슬하에 세 딸이 있는데 의사와 결혼한 첫째 딸과 미혼인 둘째 딸은 그 세월 동안 요양병원에 있는 삼촌을 한 번도 방문하지 않았다는 것을 알게 되었고, 막내딸도 결혼 당시 잠시 얼굴만 보이고 그 후 십여 년 동안 한 번도 방문하지 않았다. 숙모님도 몇 년에 한 번씩 병원 전원 시에만 잠시 나타난다는 사실을 알고 충격을 받았다.

과연 삼촌에게 아들이 있었다면 그렇게 아버지를 이십 년 이상 무정하게 방치하였을까? 그래서 삼촌과 같은 어머니 소생인 '낙희 고모'도 삼촌 방문을 포기한 것이리라. 삼촌의 가족들이 행하는 사실을 알고 만정이 떨어졌으리라. 죽은 조상보다 산 조상에 대한 도리가 더 중요하다.

삼촌이 돌아가시면 친조카는 처갓집밖에 없는데 숙모님이 부고는 알려주시겠지. 삼촌 유고 시에는 만사를 제치고 찾을 것이다. 삼촌께서 건강하시길 빈다. 그리고 소망하시던 고향 방문의 꿈, 꼭 이루시길 기원한다.

- 2023. 12.

우초 선생 추억여행

　장인은 1924년에 태어난 갑자생이다. '묻지마라, 갑자생'이란 말이 있다. 1924년도에 태어난 남자들은 1944년 일제의 태평양 전쟁에 징병 1기로 끌려갔고, 1950년 6. 25 동란 때도 징병에 소집되는 등 두 전쟁을 젊은 시절에 맞이하여 많은 사상자가 발생하고, 지옥문을 몇 차례나 거쳐온 고난의 세대였으므로 '묻지마라 갑자생'이란 말이 생긴 것이다.

　우리나라 역사상 일제 말기와 육이오 동란 때가 가장 힘든 시기였다. 그 힘든 시기를 10대부터 20대 말기까지 보낸 장인의 시대 운은 좋지 않았다. 어려운 시대 운에 비하여 장인은 훌륭한 석재 및 현판 작품을 많이 남겨서 이름을 세상에 알렸는 바, 갑자생 중 몇 명이나 살아남아 후세에 그 이름을 남길 수 있었을까?

　합천 해인사 일주문 100여 미터 전방에 5-6미터 높이의 '해인사 사적비'가 우뚝 서 있다. 이 사적비는 1972년 장인이 제작하여 조각하고 준공한 작품이다. 명성이 자자한 성철스님이 방장이었고, 조계종 총무원장을 역임한 지관스님이 주지였을 때이다. 훌륭하신 선사들이 주지와 방장으로 계셨기 때문에 해인사 사적비를 만들 수 있었다.

합천 해인사는 서기 802년 신라 애장왕 3년에 건립하여 사적비를 준공한 1972년은 해인사 창건 1170년이 되는 해라서 천 년이 넘는 사찰의 역사를 기록한 것이 '해인사 사적비'이다. 장인이 우리나라 3보 사찰 중 하나이고, 그중 가장 역사가 길고 국보인 팔만대장경이 보관된 유서 깊은 법보사찰인 '해인사 사적비'를 제작하여 조각한 것은 역사에 길이 남을 큰일을 성사한 것이다.

그 사적비 뒷면에 '1972년 지관이 글을 짓고, 신춘범이 조각하다.'라고 명시되어 있다. 1970년경 해인사에서 창사 1170년이 되는 1972년에 사적비를 완성하기 위하여 전국의 석재 회사에 공문을 보내어 시공사를 공개 모집하였고, 그 소식을 들은 전국의 수십 개 석재 가공 및 조각업체가 입찰에 참가하였다고 한다.

참가한 업체에 대한 면접을 당시 해인사 주지이던 지관스님이 직접 주관하였다. 참가한 수십 개 업체 대표들은 대부분 빈약한 설계도와 저렴한 공사비 견적서만 제시하였다. 장인은 정확한 설계도와 공학적으로 입체화한 모형도까지 제시하고, 공사가격을 정확하게 인건비부터 재료비, 운송비, 식사비, 공임, 인부 숫자, 제작 기간 등을 상세히 나타내서 턱없이 낮은 금액이 아닌 적정한 수준의 수익금까지 산출한 견적서를 제시하였는데, 지관스님께서 전국 굴지의 석재회사들을 모두 탈락시키고 거창 읍내 조그마한 개인사업자인 신라석재사 신춘범을 시공자로 선정하여 장인은 졸지에 해인사 사적비 건립자로 명성을 날리게 되었다.

장인이 해인사 사적비 입찰에 성공한 것은 이미 5여 년 전 거창 수승대에 위치한 구연서원 경내에 1965년 준공한 '요수 신선생 사적비' 일명 '산고수장비'와 1966년 준공한 '황고 신 선생 사적비', '청송 신 선생 사적비', '야천 신 선생 사적비' 등 다수의 대작을 건립하고 조각한 전례가 있었으므로 가능했던 것이다.

장인은 위 해인사 사적비를 2여 년에 걸쳐서 성공적으로 제작, 준공하였고, 그 실력을 인정받아 1975년경 해인사 내 사명대사 비석 등 정비 공사를 발주받아 1976년에 완료하는 등 해인사의 각종 석재 사업과 정비 사업에 발군의 실력을 입증하였다. 그때 해인사의 큰스님이던 혜암 스님이 장인께 주신 법명이 '해인거사'이다.

장인은 부친이 1949년 46세에 돌아가시자, 사시던 서울 종로 가회동에서 1950년 초에 안태 고향인 거창 가조로 하향하게 되었다. 가조 용산리 큰부님 집에서 가업으로 하시던 한약방 일을 도왔는데 일정한 월급이 없었다. 생계를 위해 서각이나 조각에 소질이 있었으므로, 문중 비석이나 상석 등에 각자 새기는 일을 부업으로 어렵게 1-2년을 보낸 후, 결국은 여의치 아니하여, 아내를 가조에서 4-5km 떨어진 처가인 가북면 몽석골로 보내고, 본인도 1953년에 가북면 소재지에서 이발소를 개업하고, 이발소 내에서 도장을 새기는 등 1959년 초까지 이발 및 도장업을 조촐하게 운영하던 중, 뜻한 바 있어 석재 가공 및 조각 사업에 대한 꿈을 안고 1959년 춘절에 대처인 거창군 거창읍으로 나와서 2-3년간 개인적으로 문중 비석 설치와 조각업 등을 조금씩 하다가, 1962년경 '신라석재'란 상호로 거창 읍내의 하천부지를 빌려서 공식적으로 석재 가공업 및 조각업에 뛰어들었다.

그동안의 사업 경험과 조각 솜씨로 드디어 1963년 수승대 구연서원 경내에 설치한 '요수 신 선생 사적비', '황고 신 선생 사적비', '청송 신 선생 기적비', '야천 신 선생 유적비' 등을 잇달아 수주하여 1965년과 1966년에 각 준공하였다. 산고수장비 등 거작을 준공하면서 장인의 이름이 거창군과 서부 경남 등에 파다하게 알려지게 되어 장인의 석재 사업은 순풍에 돛단 것과 같이 번창하게 되었다. 전국적으로 굵직굵직한 석재 공사만 해도 준공일을 기준으로, 1965년 산고수장비 등 구연서원에 4-5개의 사적비, 신도비, 유적비, 1972년 해인사 사적비, 1973년경 대구 모명재 두사충 선생 신도비, 가조의 원천공 신도비, 현산 거창신공 세적비, 가북의 동계 정 선생 신도비, 영동 창녕성씨 사적비, 주상면의 청도김씨 사적비, 성주군 예향비, 1976년경 해인사 지월대사비, 해인사 사명대사비 정비공사, 1976년 진양하씨 세덕사, 1979년 곽면우 선생 신도비, 1980년 해인사 인곡대사비, 현풍곽씨 십이정려 현판 42개 조각, 진주 진양정씨 사적비, 해평 도리사 현성비, 함양 안의 충효탑, 함양 화림정 전 선생 유적비, 1981년 거창 양평 음석비, 양평 음석 사적비, 양평 고허비, 안의 농월재 현판 조각 등 전국적으로 100여 개의 사적비, 신도비, 충효비, 세적비, 애향비, 대사비, 유적비, 자연보호헌장비, 각종 현판 등을 설치하고 조각하였다. 1970년대 중후반에 장인은 경상남도에서 인간문화재 후보 추천에 거론될 정도로 조각장으로서 명성을 얻었다.

　　장인이 1959년 춘절경 거창읍으로 진출하여 시작한 석재 및 조각사업이 20여 년이 지나 한창 번창하던 1982년에 중풍이란 몹쓸 병마가 장인을 덮쳤다. 당시만 해도 중풍은 거의 고칠 수 없는 불치의 병이었다. 번창하는 사업을 접을 수 없어서 작은처남이 사업을 맡았으나, 경험 부족으로 1여 년 만에 거액의 부도를 냈다. 장인은 서울로 도피하는 입장이 되어 모진 세월을 보내면서도 끈기 있게 병마에 도전하여 완치를 보았다. 참으로 넘기 힘든 인간승리였다.

보통 사람들은 육체가 무너지고 경제까지 무너지면 모든 것을 포기할 것이지만, 장인은 끈질긴 집념으로 건강을 회복하고 새로운 직업으로 젊은 시절 중부님 집에서 잠시 경험한 한약 조제로 전환하였다. 서울 경동시장의 명망있는 한약방을 거점으로 특유의 친화력과 기술력을 발휘하여 전국에 단골을 확보하고 한약조제, 판매업을 운영하여 대단한 성공을 거두었다. 특히 집안 대대로 내려오는 비법으로 조제한 소화제 겸용 환약은 단골이 많아서 전국에 명성이 자자하였다. 그 후 교통사고의 후유증으로 혈액투석을 하게 된 80대 중반까지 20여 년을 한약 조제로 돈을 벌어 서울 상도동에 삼십 평짜리 아파트까지 구입하였다.

1993년 11일 27일, 장인의 칠순 잔치를 성황리에 치렀다. 칠순 잔치 후, 장인은 자신이 시공한 전국 100여 개의 석물과 현판에 대한 순례여행을 계획하고 아들들에게 부탁하였으나, 각자의 사업에 바쁜지라 시간 내기가 힘들어서 순례 계획은 무산되었다. 우여곡절 끝에 2009년 4월, 장인과 장모님은 27여 년 동안 살던 서울을 떠나 경산시 소재 휴먼시아 아파트로 이사하였다. 장인의 막내 여식인 아내와 사위인 내가 장인, 장모님을 곁에서 모시게 된 것이다.

2009년 5월부터 2010년 11월 늦가을까지 19개월 동안 장인과 장모님, 나, 집사람, 의동생 영식이까지 포함한 4-5명이 '우초 선생 추억여행'을 완수하기 위하여 주말 또는 휴일마다 장인의 석재, 현판 등 조각 작품이 있는 전국을 순례하였다. 진주시 단목리 진양하씨 세덕사와 진주 촉석루 옆에 있던 진양정씨 사적비 등 장인의 작품을 찾아 진주에도 몇 번 갔다. 해인사 사적비를 찾던 중 사적비 공사를 하던 1970년부터 사명대사 유적 조성공사를 하던 1975-76년, 1980년 인곡대사비 등 해인사에서 여러 공사를 하던 10여 년간 장인이 숙소 및 식당으로 이용하던 진주여관을 방문하였다. 공사 당시의 식당 할머니는 이미 돌아가시고 그 아들과 며느리가 대를 이어 여관과 식당을 운영하고 있었다. 장인과 아드님 부부가 40여 년 만에 해후의 정을 나누었는데, 사적비 공사 당시 장인이 조각해서 옛 주인 할머니에게 선물로 준 진주여관 돌 간판을 그때까지 보관했다면서 보여주었다.

대구 모명제의 두사충 신도비, 가조 곽면우 선생 신도비, 현풍 곽씨 십이정려 현판 42여 개, 거창 건계정의 자연보호헌장비, 안의의 충효탑 등은 모두 건립한 그 자리에서 장인을 반갑게 맞이해 주었다. 각 비석과 현판에 앉은 묵은 이끼가 흘러간 세월의 무상함을 보여주었다. 우초 선생의 오랜 소원을 이룬 것이다. 아내와 나는 장인의 여행에 동행하여 이 모든 장면을 두 편의 비디오 테이프에 담았다. 제목은 '우초 선생 추억여행'이다.

장인의 부친 고 신필성 옹의 호는 초인楚人이다. '楚'는 '초나라 초', '높을 초'의 뜻을 가졌는데, 신필성 옹이 만 46세의 이른 나이에 돌아가시자, 장인은 큰 충격을 받고 돌아가신 아버지의 삶을 아들이 대신 산다는 굳은 각오를 하고, 망부亡父의 호, 초楚자를 자신의 호 뒷자로 쓰고, 그 앞에 또 우又자를 적어서 '우초又楚', 즉 다시 사는 초인으로 아호를 정한 것이다. 장인은 자신의 호를 우초로 정하고, 반드시 선친의 유지를 받든다는 굳은 마음으로 초지일관하여 해인사 사적비 등 수많은 명작품을 조각하여 성공한 것이다.

'인사유명 호사유피', 호랑이는 죽어서 가죽을 남기고 사람은 죽어서 이름을 남긴다. 장인은 가셨어도 장인이 남긴 작품들이 있는 한 신춘범 愼春範이라는 그 이름은 사라지지 않을 것이다.

"장인어른, 해인사 '혜암' 큰스님이 작명하여 주신 법보사찰 '해인사'를 상징하는 '해인거사'로 열반하셔서 우리 후손들의 앞날을 지켜주시옵소서." - 2024. 1.

장인의 유택幽宅

장인의 유택은 경남 거창군의 명산인 비계산 중턱 3부 능선에 자리 잡고 있다. 장인, 장모님 두 분이 자리 잡은 묘터는 100여 평이나 되어 넓고, 앞이 확 트이고, 건너편 우측에 후손 중 문장가가 나온다는 필봉인 박유봉이 보인다. 앞에는 옥같이 맑은 물이 고인 유지가 있고, 뒤에는 비계산 정상의 웅장한 바위들이 장군과 같이 호위하고, 멀리 박유봉이 안산 역할을 하는 전형적인 배산임수 명당이다.

장인은 거창 신愼 씨이고, 성함은 춘春자, 범範자이다. 장모님은 밀양 박朴 씨이고, 성함은 노路자, 미未자이다. 이 유택 터를 잡아 준 사람은 가북 몽석골 출신으로 장인의 처갓집 사람인 '박인태' 아재이다. 몽석골의 밀양 박 씨는 경북대 총장 등 많은 교수와 관리들을 배출한 명문이다.

'박인태' 아재는 초등학교 학력으로, 서예와 풍수지리를 공부하여 서예도 국전에 입선하는 등 대성하였다. 풍수지리도 수십여 년간 대구 시내 학원에서 강의를 하였고, 본인 명의로 수십 권의 풍수지리에 관한 책을 발간하는 등 그 분야에도 일가를 이루었다. 평시에도 장인과 절친하여 매형이라 부르며 따랐고, 1995년 봄, 내가 대구 신매동 아파트에 입주할 때, 기념으로 '홍익인간弘益人間'이란 글을 써주셨다. 그 글은 지금 나의 법무사 사무실에 걸려 있다. 나의 사고방식이 홍익인간의 이념과 비슷하기 때문이다.

나는 '홍익인간' 휘호 말고도, 장인으로부터 많은 선물을 받았다. 아내와 결혼식을 올린 1985년 10월, 결혼 때 받은 '정물화' 1점과 아내와 나의 생년월일이 좌우에 배치된 '결혼 축하글' 1점, 동양 화가 '운당'의 '매화도'와 '산화만수개山花滿水開, 그림 2점과 운당의 그림과 글이 적힌 육폭 병풍', '달항아리 도자기' 외에 장인이 직접 붓글씨를 쓴 '경천애인 敬天愛人', '일근천하무난사 백인당중유태화一勤天下無難事 百忍常中有泰和' 글씨 2점, 법무사 개업 때 장인이 직접 조각한 옥돌로 된 법무사 '명판', 옥돌로 된 '조시' 조각품과 옥돌로 장인이 직접 새긴 '인감도장' 외에도 대여섯 개의 '옥도장'이 있다.

장인은 선친이 46세의 이른 나이에 심장병으로 갑자기 돌아가시고 장례를 치를 돈이 없었다. 선친과 절친했던 친구분들을 찾아가 장례비용을 차용해 줄 것을 부탁하였으나 냉정히 거절당하시고는, 이 세상에서 그 어떤 친구도 믿지 않겠다고 굳은 각오를 하고, 88세에 돌아가실 때까지 오로지 혼자의 힘으로 활로를 개척하고 사업을 일으켜 성공하였다. 건강이 따라주지 않아 좌절도 하였으나 끝내 불치병을 극복하고 재기에 성공하였던 것이다.

수많은 문중의 산소 정비와 묘석을 제작하고 조각하였으나, 정작 중이 제 머리 못 깎는다는 말과 같이 본인의 유택은 신경을 쓰지 않았다. 80대 중반이 지나 교통사고의 후유증으로 신장이 나빠져 혈액투석을 하는 위급한 상황인데도, 정작 장인이나 처남들은 장인의 유택을 구할 기미를 보이지 아니하여 참으로 답답하였다.

막내사위라 하더라도 장인에게 많은 사랑을 받은 입장에서 그냥 있을 수는 없었다. 장인의 병세가 위중하니 화급히 장인의 유택을 마련하는 것이 급선무였다. 2008년 3월, 현대관광(주)에서 실시한 개성관광을 신청하였다. 2008년 4월 초순, 아내, 나, 민영이가 개성시를 당일치기로 구경하면서 박연폭포, 선죽교 등 유적지를 둘러보았다. 천년 전 화려하고 생동감 넘쳤던 고려 수도 개성은 흔적이 없고, 죽은 회색의 도시, 공산당 치하의 획일적인 단색의 도시, 모든 희망이 사라진 절망과 체념만이 그곳에 있었다.

그곳에 '영도자 김정일 장군님에게 충성하자'는 커다란 붉은 글씨가 너무나 생경하였다. 6. 25 사변 때, 원래 대한민국의 영토였다가 북한으로 넘어간 것이 도시와 그 도시에 사는 사람들의 운명을 천국과 지옥으로 갈라 놓은 것이다. 천 년 전 찬란했던 고려청자의 도시이고, 세계 무역의 도시 개성에서, 그때보다 오히려 몇 천 년을 후퇴하여 석기 시대로 뒤돌아 간 개성을 보았다.

개성관광을 마치고, 2008년 4월 8일, 서울로 와서 투석 중인 장인을 위로하고, 큰처남을 만나 장인의 유택에 대해 진지하게 상의하였다. 혈액 투석 후 오래 사셔도 3년을 못 넘기는 것에 유의하여, 5월 내에는 장지를 구하자고 합의했다. 그 비용은 자식들이 공동으로 부담하고, 4월 말경 대구에 사는 처외가족 인척인 '박인태' 아재가 가조 비계산에서 장지를 구하는 것으로 하였다.

　문중 산에 묘소를 정하려면 무엇보다 문중 종손인 '용해' 처남의 동의가 필요하였다. 사전에 가조의 용철, 용대 처남에게 연락하여, 풍수가인 '박인태' 교수를 데려가서 문중의 여러 묘소를 살펴보는 길에 장인의 묘소를 정하려고 한다면서, 2008년 4월 말일 토요일 오전 10시쯤 용해 처남도 비계산에서 같이 만나기로 약속하였다.

　사전에 '영식'에게 개인 택시를 전세내어 인태 아재를 오전 8시 30분경에 모시고 늦어도 오전 10시쯤에 비계산으로 오도록 조치해 놓고, 나는 집사람과 함께 우리 차로 먼저 비계산으로 가서, 용대, 용철, 용해 세 처남과 큰처남, 우리 부부가 인태 아재를 기다리고 있었다.

　10시쯤 영식이가 자신의 그랜저 개인택시로 인태 아재를 모시고 왔다. 내가 인태 아재에게 인사를 드리고, 용해, 용대, 용철, 처남들에게 아재를 소개하였다. 영남대학교 풍수학 교수로 풍수학의 대가라고 풍을 좀 쳤다. 처남들은 대단한 풍수의 대가가 온 듯이 인사가 깍듯하였다. 인태 아재는 큰처남과 나를 보고, 먼저 조부님의 이장하기 전의 묘터를 보자고 하였다.

　우리가 만난 곳에서 밑으로 50m 정도 내려가서 이미 이장되어 파묘한 묘터와 그 아랫 부분을 살피는데, 처조부님의 옛날 묘소 밑에는 소나무와 참나무 등이 빽빽하게 우거져서 사람들이 들어갈 자리조차 없었다. 아재가 처조부님 묘터 아랫부분에 가서 나무와 나무 사이를 10여 분을 살펴보더니, 다시 올라와서 큰처남을 보고 3대가 새로 이장한 묘소를 보자고 하였다. 그 전에 큰집 용해 처남이 아재를 보고, "교수님, 춘범이 아재 묘터 잡기 전에 우리 조상님 묏자리부터 좀 봐주십시오." 하고 부탁하였다.

인태 아재도 용해 처남의 동의가 장인의 유택을 잡는데 관건이라는 사실을 알고 있었기 때문에 용해 처남의 부탁을 받고, 짐짓 "아이고, 제가 그 부탁을 당연히 들어드려야지요." 하고 용해 처남을 따라 큰집 묘소를 위에서부터 아래까지 차례로 내려오면서 감정하였다. 아재는 "각 묏자리가 좌청룡 우백호이고, 뒷산과 앞산의 조화가 천하명당으로 여러 자손이 출세할 자리." 라고 칭찬해 주니 용해처남의 얼굴에 웃음꽃이 피는 것을 보고, 오늘 장인의 묏자리는 수월하게 해결될 것이라는 예감이 들었다.

인태 아재는 다시 큰처남과 비계산 산길을 1km 이상 더 걸어가서 1시간 정도 3대 이장묘소와 부근 산세를 살펴보고는, 다시 아까 조부님 옛날 묏자리 근방과 처음에 봤던 아랫부분을 10여 분 정도 더 살펴보더니, 큰처남과 나를 불렀다.

"옛날 조부님 묏자리 바로 아래인 이 부근이 최고의 명당이다."

"이곳 나무를 베어내어 잔디를 입히고, 매형이 병세가 위중하시니 가묘를 하고, 누님의 묘소도 미리 가묘를 해 놓는 것이 좋다."

"묘터를 100여 평 이상 조성해 놓으면 후에 아랫자손들도 이용할 수 있다." 고 하셨다.

원래 장인의 묘터로 잡은 바로 위에 이장한 처조부의 묘소가 있었고, 그 옆에 현풍곽씨 작은할머니 산소가 남아 있어서 다른 집에서 묏자리 쓰기가 어려운 자리라서 용해 처남도 흔쾌히 승낙하였다. 드디어 장인의 유택이 결정된 것이다. 큰처남도 부모의 유택을 해결하고, 사후 가족 묘지까지 준비했으므로 기분이 좋아 보였다. 모양 좋게 마무리가 되니,

평소 장인의 사랑에 보답한 것 같아서 나도 기분이 좋았다.

점심시간이 되었으므로, 용해, 용대, 용철 처남과 인태 아재, 영식이, 큰처남, 우리 부부가 인근 식당에서 점심을 먹고 계산은 내가 하였다. 다음날부터 2-3일간 인태 아재와 아재가 데리고 온 인부들이 나무를 베어내고, 때를 입히고, 가묘 2기를 설치하기로 하고, 감독은 큰처남이 하기로 하였다.

일주일 후 완성된 유택 자리에 가보니, 100여 평 임야의 나무를 모두 베어내어 시야가 확 트이니 평지처럼 완만한 묘터가 드러났고, 유택 30여 미터 전방에 못이 보이고, 멀리 가조평야 뒤로 미인봉과 박유봉이 보이는 것이 후손 중에 인물이 많이 나온다는 명당이 분명하였다.

장인은 2009년 4월 우리가 사는 경산으로 이사한 후, 그해 5월 가조 집안 사람들을 방문할 때 우리가 조성한 유택을 둘러보고 흡족해 하셨다.

장인은 유택을 조성하고 2년 10개월이 지난 2011년 3월, 경산시 소재 세명병원에서 돌아가시고 위 유택에 안장되었다. 장모님은 코로나가 본격적으로 발병하기 1주일 전인 2020년 2월 10일 경산시 소재 요양병원에서 서울 근처 요양원으로 옮기신 얼마 후인 3월 20일에 돌아가셔서 위 유택에 묻히셨다. 1년에 한두 번씩 장인, 장모님 유택에 들리는데, 인근에 요양원이 있어서 묘소가는 산길이 포장되어 있는 데다, 요사이는 장인 산소와 요양원 사이 계곡에 3-40미터의 다리까지 놓여져서 유택가기가 훨씬 수월하다. 요사이는 차가 들어가는 묘지가 최고의 명당이다.

나는 장인으로부터 많은 사랑과 가르침을 받았다. 그래서 장인이 돌아가신 몇 년 동안 우울감과 허탈감에 젖은 적도 있었다. 그래도 항상 나를 격려하고 칭찬해 주시던 장인을 생각해서 마음을 다잡았다.

"장인, 장모님! 명복을 비옵니다. 부디 영면하시옵소서." - 2024. 2.

나리의 결혼

나리는 올해 34살로 작은처남의 둘째 딸이다. 올 4월 하순 영산홍이 곱게 피던 날, 나리는 사랑하는 남자와 행복한 결혼식을 올렸다.

5월 첫 토요일, 나리 부부와 작은처남 내외가 오후에 우리 집을 방문한다고 했다. 나리 결혼 후 첫 방문이라 토요일 오전 10시경 아내와 북구 매천동 수산 시장을 다녀왔다. 전날까지 소고기 몇 근과 식재료는 마련하였지만, 수산 시장에서 러시아 대게 큰 것 몇 마리와 감성돔, 놀래미 등 활어회를 넉넉하게 준비하고, 우리 농원에서 채취한 햇쑥으로 떡도 몇 되 해서 나름대로 준비를 했다.

오후 5시경, 나리와 김 서방이 처남 내외와 함께 도착하였다. 5월의 녹음과 장미꽃이 만발한 정원의 테이블 위에는 초록색 파라솔, 해가 넘어가는 서쪽에는 흰색 파라솔을 펴서 햇살을 막았다. 우리 부부와 처남 내외 나리 부부 6명이 시원한 맥주와 생선회, 대게를 기본으로 하고, 우리가 준비한 소갈비살과 나리가 함양에서 따로 구입한 신선한 지리산 흑돼지로 푸짐한 상을 차려서 두 사람의 결혼을 진심으로 축하해 주었다.

이튿날, 나리부부는 아침 일찍 서울로 떠나고, 처남 내외는 점심 후에 함양으로 떠났다. 손님들을 모두 보내고 부엌 식탁에 앉아 맥주 한 잔을 마시면서 지난 10여 년간 처가에 일어난 세월을 되돌아보니 감회가 남달랐다.

2011년 3월 초순, 장인이 88세에 돌아가시고, 연이어 이듬해 작은처남댁이 간이식을 하는 우환이 발생하여 장모님이 정신 줄을 놓을 지경이었다. 장인과 장모님은 서울생활 20년 동안 남의 집 곁방살이만 하시다가, 장인이 열심히 한약을 팔고, 용돈 등을 푼푼이 모아 30평 아파트를 구입하였다. 아파트를 큰처남이 담보로 넣었다가 사업이 부도나서 경매에 들어간 후 집을 비우게 되었는데, 서울에는 보증금이 방 1칸에도 몇 천만 원이라서 노인네들이 길거리에 쫓겨나갈 처지였다. 작은처남의 부탁으로 우리가 사는 이웃이고, 내 법무사 사무실이 있는 경산에 임대 아파트를 임차하여 2009년 4월부터 두 분이 사시다가 2011년 3월에 장인이 돌아가신 것이다.

큰처남의 부도에 장인마저 돌아가시고, 그 이듬해에 작은처남댁이 B형 간염의 악화로 말기 간암이 되었고, 바로 간이식을 하지 아니하면 생명이 위독하게 된 것이다. 첫딸 현이는 B형 간염 보유자로 이식이 불가능하여 나리가 간을 제공할 수밖에 없었다.

당시, 나리는 24살로 미국에 유학중이었는데 아버지의 간곡한 부탁으로 유학을 포기하고 귀국하여 자신의 간으로 엄마를 살리고자 하였다.

처남댁도 부모 입장에서 감당하기 어려운 고통이나, 다른 대안이 없고 나리의 결심이 워낙 확고하여 2012년 가을, 서울아산병원에서 수술을 성공적으로 마치고 경과가 좋았으므로 오늘 처남댁이 나리의 결혼식을 보게 된 것이다.

처남댁의 수술 뒤에 작은처남도 오랫동안 파키스탄의 무덥고 습한 기후와 비위생적인 생활 탓에 척추결핵을 앓게 되어 척추교정 수술을 받게 되었는데, 수술 후유증으로 몇 년을 걷지 못하는 등 힘든 고비를 여러 번 넘기고 근래에 와서야 겨우 지팡이 없이 걸을 수 있었다. 하지만 몇 년간 몸이 불편할 때 남에게 맡겼던 처남의 사업은 결국 부도가 나고 말았다.

우리가 12년간 모시던 장모님은 2020년 3월, 93세의 나이로 천수를 누리고 고종명하셨다. 큰처남이 자신의 칠순연을 2021년 코로나 때문에 서울에서 가족끼리만 했다면서, 구정 전에 경산 우리 집에서 처가 남매들끼리만 모인 별도의 칠순연을 원하였다. 이에 우리가 처남이 좋아하는 대게와 생선회, 물곰탕 등을 준비해서 2022년 1월 중순 경, 경산 우리 집에서 별도의 칠순을 축하해 주었다.

그때 작은처남이 오는 4월에 나리의 결혼식을 예약했다고 말하였다. 손님들이 떠난 후 아내와 상의해서 함양의 처남 내외에게 1월 말 구정 연휴 전에 통영의 욕지도 여행을 같이 하자고 해서 그 승낙을 받았다. 욕지도 여행은 여행이고, 작은처남이 경제적으로 매우 힘든 여건에서 나리의 결혼 준비에 많이 힘들 것이라는 생각이 들어 그 사실을 알고 싶었고, 형편이 어렵다면 조그마한 경제적 도움이라도 미리 주고자 하는 마음이 있었다.

욕지도 여행을 하면서 나리의 결혼에 대하여 물어보니 힘들다 하여 우리도 어려워서 큰돈은 못 도와주지만 몇 백은 미리 도와드릴 수 있다고 하자, 그 정도라도 힘이 된다고 해서 아내에게 바로 처남의 계좌로 이체해 주도록 하였다. 때맞추어 욕지도 여행 중에 나리와 결혼할 신랑이 인사차 작은처남이 사는 함양에 들렀다가 우리를 보기 위하여 하루 더 머문다고 했다. 우리가 저녁을 살 터이니 함양의 맛집에 예약을 해달라고 부탁하여 그날 저녁 7시에 맛집인 소갈비식당에서 즐거운 만찬을 가진 후, 밤 11시경 우리 부부는 경산으로 올라왔다.

2022년 4월 24일 일요일 오전 11시, 신부 신나리와 신랑 김지영의 결혼식이다. 나리가 자기 엄마에게 간이식을 한 날로부터 10년 만이다. 당일 아침 6시경 영식이 운전하는 개인택시를 대절하여 우리 부부가 올라가고, 먼저 서울로 간 아들은 예식장에서 만나 우리와 같이 내려오기로 하였다.

요사이는 주례가 없고 신랑이나 신부 아버지가 성혼선언문이나 축사를 하여 주례 역할을 대신한다. 그날 나리의 결혼식에도 작은처남이 먼저 간단한 하객인사와 성혼선언문을 낭독하고, 신랑의 아버지가 축사를 하는 가운데 나리를 칭찬하면서 나리가 어머니에게 간이식을 해 준 미담을 적시하면서 나리는 천사의 마음을 가진 신부라고 칭찬하는 말을 듣고 몹시 기뻤다.

작은처남 식구들은 큰딸 집에 가서 결혼식 뒷정리를 하기로 하고, 우리 식구와 처형 식구들은 예식장에서 5분 거리에 있는 큰처남의 장남 집으로 갔다. 큰처남과 처남의 아들에게 선물로 가져온 묵은 김치와 가자미를 전하고, 가져온 가자미를 구운 안주로 맥주를 들었다. 내가 김상진의 '도라지 고갯길'을 한 곡 부르는 등 시간을 보내다가 처형 식구들의 기차시간에 맞추어 오후 4시쯤 서울을 출발하여 경산에 도착하니 저녁 8시경이었다. 엄마를 위해 자기 몸을 희생한 나리가 사랑하는 사람을 만나 축복받는 결혼을 하여 처남 내외도 나리에 대한 부담을 덜게 되었고, 나리도 좋은 사람을 만났으니 앞으로 더 행복하게 살기를 축원한다.

결혼하는 나리에게 성철스님의 말씀을 전한다.

"부부는 애기를 낳더라도 3살에서 4살까지만 최대의 사랑으로 키우고, 그 후에는 자식이 스스로 성장하도록 어느 정도의 조언과 후원에만 그치고 지나친 간섭을 배제하는 것이 좋다. 부부 간에 남편은 아내, 아내는 남편을 각 자식보다 더 높은 애정 순위에 올려놓고 결혼생활을 한다면, 가정에 아무런 문제가 생기지 아니한다. 엄마가 자식들을 남편보다 더 상위에 올리게 되면, 그 자식들은 절대 효자효녀가 되지 아니하고 좋은 사회인도 되지 않을 뿐더러 그로 인해 결국 가정도 무너지게 되므로, 부부들은 이 말을 꼭 명심하라"고 하셨다.

나리도 결혼생활을 하면서 자식을 낳더라도 자식보다 김 서방을 상위에 올려 대우하여 행복한 미래 인생을 만들어 갔으면 좋겠다는 생각이 든다. 나리야 부디 행복하게 잘 살아라. - 2022. 5.

처형

처형은 올해 78세로 나와 10살 차이고, 아내보다 13살 많은 처갓집의 장녀이다. 장인은 슬하에 2남 2녀를 두었는데, 처형이 1번이고, 2번이 큰처남, 3번은 작은처남, 4번이 집사람이다.

처형은 25살 때 같은 읍내에서 살던 한 살 아래인 동서를 만나 결혼식 없이 살다가 아들 2명을 낳고서야 결혼식을 올렸다. 내가 아내를 처음 만난 1985년에는 고향인 거창읍에서 남편이 지점장으로 있던 보험회사 대리점에서 설계사로 근무했다. 부도난 처갓집에서 유일하게 큰처남 명의로 남아있던 거창읍 하동 집에 당시 27살 처녀이던 아내와 처형 가족들이 함께 살고 있었다.

내가 집사람을 만나 밤 데이트를 하던 어느 날 밤, 12시가 다 되어 처형이 살던 하동 집에 데려주러 갔는데 마침 커다란 대문이 잠겨 있었다. 밤중이라 문을 크게 두드릴 수도 없고, 또 대문과 처형이 자는 안채는 멀리 떨어져 있어서 조그마하게 두드려서는 들리지 않았다.

할 수 없이 그날 밤은 읍내에 있는 여관에서 하룻밤을 보낼 수밖에 없었다. 그날 밤에 역사가 이루어졌고, 그 후로는 주말이나 늦은 밤에 아내를 만나는 날은 처형 가족이 사는 집에 자기 방이 있는 아내를 따라가서 잠을 잤다.

밀양으로 인사이동이 될 때까지 20여 일 동안 처형이 사는 집을 들락거리면서 처형과 동서에게 이래저래 신세를 졌다. 그래도 처형이 묵인해준 덕분에 아내와 부부의 연을 맺게 되었다. 결혼 후 40여 년이 되었으나 처형이나 동서에게 당시의 신세를 갚으려고 나름대로 노력을 하고 있다.

1990년 겨울, 당시 44세이던 동서가 큰처남의 사업체에 근무하던 중 업무상 무거운 짐을 옮기다가 허리를 다쳐 수술을 받아야 하나, 돈이 없어 힘들다는 소리를 듣고 공무원의 박봉에도 50만 원을 쾌척하여 수술을 받게 해주었다. 2004년 봄에는 처형의 큰아들 영동이가 결혼을 약속한 신부는 있으나 처형집 형편이 어려워서 식을 못 올린다는 소식에 돈 몇백만 원을 내가 먼저 내고, 서울 장인과 두 처남들에게 미리 부조할 것을 독촉해서 2004년 5월 거창에 있는 호텔에서 영동이가 결혼식을 올리게 하였다.

처형과 동서는 1992-3년경부터 부산역 앞 국제빌딩에서 커피숍 겸 구내식당을 운영하다가 1998-9년경에 그만두었다. 그 후, 동서는 국제그룹 건설사에서 시공하는 공사장 현장소장으로 일하고, 처형은 신발공장에 취직하여 몇 년을 다니던 중 집사람에게 회사에서 고무냄새를 많이 마시니 머리가 아프고 힘들다고 하소연했다. 아내가 "언니, 언니는 옛날에 병원 일도 했는데, 요양사 일을 배워서 그 길로 가면 좋을 것 같다."고 조언하여 처형이 아내의 말대로 요양사 자격을 얻어 60대 초반부터 78세 현재까지 요양사로 가정경제를 이끌고 있다.

2009년 4월부터 당시 86세이던 장인과 82세의 장모님을 경산 휴먼시아 아파트에 모신 후, 장인은 2011년 3월 초순에 돌아가시고, 장모님은 2020년 2월 10일경 서울에 있는 요양병원으로 옮긴 후 그해 3월 20일경 돌아가셨다.

장모님이 경산에 계시던 2009년 4월부터 2020년 2월 초순까지 11년간 처형은 한 달도 빠지지 않고 매월 병원에서 하루 주는 휴가를 이용하여 경산에 있는 장인, 장모님의 아파트를 방문해서 부모님 목욕, 집안 청소, 빨래 등을 해주었다. 고령에다 고단한 일에 지쳐서 한 달에 하루 쉬는 휴가를 편하게 보내고 싶었을 텐데도 11년간 한 달도 빠지지 않고 부모님께 효도한 것이다.

처형의 동생들에 대한 사랑도 대단하다. 동서가 무심코 처남들 흉을 보면 절대로 묵인하지 않고 반박을 하여 동서가 함부로 처갓집 욕을 못 했다고 한다. 아내가 초등학교 3-4학년에 다닐 무렵이던 어느 추석에, 장인이 회사 장부를 닦는다고 계산이 늦어 추석 장을 볼 수 없는 지경이 되었다. 처형이 막내인 여동생의 추석 빔인 새옷을 사주라고 아버지를 닦달하여 장인이 늦은 밤 시내 옷가게에 가서 새옷을 사 입히게 했다고 아내가 이야기하였다.

얼마나 동생을 사랑하면 자기 옷은 안 챙기고 동생 옷부터 챙기려 했을까? 아내가 얼마나 감동을 먹었길래 오십 년이 지난 지금도 그 기억을 할까? 지금도 처형은 동생인 아내에게 수시로 전화하여 안부를 묻고 자신에게 일어나는 일을 알려서 자문을 받는 등 소통해 오고 있다.

처형의 막내아들 우동이가 공무원 공부를 할 때, 내가 부산의 처형 집에 갈 때마다 우동이에게 형편 되는 대로 5만 원이나 10만 원을 주면서 내 돈은 복돈이라 이 돈으로 책을 사서 공부하면 합격한다고 격려를 해 주었다. 2006년-7년경 우동이가 몇 년간 지원했던 부산이나 경남은 경쟁률이 높아서 합격하는데 어려움이 많다면서 경북으로 주소를 옮겨 원서를 내면 시험에 될 것 같다고 하였다. 경산 지인의 집으로 우동이의 주소를 옮기도록 하여 마침내 2007년 공무원 시험에 합격하여 봉화군청에 발령을 받았다. 그곳에서 같은 부산 출신으로 근무하던 공무원 아가씨를 만나 우동이 승용차로 주말마다 부산에 내려가고 봉화에 올라오면서 사귀게 되어 두 사람은 2010년 1월 결혼하였다.

우동이와 우동이 집사람이 봉화군청에 근무할 당시, 한겨울에 가축 전염병이 발생하여 외부 차량 출입을 막으려고 외곽지에서 밤 근무를 하면서 고생을 한 것이 기억난다. 우동이가 봉화군청에서 경북도청으로 전보할 때 면접을 보았는데, 그때 시험관인 도청 간부 직원이 우동이에게 "자네의 인생 멘토는 누구인가?"하는 물음에 우동이가 "내 인생의 멘토는 대구의 이모부님이고, 그 이유는 이러저러하다."고 답변하며 울먹이자, 시험관들이 감동하여 우동이가 도청으로 전보하게 되었고, 도청 근무가 우동이의 근거지인 부산으로 전출하는데 많은 도움이 되었다고 한다. 나중에 우동이로부터 그 말을 듣고 우동이가 처가에 대한 이모부의 헌신을 알고는 있구나 하는 생각을 했다.

그 후 우동이 집사람은 교육공무원으로 전직하여 2011년에 부산으로 갔고, 우동이도 경북도청에서 2015년에 부산으로 전속되어 부부 모두 부산에서 생활하게 되었다. 우동이나 영동이 부부도 장모님 계실 때는 아이들 데리고 장모님 뵈러 오는 도중에 우리집에 들러서 놀다가고 김장김치 등 음식도 나눠 먹으면서 친하게 지냈다.

우동이가 연애할 때 우동이 여친의 성격이 좋아서 천생연분인데도 처형이 아는 점쟁이에게 물어보니 두 사람의 궁합이 상극이라 했다. 우리 부부가 이 결합을 방해하면 우동이 평생 결혼을 안 할 수도 있다면서 점쟁이의 말에 반대하고, 두 처남도 이에 가세하여 결국은 결혼을 성사시켰다. 두 사람은 지금 딸 하나, 아들 하나를 두고 금슬좋게 잘 살고 있다. 잘못했으면 점쟁이 때문에 두 사람의 신세를 망칠 뻔했다.

처형이 열심히 일을 해서 모은 돈으로 사상구에 32평형 아파트를 마련해서 2000년쯤 처남들과 장인, 우리 내외가 같이 가서 입택 축하를 해주었다. 전세방을 떠돌던 처형의 고생이 끝나고 마이홈 시대에 진입한 것을 진심으로 축하해 주었으나 몇 년 후 동서가 사업을 한다고 담보에 넣었다가 집이 경매에 넘어갔다.

나는 아내에게 "처형이 동서에게 잘못하면 자식들도 아버지를 무시하니까, 남편을 구박하지 말게 하라."고 시켰고, 처형도 동생의 충고를 받아들여서 지금까지 잘 살고 있다. 나는 영동이나 우동이 보고도 아버지 잘 모시라고 만날 때마다 충고하고 아이들도 잘 따라주어서 고맙다. 재물보다 중요한 것이 사람이고, 가족 간의 사랑이 더 우선이다.

처형은 나보다 열 살 많은 78세인데도 부산에서 병원요양사로 아직도 일하고 있다. 팔십 가까운 나이에도 타고 난 건강에다 관리를 잘해서인지 현역으로 일하는 것을 보면 정말 대단하다는 생각이 든다. 나도 처형을 본 받아서 오랫동안 현역으로 일하고 집사람도 건강하게 오래 일했으면 하는 것이 바람이다.

38년 전 처형이 묵인해준 덕에 아내와 결혼하게 되었고, 처갓집 남매들 중 첫째로서 장인, 장모님 사후에도 화합과 희생으로 항상 동생들을 안아주는 처형께 감사드린다.

"처형, 동서 모두 무병장수하시고 백년해로 하시길 기원합니다."

– 2023. 12.

제5장

밀양 이야기

기적소리만

1985년 10월 20일 황혼 무렵, 우리 부부는 소슬바람에 나뭇잎이 떨어지는 밀양역 플랫폼에 내려섰다. 역에 도착하기 전부터 울리던 기적 소리와 같이 내 마음은 한없이 쓸쓸하였다.

10월 13일 대구 궁전예식장, 새신랑으로 단상에 오르던 내 모습은 한없이 늠름하고 씩씩하였으나, 고작 1주일 만에 소금에 절인 배추마냥 속절없이 기가 죽어 버렸다. 박봉의 공무원으로 모은 돈은 한 푼도 없고, 아버지가 위암 말기라 전세 보증금조차 빚을 지고 겨우 맞춘 마당인데, 하늘같이 믿고 있던 결혼식 축의금을 한 푼도 남김 없이 절도 당한 것을 알게 된 후 내 마음은 절망뿐이었다.

당장 다가오는 겨울연탄과 김장, 살림 준비, 결혼식 때 참석한 하객 접대 등 돈 들어갈 일만 남았는데 돈이 없으니 어떻게 할 것인가? 처량한 현실을 생각하니, 14년 전 대구에서 고등학교에 다닐 때 배성이 부른

'기적소리만'이라는 노래 내용이 오늘의 내 처지와 너무나 비슷하였다.

일주일 전 결혼한 아내를 대동하고도 내 마음은 우울하고 적막하였다. 택시 주차장에서 밀양역을 물끄러미 쳐다보았다. 역 건물은 단아하고 고색창연하였다. 마음 속으로 다짐하였다. 이제부터 시작이다. 우선 살아야한다. 14년 전, 16세의 어린 소년도 대구에서 그 어려움을 견뎌내었는데, 이제 내 옆에는 나를 믿고 따르는 아내가 있다. 그래, 열심히 살면 기회는 다시 오는 것이다. 그때부터 밀양을 떠나기까지 5년 동안 우리 부부의 신혼살림이 시작되었다.

내 고향 영해는 철도가 없었다. 그래서 대구에 오고 갈 때 시외버스만 이용하였다. 시외버스는 직행과 완행이 있었는데, 대구에서 고향에 갈 때는 대부분 영덕, 영해까지 바로가는 직행버스를 이용하였다. 올 연말에 포항에서 강원도 삼척까지 동해선 철도가 운행한다고 한다. 드디어 내 고향도 역세권에 들어갔으니 무궁한 발전을 기원한다.

1985년 10월부터 밀양에 살면서 대구나 부산, 서울에 갈 때는 철도만 이용하였고, 고향에 갈 때는 동대구역까지는 철도를 이용하고 동부정류장에서 영해까지는 버스를 이용하였다. 아내의 말이, 신혼 초 구정이나 추석 때, 밀양에서 동대구역까지 기차를 이용하고, 동부정류장에서 시외버스를 타려고 수백 명의 귀성객들이 구름처럼 몰렸는데, 내가 버스 옆 창문을 열고 들어가서 좌석을 잡아 가족들을 태웠는데, 그때 보니 '우리 신랑이 가족을 굶기지는 않겠다.'는 생각이 들었다고 한다.

우리가 살던 밀양 삼문동은 밀양강을 가로놓은 철교와 밀양역의 거리가 얼마 되지 않아, 기차가 철교를 지날 때 꼭 기적소리를 두세 번 이상 울렸다. 철교에서 몇백 미터밖에 되지 않는 우리집 담장을 넘어 기적

소리는 어김없이 잠자는 나의 귓가를 때렸다. 낮에는 소리가 분산되어 안들릴 때가 많지만, 밤에는 기적을 울릴 때마다 '빠아- 앙, 빠아-앙' 하는 소리가 선명하게 들리므로 선잠을 깰 때도 여러 번 있었다.

1982년 9월 영덕에서 본원으로 발령을 받아 대구에 왔을 때, 동대구역 인근 효목동 아파트에서 1년6개월간 전세를 살았다. 그때도 동대구역을 들락거리는 기차들이 울리는 기적소리를 많이 들었다. 대구 효목동과 밀양 삼문동 철로 가에 7여 년을 살면서 기적소리를 많이 들었는데, 멀리서 듣는 기적소리는 듣기 싫은 소음이 아닌 아늑하게 들리는 음악과 같이 감미롭기도 하였다.

39년 전 절망에 빠졌던 그 신혼부부는 이제 그 절망을 졸업하였다. 그동안 1남 2녀를 낳아 양육하였고, 그들도 착하게 잘 자랐다. 지난 3월 10일 아들이 결혼을 해서 예쁘고 똑똑한 며느리도 보았다. 이제 더 이상 바랄 것도 없다.

올 연말 고향에도 기찻길이 열린다고 하니 고향에 가서 강릉까지 기차를 이용해 볼 예정이다. 앞으로 남북통일이 되어 동해선 철도가 부산에서 영덕, 영해를 거쳐 북한의 원산, 함흥, 청진과 러시아의 블라디보스토크를 지나서 시베리아-모스크바-유럽으로 연결되는 대륙간횡단열차로 연결되길 바라는 마음 간절하다.

그리하여 내 고향 영덕, 영해의 발전과 나라 융성의 신천지가 개척되길 손꼽아 기원한다. 그때 남북 동해안을 관통하여 달리는 특급열차는 웅장하고 장엄한 기적소리로 남북통일을 축하하고, 조국중흥의 새역사를 목 놓아 울릴 것이다. - 2024. 9.

밀양의 추억

1985년 10월 아내와 결혼식을 올린 후, 밀양지원과 이웃한 삼문동 주택 1층을 임차하여 밀양을 떠날 때까지 계속 그 집에서 살았다. 1990년 9월까지 5년간 밀양에 살면서 많은 사연이 있었다. 그 당시 밀양은 단독지원이지만 사건이 많아서 지원장님 말고도 판사 1명이 더 있었고, 직원수는 30여 명이었다.

밀양에 발령받은 후 민사계장을 1여 년 보고, 1986년 7월 형사계장으로 자리를 옮겼다. 박 모 계장이 민사계장을 맡은 후 변론조서를 작성하지 못하여 당시 지원장님의 부탁으로 내가 민, 형사계장을 모두 맡고, 박 계장은 재판이 없는 호적계장으로 가게 되었다.

민, 형사계장을 겸직해서 보던 1986년 10월경, 변호사 노무현 씨가 형사계에 와서 기록을 열람하고자 하였다. 위임장을 제출하지 못한 관계로 내 밑에 있던 주임이 열람을 거절하자, 노 변호사가 계장인 나에게 직접 와서, 원칙에는 어긋나지만 기록 열람 후에 위임 여부를 결정할 것인데 선임계가 없더라도 열람을 시켜달라고 사정하였다. 나는 판사 출신 변호사가 기록열람을 해서 나쁜 곳에 쓸 일은 없을 것이라 판단해서 노 변호사에게 기록열람을 시켜주었다.

밀양지원 기능직 직원 중 장옥일 씨는 테니스를 좋아해서 같이 공을 많이 쳤다. 특히 피리 낚시를 잘해서, 여름 호우가 내린 뒤에 강물이 붉어지고 유속이 빨라지면, 짧은 낚시대로 강물에 살짝살짝 바늘을 던져 피라미를 낚는데, 한 시간이면 반 바케스 정도 잡아서 직원들이 튀김이나 매운탕을 해서 술안주로 먹은 추억도 있다.

나는 밀양에서 무거운 추를 멀리 던져서 고기를 잡는 릴 낚시를 처음 배웠다. 처음에는 집 옆에 있는 밀양강에서 가까운 곳에 던져 강붕어나 30cm 정도 되는 잉어 등을 잡았는데 가끔 자라가 잡히기도 했다. 낮보다는 밤 9~10시쯤에 조과가 좋았다. 깜깜한 여름밤, 영남루 아래 대숲가에 위치한 아랑낭자의 죽은 영혼을 위로하는 아랑각 사당 아래에서 낚시를 하다보면, 머리 뒤끝이 쭈뼛쭈뼛 서는 무서움에 떨 때도 있었지만, 한 여름밤의 무더위를 이기고 한 번씩 잡히는 잉어의 손맛을 보기 위해서는 어쩔 수 없었다. 그 여름밤, 강가에 남학생들이 떼로 몰려다니면서 부르던 '소양강 처녀'는 지금도 생생하다.

1989년 10월 9일 한글날, 오전부터 밀양시 마음산 앞 밀양강에서 릴 낚시 다섯 대를 놓아 낚시를 하였는데, 계속 잔챙이만 잡다가 뒷산에 그늘을 지우고 해가 기울었을 무렵, 방울소리를 울리며 낚싯대 한 대가 휘청하면서 크게 앞으로 고개를 숙이는 찰나, 낚싯대를 들어서 잽싸게 줄을 감았다. 낚시대 끝에 묵직한 느낌이 드는 것이 대물이었다. 이십여 분 실랑이 끝에 겨우 물가에 끌어내어 뜰채로 올리니까, 길이 약 70cm 이상 되는 누런 황금잉어였다. 며칠간 커다란 고무대야에 넣어두고 법원 직원들에게 구경을 시켰는데, 마침 서울에서 장인이 오셔서 생후 8개월 된 아들과 같이 기념사진도 몇 장 찍었다. 그 며칠 뒤 장인이 부산에 가실 때에 전문점에서 박제하도록 하여 지금도 보관중이다.

1988년 제주도 출신 공채사무관 고 모 과장이 발령받아서 처음 테니스를 배웠다. 새벽마다 지청 담벼락에서 "한 계장, 한 계장!" 하고 불러내서 아내와 같이 담을 넘어 테니스장에서 공을 치던 일이 생각난다. 고 과장님과 법원 계장 4-5명이 운전교습소에 등록하여 면허를 취득한 것이 1988년 10월경이다.

아내의 권유로 결혼한 다음 해인 1986년 봄에 한국방송통신대학 법학과에 입학하였다. 당시 방송통신대학은 5년제였다. 2년제 전문대학 출신은 3학년에 편입할 수 있었다. 1988년 3학년이 되었다.

밀양에서 방통대 학생들이 출석 수업을 받는 곳은 창원대학교였다. 밀양에서 창원대학교에 가려면 예림리를 지나 낙동강 본류의 다리를 건너서 가는데 1시간 이상이 걸렸다. 지금은 왕복 4차선으로 확장되어 밀양에서 30분쯤 걸린다.

방송통신대학 3학년 때 밀양농협에 근무하던 이성수 씨가 법학과 3학년에 편입되어 창원대학에 출석수업을 같이 하면서 알게 되었다. 당시 성수는 밀양농업협동조합의 과장이었다. 그는 2년제인 농협대학을 1등으로 졸업한 수재였다.

나는 운전면허를 취득한 후 밀양지원 김 모 판사님이 운전하던 포니2를 100여 만 원에 구입하여 몰다가, 몇 달 후 중고차로는 상태가 좋은 88

스텔라를 구입하여 1989년 7월 여름 출석 수업 때부터 그 차로 창원대학교를 통학하였다. 그때 이성수와 같이 통학하면서 친해졌는데, 1989년 12월 겨울 수업 때 운전을 하다가 접촉사고가 나서 출석시간을 맞추기 위하여 곤혹을 치른 일도 있었다.

밀양 삼문동에서 살 때 우리 이웃에 세들어 살던 분이 호야 모친이다. 나보다 15살 많으므로 내가 밀양에 올 때 30살이었고, 모친은 45살이었다. 지금 내 나이가 69살이니까 모친은 84살이다. 밀양에서 살던 우리집은 길에서 20-30미터 이상 걸어야 되는 골목길 끝집이었다. 우리집 들어가는 오른쪽 입구에 호야 식구들이 살았는데, 식구라고 해야 호야 아버지와 호야 모친, 호야 등 세 사람이었다.

호야는 당시 11살로 초등학교 4학년이었다. 호야는 모친이 35살쯤에 낳은 늦둥이 외동이다. 내가 술 한잔 걸치고 골목을 걸어오면서 "홍도야, 우지마라 오빠가 있다."고 노래하고 들어오면, "아! 오늘 한 계장 술 한 잔 했구나." 하고 그 집에서 먼저 안다. 우리 대문 맞은편에 그집 대문이 있으니까. 구둣발로 호야네 나무대문을 두세 번 가볍게 찬 후 우리집으로 들어갔다. 내가 왔다는 신호였다.

결혼한 이듬해부터 분재를 시작하여 분재가 50-60여 개가 넘었고, 일반 화분까지 포함하면 100여 개가 넘었으므로, 여행을 가거나 명절이나 제사 때는 나무 물주기가 문제였다. 그래서 호야 모친에게 매번 분재와 화분에 물 주는 것을 부탁하였다.

1990년 7월 1일, 영양 등기소장으로 발령 받았지만 이사할 집을 구하지 못하였다. 밀양 집도 매도해야 하여 우리집 관리를 호야 모친에게 맡겨놓고 주말마다 밀양에 내려왔다. 밀양 집을 정리한 1990년 9월 중순경 대구 산격동 전셋집으로 이사하였다. 호야 모친 등 이웃들이 몹시 섭섭해 하였다. 밀양 거주 5년 만의 이별이었다..

밀양하면 상남면 예림에 있는 강태기를 **빼먹**을 수 없다. 밀양강은 경주시 내남면과 청도 운문산에서 발원한 동창천과 대구 비슬산에서 발원한 청도천이 청도군 유천에서 합류하여 밀양 상동면을 거쳐 가곡동 용두목을 지나 영남루 아래를 통과한 후, 마음산 앞과 강태기가 있는 상남면을 지나 삼랑진에서 낙동강 본류와 만난다.

밀양강이 밀양 시내를 돌아 삼랑진에 도착하는 중간 지점에 강태기가 있는데, 수심이 깊고 강폭이 넓어서 늦가을부터 초겨울 무렵 날씨가 추워지면 고기들이 추위를 피하고 겨울잠을 자기 위하여 수심이 깊은 강태기에 모였다. 그때쯤 강태기에는 대물잉어를 노리는 꾼들이 떼거리로 몰려와서 강변에는 자리가 없을 정도로 구석구석 텐트가 쳐져서 장판을 이룬다.

나는 릴 낚시를 배운 1987년부터 1989년까지 3년간 가을부터 초겨울까지 2-3개월은 강태기에 텐트를 치고 릴을 5-10대를 설치해서 대물낚시에 몰두하였다. 떡밥 만드는 것은 아내의 몫이었다. 내가 출근하면 아내가 방앗간에 가서 떡밥용 콩을 몇 되 사고, 낚시집에 가서 일반 떡밥 몇 봉지와 접착용 재료 등을 사서 하루에 떡밥 50-60여 개를 만들면 하루 사용치가 되었다. 저녁 6시 반경이 되면 강태기에 가서 하루 밤을 낚시하고, 이튿날 아침 6-7시에 집에 와서 몸을 씻고 9시경 출근하는 것이 반복되는 일과였다.

1987년 겨울, 강태기에서 꾼들이 잡은 자연산 잉어를 회를 쳐서 소주와 곁들어 몇 번 먹었다. 이로 인해 그 이듬해인 1988년 1월, 간디스토마로 3주간 병원에 입원하는 등 고생을 많이 하고 나서는 민물고기는 절대 날 것으로 먹지 않으려고 한다. 밀양을 떠난 지 34년이 지났으나 그곳에서 만난 두 명은 지금도 그 인연을 이어가고 있다. 호야 모친은 39년, 성수 동생은 36년이 되었다.

2년 전 밀양에 들렀다가 전에 우리가 살던 삼문동에 가보았다. 밀양지원과 밀양지청은 이미 십여 년 전에 새청사로 이전하였고, 우리가 살던 집과 호야네가 살던 집 등 수십 채의 건물이 공원부지로 지정되어 철거되고 없었다. 상전벽해라더니 30여 년의 시간 속에 모든 것이 변하였다. 그래도 좋은 인연은 평생을 간다.

밀양을 생각하면 항상 가슴이 따뜻하다. 호야 모친 건강하게 장수하시고, 성수 부부 화목하길 기원한다. 사랑한다, 밀양이여! 사랑한다, 밀양의 좋은 인연이여! - 2024. 4.

호야 모친

호야 모친은 고향이 창녕군 대합면 소야리이고, 1941년 시사생 뱀띠
이다. 뱀띠는 천성적으로 영리하고 주관이 세다. 이순신 장군이 뱀띠이
고, 박정희 대통령이 뱀띠이다. 호야 모친의 성은 '김'이고 이름은 '이덕'
이다. 남편은 최 씨이고, 성함은 '계용'인데, 1935년생이다. 청도군 풍각
사람으로 모친과 늦게 인연을 맺어 만 40세에 얻은 자식이 외동아들 '원
호'이다.

2014년 6월 24일, 초여름과 더불어 장마가 시작되어 습도가 높아 후
덥덥하던 시기였다. 밀양에서 부고가 왔다. '최계용' 어른이 돌아가셨다
는 전갈이다. 향년 80세로 돌아가시기에는 조금 아쉬운 연세였다. 큰 중
병도 없었으므로 갑작스러운 부고에 황당하였다. 우리 가족과는 밀양에
서 5년간 지인으로 지낸 사이고, 떠난 후에도 24여 년간 밀양과 대구를
오가면서 교분을 쌓은 터였다.

밀양의 성수에게 연락하여 가곡동 장례예식장에서 만날 것을 약속하였다. 대구-밀양은 부산 신고속도로가 개통되면서 40여 분이면 밀양 장례예식장까지 도착한다.

저녁 5시 30분경 장례식장에 도착하여 향을 피우고 잔을 올렸다. 지난 세월이 어제와 같은데 어르신은 관속에 누워있고, 영정 속의 사진만 웃고 있는 것이 새삼스럽게 인간사 허무함이 가슴을 때린다. 신혼시절, 어르신이 호야 모친에게 "민주 엄마 같은 사람은 요즘 세상에 없고, 민주 엄마 같은 며느리라면 대환영이라."고 항상 집사람 칭찬하던 말이 떠오른다.

성수가 전전날인가 시내에서 어른을 만나 "어르신, 신수가 좋습니다."하고 인사를 했는데 갑자기 돌아가셔서 깜짝 놀랐다고 말하였다. 모친과 원호가 인사를 와서 잔을 권하기에 받아 마셨다.

원호에게 "올해 나이가 얼마이고? 아이는 몇이고, 결혼한 지 얼마가 되었냐?"고 물어보았다. 원호가 "결혼한 지 10년이고, 애가 둘이고, 나이는 마흔입니다." 라고 하였다. "원호야, 너는 결혼하고 아버지가 10년이나 살아서 방패 역할을 해 주셨다. 아저씨는 결혼한 지 4개월여 만에 아버지가 돌아가시는 바람에, 많은 신고를 겪었다." 말하고, 돌아가신 아버지께 고맙다고 생각하고, 어머니에게도 잘하라고 당부하였다.

호야 부친이 돌아가신 그해 11월, 20년을 살던 대구 아파트를 팔고 경산에 2층 단독주택을 짓기 시작하여 다음 해 2월 중순에 입주하였다. 호야 모친은 2015년 5월, 우리집 입택에 밀양의 옛 이웃이던 강철호 씨 부부, 복성일 씨 부부, 성수 부부 등과 같이 와서 축하해 주었다. 그때만 해도 70대라 정정하셨는데, 올봄 우리 아들 결혼식 때 오신 것을 보니 기력이 떨어진 것이 눈에 확 나타났다.

　호야 아버님 돌아가신 지 10년이 지났다. 호야 아버님은 밀양에서 살 때는 나와 술대작을 하지 않았는데, 1994년 11월, 호야네가 교동에 주택을 신축하여 이사하였을 때, 내가 냉장고를 선물하고 새 집에 인사를 간 것이 계기가 되어 그 후 20여 년간 왕래하면서 친하게 지냈다. 이사 후 밀양에 갈 때마다 들러서 인사를 드리면 꼭 맥주 몇 병을 나누어 마시곤 하였다. 어른은 잔정이 많아서 우리 부부를 항상 따뜻하게 맞이해 주고, 연배가 20년 이상 차이가 나는데도 허물없이 대하고 대작을 해주어서 우리를 편안하게 해주었다.

　2004년 10월, 고향인 영덕에서 법무사 개업식을 할 때도 와 주었고, 2007년 1월, 영덕에서 경산으로 사무실을 이전할 때도 매화그림으로 유명한 '가전' 선생님의 가로 80cm, 세로 140cm의 '매화도'를 선물헤 주었다.

　호야 부친이 돌아가시고 3-4년이 지난 2017년 4-5월경, 모친이 우리를 밀양으로 불렀다. 우리가 가니 큰방 농 위에서 8폭 병풍을 꺼내어 보여주었다. 가전 선생님의 작품으로 그림이 웅장하고 화려한 홍매와 백매, 동백이 그려진 대작이었다. 원래 원호에게 주려고 했으나, 원호가 보관하기 힘들다고 인수를 거절하므로 갈 곳은 우리집밖에 없다면서 인수하길 원해 표구비 정도만 주고 가져와서 서재에 전시해 놓았다. 호야 모친과의 인연으로 사무실에 매화 그림 한 점, 집에 매화 그림 한 점과 매화 8폭 병풍 등 가전 선생의 작품이 3점이나 있다.

　호야 모친은 1985년 10월 신혼살림을 할 때, 같은 골목에 살면서 아내와 친구로 지냈는데, 지금까지 40여 년 동안 18년 나이 차가 나는 친구로서 서로 간에 허물이 없다. 우리가 대구로 이사한 후에도 대구에 사는 지인에게 올 때마다 우리집에 들렀다. 1994년 5월, 대구 범어동에서 막내딸의 돌잔치를 할 때도 와서 도와주었다.

39년 전 나는 갓 장가간 30살 청춘이고, 모친도 45세라 한창이었다. 무정한 세월이 흘러서 나는 어느덧 6학년 9반이고, 모친도 8학년 4반으로 인생의 황혼에 접어들었다. 어느 가수의 노래에 '석양의 버드나무 말고삐 매는 인생은 마부' 라고 했듯이, 이제 나나 모친이나 석양의 버드나무에 인생의 고삐를 매고 지평선을 바라보는 나이가 되었다.

"모친, 건강하셔서 남은 세월 자주 보며 삽시다." – 2024. 9.

진술서

밀양시는 인구 10만을 약간 상회하는 작은 시이나 경부선 철도가 지나가는 교통의 요시이다. 경상북도 청도와 접경을 이루는 곳으로 조선시대에는 부사가 관장으로 있던 큰 고을이었다. 밀양강을 굽어보는 언덕에 자리잡은 영남루는 크기가 웅장하고 수려한 자태로 대한민국을 대표하는 누각으로 평양의 부벽루, 진주의 촉석루와 더불어 우리나라 3대 누각이다.

밀양 출신으로 임진왜란 때 구국의 영웅이신 사명대사의 충절을 기리는 표충각과 단장면 제약산 밑에 위치한 사명대사의 유물들을 보관한 호국 사찰인 표충사가 있고, 더운 한여름에 얼음이 어는 얼음골, 호박소, 사자평 등 관광지가 많은 산자수명한 곳이다.

나는 1985년 8월 밀양지원으로 갑자기 인사발령이 났는데 원래 희망지는 마산 본원이었다. 우리 인생에 밝음이 있으면 어두움이 있듯이, 좋은 일 뒤에는 나쁜 일이 끼기도 한다. 그런 의미에서 밀양은 나에게 기회의 땅이고, 한편 위기의 땅이었다. 밀양지원에 인사이동이 난 첫 1년은 민사계장을, 다음 1년은 형사계장을 맡았다.

내가 처음 발령받은 1985년은 밀양에 변호사가 없는 무변촌이었으나 1986년 3월, 밀양지원 바로 앞에 법무법인 삼덕법률사무소가 생기면서 무변촌에서 벗어났다. 삼덕법률사무소에 사무장으로 온 사람은 나이가 45세 정도로 키가 크고 얼굴이 험하게 생긴 김 모 씨인데, 울산의 보험회사에서 교통사고만 전문적으로 담당하던 조사관 출신으로 언뜻 보면 꼭 산적과 같아서 인상이 좋지 않았다. 그래서 평소에 사무장과 밥 한 끼, 차 한 잔 한 적 없이 몇 년을 덤덤하게 보냈기에 김 사무장에게 신세를 지거나 욕먹을 일 자체가 없었다. 나는 밀양이 객지라서 변호사 사무실에 민, 형사 사건을 소개해 줄 일도 없었다.

1987년 6월 말, 민사계장을 할 때 주임으로 데리고 있던 장종판 주임이 창녕등기소로 인사이동이 되어서 밀양지원 앞 식당에서 저녁을 먹기로 하여 사무과 직원 8-9명이 퇴근 후 영밀식당으로 갔다. 영밀식당 홀에서 김 사무장이 여자 손님과 저녁을 먹으면서 나에게 "웬 일로 법원직원들이 많이 왔느냐?"고 물었다. "내일 장 주임이 창녕등기소로 전근가서 밥 한 끼 먹여 보낼려고 왔다."고 했다. 김 사무장이 "그렇다면, 저녁 값은 변호사 사무실로 계산하라."고 하길래, 내가 방 안에 들어가서 직원들에게 말하고, 계산이 많이 나오지 않게 약소하게 먹자고 하여 8-9명이 먹은 저녁 값이 58,000원으로 인원 수에 비하여 소액이었다.

한 달 후인 7월 말, 영밀식당 아주머니가 사무실로 전화를 했다. "월말이 되어서 계산서를 가지고 변호사 사무실에 수금하러 가니까, 사무장이 자기는 갚아줄 수 없다면서 법원의 한 계장에게 받으라고 하는데, 계장님이 사무장에게 확인을 좀 해달라고 하였다. 이에 김 사무장에게 전화를 하니까, 사무장이 저녁값을 자기가 내겠다고 말한 사실이 없다면서 오히려 자기가 화를 내는 것이었다.

나는 기가 막혀 "일구이언을 한다." 면서 사무실에 따지러 가겠다고 큰소리를 쳐놓고는, 막상 따지러 가지는 않고 억울한 심정에 결제 가는 김에 지원장님에게 사실을 고하였다. 지원장님이 나를 위로하면서 장주임 환송식 저녁 값은 자기가 대신 내겠다고 하였다. 내가 지원장님의 말씀을 듣지 않자 회계주임에게 돈 6만 원을 주어서 영밀식당에 가서 저녁 값을 계산하게 했다. 졸지에 지원장님께 누를 끼치게 되어 민망하게 되었다.

김 사무장은 3년 뒤 고객 여러 명을 속여서 4-5천만 원을 횡령한 죄로 밀양지원에서 3년 실형을 선고받자, 저녁값 사건 때 내가 자기를 협박했다고 밀양지청과 본원 감사실에 투서를 넣어 본원의 감사와 밀양지청의 수사가 시작되었다.

본원의 감사는 1990년 7월 1일 내가 사무관으로 승진하여 등기소장으로 발령받기 전인 1990년 6월에 무혐의로 종결되었으나, 밀양지청의 수사는 밀양지원을 떠나기 전까지 종료되지 않았다. 내가 등기소장으로 재직하던 1990년 8월에 밀양지청 박광우 검사가 김 사무장 사건에 대한 '진술서' 제출을 요구하여 아래와 같이 작성하여 송부하였다.

진술서의 제출로 별다른 조사 없이 무혐의 처분을 받았다. 약속했던 저녁값조차 내지 않은 주제에 이를 잊지 않고 3년 후 투서까지 넣다니 김 사무장이란 인간의 진수를 알게 되었다. 더 큰 건으로 그와 엮이지 않은 것이 천운이었다.

밀양하면 이 사건이 떠오른다. 좋지 않은 기억은 잊히지 않는 악몽인가? 김 사무장은 처음부터 인상이 좋지 않아 가까이 하지 않았는데 오히려 그 덕을 본 것이다. 그때 저녁값을 냈다면 더 큰 곤욕이 따랐으리라, 그때 내가 보낸 진술서는 다음과 같다.

진술서

성명 : 한근희

생년월일 : 1957.4.3.생

주민등록번호 : 570403-

직업 : 공무원(법원사무관)

본적 : 경북 영덕군 영해면 사진동 447

주소 : 밀양시 삼문동 246-45

상기 본인은 변호사법 위반죄로 구속 기소되어 실형을 선고받은 변호사 사무장의 진정 건에 대하여 본인과 관련된 부분에 대하여 아래와 같이 진술합니다.

아 래

1. 본인은 1985.8. 20. 마산지방법원 밀양지원으로 인사 전보되어 1990. 6. 30.까지 근무하면서 1985. 8.20.부터 1987. 11. 10.까지 민, 형사 입회 계장, 1989. 12. 10.부터 1990. 6. 30.까지 민사 입회 계장

등 민, 형사 입회 계장을 약 33개월 정도 담당하였습니다.

본인이 김 사무장을 알게 된 것은 1986년 3월경, 밀양에 삼덕법률 사무소가 개설되어 그가 동 사무소의 사무장으로 부임한 후로 업무 관계로 알게 되었습니다.

2. 먼저 김 사무장이 진정한 영밀식당 음식대금 58,000원 부분에 대하여 진술하겠습니다. 1987년 6월 말경 본인이 형사 입회를 담당 하고 있을 때입니다. 그해 7. 1.자로 본인이 그 전 민사 입회를 담당 할 때 주임으로 있던 장종판 주임이 창녕등기소로 인사발령이 났으 므로 섭섭하다고 하면서, 저를 위시한 사무과 직원 8-9명이 밀양시 삼문동 소재 영밀식당에서 저녁이나 먹자고 하여 6월 30일 퇴근 후 18:30경 영밀식당에 도착하니, 마침 당시 법무법인 삼덕의 사무장으 로 있던 김 씨가 모르는 30대의 여자 손님과 함께 저녁을 먹고 있었 습니다.

그래서 당시 우리 직원들과 위 김 사무장은 형식적인 인사말을 나 누었는데, 당시 본인이 가장 상급자인지라, 김 씨가 본인에게 웬일 로 법원 직원이 많이 왔느냐고 물어보길래, 본인이 내일 우리 장 주 임이 창녕등기소에 발령이 났으므로, 저녁이나 한번 먹여 보내려고 왔다고 하니까, 김 씨가 그렇다면 인간적으로 평소 재판부 신세를 많이 지는데, 오늘 저녁값은 변호사 사무실 앞으로 해 놓으라고 하 길래, 본인이 안에 들어가서 우리 직원들에게 그 뜻을 전하고, 그래 도 많이 나오면 미안하니까 조촐하게 먹자고 합의가 되어 고기 약간 과 저녁밥, 그리고 맥주 몇 병을 마신 값이 58,000원이었던 걸로 압니다. 본인은 그 후 이 일을 잊어버리고 있었는데, 그 해 7월 말경 영밀식당 주인 아주머니께서 본인에게 전화가 왔는데, 월말이 되어 변호사 사무실에 위 저녁값을 수금하러 가니까, 사무장이 하는 말이 "자기는 갚아줄 수 없다면서, 법원의 한 계장에게 받으라고 하는데, 계장님이 좀 확인을 해달라." 고 하였습니다.

그래서 본인은 사무장이 업무가 많아서 그날 약속했던 것을 잊어버렸는가 싶어서 순수한 마음으로 전화하여 그날 장 주임 갈 때 김 사무장이 약속했던 저녁값이라고 설명을 하였더니, 그는 막무가내로 그런 약속을 한 적이 없다고 하면서 오히려 본인에게 화를 내었습니다. 본인도 젊은 혈기에 변호사 사무실에 따지러 가겠다고 화를 내면서 전화를 끊었습니다.

전화를 끊고나서 곰곰이 생각해보니, 당시 삼덕법률사무소에서 우리 지원에 보석신청을 많이 하였는데, 당시 지원장님이시던 소순무 판사님(현 서울고등법원 재직 중)이 대부분 요건이 맞지 아니하다면서 기각 결정을 하였고, 이에 김 사무장이 감정을 품고 지원장님의 형사입회를 보는 나에게 화풀이를 하는구나 싶어서 따지러 가는 것을 포기하고, 억울한 심정에 지나가는 말로 지원장님에게 위 사실을 고하였던 바, 지원장님께서 저를 위로해주시면서, "한 계장, 김 사무장은 경계해야 할 사람이니 이번 일은 한 계장이 참고 상대를 하지 말라." 고 하시면서, 위 장 주임 환송 저녁값은 자기가 부담할 터이니 갚으라고 하시면서 돈 60,000원을 주시길래 본인이 펄쩍 뛰면서 "지원장님, 아닙니다. 그 정도 돈은 저도 있습니다."하니까 지원장님이 성의를 무시한다 하여서, 회계 이 주임이 지원장님실에 불려가서 60,000원을 받아 58,000원을 식당에 지불하고 잔금 2,000원을 지원장님께 드린 사실이 있습니다.

위 사실을 보더라도, 그날 순수한 마음으로 확인 전화를 한 본인이 김 사무장으로부터 한 달 전 자신이 약속한 말을 뒤엎고 억지의 말을 하는 모욕을 당한 것이고, 저는 바로 앞에 있는 변호사 사무실에 가서 이를 따지면서 공갈을 하거나 협박한 사실이 전혀 없습니다. 그것은 당시 우리 직원들과 소 판사님이 잘 알고 계시는 사실입니다.

3. 두 번째로 김 사무장이 1986. 3.경부터 1989. 12.경까지 밀양지원의 계장 이하 직원들에게 매달 한 번 이상 회식을 시켜주었다는 부분에 대하여 진술하겠습니다.

한마디로 우스운 이야기입니다.

명색이 재판부 입회 계장인 저에게도 김 사무장은 위와 같이 본인의 개인 회식비도 아닌 얼마 되지 아니한 직원 환송 저녁값도 핑계를 대고 자신의 약속조차 뒤엎고 갚지 않았는데, 매달 직원들 회식을 시켜주었다는 말은 어불성설입니다.

저 개인적으로 김 씨와 알고 지낸 4년간 변호사님과 그 직원들, 법원 지원장님과 계장들의 일 년에 한두 번 있는 공식적인 식사 외에 계장들과 주임들이 위 김 사무장과 같이 사적으로 점심 한 끼, 커피 한 잔 바깥에서 한 사실이 전혀 없습니다.

기필코 하늘에 맹세합니다. 오히려 김 사무장이 하자고 해도 저희 직원들이 피했을 겁니다. 왜냐하면 김 사무장은 우리 직원들의 경계의 대상이 되어있었기 때문입니다.

4. 이상과 같이 두서없이 김 사무장의 진정 부분에 대하여 진술하였습니다만, 끝으로 간단한 저의 소감을 몇 자 적고 마칠까 합니다.

본인은 이번 진정 건으로 인하여 본원 감사관으로부터 감사를 받는 등 여러 가지로 마음고생이 컸으나, 결국 무혐의 처리되어 억울함은 벗었습니다.

하지만 국록을 먹는 공무원으로서 본인의 불찰로 여러분들에게 막대한 심려를 끼쳐드린 점에 대하여 실로 송구함을 금할 수 없으며 깊이 사죄하는 바입니다.

본인의 감정으로 말할 것 같으면 김 사무장에게 인간적으로 술 한 잔 얻어 먹은 사실도 없이 이러한 무고에 맞대응하여 고소라도 하고 싶지만, 공무원으로서 품위유지를 못한 본인의 불찰도 있다 할 것이므로 그에 대한 다른 조치는 하고 싶은 마음이 없습니다. 어떻게 보면, 그 역시 불쌍한 한 인간에 지나지 않으니까요.

끝으로 이 사건으로 인하여 밤낮으로 노고가 크신 박광우 검사님의 깊은 이해를 바라면서, 저의 진술서가 진실의 발견에 조금이라도 도움이 되었으면 하는 마음으로 이 진술을 마칩니다.

1990. 8 .27.

진술자 한근희 (인)

마산지방검찰청 밀양지원 박광우 검사님 귀하

당시 복사해 놓은 이 진술서를 다시 읽어보면서 지난 세월을 되돌아보니, 우리 인간 세상에는 항상 위험이 따르고, 오해가 따르고, 시련이 따른다는 것을 깨닫게 된다.

그 위험과 시련을 이겨내는 자는 인생의 주인이 될 것이고, 그 위험과 시련에 지는 자는 낙오자가 될 것이다. 앞으로 남은 나의 삶도 인생의 주인으로 살아갈 슬기와 여유를 가져야 할 것이고, 이 교훈을 나의 후손들에게도 전해야 하기에 이 진술서를 남긴다. - 2024. 5.

진인사대천명盡人事待天命

사람의 일생에는 몇 번의 기회와 몇 번의 위기가 있다. 그 기회와 위기를 어떻게 넘기느냐에 따라서 그 사람의 운명이 결정된다.

내가 밀양지원에 근무한 기간은 1985년 8월 20일부터 1990년 6월 30일까지 5년이다. 안동지원 집행관 근무 4년을 포함하여 사법부 근무 28여 년 중 마산지방법원 거창지원 근무 14개월, 밀양지원 근무 58개월로 총 6년인데, 공직생활의 5분의1을 경남에서 보냈고, 공직생활 28년 중 큰 위기 4번과 큰 기회 3번도 이 6년이란 시간 속에 있다.

1985년 결혼하여 처음 5년을 밀양에서 살았다. 밀양에서 일어난 세 번의 기회 중 첫 번째는 1986년 3월 방송통신대학에 입학한 것이다. 내 마음 속에는 항상 고등학교 출신이라는 열등감이 존재하고 있었다. 이 열등감을 없애준 것이 방송대학 입학이고, 또한 방송대 2학년부터 5학년까지 4년간 B+이상 장학생으로 졸업하여 학력 콤플렉스를 없애 주고,

커다란 정신적 성숙를 주었으므로, 나는 방송통신대학의 졸업을 인생 기회의 1순위로 꼽는다.

두 번째는 법원주사보 6년 만에 이룩한 사무관 승진이다. 밀양지원이 생긴 80여 년 만에 사무관 승진은 내가 처음이라고 한다. 그것도 전국에서 승진자 50명 중 성적은 1등이고, 내신을 감안해도 2등이었다. 1990년 5월에 최종 합격자가 발표되었고, 성적이 최상위권이라 그해 7월 1일자로 지망했던 대구지방법원 관할로 발령받았다.

앞의 두 가지가 공부와 승진 문제라면 세 번째는 경제적으로 돌아온 기회였다. 내 결혼식 때, 아버지가 위암 말기로 집안이 궁핍하였는데, 기대를 걸었던 축의금마저 10원 한 장 남은 것 없이 절도를 당하여, 공무원의 박봉으로 살 길이 막막하였다.

1985년 8월 거창지원에서 밀양지원으로 전근 온 후, 2년 동안 민, 형사계장으로 입회만 보고 있었는데, 1987년 11월, 이영락 등기계장이 교통사고로 몇 개월을 입원해야 할 정도로 중상을 입은 사고가 발생하였다. 민원 자리인 등기계장을 오래 비워둘 수 없어서 우여곡절 끝에 계장 중에 고참이던 내가 등기계장 보직을 받았다. 사고가 없었다면 나 같이 로비가 없는 계장에게는 결코 오지 않을 요직이었다.

등기계장 보직을 받은 1987년 후반부터 전국에 부동산 투기 붐이 일었다. 전두환 정권 말기에 88올림픽을 계기로 전국적인 건설 경기 붐을 타고 땅 값이 하루에도 몇 번씩 들썩거렸고, 특히 밀양과 같은 읍 단위는 토지가격이 저렴하여 큰 자본이 없는 소자본꾼들이 노리는 지역이었다. 특히 밀양은 부산과 가까워서 부산지역 꾼들이 많이 몰려들었다.

부산에서 온 꾼들 중 밀양 출신 박 형이 있었다. 당시 나보다 대여섯 살 많은 30대 후반으로, 나하고는 8촌 고종매형으로 먼 인척이었다. 나에게 등기 사건을 몇 번 부탁하면서 친하게 지냈다. 2018년 1월, 급성간염으로 3주 정도 병원에 입원하였는데, 디스토마 약을 먹고 어느 정도 완치가 된 3월, 아내의 외삼촌이 병문안 차 밀양을 다녀가셨다. 그때 외삼촌께서 현대중공업 퇴직금으로 받은 4,000만 원을 투자할 수 있다고 하였다.

박 형이 밀양읍 가곡동 소재 유지 2,000여 평에 투자할 사람을 모집 중이었다. 평당 8만 원에 600평을 내 돈 800여 만 원에 외삼촌 돈 4,000만 원을 더하여 4,800만 원을 투자하고 내 명의로 지분등기를 하였다. 6개월 뒤 박 형이 그땅을 평당 12만 원에 매매하자고 하여 추이를 지켜보던 중이었다. 울산 외삼촌은 자꾸 빠른 회수를 독촉하여 마음이 조급하던 차, 때마침 부동산 중개인 한 명이 등기계 사무실에 와서 내가 600평 지분 당사자임을 확인하고는, 그땅이 평당 16만 원에 매매 된다고 알려 주어서 평당 8만 원을 남기는 장사를 하였다.

외삼촌에게 6개월 만에 2,000만 원을 불려 6,000만 원을 보내고, 내가 밝힌 돈 2,000만 원과 직접 투자한 돈을 합쳐서 3,600여만 원으로 박 형이 추천한 청도 읍내 논 500여 평과 밀양시 부북면 포도밭 500여 평에 투자했다. 또 세들어 살던 단독주택을 전세 450만 원을 끼워서 1,800만 원에 매수하고, 2년 뒤 대구에 올라올 때 3,500만 원에 팔았다. 밀양에 있으면서 부동산으로 5,000여 만 원을 번 것이 1990년 대구에서 전세보증금 4,000만 원을 낼 수 있었고, 1995년 50평 아파트에 입주하는데 종자돈이 되었다.

앞에서 언급한 3가지가 밀양에서 나에게 돌아온 좋은 기회였다면 지금 언급하는 4가지는 거창지원에서부터 밀양지원까지 6년의 시간 중 나에게 닥친 위기의 순간이었다.

4가지 위기 중 첫 번째는 1984년 대통령이던 전두환에 대한 취중 발언으로 거창경찰서 정보과에서 나에 대한 사찰이 시작되었다. 서슬 퍼런 전두환의 제5공화국에서 법원의 7급 말단 공무원이던 내가 1984년 8월 중순 을지연습 기간 중인 밤 12시경, 거창 시내에서 데이트하던 남녀 고등학생에게 "전두환은 살인마로 광주사태의 책임자로서 북한의 김일성보다 더 나쁜 인간이다." 라고 국가원수를 모욕하는 발언을 했는데, 이 이야기를 들은 학생들이 거창경찰서에 신고한 것은 당시 반공교육의 체제하에서는 당연한 귀결이었다.

거창경찰서 정보과에서 한 달 이상 고향인 영해면 사진리까지 내사한 결과, 나는 빨갱이의 후손이 아니고 경찰서장까지 역임한 영천 백부님의 조카로서 반공 집안의 후손이라는 것이 밝혀졌다. 거창경찰서 정보과장이 상부에 보고하지 아니하고, 고발 서류를 말소 처리함으로써 형사 처벌도 피하고, 공직 생명도 살아남을 수 있었다.

두 번째 사건은 1989년 3월, 밀양지원 계장 때 받은 얼마의 돈 때문에 발생한 사건이다. 지인으로부터 술값조로 몇 십만 원을 받았는데, 그 정보가 지방기자에게 들어갔고, 보도를 막기 위하여 받은 돈의 수십 배를 주고 공무원 신분을 살리게 되었다. 당시에는 공무원이 금전에 결부되면 금액의 과다를 떠나서 무조건 사표를 내어야 했다.

세 번째 위기는 변호사 사무장과 관계된 것이다. 밀양에 소재한 법률사무소에 사무장으로 근무하던 김 모 씨가 변호사법 위반죄로 밀양지원에서 실형을 선고받자, 지원 직원들에게 복수하기 위하여 허위로 사건을 만들어 검찰 지청과 마산 본원에 투서를 올려서 일어난 것이다. 법원에서 재판업무를 보면 크거나 작거나 변호사 사무실과 연결이 있어서 잘못하면 형사 사건에 인사 문제까지 큰 곤욕을 치를 입장이었다.

나는 1990년 7월 1일 영양등기소장으로 발령받아 대구지방법원으로 돌아오게 되었다. 내가 1990년 7월 1일 인사이동 되기 전인 1990년 5월경, 밀양시의 변호사 사무장으로 근무하던 김 씨가 의뢰인들로부터 부적절한 돈을 여러 건 받아 수천만 원을 편취한 사건으로 구속되어 3년의 실형을 선고받았다.

판결 전까지 입을 다물고 있던 김 씨가 실형을 받자 이에 대한 보복으로 법원 직원들과 변호사에 대한 음해성 투서를 마산 본원과 검찰 등에 각 송부함으로 본원에서 진상규명 조사를 하고, 밀양지청에서 수사가 시작된 것이다. 본원의 감사는 1990년 6월경 무고로 판명되었다. 지청의 수사는 그해 밀양지청 박 검사로부터 김 모 씨 건에 대한 진술서를 보내달라는 공문이 왔고, 나는 김씨의 진정 건과 관계된 사실을 적어 보낸 후 무혐의 처리되었다.

네 번째의 위기는 내가 밀양을 떠난 1여 년 후에 발생하였다. 내가 밀양지원에 있을 때 등기계장을 맡은 기간은 1987년 11월 20일부터 1988년 12월 31일까지 13개월 정도였다. 후임 등기계장으로 나보다 나이가 10살쯤 많은 B계장이 1989년 1월부터 1990년 12월까지 2년간 등기계장을 볼 때 등기접수 주임으로 창녕 출신 L주임이 맡았다.

B계장과 L주임은 2년간 등기업무를 보면서 고액의 설정등기나 이전등기 사건 처리에 주택 채권을 붙이지 않거나 아예 사건을 누락시킨 건수가 상당수에 달하였다. B계장이 물러난 후 이에 대한 진정 사건이 터

짐으로써, 본원에서 특별 감사반이 투입되어 1주일 이상 감사를 진행했다. B계장이 맡은 2년과 그 이전 내가 맡은 사건까지 이 잡듯이 뒤져서 불법 처리에 대한 건수를 잡기 시작하였다. 내가 등기를 볼 때도 직원들이 부탁하면 채권을 붙이지 않고 몇 건 처리해 준 것이 있는데, 다른 채권이라도 붙이도록 사전 조치를 해놓은 탓에 특별감사에서 무사할 수 있었다.

나는 공직사회에서 네 번의 위기를 넘기고 이른 나이에 서기관까지 승진하고 법무사 자격까지 얻게 되었다. 거창지원과 밀양지원에 근무하던 6년은 내 나이 29살에서 35살까지였다. 그때 집사람을 만나 결혼하여 40여 년을 살아오면서 결혼 초기 5년간의 경제적, 신분적 공과가 내 인생을 지배하면서 오늘에 이르렀다.

우리가 일생을 사는 동안 몇 번의 기회가 오고, 또 몇 번이 위기가 온다. 그 기회와 위기를 어떻게 넘기느냐에 따라 인생의 방향이 달라진다. 기회를 놓치거나 위기를 슬기롭게 넘기지 못한 사람은 인생의 패배자가 되고, 기회를 잘 잡고 위기를 슬기롭게 넘긴 사람은 인생의 승리자가 된다.

내 나이 69살, 인생의 후반기다. 지난날의 위기를 잘 넘기고 오늘에 이르렀다. 우리의 인생에 언제 또 다시 위기가 올지 알 수 없다. 항상 겸손하게 준비하고 대처하는 지혜를 배우면서, 하루하루 최선을 다하는 삶을 살다가 후회 없이 마감할 수 있게 노력할 따름이다. 진인사대천명盡人事待天命, 인간으로서 최선을 다하고, 나머지는 하늘의 뜻에 따라야 할 것이다. - 2024. 4.

밀양강

　나는 1985년 8월 밀양에 전근 온 후 2개월 만에 결혼하여 삼문동에 신혼살림을 차렸다. 신혼집에서 백 보 정도 걸어가면 밀양강 둑길이 있고, 그 둑에서 앞을 바라보면 우리나라 3대 누각 중 하나인 웅장하고 아름다운 영남루가 보인다. 영남루 오른쪽 아래 아랑각이 보이고, 그 주위에 몇천 평이 되는 대나무가 군락을 이룬다. 동양화보다 아름다운 그야말로 한폭의 그림이다.

　250여 리인 밀양강은 청도군에서 밀양시로 넘어와서 밀양강이 되고, 밀양시 교동에 이르면 긴늪이 되고, 다시 시내 쪽으로 흘러서 가곡동의 팽나무 군락지에 이르면 용두목이 되는데, 삼문동 맞은편 영남루 아래를 흐를 때가 가장 풍경이 좋다. 그 후 남쪽의 조그마한 동산인 마음산 앞을 지나 상남면으로 흘러서 예림리 강태기에 이르면, 수심이 몇 미터 이상으로 깊어지고 넓이가 150미터 이상에 이르는 큰 강이 된다.

교동 긴늪 주변은 유원지로서 많은 음식점들이 진을 이루는데, 주로 매운탕이나 닭요리집이고, 내가 있던 1980년대 후반에는 백송 근처에 송어횟집이 있었다. 가곡동 용두목 근처에는 민물 매운탕 겸 은어 식당이 몇 개 있었다. 상남면 강태기는 건물 하나 없는 허허벌판이고 무인지경인데, 낚시꾼들을 위하여 가건물에서 40대 중반의 아줌마가 그 당시 10여 년 이상 술과 밥을 팔았다. 아줌마는 무인지경 강변에서 가을부터 초겨울까지 겨울잠에 들어가는 대물을 낚기 위하여 밤샘 낚시를 하는 고달픈 꾼들에게 따뜻한 라면 국물에 소주 한 잔 마실 수 있게 해주는 구세주와 같은 존재였다. 아줌마는 처음에는 강태기에 낚시를 하는 남편을 따라왔다가, 남편이 죽고 난 후에는 생계수단으로 강태기에서 밥장사를 시작했다는 것이다.

나는 1987년 봄부터 말양강에서 릴낚시를 시작하였다. 처음에는 집에서 가까운 강변에서 1칸 반짜리 릴대로 붕어나 20-30㎝ 정도의 잉어를 잡았다. 잉어를 잡을 때는 미끼로 떡밥을, 붕어를 잡을 때는 지렁이를 사용하였다. 강변에서 줄을 던지면 20-30미터 정도 날아가는데, 낚시대를 45도로 기울게 해서 팩에 고정시킨 후 대끝에 방울을 다는데, 고기가 걸리면 대가 앞으로 수그러지면서 방울 소리가 난다. 방울소리에 릴대를 세우고 줄을 감으면 고기가 끌려오는데, 끌려오는 힘을 보면 붕어인지, 잉어인지, 소물인지, 대물인지를 대강 알 수가 있다.

매운탕거리로는 메기를 최고로 치는데, 메기는 강 중앙에는 살지 않고 수초가 많이 우거지고 물이 흐르지 않고 고인 웅덩이에 주로 서식한다. 영남루에서 북쪽으로 100여 미터 올라가면 큰 웅덩이가 있는데 그곳에 메기가 많이 산다는 정보를 들었다. 미끼는 낚시점 지렁이보다 대밭에 서식하는 왕지렁이가 특효라 하여 집 근방인 밀양초등학교 대밭에서 왕지렁이를 잡아서 몇 번 조과를 보았다.

내가 잉어 대물을 잡기 위해 영남루를 떠나 이동한 장소는 마음산 앞 밀양 강변이었다. 삼문동은 하중도로 서,북쪽으로 내일동과 연결되는 밀양교가 있고, 동쪽으로는 가곡동과 연결되는 대교, 남쪽으로는 마음산 앞을 지나 상남으로 빠지는 대교가 있다. 다리 남쪽 입구에서 밑으로 내려가면 백사장이 나오고, 그 맞은편에 마음산이 있다. 그곳에서 1989년 10월 9일, 70cm이상 되는 황금잉어를 잡아서 대물의 한을 풀었다.

1987년 가을부터 상남면 예림리 강태기에 출조했다. 강태기 낚시는 10월 말부터 12월 초순까지 텐트와 이불, 방한용 난로 등을 구비해야 하는 장기 출조였다. 40여 일간 강태기에 텐트를 치고 릴 낚시대 10여 개를 설치해 놓은 후, 아침, 저녁으로 몸만 왔다갔다 하면서 미끼인 떡밥만 매일 50-60여 개를 가져가는 방법이었다. 1987년부터 1989년까지 강태기에 3여 년을 출조했지만 대물은 잡지 못했다.

밀양에 5년간 살면서 삼문동 우리집과 밀양강은 지척이라 매일 밀양강과 영남루를 바라보면서 살았다고 해도 과언이 아니다. 아내와 결혼한 그해 11월, 아버지와 어머니가 밀양을 방문하여, 누나 부부, 둘째 남동생, 여동생, 우리 부부 등이 영남루와 박물관 등을 구경하고 영남루에서 촬영한 사진이 있다. 강변길에서 영남루까지 가파른 계단이 높아서 집사람이 아버님께 손잡기를 권유했으나, 혼자 오를 수 있다면서 부축을 거절하였다고 한다. 그 당시 위암 말기로 3개월여 뒤에 돌아가셨는데, 그 상태에서 부축을 받지 않고 가파른 계단을 혼자 올라가신 아버지의 의지력과 자존심은 대단하시다.

첫째 민주가 1986년 5월 27일 태어나고, 2년 8개월 후에 둘째인 문규가 태어났다. 밀양강은 우리 아이들이 어릴 때 거의 매일같이 뛰어놀던 곳이다. 어머니나 여동생이 밀양에 오면 밀양강변 고수부지에 자리를 깔아 놓고 가져간 음식을 먹고 아이들과 놀아 주었다. 그래서 우리 가족에게 밀양강은 언제나 어머니의 품과 같이 아늑한 마음의 강인 것이다. 나는 동해안에서 태어났기 때문에, 영해 송천이나 영덕 오십천을 본 것 외에는 강에 대해 잘 모르다가 밀양에서 처음 밀양강을 만났고, 그 강변에서 아이들이 놀면서 자라고, 내가 낚시 등을 하면서 더욱 더 밀양강과 친해진 것이다.

　　원로가수 이미자 선생님이 1965년에 발표한 '저 강은 알고 있다' 라는 노래를 밀양강에 바친다.

　　비 오는 낙동강에 저녁 노을 짙어지면,
　　흘려보낸 내 청춘이 눈물 속에 떠오른다.
　　한 많은 반평생에 눈보라를 안고서,
　　모질게 살아가는 이 내 심정을
　　저 강은 알고 있다.

　　결혼하고 신혼 초기 5년을 살았던 밀양과 밀양강을 우리 가족은 잊지 못하리라. 우리 가족의 밀양에 대한 사랑을 밀양강은 알고 있다.

－ 2024. 9.

은어

우리 가족이 밀양에 살던 1986년 8월 초순, 서울에서 장인이 들리셨다. 무더운 날씨라 밀양에서 시원하고 경치 좋은 물가를 찾으니까, 이웃에서 가곡동 용두목은 밀양강이 흐르고, 경부선 철교 위로 기차가 다녀서 운치가 있고, 용두목에 수백 년 묵은 팽나무가 우거져 있어서 나무 그늘에 앉아 있으면 더위는 사라진다고 소개하였다.

마침 장인이 내려오시기 며칠 전, 막내동생이 여름방학을 맞이하여 놀러와 있었다. 우리 부부는 장인을 모시고 동생과 함께 용두목에서 점심으로 민물 매운탕을 먹기로 하였다. 매운탕을 먹으러 간 용두목에서 은어를 만났다. 영덕 오십천에서 1978년 은어를 처음 보고, 8여 년 만에 밀양에서 다시 만날 줄은 몰랐다.

우리가 간 매운탕 집은 다른 민물고기와 함께 은어를 수족관에 살려서 판매하였는데, 자연산 은어 구이는 한 접시에 3만 원이고, 양식은 2

만 원이었다. 당시는 아직 낙동강 하구둑을 막지 않을 때라서 회귀성 어류인 은어가 바다에서 낙동강 본류를 타고 삼랑진까지 와서 지류인 밀양강을 따라 용두목까지 온 것이다.

고향 오십천의 은어를 고향에서 5백 리나 떨어진 밀양에서 다시 만난 반가움에 다른 민물고기는 거들떠보지도 않고 은어회와 은어구이, 은어 매운탕을 모두 자연산으로 주문하였다. 8여 년 만에 먹어보는 자연산 은어는 역시 민물고기 중 최고의 맛이었다. 은어회는 수박 맛이 나고, 혀 끝에 부드러움이 넘치고, 민물고기 특유의 냄새도 별로 나지 않는다. 은어구이는 감미로운 향이 좋아서 식구들이 대만족을 하였다.

나는 고향이 바닷가라 성어가 되어 민물에 올라와서 알을 낳고 죽는 은어를 알지 못했다. 은어를 처음 안 것은 1978년 5-6월경 울진군 근남면 출신으로 당시 대구지방법원 영덕지원에 같이 근무하던 '이 모' 씨 덕분이었다. 이 모 씨는 1948년생으로 나보다 8살 나이가 많았으나 법원 입사는 내가 2년 빨랐는데, 나는 그를 '이 형'이라고 불렀다. 이 형은 교도관으로 근무하다가 법원공무원 시험에 합격하여 전직한 것이다. 교도소에 근무하던 사람들의 로망은 법원공무원 시험에 합격하여 전직하는 것인데 그 중 전직에 성공하는 사람은 몇 %도 되지 않는다고 하였다.

이 형은 중학교 졸업으로 교도관 시험과 법원공무원 시험을 모두 패스한 입지전적인 인물이다. 불영계곡에서부터 근남면 성류굴 앞을 흘러서 동해로 빠지는 왕피천은 큰 하천으로 해마다 봄이 되면 모천을 향하여 회귀하는 연어와 은어가 지천이다. 이 형은 고향이 왕피천 인근이라서 어릴 때부터 은어 낚시를 하였다. 이 형이 하는 은어 낚시는 일명 훑치기라고, 암컷 은어를 낚싯바늘에 달고 그 반대편에 날카로운 훑치기

바늘을 달아서 물살이 좋은 바위 근처에 던진다. 수컷 은어가 암컷 은어를 보고 구애차 달려들면, 반대편 훌치기용 바늘로 수놈 은어를 빠르게 낚아채는 방법으로 잡는 것이다.

은어를 잡으면 살림망에 담고 다시 암놈을 이용하여 계속 수놈을 잡는다. 암놈의 기력이 약해지면 새로운 암컷으로 바꿔줘야 한다. 은어는 육지에 오르면 얼마 후 숨을 놓아버리므로 회로 먹으려면 잡아서 일찍 먹어야 한다. 울진이나 영덕 강변마을 사람들에게 은어가 죽으면서 "내가 죽는 것은 아깝지 아니하나 상놈 입에 들어갈까 걱정이다." 라는 말이 있다. 은어의 맛이 그만큼 좋다는 뜻이다.

이 형과 1978년 3월부터 8월까지 영덕지원에서 같이 근무하다가, 내가 방위병으로 입소한 후 제대하여 1980년 1월 울진등기소에 복직 발령을 받았는데 그곳에서 이 형을 다시 만났다. 이 형을 처음 만났던 1978년 6월 어느 토요일 오후, 테니스 시합을 몇 게임 한 후, 이 형이 나를 영덕지원 밑을 흐르는 오십천으로 데리고 갔다. 이 형이 물가에 가져다 놓은 은어 낚싯대에 은어 암컷을 끼워서 은어 낚시를 시작하였다.

이 형은 은어 낚시의 달인이었다. 한 시간여 만에 은어 10마리 이상을 잡아 이 형의 집에서 은어회와 구이를 먹어보았다. 바닷고기만 먹어본 나에게 은어회와 구이는 환상적인 맛으로서 바닷고기와는 비교할 수 없는 또 다른 맛의 세계를 보여주었는데, 그때 처음 은어 맛을 보고 반하였다. 이 형이 아니었으면 맛볼 수 없는 은어였다.

은어는 예민한 물고기라서 투망이나 그물이 아니면 낚시로는 잡지 못해 일반인은 물속에 은어 몇 백 마리가 있어도 잡을 방법이 없다. 더구나 은어의 그물 투망은 법에 의해 할 수가 없고, 은어 낚시만 제한적으로 허가하는데 이 형 덕에 별미인 은어 맛을 보게 된 것이다.

그 후 나는 마산지방법원 관내인 거창지원과 밀양지원에서 6년을 보낸 후, 사무관으로 승진하여 1990년 7월 대구지방법원에 다시 전입하였는데, 풍문으로 그즈음 이 형은 고향에서 법무사 개업을 했다고 하였다. 이 형은 가난한 농민의 아들로 태어나 돈 버는 것이 평생의 소원이라고 했으니, 일찍 재야에 나가서 돈을 버는 것도 좋은 방법이라고 생각해서 그의 발전을 기원해 주었다. 몇 년 전, 이 형이 70세도 되기 전에 타계했다는 소식을 들었다. 삼가 이 형의 명복을 빈다.

내가 밀양에 근무하던 5년간 매년 몇 번씩 용두목에 가서 자연산 은어를 시식하였다. 밀양을 떠난 10여 년 후 용두목에 가니까, 자연산 은어는 없고 양식만 있었다. 식당 주인의 말이, 낙동강 하구에 하구둑을 건설한 후부터는 은어가 밀양강에 회귀하지 못하므로 자연산 은어는 사라지고 양식밖에 없다는 것이다. 양식을 먹어보니 자연산과는 그 맛이 천양지차였다.

2004년 고향 영덕에서 법무사 개업을 한 후, 오십천변에 화림산가든이란 자연산 은어를 취급하는 식당을 발견하였다. 오십천 은어는 8-9월경 성어가 되면, 허리에 황금띠를 두르므로 일명 '황금은어'라고 불리며, 옛날 임금님에게 진상하던 은어로서 그 명성이 높았다고 한다. 화림산가든의 박 사장 역시 은어 낚시의 달인으로서 그 집은 사장이 직접 잡은 자연산만 취급하는데, 전국 은어요리 맛집 100등 안에 드는 집이다. 영덕 오십천변의 화림산가든에 1년에 두세 번씩 꼭 은어구이와 은어매운탕을 먹으러 간다.

밀양의 용두목 은어에 반하여 지금까지 자연산 은어의 마니아가 되었다. 용두목은 2019년 6-7월경 마지막으로 가보았는데, 아직도 자연산 은어는 돌아오지 않았다. 용두목의 자연산 은어에게 고향을 찾아주어야 한다. 자연보호와 생태계 복원을 위하여 부산 하구둑을 일부 철거하거나 개방해야 한다. 그래서 은어가 돌아오는 살아있는 밀양강과 용두목으로 복원해야 한다. 은어가 돌아오는 건강한 밀양강, 몇 년 뒤 밀양 용두목에서 자연산 은어구이 먹어 볼 날을 기원해 본다. - 2024. 9.

삼문동

결혼하기 전, 우리가 살 전세집을 구해야 했다 마침 지원, 지청과 답
깅이 붙은 삼문농 246-45번지 2층 주택 중 1층 독채 전세가 있었다. 보
증금은 450만 원인데 돈이 모자라 처형에게 일부 빌려서 지급하였다. 1
층은 큰방 1개, 작은방 2개, 욕실이 따로 있고, 재래식 부엌에 거실도 서
너 평이 되었다.

신혼여행을 갔다온 1985년 10월 하순부터 삼문동에서 신혼생활이 시
작되었다. 밀양시 삼문동은 밀양강을 둘레로 형성된 섬으로서 동으로
는 가곡동, 서로는 부북면, 남으로는 상남면, 북으로는 내일동과 내이동
을 접하면서 각 4-5개의 다리로 연결되어 있다. 1914년 군면 폐합에 따
라 남부리, 노하리, 각 일부를 병합하여 부내면 삼문리라 하였고, 1918
년에 부내면이 밀양면으로 개칭되고, 밀양면이 밀양읍으로 승격되었으
며, 1989년 1월 1일부로 읍이 시로 승격됨과 동시에 밀양시 삼문동으로

개칭되었다. 밀주구지에 '사문교'라 하였고, 이는 신라때 영남사 사문沙門에서 파생된 지명이라 하였다. 사문과 삼문이 음이 비슷하여 뒤에 삼문으로 바뀌어진 것이다.

조선 후기까지도 섬이라서 인가가 별로 없었다. 1906년 일제의 학제 개혁에 따라 내일동에 있었던 사립 개창학교를 삼문동으로 신축하여 이전하였고, 경술국치(1910년) 후에 일본인들에 의하여 개발되었다. 섬 주위에 제방을 쌓아 수해를 막은 다음 1927년에 군청, 법원 지청, 교육청 등 관청을 차례대로 이전함으로써 밀양 행정의 중심구역이 되었다. 삼문동에는 넓은 송림이 있는데 나무 수는 1,800여 수이고, 그 면적은 6,000여 평이 된다. 수명은 약 120년생으로서 밀양시 '천연보호림'으로 지정되어 있다.

아내와 결혼한 후 삼문동에서 5년을 살며 1남1녀를 낳았다. 결혼 이듬해인 1986년 3-4월부터 분재에 빠져서 전문 서적도 몇 권 사서 공부하였다. 10여 년 동안 분재를 수집하고 야생 나무를 캐어서 제작하는 등 나름대로 노력해 보았으나, 결국 아마추어 수준을 넘지 못하고 아파트로 이사하면서 분재를 헐값으로 넘겼다. 밀양에서 맨 처음 키우던 신나무와 소나무 분재 2개는 기념으로 지금까지 키우고 있다.

밀양에서 분재를 키울 때 매년 10월 말 서울에 사시는 장인이 내려와 비닐하우스를 설치해 주어 분재들이 겨울을 날 수 있었다. 특히 1987년 겨울은 1층에 새로운 주인이 살게 되어 우리 가족은 비좁은 2층으로 옮길 수밖에 없었다. 2층 베란다에 비닐하우스를 설치하려고 좁고 높은 담장에 올라서서 위태롭게 졸대를 세우고 못을 박던 장인의 모습이 선하다. 장인은 비닐하우스만 만들어 주신 것이 아니고, 우리가 키우던 백여 개의 분재와 화분을 놓는 재배 탁자를 만들어 주는 바람에 분재와 나무를 제대로 키울 수 있었다.

1987년 겨울은 혹독하게 추워서 2층에 살던 우리 가족은 밀양강을 휘감아도는 차디찬 북풍한설에 떨고 지낸 그 겨울을 잊지 못한다. 아내는 지금도 가끔 그때 이야기를 한다. 당시 2층 벽돌벽 웃풍이 지독해서 커튼으로 안벽을 감쌌는데도 한풍이 스며들어 손이 쩍쩍 얼어 붙었다는 소리를 한다. 우리 이웃인 호야 모친은 늘상 그 집은 집장사가 날림으로 지은 집이라서 춥다고 험담을 하였다.

그 집을 우리가 세를 얻은 전 주인으로부터 매수한 사람은 나보다 한 살 많은 밀양 출신인데, 농림부 산하의 작물실험연구소에 근무하는 공무원인 박 모 씨였다. 박 형은 1987년 4월 우리가 사는 주택을 매수하였으나, 우리의 전세 기한이 1987년 10월 말까지라서 10월 말에 1층에 입주하였고, 우리는 비좁은 2층으로 올라갈 수밖에 없었다.

박 형 가족들과 같이 살던 1988년 4월 중순, 박 형의 아내인 '은미 엄마'가 아내에게 남편이 금년 5월에 작물실험연구소 '영덕 원황지소'로 발령을 받아서 그곳으로 이사해야 하므로, 우리 보고 자기들이 매수한 1,800만 원으로 이 집을 사라고 하였다. 처음에는 조금 망설였으나 앞으로 사무관이 될 때까지 몇 년 더 밀양에 살고, 다른 곳에 전출하지 않으려면 주택을 사는 것이 유리할 것이라 판단하고, 1988년 4월 20일 1,800만 원에 집을 매수하고 이전등기까지 완료하였다. 전셋집으로 시작한 집을 2여 년 후에 직접 매입하였으니, 삼문동은 우리 가족과 인연이 깊은 곳이다.

아이러니하게 경남 밀양이 고향인 박 형은 내 고향인 영덕군 병곡으로 발령을 받아 영해에 집을 얻어 살게 되고, 나는 박 형의 고향인 밀양에 살게 되었다. 그후 박 형 가족은 영해에 오래 살았는데, 아내의 말을 들어보니 '은미 엄마'는 살아보니 해산물과 농산물이 풍부하여 살기 좋은 곳이라고 말하였단다.

밀양에 산 지 2년이 되는 1987년 10월, 민주가 돌을 지나 한층 발발거리며 돌아다닐 때다. 영해에서 온 엄마가 집이 어지럽다고 아내에게 잔소리를 하고, 내가 퇴근하니까 나에게도 아내의 흠을 잡아 싫은 소리를 자꾸 하였다. 계속 듣다가 속이 상하여, 잔소리를 해도 내가 할 테니 잔소리를 하지 말라고 하였더니, 남자가 못나게 아내 편을 든다고 더 심하게 공격하였다.

아버지 돌아가시고 1년 조금 지났는데, 계속되는 어머니의 지청구를 다 들어주면, 앞으로 아내와 엄마 사이에 내 처신이 곤란해질 것이라고 판단했다. "엄마, 앞으로 나는 민주 엄마하고 살아야하니, 엄마는 우리집 일에 너무 간섭을 말고 조용히 계시다 가시라."고 충고를 주었더니, "내가 니를 어떻게 키웠는데, 벌써 나를 괄세하느냐?"고 공격을 하셨다. 내가 "엄마, 그렇게 말한다면 오늘이라도 당장 우리집을 나가서 영해에 돌아가고 다시는 우리집에 오지 말아라. 자식이 잘 사는 것을 도와주지는 못할망정 쓸데없이 자식 부부의 갈등을 조장하는 것은 부모의 도리가 아니다."라고 말한 후, 속이 상해 밖으로 나갔다. 그날 밤 밤새도록 신세타령을 하면서 귀곡성이 낭자했던 일이 이웃에 두고두고 회자될 정도로 내 입장이 곤란하였다.

딸 민주가 1986년 5월 27일, 아들 문규가 1989년 1월 21일 밀양에서 태어났다. 둘다 돌잔치를 삼문동 집에서 하였는데, 본가에서 영해엄마,

큰어머니, 우리 형제들, 처가에서 장인, 장모님, 처형, 처남댁 등이 와서 축하해 주었다. 그때는 돌잔치에 오면 대부분 금 한 돈을 가져왔다. 요 사이는 금 한 돈에 40-50만 원 이상을 호가하므로, 금 반 돈도 해주기 힘들어졌다.

삼문동에 살면서 또 기억에 나는 것은 1989년 가을 민주가 만 3살이 지났을 때였다. 서울에서 장모님이 오시고, 장모님을 보려고 부산에서 아내의 외가쪽 이모님이 놀러왔었다. 그날 민주가 오후 3-4시경 집을 나가 저녁 늦게까지 돌아오지 않았다. 장모님, 이모님 등 온 식구들이 총출동하여 민주를 찾았으나 시내에서는 찾지 못했다.

마지막으로 우리집 뒤 밀양강의 강둑을 따라 체육공원에 가서 민주를 찾았다. 민주는 만 세 살이 되도록 말을 못하는 장애를 갖고 있었는데, 어른들이 집을 잃은 민주에게 사는 집을 물어도 대답이 없으므로 그냥 데리고 있을 수밖에 없었다. 체육공원에서 어묵을 파는 노점상 아줌마가 민주를 보호하고 있었다. 노점상 아줌마에게 사례하고 민주를 데리고 왔다.

밀양을 떠나기 5개월 전인 1990년 2월, 구미 자형의 막내 여동생인 '미애' 사형이 밀양의 '손 씨' 총각과 결혼식을 하게 되어 친구 분과 결혼식 전날 밤 우리 집에서 자고 이튿날 밀양에서 식을 올렸다. 지난 9월 중순, 조카인 윤규 결혼식 때 사형 부부를 만나서 30여 년 만에 처음으로 그때의 인사를 받았다.

1990년 7월 1일 인사이동이 되어 밀양을 떠나게 되었다. 집을 매수한 2여 년 만에 3,500만 원에 매도해서 거의 두 배의 차익을 얻었다. 삼문동 집은 우리 가족이 5년 동안 잘 살고, 돈까지 벌게 해 준 행운의 집이었다. 몇 년 전, 우리가 살던 삼문동 주택가 전부가 공원으로 지정되어 모든 건물이 철거되었다. 삼문동이 밀양시와 함께 더욱더 발전하길 기원한다. - 2024. 9.

표충사

표충사는 밀양시 단장면 표충로 1338(구천리)에 위치한 사찰인데, 임진왜란 때 승병을 일으켜 나라를 구한 사명대사의 충훈을 추모하기 위해 세운 표충사당이 있는 호국사찰이다. 사명대사가 태어난 밀양시 무안면에 사명대사의 충정을 기리는 표충비각이 있다. 또한 상해임시정부 시절 의열단 단장으로 명성을 떨치고 해방 후 잠시 귀국하였다가 월북한 김원봉도 고향이 밀양인데 표충사와 인연이 있다고 한다.

표충사의 명칭은 1839년 헌종 5년에, 임진왜란 때 승병을 일으켜 국난을 극복한 서산, 사명, 기허대사를 모신 표충사당表忠祠堂을 이전하면서 폐사된 영정사에서 표충사로 바꾼 것이다. 합천 해인사 홍제암에 일제시대 때 일본인들이 깨어버린 사명대사 관련 비석 등을 정비한 유허공원이 있다. 이 공원을 정비한 사람이 나의 장인 신춘범愼春範이다. 조각난 유허비를 봉합하고, 사명대사 관련 비석 등을 몇 년에 걸쳐 보수하여 1975년경 완공하였는데 그곳에는 장인을 공사 시공자로 기록한 기념비가 있다.

해인사 천년사적비도 장인이 조각하셨다. 합천 해인사에 가면 사적비와 사명대사 유허공원을 꼭 살펴보는데, 밀양 표충사에서 사명대사의 유품과 유물을 감상하니 한층 더 감개가 무량하였다. 표충사 옆을 돌아 올라가면 영남 알프스의 일부인 해발 1119m인 재약산이 있다. 천황산과 재약산을 묶어서 천황산을 재약산 사자봉으로, 재약산을 수미봉으로 부르기도 한다.

재약산은 2002년 10월 대한민국 산림청의 100대 명산에 선정되었다. 재약산에는 천년기념물 제224호 얼음골과 수만 평의 억새 단지로 유명한 사자평 습지가 있다. 10월 중순부터 11월 초순에 사자평을 찾으면, 재약산 단풍과 수만 평이 넘는 사자평 억새가 하얀 꽃술을 가을바람에 휘날리는 풍경은 일대 장관이다. 밀양 재약산 사자평 억새와 창녕 화왕산의 억새는 경남의 이름난 억새군락지로 매년 늦가을이면 전국에서 관광객들이 억새의 군무를 보기 위해 모여든다.

나는 1985년 8월 밀양지원으로 전보되어 1990년 6월까지 5년을 근무하였다. 밀양지원은 매년 10월 말이 되면 조정위원들과 법원 직원들이 등산을 가는데, 5년 동안 외지 여행은 한 번이고, 4번은 재약산 사자평으로 갔다. 그 당시 재약산의 일부인 해발 1,000여 미터의 사자평에는 하늘 아래 첫 동네라는 작은 마을과 분교가 있었고, 그곳에는 관광객을 상대로 하는 조그만 식당도 있었다. 지금은 환경보호구역으로 지정되어 분교와 마을은 모두 철거되어 억새밭으로 변하였다.

표충사는 집안에 어려운 일이 있거나 마음이 울적할 때 아내와 함께

1-2년에 꼭 한두 번은 찾아서 위로를 받는 장소이다. 표충사에 가면 높은 산과 깊은 계곡에서 내려오는 물소리, 새소리, 숲의 내음, 표충사의 종소리, 재약산 사자봉과 수미봉의 웅장한 모습이 경건함과 신선함을 더해서 자연스럽게 마음이 정화되고 힐링이 된다.

400여 년 전, 일본의 침략으로 나라가 풍전등화의 위기에 처했을 때, 승려의 몸으로 나라를 위해 몸을 일으킨 사명대사와 서산대사를 모신 표충사에서 두 대사님을 위한 묵념을 올리다 보면, 내 마음도 어느덧 일상심으로 돌아오게 된다. 장인어른도 사명대사의 유허비를 정비한 인연이 있어서 표충사당에 몇 번 참배한 일이 있다.

표충사 입구 관광단지에는 음식과 기념품을 파는 식당과 상점, 카페가 밀집되어 있는데, 특히 재약산에서 방목하여 키우는 흑염소 요리를 전문으로 하는 식당이 몇 군데 있다. 몇 년 전 박경출 형과 고향 친구인 순희, 미화, 영옥이와 우리 부부가 표충사를 구경하고 내려오면서 염소 식당에서 흑염소 구이를 먹은 적이 있다.

표충사는 옛날에는 대구-밀양 국도를 1시간 이상 운전하여 밀양까지 와서, 다시 단장면 소재 표충사까지 1시간 더 운전하여 2시간 이상이 걸렸으나, 지금은 대구-밀양-부산간 고속도로가 개통되어 30여 분만 하면 밀양까지 가고, 표충사까지 30분, 넉넉잡아 1시간이면 충분하여 부담 없이 다녀올 수 있다.

재약산이여, 표충사여, 민족의 성지여, 부디 우리나라의 안전과 번영을 지켜주소서. - 2024. 9.

분재盆栽 이야기

분재盆栽는 관상을 위하여 화분에 심어서 줄기나 가지를 운치 있게 다듬거나 변형시켜 가꾼 나무 또는 그렇게 가꾸는 일을 말한다. 분재의 종류를 수종으로 분류하면, 송백 분재와 잡목 분재, 초물 분재 등으로 분류한다. 송백 분재는 상록수와 같이 계절을 가리지 않고 늘 푸르름을 유지하는 종류의 분재를 말하는데 분재의 주류를 차지한다.

특히 송백 분재는 장엄하면서도 꿋꿋한 감을 주는 명품이 많다. 그 종류는 해송, 육송, 금송, 오엽송, 두송(노간주나무), 진백, 주목, 가문비나무 등이 있다. 잡목 분재는 낙엽수와 같이 계절에 따라 새싹이 나고, 꽃이 피고, 단풍이 들고 겨울에는 모든 잎이 떨어져 나목이 되는 분재로, 대표적인 잡목 분재는 소사나무, 모과나무, 느티나무, 느릅나무, 단풍나무, 매화나무 등이 있다. 초물 분재는 나무가 아닌 풀로 구성되는 분재로 석창포, 호장감제품, 복수초, 패랭이꽃, 물억새, 갈대, 참억새 등이 있다. 분재의 수형으로 모아심기, 직간, 모양목, 포기자람, 돌붙임, 쌍간, 현애, 반현애, 문인목 등이 있다.

분재 책에서 정의하는 '분재'는 '식물을 사용해서 자연의 풍경을 화분 속에 만들어 놓은 것' 이라고 한다. 예를 들면 붉게 물든 잎을 보면 가을의 단풍나무나 느티나무 숲을 연상하게 되고, 현애 가꾸기의 흑송을 보면 고산의 절벽이나 해안의 벼랑을 떠올리게 되는 것이다. 분재가 화분에서 계속해서 살아갈 수 있는 이유는 몇 년마다 분갈이를 해주기 때문이다. 분갈이를 잘해 주면 어지간한 나무는 백 년 이상 살 수 있고, 목본 식물은 성장을 제한하면 더 오래 살 수 있다. 일본에는 17세기 중엽 에도막부 제3대 쇼군 '도쿠가와 이에미츠'가 생전에 아끼던 오엽송 분재가 아직까지 살아있다. '3대 쇼군'이라 부르는 분재인데 높이는 약 81cm이고 수명은 500년이 넘어 일본에서 현존하는 분재 중 가장 오래되었다고 한다.

나는 밀양 지원에 근무하던 1986년 3월 처음 분재에 입문했다. 이른 봄에 영산홍이나 아젤리아 등 화분에 담긴 봄꽃을 사들이다가 차츰 수형과 모양이 잡힌 분재에 눈을 뜨면서 분재 키우기에 빠진 것이다. 처음에는 도로 좌판의 노점상에게 화초를 구입하다가 나무의 수형에 눈길을 돌려서 소형 분재를 구입하였고, 그 다음엔 삼문동 우리집과 천여 미터 거리에서 분재원을 경영하던 40대 초반 김 모 사장의 농원에 드나들면서 분재와 소재 등을 구입하기 시작했다.

나는 결혼식 때 부조돈을 잃어버리는 사달을 겪어서 심히 우울하였으므로 꽃 재배과 분재를 시작한 이유가 있었고, 분재를 하여 많은 위로를 받고 정신적으로 치유된 부분이 있었다.

또 분재를 하면서 식물에 대한 제반 지식이 풍부하게 되었다. 그전에는 가로수 이름도 몰랐지만, 분재를 하면서 가로수 이름을 모두 알게 되고, 산야에서도 삼나무, 전나무, 잣나무, 주목 등 비슷한 모양새의 나무를 구분해서 알게 되었다. 꽃이나 식물에 몰입하면 '세라토닌'이 분비되어 스트레스가 해소되고 긍정적으로 사고가 변화되어 정신과 육체적으로도 매우 유익했다.

분재를 처음 시작할 때는 분재원에 가서 소품이나 값이 싼 저가품을 구입하고, 완성품이 아닌 소재를 구입하여 작품을 만들어 보고자 하였다. 그래서 처음 시작한 1986년에는 소사나무, 배롱나무, 낙상홍, 애기능금, 심산해당, 소나무 등의 각 소품과 모과나무, 신나무, 노박덩굴, 두송 등 잡목 수준의 분재를 구입하다가, 점점 욕심이 생겨 1987년 봄부터 몇 십만 원짜리 왜철쭉(사즈키), 모과나무, 낙상홍 등을 구입하는 수준까지 가고, 1988-9년에는 거의 100만 원 단위의 고가 분재를 구입하기 시작하였다. 분재도 어느 정도 수준이 되니까, 고생해서 작품을 만드는 것보다 완성된 명품을 구입하는 경향으로 바뀌는데, 모든 수집품은 결국 인간의 욕망을 충족하는 속물주의로 흐른다는 것이다.

밀양에서 처음 시작한 분재는 1990년 7월 인사이동으로 잠시 중단되었다. 영양등기소장으로 발령을 받아 우리 가족들은 영양읍 소재 등기소 관사에서 지내고, 우리집 살림과 분재는 1990년 9월 중순경 대구 산격동 전셋집으로 옮겼다. 분재는 모두 전셋집 옥상에 올려놓고 여동생이 분재를 키우는 역할을 맡았다. 한여름에는 아침, 저녁 두 번 물을 주었으니, 대구의 폭염에 여동생의 노고가 컸다.

영양에 살면서 시간이 많아서 영양이나 영해 야산 등지를 다니면서 분재 소재를 채집하였는데, 대부분 소나무나 찔레, 조팝나무 등이었다. 관사 마당 플라스틱 대형 화분에 마사토를 넣고 채취한 나무를 심었으나, 대부분 고사하고 몇 개 산 것은 등기소를 떠나면서 영해집에 옮겨 놓았는데, 어머니가 20여 년 정도 물을 주고 잘 키웠으나, 말년에 대구의 병원에 왔다갔다 할 때 물부족으로 대부분 죽고 말았다. 분재나 애견이나 주인이 늙고 병들면 모두 제명대로 살지 못하니, 사람이 나이들면 분재나 애완동물에 너무 욕심을 내면 안 될 것이다. 영양에서 채취한 찔레와 조팝나무는 살려서 우리집 정원에서 살고 있다.

특히 찔레는 5월이 되면 수백 개의 흰 꽃을 피우며 먼 고향 영양을 그리워하는 것 같아서 특별히 신경 써서 키우고 있다. 영양등기소에서 대구 본원으로 인사이동 되면서 산채와 분재 제작은 스톱하고, 밀양에서 대구에 가져온 완성목 분재 50여 개를 살리는데 전념하였다. 산격동에서 대구법원과 가까운 범어동 70번 도로 인근으로 이사하였다. 50여 개 넘는 분재를 2층 베란다에 벽돌을 군데군데 놓고 그 위에 두꺼운 나무 판자를 깔아 키우고, 겨울에는 옥상에 설치한 비닐하우스에 넣었다. 산격동과 범어동 5년간도 장인이 옥상에 비닐하우스를 설치해 주었다.

남의 집에 분재 수십여 개를 화물차에 따로 싣고 와서 키우는 것은 주인에게 눈치가 보이는 일이다. 집주인은 분재 키운다고 매일 나무에 물을 주면 집이 상할까 걱정한다. 산격동이나 범어동에서 전세보증금이 많은데도 분재 키우는 세입자 꼴보기 싫어서인지, 집 나갈 때 보증금을 바로 돌려주어서 보증금 때문에 고생한 일은 없었다. 전세 사고 나지 않은 것이 분재 덕인지도 모르겠다.

1995년 3월, 수성구 신매동에 서한보성아파트를 분양받아 입주하였다. 베란다가 넓어서 분재 재배대 높이를 조정해서 길게 두 줄로 놓으니까 50여 개 분재 전부를 키울 수 있었다. 범어동 살 때 100여 만 원 이상하는 소사나무 명품을 도난당한 것이 아까웠으나, 사람이나 분재나 운명이 있는데 미련을 둘 필요는 없었다.

아파트에서 분재를 키우니까 나무가 빗물을 먹을 수 없고, 햇빛도 오전에 잠시 들고 없어지고, 새벽이슬도 먹지 못해서 그런지, 4-5년 만에 분재들이 모두 시들해지고 가지가 말라 모양이 흐트러지는 것이 눈에 드러났다. "아! 이러다가 모두 죽이는 것 아닌가?" 하는 생각이 들었다. 아내보고 가까운 분재원에 연락하여 모두 헐값에 매각토록 하였다. 매수할 때 가격의 반도 안되는 돈에 정리하고 못생긴 분재 몇 점과 초물분재만 남겨 놓았다.

죽어가는 분재를 정리하고 나니 그들을 자연으로 돌려보낸 듯 마음이 개운하였다. 미련하게 붙들고 있다가 죽이는 것보다는 수명 있고 모양이 있을 때 정리하는 것이 회자정리에 맞고 분재에도 좋은 것이다.

15여 년 동안 분재 취미를 가져보니, 분재나 애완동물이나 생명 있는 것은 수집에 욕심을 낼 것이 아니고, 아끼고 잘 키운다는 목적이 좋아야 한다는 것을 깨달았다. 그래서 몇 년마다 분갈이를 해야 하고, 겨울에는 보온도 해야 하는 분재에 욕심내지 말고, 주택의 정원수를 키워서, 봄에는 꽃을, 여름에는 녹음을, 가을에는 단풍을, 겨울에는 나목을 감상하는 것이 자연 친화적이라는 것을 깨달았다.

사무실이 있는 경산시 평산동에 택지를 구입한 후 신축공사를 하여 입주하였다. 정원의 평수가 100여 평에 가까웠다. 주택 정원에 모든 수종의 나무를 심었다. 봄꽃은 동백, 앵두, 목련, 진달래, 산수유, 홍벗나무, 조팝나무, 영산홍, 명자나무, 찔레나무, 매화나무, 모란, 고광, 생강나무 등을, 여름꽃으로 장미, 능소화 등을 심고, 봄화초로 복수초, 작약, 붓꽃, 둥글레, 돌단풍, 노란꽃창포, 금낭화를, 여름화초로 나리, 원추리 등을 심었다. 과실수로는 사과나무, 단감나무, 무화과, 포도나무 등을 심고, 봄부터 가을까지 마당 텃밭에는 상추, 고추, 가지, 배추, 부추 등을 무농약으로 키운다.

인위적으로 분재를 키우는 것보다 1년 내내 정원에서 시시각각 변하는 식물의 움직임과 꽃들의 향연, 텃밭에서 가지, 토마토 등이 익어가는 모습을 보는 것이 더 좋다. 그래도 분재를 하면서 식물에 대한 지식과 안목이 높아진 것은 커다란 수확이다. 앞으로 더욱더 자연과 식물을 사랑하고 보호하는 마음으로 살 것이다. - 2024. 10.

내 마음 별과 같이

'내 마음 별과 같이', '봉선화 연정'의 가수 현철이 2024년 7월 15일 별
세했다. 7월 18일 오전 7시 30분, 영결식이 서울 아산병원 장례예식장에
서 1시간 동안 열렸다. 장례 절차는 국내 가수 최초로 '대한민국 가수장'
으로 치러졌다.

폭우가 쏟아지는 가운데 유족과 동료 가수 등 70여 명이 현철의 히트
곡 '앉으나 서나 당신 생각'을 부르며 고인을 배웅했다. 이자연 대한가
수협회장, 가수 설운도, 태진아, 박상철, 현숙, 강진, 유지나, 인순이 등
가요계 지인은 물론 현철의 팬들도 함께 헌화를 이어갔다. 앞선 장례 기
간에는 가수 장윤정, 진성, 김흥국, 주현미, 방송인 이상벽 등이 빈소를
찾았다. 윤석열 대통령과 유인촌 문체부 장관, 가수 나훈아와 송대관,
이선희, 김연자, 남진, 임영웅 등 유명인들의 근조화환도 이어졌다.

고인은 이날 오전 8시 30분경 경기도 분당 추모공원 휴에 안치되었

다. 부산 출신 가수 현철(본명 강상우)은 1942년생이다. 24세에 서울에 올라와 첫 음반을 냈지만 히트하지 못했다. 데뷔 5년 만에 고향 부산으로 내려가서 긴 무명 생활을 이어가다가, '손대면 톡하고 터질 것만 같은 그대'로 시작하는 '봉선화 연정'으로 1989년 'KBS 가요대상'을 받으며 가요계 정상에 섰다. 그의 나이 만 47세였다. 대기만성형 가수였다. 가족들이 모인 마지막 배웅길에 고인이 가장 아끼던 '내 마음 별과 같이'를 틀어서 귀에 대고 들려줬다고 한다.

1986년 8월부터 7개월간 방송된 드라마 '내 마음 별과 같이'의 주제곡으로 인기를 얻은 그 노래는 한때 내가 제일 좋아하던 노래였다. 그 노래의 가사 내용이 어린 시절 고향을 떠나서 타향을 전전하던 나의 처지와 비슷해서 애창곡이 되었다. 특히 내용이 시적이라서 내 정서에 딱 맞아 떨어지는 노래였다. 꺾는 대목에서 정확하게 꺾어주는 창법이 현철식 트로트의 매력인데 평생 130곡 이상을 발표했고, 송대관, 태진아, 설운도와 함께 트로트 4대천왕으로 불렸다. 중년 이상 아줌마들에게 현철이 최고의 인기짱으로 그의 무대에는 막춤을 추는 중년 아줌마들로 인산인해를 이루었다.

내가 현철의 노래를 처음 들은 것은 1984년 5-6월경이었다. 대구 신암동 어느 생맥주 카페에서 들은 현철의 노래 '못난 내 청춘'으로 노래가사 내용과 구구절절 애절함이 넘치는 현철의 호소력에 반하여 그 노래 팬이 되고 그에 따라 자동적으로 현철의 노래를 좋아하게 되었다. 그 노래의 1절만 기술한다.

누구를 원망해 이 못난 내 청춘을

분하게도 너를 잃고 돌아서는 이 발길

아~ 야속타 생각을 말자 해도

이렇게 너를 너를 못 잊어 운다

잘 있거라 나는 간다

부디 행복하여라

1982년 9월 1일, 고향인 영덕지원에서 대구지방법원 본원으로 인사발령을 받았다. 성주등기소, 울진등기소, 영덕지원 등 외직 근무 7년 만에 처음 본원 근무를 하게 된 것이다. 대구에 거주할 곳이 없어서 보름정도는 구미 누나 집에서 출퇴근을 하다가, 너무 힘이 들어서 1982년 9월, 동대구역 근처 효목1동 주공아파트 1동 302호에 보증금 380만 원에 입주하였다. 평수는 13평 정도로 큰방, 작은방과 조그마한 부엌과 화장실이 있었다.

처음 2-3달은 혼자서 자취를 하고, 매 주말에 여동생이 구미에서 내려와 빨래 등을 해주다가, 1983년 1월부터 여동생이 대구로 직장을 옮겨서 같이 있게 되었고, 남동생 찬희가 1983년 2월 23일부터 우리와 같이 살게 되었다.

찬희는 1983년 3월, 대구에 소재한 경북기계공고에 입학하였다. 찬희는 나와 큰 방을 같이 쓰고, 작은 방은 여동생이 사용하였다. 효목동 아파트는 임차기간이 끝난 1984년 5월부터 주인이 사용한다면서 명도를 요구하였다. 효목동 거주 20개월째인 1984년 4월 28일 퇴거를 하고, 대구 파티마병원 맞은 편에 위치한 신암3동 223-25번지 하준호 씨 댁 단독주택의 방 1칸짜리로 옮기게 되었다. 내가 그해 7월 마산법원에 인사

이동이 되므로 단칸방을 얻은 것이다. 그나마 방이 커서 3-4명은 충분히 잘 수 있는 공간은 되었다.

그해 4월 말경부터 거창지원에 발령받기 전까지 본원에서 신암동까지 출퇴근을 하였다. 5-6월 초하의 계절에 퇴근할 때면 시원한 맥주 한 잔이 생각났다. 나는 평소에도 맥주를 좋아하는데 대프리카인 대구의 초여름에는 당연히 맥주를 찾게 된다. 그즈음 대구에도 생맥주, 즉 호프집이 유행하여 각 지역마다 우후죽순으로 생기고 있었다.

우리 집으로 올라가는 대로변에 새로 호프집이 생겨 퇴근 때에 호기심에 들렀다. 그때 호프집에서 들은 노래가 '못난 내 청춘'이다. 그때부터 현철의 팬이 되어 현철의 신곡 중 마음에 드는 노래는 무조건 마스터하여 야외에 놀러가거나 노래방에 갈 때 우선적으로 부르게 되었다.

밀양지원에 근무하던 1986년 말, '내 마음 별과 같이'가 발표되었다. 우연히 TV를 통해 현철이 부르던 '내 마음 별과 같이'를 접하고 가사내용과 노래가락이 너무 좋아 그 노래의 팬이 되고 말았다. 해마다 밀양지원은 가을이 되면 밀양시 단장면 표충사 뒤편에 있는 몇십만 평의 억새가 우거진 사자평에 등산 겸 야유회를 갔다. 사자평에 갈 때마다 나는 계장 대표로 현철의 '내 마음 별과 같이'를 애창하였고, 직원들과 회식을 한 후 노래방에 갔을 때도 '내 마음 별과 같이'를 자주 불렀다.

1993-4년에 현철의 '추억의 테헤란로'가 발표되어 그 노래와 같이 '내 마음 별과 같이'를 즐겨 불렀는데, 내 인생 노래 중 절반은 현철의 노래가 차지하였다. 현철의 노래 '못난 내청춘' 이후 내가 즐겨 부른 현철의 노래 중 빅 세븐은 다음과 같다.

(1) 못난 내 청춘 (2) 봉선화 연정 (3) 내 마음 별과 같이 (4) 남자의 눈

물 (5) 아낌없이 주리라 (6) 추억의 테헤란로 (7) 아미새 등이다.

현철의 노래를 부르면서 40여 년, 어느덧 내 나이 칠순에 가까워졌다. 몇 년 전부터 현철 씨가 TV나 쇼무대에서 사라지고 보이지 않았다. 현철 씨가 많이 아프다는 풍문이 있었다.

2024년 7월15일, 향년 82세로 현철 씨가 영면하셨다는 소식을 듣고 슬픔을 가눌 수 없다. 많은 국민들에게 트로트의 애절한 가락과 꺾기로 기쁨과 위로를 주던 현철 선생님의 명복을 빈다. 그가 남긴 명곡 '내 마음 별과 같이'를 다시 한 번 불러 보면서 그의 노래가 앞으로도 끝없이 애창되어 가수 현철이 영원히 기억되기를 염원한다. - 2024. 7.

김장김치

해마다 12월 초순이 되면 김장철이 시작된다. 아내는 시집온 1985년 12월 초순부터 작년까지 38년간 한 해도 김장을 빼먹은 적이 없다. 그것도 해마다 100kg 이상씩을 한다. 결혼 후, 아내는 단 한 번도 엄마나 장모님에게 김장을 부탁한 사실이 없다. 김장만큼은 매년 스스로 해결하였다.

나는 1971년 1월 중순 겨울 추위가 한창일 때, 대구 후기 실업계 고등학교에 원서를 내기 위하여 대구 봉덕동에 사시던 작은이모 집에 한 달간 머물렀다. 그때 새우젓갈로 담근 김장김치를 처음 먹어보았다. 내가 사는 동해안 지역은 멸치젓갈로 김장을 담그고 새우젓갈은 사용하지 않았다. 동해는 새우가 나지 않아 새우젓갈을 담그지도 않았다. 새우젓갈로 담근 싱거운 김치는 서해안 지역이나 서울, 대구 등 도시 사람들이 선호하는 김치라서 대구에 오기 전에는 새우젓갈로 담근 김치를 먹어본 적이 없었다.

당시 이모가 살던 집은 집장사를 하던 이모부님이 직접 건축하신 40여 평 정도 되는 단층 목조주택으로 마당이 있었다. 김장김치를 독에 넣어서 마당에 묻어두고 매 때마다 꺼내 먹으니 싱싱하고 시원하였다. 땅에 묻어 한두 달이 지나 숙성되면, 새우젓갈 특유의 시원한 맛이 환상적이어서, 김장김치 하나만 해도 밥 한 그릇을 다 먹을 수 있었다.

고향의 우리 집은 9명의 대식구라서 김치를 많이 먹으면 감당이 안되었다. 엄마가 김장김치에 짠 멸치젓갈을 넣은 다음 이중으로 소금을 더 투하하고, 배추도 크고 좋은 배추가 아닌 퍼런 잎들이 많이 달린 중하품 배추를 사용하므로 짜고 맛 없는 김장김치가 될 수밖에 없었다.

그런 김치만 먹다가 이모집에서 맛있는 새우젓 김장김치를 먹어보니까, 천국에 승천하는 기분이 들 정도로 새우젓 김장김치는 내 입맛을 사로잡았다. '이것이 바로 도시의 맛이구나.' 하는 생각이 들었고, 나도 이제는 새우젓 김치를 먹겠다는 다짐을 하였다.

나는 대구에서 고등학교를 다니고, 직장생활을 하면서 이모님 집에 갈 때마다 새우젓 김치를 맛보고는 새우젓 김치의 마니아가 되었다. 그래서 결혼 후 김장을 하는 아내에게 새우젓갈 김장김치를 주문하였다. 그런데 아내의 친정도 멸치액젓 김장을 담그고 새우젓갈 김장은 담근 적이 없는 것 같았다. 그래서 그런지 아내가 담근 새우젓갈 김장김치는 맛이 별로였다. 옛날 이모집에서 먹던 새우젓 김치의 맛이 아니었다.

2-3년간 계속 새우젓 김장김치를 담갔지만 옛날 이모집 김치의 맛이 나지 않았다. 아내가 담근 김장김치는 뭔가 빠진 듯 밍밍하였고, 시원하지도 깊은 맛이 나지도 않았다. 옛날 이모의 새우젓 김장김치는 맛이 들

면 시원한 맛이 깊었고, 연한 사이다 같이 쏘는 맛이 느껴졌는데, 아내의 김치는 맛이 들어도 시원함이 별로 없고 톡 쏘는 맛도 없었다.

결국 몇 년 후 이모님을 밀양에 초청하여 새우젓 김장김치를 전수받도록 하였다. 작은이모의 전수로 담근 김장김치는 이전보다는 나은 것 같았다. 대구에 이사온 후 매년 김장을 하다보니까 아내도 일가견이 생긴 것 같았다. 그리고 무엇보다 획기적인 것은 김치 냉장고가 생겼다는 것이다. 김장은 무엇보다 냉장보관이 잘 되어야 오래 먹을 수 있고 맛도 잘 든다.

그러나 일반 냉장고는 김장김치만 따로 넣어 보관할 공간도 없고, 공간이 있다 해도 일반 반찬을 매 시간마다 꺼내다 보니까, 김치맛이 일찍 들어 보름 이상 보관하면 김장김치가 시어져 먹지 못하게 되었다. 도회지 전셋집이나 아파트에 김장독을 묻을 장소가 없으니, 옛날 땅 속에 묻은 김장김치의 시원하고 깊은 맛은 사라진 것과 마찬가지였다.

그 애로 사항을 일시에 해결한 것이 1995년경 출시한 주식회사 만도의 '딤채'이다. 김치냉장고의 원조인 '딤채'는 전 국민의 폭발적인 인기를 얻어 전국 방방곡곡에서 무한대로 판매되는 대히트를 치게 되었다. 김치를 주 반찬으로 삼는 김치 민족이 발명한 21세기 최대의 발명품이 김치냉장고이다.

김치냉장고는 섭씨 2-3도의 최적의 온도를 유지하여 김치를 시지 않게 발효시켜 최상의 맛과 신선도를 유지하게 한 발명품이다. 일반 냉장고의 김치 보관능력에 실망한 국민들에게 구세주와 같은 물건인데, 그 용도는 김치뿐 아니라 과일, 마른 반찬 등 실로 다양하다. 나는 맥주 안주로 가자미, 노가리 등을 먹는데, 이를 보관하는 데도 김치냉장고가 최고이다. 각종 용도로 사용하기 위하여 우리집에는 김치냉장고 3대, 일반 냉장고 3대가 있다.

10년 전 시지아파트에 20년을 살다가 사무실이 있는 경산으로 단독주택을 지어 이사하였다. 대지가 150여 평 되어 건물을 제외하고도 마당이 넓었다. 김장독을 묻을 땅이 많아서 구덩이 3개를 파서 작은 장독 3개를 묻었다. 김장김치, 무김치, 기타 김치 등을 넣어 숙성해서 맛을 보았으나 김치냉장고보다 훨씬 못하였다. 음식의 맛이나 취향은 시대에 따라서 다르다는 것을 절실히 느꼈다. 지금도 아내는 매년 구입하는 김장김치 100kg 정도와 우리가 밭에서 키운 배추 50~60여 포기로 김장을 담근다.

막내딸이 생선을 먹지 않아서 우리 집 김치에는 생멸치 등 생선은 넣지 않고 명태, 멸치, 다시마 등을 푹 삶아서 그 육수에 마늘, 고추 등을 넣어 밑 양념으로 하고, 젓갈은 금방 먹는 김치는 꽁치젓갈과 새우젓갈을 반반 쓰고, 오래 두고 먹을 김치는 새우젓갈 70% 꽁치젓갈 30% 정도로 해서 김장을 담근다.

요즈음 우리집 김장김치가 맛있다고 칭찬하는 사람들이 많다. 아내의 김장 솜씨도 세월이 가니 많이 늘었다. 그래도 50여 년 전 작은이모가 담근 새우젓갈 김장김치의 맛을 잊을 수 없다. 김장김치 하면 작은이모가 떠오르는 것은, 음식은 추억이라는 말과 같다.

2017년, 어머니가 돌아가신 후 물회 먹을 때 사용하던 영해 고추장의 맥이 끊기었다. 몇 년간 시험 끝에 아내가 80% 수준으로 복원하였고, 2020년 장모님이 돌아가시고 맥이 끊긴 거창의 싱기장도 아내가 90% 수준으로 복원하였다. 동해의 특산물인 물곰국도 아내가 옛날식으로 끓여

낸다. 추억의 음식은 우리 시대 사람들의 로망이다. 우리 베이붐세대는 아날로그 시대의 마지막이고, 가난한 시대에 대한 추억이 있기 때문이다.

추억의 음식을 복원하는 아내에게 항상 고마움을 느낀다. 38년간 계속된 아내의 김장 담그기 여정은 올해도 계속될 것 같고, 앞으로도 여력이 있으면 계속될 것 같다. 영해 고추장과 싱기장 등 추억의 음식도 아내의 성격상 계속 될 것이다. "신 여사! 그 노고에 늘 감사하오."

- 2024. 9.

제6장

세월의 단상

망월지 두꺼비

꿈에 그리던 분양아파트로 이사한 것이 1995년 3월 중순, 남녘에서 피기 시작한 매화가 북상하여 대구에 올라오기 직전이었다. 당시 아파트는 사전 분양이라 분양받은 후 2년이 지나야 입주할 수 있었다. 운이 좋아 단지 중 남향 제일 앞 동을 분양받았다. 남쪽에는 도시계획상 단독주택 및 3층 이하 상가지역이라 조망권이 좋고, 10층 로얄층이라 온 가족이 행복한 기분으로 손꼽아 기다린 끝에 입주일이 다가왔다.

결혼 후 10여 년 동안 쓰던 가재도구와 전자제품을 모두 정리하고 새 장롱과 TV, 냉장고, 세탁기, 청소기 등을 새로 장만하여 입주하였다. 결혼할 때 "10년 내에 50평 아파트에 살게 해 주겠다."고 한 약속을 지키게 되어 아내에게 체면을 세우게 되었다.

당시에는 대구-부산 신고속도로가 생기기 전이고, 월드컵 대로도 없을 때라, 우리가 입주한 아파트 주위는 시지 지역 중에서도 가장 시골

같은 정취가 흐르는 전원이었다. 10층인 아파트 거실 창을 통하여 남쪽을 바라보면 600여 미터 전방에 6,000여 평의 아담한 망월지가 보이고, 동쪽에는 성암산, 서쪽에는 욱수산이 어울려서 병풍처럼 산맥을 이룬 가운데, 그 중앙으로 정겨운 욱수천이 맑게 흐르는 모습은 한 폭의 산수화였다.

입주하고 얼마 후인 3월 말경이 되자, 성암산 5부 능선쯤에서 연분홍 진달래들이 무더기로 피어났다. 그 모습이 멀리서도 선명하고 고와서 주말에 아내와 함께 욱수골 개울의 돌 징검다리를 건너서 경사진 산길을 따라 성암산을 오르니, 5부 능선 근방에 선홍색 진달래가 군락을 이루어 예쁜 꽃 잔치로 우리를 반겨주었다.

돌아서서 우리 사는 아파트의 정경과 시지 쪽의 넓은 시가지를 바라보았다. 당시 시지는 아직 미개발이라 시내 중간으로 아파트만 일자모양으로 대단지가 덩그렇게 들어서 있고, 학교가 2-3개, 신매시장 주변에 드문드문 들어선 상가 건물 몇 동 외에는 너무 한적하였다. 나는 속으로 이 넓은 공터에 앞으로 어떠한 모습의 신도시가 나타날까 기대를 하면서도 잘못된 개발로 인해 기형적인 모습이 되지 않을까 하는 노파심도 있었다.

이후 10여 년의 세월이 흐르는 동안 시지 대흥동에 월드컵 경기장이 들어서고, 경기장 앞을 지나가는 10차선 월드컵대로, 대구-부산 간 신고속도로가 완성되어 우리가 이사오던 그 시절의 순수하던 시지는 간곳이 없어지고, 우려하던 대로 기형적인 도시형태가 나타났다.

우리 아파트 앞에서 전원적이고 낭만적인 모습을 보이던 망월지 주변도 망가지기 시작하여 바로 옆에 덕원고등학교, 인접한 위쪽에 조계종의 불광사 사찰이 웅장하게 위용을 갖추자 망월지는 옹색한 조롱박처럼 왜소해졌다. 더욱 더 나쁜 것은 망월지 바로 전면 수십 미터 하늘가를 가로질러 거대한 콘크리트 다리를 여러 개 만들어 몇천 미터 길이의 왕복 4차선의 거대한 고속도로가 지나가도록 해서 아름다운 성암산 줄기를 훼손하고 망월지와 욱수산의 정겨운 전원 풍경을 파괴하였다. 더불어 월드컵대로의 많은 차량과 고속도로에서 질주하는 수만 대의 차에서 뿜어대는 매연과 소음을 비롯하여 한밤중에 굉음을 울리면서 도로를 폭주하는 오토바이족들의 광란까지, 처음 이사 와서 10여 년 동안 조용하고 전원적인 환경에서 삶의 여유를 즐기던 주민들은 졸지에 졸속 개발의 피해자와 재산가치의 하락이라는 덤까지 얻었다.

월드컵대로는 어쩔 수 없다 하더라도 고속도로는 주거 밀집지역을 우회하도록 노선을 변경해 달라고 시지 주민들이 누차 진정도 하고 데모도 하였지만, 공사의 편리성과 경제성을 따지는 개발 논리에 밀려 공사는 강행되었다. 가까이 고속도로가 지나가는 일부 아파트는 흉물스러운 방음 유리벽을 설치하였는데, 10만 명 이상이 거주하는 신도시 시지는 아름다운 전원도시에서 아파트 하늘 위로 고속도로가 지나가고, 월드컵 대로와 고속도로를 지나가는 수많은 차량에서 나오는 매연과 소음에 시달려야 하는 악몽의 도시로 바뀌었다.

아파트 10층에서 선명하게 보이던 망월지, 성암산, 욱수산, 욱수골의 실개천과 같은 아름다운 풍경은 거대한 고속도로와 그를 떠받치는 흉물스런 다리에 차단되어 자세히 볼 수 없게 되었고, 이로 인해 우리 가족의 소소한 행복이던 조망권도 사라지고 말았다. 우리 가족은 망가진 도시 시지를 벗어나고자 하였고, 와신상담 끝에 입주 20여 년 만인 2015년

2월 시지와 인접한 경산에 단독주택을 지어 조용한 전원생활의 꿈을 다시 찾았다.

우리가 시지에 살던 2007년 5월, 망월지에서 부화하여 자란 200만에서 300만에 이르는 두꺼비 새끼들이 자신들이 태어난 망월지에서 욱수산으로 이동하는 모습이 신문에 대서특필 보도되었다. 망월지는 두꺼비 산란장으로 알려져서 전국적인 명소가 되는 유명세를 치르게 되었고, 해마다 새끼 두꺼비들의 이동을 보기 위하여 많은 사람들이 모여들었다. 우리 가족도 이 매머드 쇼를 보기 위하여 여러 번 망월지를 찾은 적이 있다.

해마다 산란을 위하여 이동하는 성체 두꺼비들과 이동하는 새끼들을 보호하기 위하여 환경단체와 구청에서 펜스를 설치하여 이동로를 만드는 등 여러가지 보호활동을 한다. 한적하던 변두리 망월지가 새끼두꺼비 때문에 전국적인 명소가 된 것이다. 이후 우리는 경산의 평산동 주택으로 이사하였지만 망월지와 욱수골을 잊은 적이 없다. 20년 동안 시지에 살면서 봄, 여름에는 시원한 욱수골로 피서를 가고, 욱수골에 위치한 백숙집, 묵집 등 여러 맛집을 자주 이용했던 추억이 많기 때문이다.

2024년 4월 말경 신문에, 망월지에서 부화한 올챙이 수백만 마리가 망월지의 지주들로 구성된 수리계에서 고의로 물을 방류하는 바람에 떼죽음을 당했다는 비극적인 소식을 들었다. 물론 1차 잘못은 고의로 물을 방류한 지주들에게 있지만, 2007년 두꺼비 산란에 대한 첫 보도 후 15년 동안 뒷짐을 지고 있던 대구시나 수성구청 등 지방자치단체의 잘못이 더 크다. 개인의 재산권은 헌법이 보장하는 국민의 기본권이다. 진정 자연보호와 두꺼비들을 보호하기 위하여 생태공원을 조성하고자 하는 뜻이 있었다면, 지가가 저렴하던 15년 전부터 지방정부가 선도적으로 지주들과 협상하여 망월지에 포함된 토지를 매수해야 했다. 이러한 조치를 미루는 사이, 지가는 오르고 두꺼비 사망사고가 일어나 전국적인 망신을 당한 것이다.

망월지를 구입할 재정이 없다면, 몇 년 전부터라도 대구시민이나 뜻 있는 국민들에게 호소하여 성금이라도 모금했어야 했던 것 아닌가? 그리했다면 우리 가족도 일조했을 것이다. 이래저래 헛되이 세월을 보내는 사이에 애꿎은 망월지 두꺼비들만 죽어 나간다.

두꺼비는 우리에게 매우 친숙한 동물이다. 고려가요와 조선시조, 민요에도 등장하고, 돼지와 함께 사람에게 복을 가져다주는 선한 동물로 인정되어 집집마다 복두꺼비상 한두 점은 가지고 있다. 영험한 두꺼비를 해롭게 하면 복을 받지 못할 것이다. 두꺼비들의 미움을 받아 죄 없는 대구시민들이 복을 받지 못한다면 이는 망월지 대책을 소홀히 한 수성구와 대구시의 잘못이라 할 것이다. 하루속히 대책을 세워 사람에게 복을 주는 망월지 두꺼비들이 행복하게 산란하고 그 자손들이 번창하게 했으면 좋겠다.

두꺼비들아, 망월지에서 번식하면서 자손대대 행복하게 잘 살아라.

– 2022. 6.

도장과 나의 직업

　도장의 한문은 그릴 도圖와 글 장章으로 개인이나 단체의 이름 또는 상징하는 형상을 새겨서 문서 등에 찍기 위해 만든 도구이다. 인장 또는 인감이라고도 한다.

　도장의 재질은 대부분 나무이나 옥과 상아 등을 사용하기도 한다. 필요에 따라 오른손 엄지의 지문을 찍는 손도장도 있는데, 주로 외국인 등록이나 본인 사실 확인서, 급한 문서나 각서 등에 도장이 없을 경우 이용한다.

　도장의 종류로는 왕의 도장인 옥쇄, 국가의 도장인 국새, 직장에서 결재하는 데 사용하는 결재인, 날짜를 찍는 일부인, 기관에 도장을 등록하여 발급받는 인감도장, 막 쓰는 막도장, 글씨나 그림 등에 찍는 낙관, 정부나 자치단체 등 기관에서 사용하는 관인, 회사나 전문직들이 사용하는 직인 등이 있다. 국가기관에 등록하여 이를 발급받아 공 · 사적 용도에 사용하는 인감제도는 한국, 일본, 대만 등 동아시아 3국에만 있다. 서양에서는 본인의 자필임을 공증사무소에서 공증하는 것으로 인감제도에 갈음한다. 근래 일본이나 한국에서 시대에 뒤진다는 이유로 인감제도를 없애고, 서양의 자필제도와 공증을 이용하자는 주장이 일부 학자들 및 정치권에서 제기되었으나, 한국이나 일본의 50%가 넘는 국민들이 인감 제도를 찬성하여 이 제도를 없애지 못하고 있다.

한국계 일본의 소프트뱅크 회장 손정의 씨도 도장제도 없애는 것에 반대한다. 도장제도는 구식인 것 같으나 서양의 자필 공증제보다 더 편리한 점이 있다는 사실을 첨단 사업가인 손정의 씨도 인정한 것이다.

법무사는 도장으로 먹고사는 직업이다. 법무사 제도는 1897년 대한제국 시절, 재판소 대서제도에 따라 대서인으로 시작하여 1935년 조선사법서사령에 의해 사법서사로, 1990년 법무사로 개칭되어 125년의 역사를 가지고 있다. 법무사도 변호사, 세무사, 변리사 등과 같이 전문직으로서 그 자격과 법무사 이름을 표시하여 법무사 협회에 등록한 직인을 가지고 있다.

직업이란 생계를 위하여 일상적으로 하는 일을 말하는데, 나는 젊은 시절에 24년간 법원공무원으로 근무하다가, 2000년 6월 명예퇴직을 하였다. 그 후 4년간 안동지원 집행관으로, 2004년 9월부터 영덕군에서 2년, 경산시에서 15년간 17년 동안 법무사로 일하면서, 본인의 법무사 직인을 수없이 등기신청서 등에 찍었다. 타인의 도장도 매매계약서, 증여계약서, 상속협의서 등에 수십만 번은 찍었을 것이다. 직업이 법무사이니 도장 찍는 것도 팔자소관이다.

사무실에는 아내가 사무장으로, 아들과 딸이 직원으로 근무하고 있다. 다른 사람들은 처자식이 같은 사무실에 근무하는 것이 보기 좋다고 한다. 별난 남편의 성격을 이해하면서 14년 동안 사무장으로 근무해 준 아내가 고맙고, 5~6년 동안 나의 엄한 훈계 속에서도 묵묵히 근무해 준 아들, 딸도 고맙다.

요사이는 자영업이나 전문직도 최저임금제와 코로나 때문에 정식직 원들을 채용하기가 어려운 여건이라서 가족끼리 운영하는 사례가 점차 늘어나는 추세이다. 가족끼리 운영하므로 누구 하나 실수해서 등기 분석을 잘못하거나, 서류에 도장을 잘못 찍어 문제가 발생할 경우 전부 본 직인 나의 책임으로 돌아온다.

얼마 전, 아들의 실수로 적잖은 돈을 변상해 준 일도 있다. 증여등기를 한다고 수증인인 딸이 등기명의자인 친엄마의 인감증명서와 인감도장, 등기필증, 신분증 등을 가져왔으므로, 모녀 간이라 믿고 증여등기를 해주었다. 얼마 뒤 엄마 측에서 딸이 자신의 승낙 없이 등기를 넘겼다고 따져 곤욕을 치르는 등, 도장을 믿고 일하는 법무사들은 도장으로 인해 겪는 애로사항이 다른 사람들보다 더 많은 것이 사실이다.

우리 일 중 하나로 매매나 증여로 이전등기를 하거나, 금융기관에 담보설정등기를 하거나, 협의분할에 의한 상속등기 등을 할 경우에는 전부 인감증명서나 인감도장이 필요하다. 이때 열 명 중 두세 명은 꼭 인감증명서와 인감도장이 다르다. 전에는 인감도장을 찍어서 인감대장 원부와 대조해 보고 공무원이 인감증명서를 발급하였으나, 지금은 편리하게 전국 어디서나 인감증명서를 발급해주므로 원부와 대조하는 절차가 생략되어 인감증명서와 인감도장이 틀리는 일이 많아서 법무사들의 일에 어려움이 많다.

서양에는 인감증명제도가 없어 협의상속의 경우 십여 명 이상이 되는 상속인들 전부가 공증사무실에 가서 협의상속 서류에 각 자필로 서명을 하고, 각 상속인들의 자필임을 공증을 해서 그 공증서류를 가지고 변호사 사무실에서 상속 이전등기나 매매나 증여에 의한 소유권 이전등기를 해야 한다. 한국에도 공증하는 데 들어가는 공증비용이 금액의 과다에 따라 최소 몇 만 원에서 몇 십만 원이 들어가는데, 인감제도가 있는 한국이나 일본에서는 인감증명서 1통 발급비용이 1천 원 정도에 불과하다. 또 인감증명과 인감도장만 있으면, 상속인들 전부가 공증사무실에 갈 필요조차 없고, 상속인들 중 대표 한 명이 법무사 사무실에 가서 상속인들의 각 인감증명서나 인감도장을 제출하면, 법무사 사무실에서 상속인들에게 전화로 본인의 의사만 확인하면 협의상속등기가 가능하다. 서양의 자필로 인한 공증제도보다 한국, 일본, 대만 등 동아시아 3국에서 이용하는 인감제도가 더 간단하고, 편리하고, 유용하다. 적은 비용으로 인감만 있으면 형제와 회사 직원들에 대한 대리인 활용도가 더 뛰어나서 각종 등기와 여러 경제적 활동에도 적용하므로 일본의 손정의 씨가 인감제도의 존속을 주장하는 것은 그 경제적 타당성을 인정한 때문이다.

서양 것이 무조건 좋다는 것은 어불성설이다. 우리의 제도 중 좋고 편리한 것을 검증 없이 서양을 따라 함부로 바꾸어서는 아니 된다. 대표적인 것이 도로명주소이다. 사전 논쟁 없이 2012년부터 전면 시행하였지만, 졸속 행정의 대명사이다. 서양은 원래부터 계획도시로 도로를 중심으로 형성되었지만 한국, 일본, 중국 등 동양은 계획도시가 아닌 일반도시에서 확장된 도시라서 도로중심 개념은 애초부터 없었고, 지번주소가 더 정확한데도 일본에서도 사용하지 아니하는 도로명주소를 검증없이 도입한 것은 전시행정 내지 탁상행정의 표본으로 주소 전문가들도 도로명주소제도의 폐해를 계속 경고하고 있다.

네비게이션을 찍어도 도로명주소는 검색이 힘들고 정확도도 떨어지지만, 지번주소는 하나밖에 없어서 정확하고 검색도 쉽기 때문에 네비게이션에도 선호도가 더 높다. 특히 나이 드신 분들은 도로명주소 검색에 곤욕을 치르고 정확도조차 떨어져서 애를 먹는다.

도로명주소로 인해 엄청난 물질, 시간적 낭비로 지금까지 수백억 원의 낭비가 있었고, 매년 수십억 원의 낭비가 더 발생할 것이다. 행정부의 각종 대장과 법원의 등기부등본, 각종 소송서류 등에도 지번주소와 도로명주소가 이중으로 표기되어 국민들의 주소에 대한 집중력을 혼란시키고, 경제적, 시간적인 낭비를 계속하므로 전문가들도 도로명주소의 폐해가 언젠가는 터질 시한폭탄으로 우려하고 있다.

대구광역시의 도로명주소를 예로 들어도, 대구의 중심가를 통과하는 도로명인 달구벌대로 몇 길 몇 번지에는 몇 개의 구(區)와 수십 개의 행정동이 포함되어 있다. 그 도로명주소만 가지고는 일반인은 물론 우체부, 법무사, 중개사 등 주소 전문가들도 정확한 지번뿐 아니라 행정동의 이름조차 알 수 없어 다시 인터넷 검색을 해야 하는 등 얼마나 낭비적인가? 현명한 우리 국민은 언젠가는 우리 실정에 맞지 않은 도로명주소를 폐기하고 말 것이다.

도로명주소의 예와 같이, 우리에게 좋은 제도 즉 인감증명제도도 우리 동양 3국의 훌륭한 제도로서 반드시 지켜야 할 것이고, 앞으로는 서양 것이 좋다고 무조건적으로 따라 하는 것은 삼가해야 할 것이다. 도로

명 주소도 쓸데없이 서양에 유학하여 훌륭한 동양정신을 망각하고 서양 것에 헛 멋이 든 사이비 고위 공직자들의 탁상행정에 애꿎은 국민들만 멍이 든 것이다.

여담으로, 유엔이 2015년 새로 정한 나이 구분 기준을 보면

①0-17세는 미성년자

②18-65세는 청년

③66-79세는 장년

④80-99세는 노인

⑤100세 이상은 장수노인으로, 66세 이상은 아직도 젊은 장년이므로 직업이 있다면 매일 출근도장을 찍어 열심히 일하고, 직업이 없더라도 적극적으로 일을 만들어 인생 후반전을 멋지게 보내야 할 것이다.

임어당 선생도 '인생의 황금기는 그 사람의 황혼기에 있다'고 하였다. 102세가 된 김형석 고려대 명예교수도 인생의 황금기는 60부터 75세까지라고 말씀하셨다. 우리도 자녀나 후배들에게 존경은 못 받더라도 꼰대 소리는 면해야 할 것이다.

인감도장을 잘못 찍으면 경제적 파산이 날 수 있고, 인격도장을 잘못 찍으면 인격적 파산이 날 수 있다. 자기 나이에 부끄럽지 않게 성찰하면서 사는 삶이 되어야 할 것이다. - 2022. 4.

윤사월과 나그네

해마다 4월부터 5월 중순까지 송화가루가 봄 바람을 타고 도시의 아파트단지와 주택가를 침범한다. 아파트나 단독주택이나 송화가루 날릴 때는 창문 열기가 겁이 난다. 무심코 창문을 열어놓았다가는 노란 송화가루에 온 집안이 엉망이 된다. 몇 년 전부터 4월 하순에서 5월 중순까지의 온도가 섭씨 30도를 웃도는 날이 많아졌는데, 송화가루 겁이 나서 하루종일 창문을 닫고 있노라면 답답증을 넘어 스트레스까지 받는다.

주차한 승용차의 송화가루 털기도 곤욕스럽다. 하지만 불편한 송화가루도 자연의 법칙이므로 이를 감수해야한다. 소나무도 암수가 있어 후손을 증식하려면 수정을 해야 한다. 수정의 수단으로 꽃가루를 날리는 것은 건강한 순환현상인데, 순환의 법칙이 파괴되면 그 부작용으로 지구 생명의 종말이 오기 때문이다. 그나마 송화가루는 꽃가루 알레르기를 덜 일으킨다니 다행이다.

해마다 4-5월이 오면, 박목월 시인의 시 '윤사월'에 나오는 송화가루가 엄마 소나무를 떠나 머나먼 나그네 길에 오르듯이, 시인의 또 다른 명시 '나그네'가 생각난다. 윤사월은 양력으로 5-6월경인데, 지구온난화의 영향인지 지금은 4월 중순부터 5월 중순경이면 송화가루가 끝이 난다. 이 시가 발표된 1946년보다 송화나 복숭아, 사과, 배꽃 등의 개화시기가 거의 한 달 정도 빨라진 것으로 보인다.

　80여 년 만에 소나무 및 과일나무 꽃들의 개화가 한 달가량 빨라질 정도로 지구온난화가 심각해졌다는 징조이다. 우리 어릴 적만 해도 복숭아, 사과, 배 등 과일나무의 개화가 5월 중순이 되어야 만개가 되었는데, 지금은 4월 중하순이 되면 모든 과일나무의 꽃들이 만개한다. 가톨릭 부산 교구 배기헌 신부는 자신의 수필집에서, '윤사월'에서 송화가루가 날리는 외딴 봉우리의 눈 먼 산지기 딸이 문설주에 기대어 엿듣고 있는 것은 꾀꼬리 울음소리라고 분석하였는데, 나는 그 해석이 잘못되었다고 생각한다. 산지기의 눈 먼 딸이 문설주에 기대어 엿듣고 있는 것은 꾀꼬리의 울음소리가 아니고, 어느 때부터인가 눈 먼 처녀에게 물 한 그릇을 청하며 다가온 이름조차 모르는 총각 나뭇꾼이나 총각 심마니의 발자국 소리라고 추정한다.

　이 시를 발표한 1946년경에는 직업적인 나뭇꾼이나 심마니들이 많아서 이들 중 한 명이 외딴 집의 눈 먼 처녀에게 의도적으로 접근한 것으로 본다. 꾀꼬리의 울음소리는 문설주에 귀대지 않아도 잘 들려서 굳이 기대어 들을 필요가 없지만, 사람의 발자국 소리는 꾀꼬리 울음소리에 묻혀 문설주에 기대지 아니하면 놓칠 수가 있다. 만약 기다리는 사람의 발자국 소리를 듣게 된다면, 눈 먼 처녀는 즉시 옷매무새를 고쳐서 예쁘게 보여야 하므로, 두근대는 춘정으로 그이의 발자국 소리를 간절히 기다렸을 것이다.

'윤사월과 나그네'의 시인 박목월은 조지훈, 박두진과 함께 자연의 서정을 노래한 청록파이다.

청록파 시인 중 조지훈은 목월보다 네 살 아래이지만 나이를 넘어서서 대단한 절친이었다. '나그네'는 조지훈이 1946년 박목월에게 보낸 '완화삼'이란 시에 대한 답시라고 전해진다. 내 고향 영덕의 지역신문인 '영덕신문'이나 대구의 '매일신문'을 통해 알아본 바, 목월의 '나그네'는 영덕군 '강구'에서 창작된 것으로 추정된다. 1945년이나 1946년경 송화가루가 날리는 양력 5월 중순경, 영양 일월면 주실마을이 고향인 조지훈이 주실마을에 목월을 초청하였다.

목월은 윤사월에 나오는 산지기의 외딴 집을 찾아보는 등 며칠간 영양을 유람하고, 경주로 돌아가기 위해 지훈과 함께 영양읍으로 나왔다. 버스정류장 가까운 주점에서 석별의 정으로 막걸리를 마시다가, 기분이 고조된 목월이 지훈에게 "자네도 나의 경주 초청을 받아달라."고 간청하였다. 이를 승낙한 지훈과 함께 오전 11시30분경 버스정류장에서 영덕, 강구를 경유하여 경주로 가는 시외버스를 탔다. 반변천이 흐르고 선바위가 절경인 입암을 거쳐 김주영 작가의 고향인 진보를 지나 청송-영덕의 경계인 황장재를 넘어 영덕읍에 도착한 시간은 오후 5시 30분경이었다. 당시의 영양-영덕 국도는 비포장이고, 교행이 어려운 좁은 산길이라 6시간 이상 걸리는 최악의 도로였다.

목월과 지훈을 태운 버스가 영덕에서 잠시 휴식을 취하고 다시 출발하여 강구에 도착한 시간은 오후 6시 2~30분경이었다. 5월 중순, 해는 길고 화창한 신록의 계절이라, 목월과 지훈은 모처럼 바닷가에 와서 제철인 도다리 회와 해삼, 멍게 등을 안주삼아 술이나 한잔하고 강구에서 하루 쉬어가기로 의기투합이 되어 강구에서 하차하고 말았다. 때맞추어 정류소 인근에 있던 양조장에서 술 익는 냄새가 두 사람의 후각을 자극하였다. 이에 강구 구대교 인근 오십천이 잘 보이는 언덕에 위치한 목로주점에서 도다리와 멍게, 해삼을 안주 삼아 동동주와 막걸리를 마시던 시간이 저녁 일몰시간이었다.

목월의 눈앞에 유유히 흐르는 오십천을 넘어 자신이 오전에 떠나온 영양 방면 서쪽 하늘가에 불타는 저녁놀이 그날따라 환상적으로 채색되었으니, 시인의 일생에서 두 번 다시 오지 않을 명시가 탄생되는 천재일우의 기회가 온 것이다. 오십천 건너편 강변을 따라 넓게 펼쳐진 들판에 어른 무릎까지 무성하게 자란 푸른 밀밭이 끝없이 이어진 가운데, 밭에서 일하던 농부 한 사람이 저녁밥을 먹기 위해 바쁘게 집으로 가는 광경이 목월의 눈에 띄었고, 시인은 즉석에서 시상이 떠올라 '나그네'란 시를 창작하게 되었는데, 이때 지은 '나그네'의 전문全文을 살펴보자

> 강나루 건너서 / 밀밭 길을
> 구름에 달 가듯이 / 가는 나그네
> 길은 외줄기 / 남도 삼백리
> 술 익는 마을마다 / 타는 저녁놀
> 구름에 달 가듯이 / 가는 나그네

위 시에 나오는 외줄기 길은 영덕–경주 간 외선도로인 7번 국도를 말

한다. 남도 삼백리는 목월의 고향 경주가 남도이고, 영양에서 경주까지의 거리가 120km로 딱 300리이기 때문이다. 강나루는 오십천을 건너야 하는 강구를 말한다.

술을 마시던 주점과 양조장이 지척으로 술 익는 향기가 코를 찌르고, 때는 일몰시간으로 오십천 너머 하늘에는 저녁노을이 불타듯 처절하였다. 그 와중에 강 건너 밀밭에서 일하던 농부가 저녁밥을 먹기 위해 바삐 발걸음을 재촉하는 중이었다면, 그 풍경과 위 시의 내용이 너무나 일치하지 아니한가?

한국 현대시의 역사상 너무나 중요했던 그날, 두 시인은 오십천변의 아름다운 저녁노을과 맛있는 강구의 해산물과 미주에 취하여 황홀한 춘몽에 빠졌으리라. 이튿날 두 시인은 강구를 출발하여 경주 목월의 집에 도착하였다. 그곳에서 며칠간 관광과 휴식을 취한 후, 지훈은 서울로 상경하여 경주에 있던 목월에게 우정의 표시로 '완화삼玩花衫'이란 시를 보냈고, 목월은 그 답례로 '나그네'란 시를 보낸 것이리라

조지훈의 '완화삼'에는 지훈의 고향인 영양의 반변천이 안동의 낙동강과 합수하여 부산까지 가는 700리를 노래하였고, 박목월의 시 '나그네'에는 자신이 실제 경험한 영양에서 강구의 오십천까지, 다시 외길로 고향 경주까지의 거리인 300리를 노래한 것이다.

해마다 송화가루가 날리는 4-5월이 오면, 향토 출신으로 현대 시단의 거목이 된 두 시인의 영양-경주 간의 행로를 더듬어 보면서, 그 길에서 탄생한 '윤사월'과 '나그네' 그리고 '완화삼'을 암송해 본다.

내 고향 영덕의 수려한 산과 바다, 하천 중 '나그네'의 탄생지로 유명한 강구항의 내항인 오십천변에 서서, 76~7년 전 그날, 지훈과 목월의

순수했던 우정을 되새겨본다. 그 우정이 바로 한국의 명시인 '윤사월'과 '나그네'를 창조해 낸 것이다. - 2022. 5.

쑥떡

코로나가 기승을 부리는 올해도 고운 새색시 임 마중처럼 봄은 왔다. 얼마 전 개화가 시작된 벚꽃도 만개되어 봄바람에 하이얀 꽃잎을 눈송이처럼 날린다. 해마다 벚꽃이 만개하면 '버스커 버스커'의 '벚꽃엔딩' 노래와 함께 전국의 벚꽃 명소마다 행춘객들의 물결이 수를 놓았건만, 3년째 계속되는 코로나로 올해도 봄꽃축제가 취소되고, 꽃구경조차 금지하고 있으니, 또 다시 찬란한 슬픔의 봄을 맞이하는 우리의 가슴은 빈 소라껍질처럼 공허하다.

개나리, 진달래, 철쭉이 사라진 산야에 하얀 순백으로 피어나 은은한 향기를 내뿜는 아카시아, 찔레꽃이 한창이던 작년 5월에 채취하여 냉동실에 보관해오던 쑥봉지 6개를 단골 방앗간에 맡겨 쑥떡 4되를 만들어 지인들에게 봄맞이 인사로 돌렸다. 100% 자연산 쑥으로 만든 떡을 먹은 지인들이 쑥떡을 맛있게 잘 먹었다고 인사가 자자하다. 떡 가게에서 파는 쑥떡은 원료인 쑥이 적어서 떡의 촉감이 딱딱하고 쑥향이 없어서 옛날 어머니가 해주던 쫄깃쫄깃하고 쑥향이 코를 찌르는 그런 쑥떡은 만나기 힘들다.

30여 년간 인연을 이어온 밀양의 호야 모친도, 이웃에서 보낸 쑥떡과 비교해서 먹어보고는, 우리 쑥떡이 차이나게 맛이 있어서, 며칠 전 아내에게 전화를 해서 "금년에도 쑥떡을 하거던 맛을 보게해 달라."고 신신당부하였다는 것이다. 쑥떡의 주원료인 참쑥은 가족 농원인 경산 용성의 복실농원에서 채집한다.

올봄에 사망한 풍산개 복실이가 2016년 3월 우리집에 오고 3개월이 지난 6월경, 우연한 기회에 용성 땅 1000여 평을 싼 값으로 구입하였다. 그해 복실이를 입양한 기념으로 '복있고 맛있는 실과'가 많이 달리라고 '복실농원'으로 작명하고, 복숭아, 자두, 사과, 배, 감, 밤, 살구, 매실, 호두 등 각종 유실수를 심었다. 우연히 구입한 그 농원이 참쑥의 보고였다. 이 복실농원에서 채취한 자연산 쑥으로 해마다 봄철에 2~3차례 쑥떡을 하여 거래처 및 지인들에게 선물을 한다. 먹어본 사람마다 그 향기와 쫄깃쫄깃한 맛이 옛날 시골의 어머니가 봄철에 쑥을 뜯어서 해주던 그 맛이라면서 감탄을 하는 것이다.

매년 농원에 쑥이 무성해지면, 50년 전 고향에서 동장을 하시던 백부님 집에 배달되던 '새농민'이란 잡지에 실린 '쑥떡과 바보 형'이란 콩트가 생각난다. 그 내용은 이러하다.

옛날, 남쪽의 어떤 마을에 바보 형과 똑똑한 동생이 살았다. 형의 나이는 스무 살 정도이고, 동생은 두세 살 아래였다. 어머니를 일찍 여의고 혼자 사시던 아버지가 병을 얻어 돌아가셨다. 일가와 동네 사람들이 장례를 치르는데, 동생은 문상객들과 인사하고 호곡을 하는데도 형은 손님들이 많이 오고, 맛있는 음식을 먹게 되니 좋아서 웃었다. 산에 가서 산소를 만들 때도 동생과 같이 곡을 하지 않고, 봄꽃을 보고 나온 나비 잡기에 바빴다.

이듬해 늦은 봄, 동생이 형을 데리고 아버지 산소를 찾았다. 그 전 추석과 설날 산소에 갈 때는 산에서 놀기만 좋아하던 형이 그날은 아버지 산소에 도착하자마자 묘 앞에 엎드려서 대성통곡을 하였다. 동생은 형이 이제야 철이 들어 아버지 생각에 우는 것이라 생각하니, 자기도 슬퍼서 같이 울면서 "형님, 정말 너무너무 슬프지요." 하면서 형을 위로하였다. 바보 형은 더욱더 슬피 울며 동생에게 하는 말이 "동생, 너무 슬프구나. 아버지 묘 위에 저렇게 쑥이 많이 자랐는데도 쑥떡을 못해 먹었으니까 얼마나 슬프냐?" 면서 더욱 슬피 울었다고 하는 내용이다.

그 콩트가 너무 재미있어서 지금까지 잊혀지지 않는다.

하여간 맛있는 쑥떡은 바보 형도 울게 하는 별미이다. 올해도 농장 참쑥이 무성하면 쑥떡을 해서 밀양 호야 모친께 가볼 일이다. 김영란 법 이후로 거래처에 마음놓고 식사대접도 못하는 처지라 아내가 매년 농원의 봄쑥으로 쑥떡을 만들어 거래처와 지인들에게 인사를 한다. 쑥떡 정도의 인사는 우리 고유의 미덕이다. 더군다나 쑥떡을 먹은 사람들이 "모처럼 쑥떡다운 쑥떡을 맛있게 잘 먹었다."고 인사할 때는 힘들었던 과정은 깨끗이 잊고 작은 보람마저 느낀다. 우리 조상들의 미덕 중 음식을 보시하는 것도 그 하나이므로 나와 아내는 여력이 있는 한 매년 봄철의 쑥떡 공양을 계속할 생각이다.

자연산 참쑥이 풍성하게 자라는 복실농원은 우리 집의 보물이고, 깨끗한 자연산 쑥이 귀한 요즈음, 복실농원에서 생산되는 참쑥은 천금보다 가치 있는 자연의 선물이다. 한민족은 세계에서 유일하게 쑥이 건국 신화에 나타나는데 그런 만큼 쑥을 매우 사랑한다. 쑥으로 쑥국, 도다리 쑥국, 쑥된장국, 쑥나물, 쑥떡, 쑥범벅, 쑥차 등 다양한 음식을 만들고, 쑥탕, 쑥술, 쑥뜸 등 한방치료에 사용하는 등 쑥은 우리 민족에게 친밀한 자연식물이다.

복실농원은 농장의 풀을 제거할 때도 제초제를 사용하지 않고 일일이 제초 기계를 이용한다. 과실나무에도 유독성 농약을 사용하지 않고 친환경 방제를 하는 등 우리 가족의 보물인 참쑥을 보존하기 위하여 최선을 다할 것을 다짐한다. – 2022. 4.

복실이의 죽음

아직은 가끔 불어오는 찬바람에 한기가 느껴지는 3월 초, 정원의 석류나무 아래 양지바른 자리에 복수초가 노란 꽃잎을 피워 봄을 알렸다. 복수초 피어난 정원을 복실이가 한 바퀴, 두 바퀴, 세 바퀴, 다람쥐 쳇바퀴 돌 듯 계속 돌았다. 복실이의 마지막 노력으로 살기 위한 자구책이었다. 복실이의 자구책에도 한계가 온 것인가? 2022년 3월14일 밤, 하늘나라에 갔다.

복실이가 입양한 날부터 떠난 날까지의 모습이 눈에 선하다. 처음 왔을 때부터 복실이는 우리 가족의 마스코트였다. 풍산개 특유의 하얀 몸과 아래로 쭉 처진 앙증맞은 두 귀, 시원한 이마와 맑은 눈, 약간 붉은 빛이 도는 검은 코, 복실복실한 털, 복실이는 복스럽고 사랑스러운 강아지였다.

우리 가족은 20년 동안 아파트에 살다가 1년 전 한적한 전원주택으로 이사하였다. 식물만 무성한 적막하고 쓸쓸한 정원에 살아 움직이는 작은 생명체가 나타나 천진난만한 모습으로 뛰어노는 모습은 우리 가족에게 커다란 기쁨과 생동감을 주었다. '복실이'란 이름도 하얀 털이 복실복실하게 귀여워서 가족들의 선택으로 작명하였다. 복실이의 집은 주차장 지붕 밑에 사방 3미터의 펜스를 치고 원목집을 만들어 펜스 안에 넣어주고, 어릴 때는 정원을 돌아다니면서 활보하게끔 자유를 주었다. 복실이가 자라면서 꽃나무들을 많이 상하게 하였으나 감수하였다.

예부터 사냥개로 정평 난 풍산개 복실이의 성장은 빨랐다. 잘 먹고 잘 뛰어다닌 덕분인지 입양 6개월 만에 성견 수준으로 커졌다. 더 이상 복실이를 방치하여 키우면 통제 불능이 되어 감당할 수 없는 사태가 올 수도 있어서 목줄을 걸어 조금씩 자유를 줄이는 교육을 하기로 했다. 복실이의 가죽 목걸이에 굵은 목줄 2개를 연결하여 긴 줄을 만들고, 끝의 고리부분을 펜스기둥에 걸어 복실이의 운신을 제한하였다. 처음에 복실이는 줄에 매인 자신의 자유를 찾기 위하여 섬유로 만든 목줄을 날카로운 이빨로 끊어버리므로 쇠사슬로 만든 목줄로 대체할 수밖에 없었다. 자유를 갈망하는 복실이에게 너무 미안했다. 한없는 연민과 슬픔에 빠졌다.

그때 복실이에게 "복실아 너와 오래오래 같이 살기 위해 자유를 구속시킬 수밖에 없지만, 그 대신 너에게 매일 한 번 이상 반드시 산책을 시켜주겠다."고 굳게 맹세하였다. 그 후 복실이가 죽을 때까지 그 약속을 지켰다. 어느 정도 적응된 뒤에는 매일 아침 식사 전에 30분에서 1시간 정도 목줄을 풀어 소변을 볼 수 있게 해주었고, 토, 일요일이나 공휴일에 우리가 집에 있을 때는 복실이의 목줄을 풀어 우리와 같이 정원에서 놀 수 있게 해주었다. 이후 복실이는 자유 시간 후에 목줄을 매기 위하여 목줄이 걸려있는 펜스에서 불러도 순순히 제 발로 걸어와서 자연스럽게 목줄을 매어 내 마음이 편해졌다.

복실이는 산책을 할 때 배변을 풀숲이나 가로수 아래 풀이 있는 곳에서 하고, 도로나 인도에는 볼일을 보지 않을 정도로 말을 잘 알아들었다. 자기 집이 있는 펜스 주위에는 급한 사정이 없는 한 대소변을 보지 않고, 아침 자유 시간이나 저녁 산책을 기다려서 볼일을 볼 만큼 청결하여 복실이 집 주변에는 냄새도 별로 나지 않았다.

복실이를 입양한 그해 7월 어느 토요일, 그날은 내가 복실이를 산책시키고 집에 왔는데, 우리 옆집에 사는 '콩나물 집' 50대 남자가 복실이가 오늘 산책하면서 자기 집에서 공원으로 내려가는 계단에 똥을 누어서 자기 동거녀의 손녀가 그 똥을 밟았다고 시비를 걸었다. 내가 아무리 복실이가 아니라고 해명해도 막무가내로 술에 만취하여 행패를 부리므로 결국 서로 욕설이 오가는 싸움으로 번졌으나, 이웃들의 만류로 화해하였다.

이웃집 남자는 시비 후 두 달이 채 안 된 9월 중순, 간암 말기에 반복되는 술주정에 질린 동거녀가 가출을 한 후, 1주일 남짓 밥은 먹지 않고 술로만 때우다가 급기야 고독사를 당하여 경찰과 119에서 아저씨의 시신을 처리하였다. 지난 행동은 괘씸하였지만 명복을 빌어주었다.

복실이가 온 뒤, 우리 집의 먹다 남은 음식은 전부 복실이 몫이었다. 이것이 복실이에게 해가 되는 줄 몰랐다. 우리집 개 중 푸들과 말티즈는 심장사상충 약을 정기 복용하였으나 복실이는 방치하였다. 그동안 복실이의 신장은 점점 기능을 잃어가고 있었으나 우리는 전혀 알지 못했다.

구정 연휴인 금년 2월초, 평소 잘 먹던 복실이가 명절음식도 먹지 않고 사료를 남기므로 이상하다는 생각을 하면서도 최후의 순간이 오리라고는 꿈에도 생각하지 않았다.

연휴가 끝난 평일에 아들이 복실이와 산책을 갔는데, 다리를 절고 주저앉기조차 하였다. 그때서야 복실이의 건강이 심각하다는 사실을 인식하고 가까운 동물병원에 데려갔으나, 상태가 매우 심각하다 하였다. 바로 대구 소재 대형 동물병원에 입원시켜 신장기능을 회복시키는 약제를 계속 투여하였으나 증상이 호전되지 아니하고 수의사도 회복가능성이 없다하였다. 죽을상을 하고있는 복실이를 집에 데려오는 것이 연명치료보다 낫다는 생각에 복실이를 퇴원시켜 데려오니, 그때서야 복실이의 얼굴에 행복한 미소가 떠올랐다.

퇴원 후 죽을 때까지 34일간 복실이의 투병기는 눈물겨웠다. 복실이는 자기가 6년간 매일 다니던 정원의 둘레길을 처음 열흘간은 매일 4-5회, 중간 열흘간은 3-4회, 후기 열흘간은 2-3회, 말기에도 1-2회씩은 꼭 일주하다가 피곤하면 중간중간 누워서 턱을 땅에 대고 편안한 자세로 휴식을 취하였다. 34일 중 복실이는 스스로 음식에 입을 댄 적이 한 번도 없었다. 이미 신장기능이 망가져서 음식을 넘길 수 없었기 때문이리라. 하루에 수도 없이 물통에 채워둔 물만 줄기차게 마셨다.

이를 안타깝게 생각한 아내가 퇴원할 때 병원에서 약제 투입용으로 받아 온 큰 주사기 대롱을 이용하여 처음에는 우유에 설탕을 혼합하여 먹이다가 나중에는 단백질에 꿀을 섞어서 아침, 저녁으로 많을 때는 10번 이상, 적을 때는 4-5번 정도라도 억지로 먹여서 복실이를 하루라도 더 살리려고 노력하였다. 특히 우리집 말티즈 수놈 금동이의 충성은 눈물겨웠다. 복실이의 입가에 덧난 상처가 계속 밀려나오고 몸 상태가 점점 쇠약해지자, 복실이가 많이 아프다는 사실을 감지한 금동이가 자기를 자꾸 복실이가 누워있는 곳으로 보내달라는 히어링을 해서 밖에 내주면 자기보다 10배나 큰 복실이에게 다가가서 복실이 입가에 불거져 나온 상처에 끊임없이 자신의 혀를 핥아주어 복실이의 상처를 낫게 하였다.

금동이는 복실이를 볼 때마다 빠짐없이 자신의 혀로 복실이를 치료하였는데, 그 정성은 우리 가족들보다 더 지극하였다. 이 모든 노력이 복실이가 34일이나 살게 해 준 원인이었다.

복실이의 마지막 날, 복실이도 자기의 죽음을 알았는지 아침부터 물도 마시지 않고, 우유나 단백질도 먹지 않고, 정원도 걷지 아니하고 누워만 있었다. 아내가 안타까워서 주사기로 물만 2-3번 먹였으나 겉으로는 편안한 모습으로 평소와 다른 점이 없었다.

퇴근 후 복실이를 살펴보니 너무 편안해 보였다. 아내가 주사기로 물만 3-4번 먹여서 이불 위에 눕혀두고 하루를 마감하였는데, 밤 8시 50분경 거실과 통창으로 연결된 데크 위에 깔아놓은 이불 위에서 평소와 같이 누워있던 복실이가 갑자기 일어나는 듯하더니 바로 쓰러졌다. 아내가 놀라서 거실 문을 열고 나가 복실이를 가슴에 안으면서 "복실아 왜 그러느냐."고 물으니, 복실이가 온 몸을 심하게 떨면서 마지막 증세를 보였다. 아내가 큰소리로 안방에서 책을 보고 있던 나를 부르고, 아이들도 오게 하고, 순돌이, 금동이 강아지들도 오게 하여 온 가족이 지켜보는 가운데 복실이가 숨을 거두었다. 우리 부부와 민주, 문규, 민영이 모두 애타게 복실이의 이름을 부르며, 통곡 속에 복실이의 영혼을 배웅하였다.

우리 이웃에 사는 복실이와 특별한 영식이를 불러서 복실이를 보게 하고, 장례절차를 논의하여 다음날 영식이와 아내가 청도에 있는 애견 예식장에서 장례식을 치르기로 결정하였다. 복실이는 그래도 복이 많다. 가족이 모두 복실이의 임종을 지켜보았으니 얼마나 다행인가? 모두 출근한 대낮에 사망하였다면 혼자서 외롭게 떠났을 것이다. 이튿날, 복실이를 화장하여 유골을 보관하였다가 주말 복실농원 양지바른 곳에 묘지를 마련하고, 우리 가족과 영식이가 영결식을 가졌다.

2022년 3월 24일 해가 서산으로 넘어갈 즈음, 복실이가 떠난 열흘 만에 복길이가 우리 집 마당에 들어왔다. 복실이와 복길이는 같은 풍산개로 생일도 2월 1일로 같다. '메멘토 모리', 라틴어로 '죽음을 기억하라'는 뜻이다. 복실이의 죽음을 기억하며 앞으로는 복길이를 잘 길러야겠다. 복길이는 산책 때 외에는 목줄을 걸지 않을 것이다. 복길아, 우리와 함께 행복하게 살아보자.

삼가 복실이의 명복을 빈다. - 2022. 4.

비둘기 부부와 복길이

풍산개 애기 복길이가 봄바람에 실려 늦은 3월에 우리 집에 왔다. 복길이를 맞이하여 죽은 복실이가 살던 펜스 울타리를 두 배로 넓혀서 개집을 펜스 안에 넣고 옆에 밥그릇, 물그릇, 간식그릇을 배치하고 입주를 시도하였지만, 자기집에서는 잠을 자지 않고 우리집 주변 공작단풍 아래 맨땅에서만 자려고 했다.

복길이가 처음 왔을 때 3일간 주택 거실에서 재웠다. 펜스가 완성되어 자기 집에서 자도록 시도해 보았는데, 밤새 울면서 펜스 창살을 물어뜯어 어금니가 탈구될 정도로 반항이 심했다. 이웃에서도 아기 개가 밤새 울어서 시끄럽다고 항의가 들어오므로, 결국 펜스 문을 개방하여 복길이가 철이 들 때까지 알아서 잠자리를 선택할 수 있도록 하였다. 펜스 안 복길이의 밥그릇에는 항상 사료가 가득하다. 복길이가 마당에서 놀다가 배가 고프면 언제든지 먹을 수 있게 한 것이다.

복실이 살아 있을 때부터 사료에 맛이 든 비둘기 부부가 사료를 슬쩍 해 먹은 것이 몇 년이다. 10여 마리의 참새들도 동참하고 가끔 까치, 까마귀, 곤줄박이도 끼어든다. 복실이는 큰개라서 비둘기, 참새들이 조심을 했는데 복길이는 어리다고 아예 무시를 한다. 근처에 복길이가 있어도 무상출입이다. 펜스 대문조차 철거했으니 아무 걸림돌도 없다. 주말에 내가 정원 탁자에 앉아 있어도 아랑곳하지 않고 당당히 출입하여 사료를 먹는다. 아주 허가 낸 밥도둑이다.

복길이가 우연히 펜스 안 자기 그릇 앞에 있는 비둘기 한 마리를 발견하고 펜스 안으로 달려가니, 펜스 울타리와 주차장 지붕 사이의 좁은 공간을 이용하여 유유히 바깥으로 날아간다. 새벽에 일어나서 여명이 밝아오던 중 우연히 거실 창을 통해 정원을 바라보았다. 복길이는 보이지 않고 펜스 앞에 있는 소나무 위에 비둘기 한 마리가 망을 본 후 신호를 보냈는지, 다른 한 마리가 인근 전봇줄에 앉아있다가 펜스 앞에 연착해서 안으로 들어가고 소나무에 있던 비둘기도 따라 들어간다. 참새 몇 마리도 펜스 위에 앉아 순서를 기다린다.

비둘기 부부가 복길이 밥그릇에 나란히 앉아 사료를 실컷 먹고 옆에 있는 물그릇에서 물까지 느긋하게 마시고는 마당으로 나와 여유롭게 창공을 날아간다. 그 뒤를 참새 몇 마리가 따라서 한다. 복실이가 아파서 식사를 못할 때, 한 40일 동안 밥그릇과 물그릇을 치웠더니 비둘기 부부와 참새들이 오지 않았다. 복길이가 와서 밥그릇과 물그릇을 가득 채워두니 비둘기와 참새들이 먼저 알고 이제는 아침, 점심, 저녁, 3번을 방문하여 삼시세끼를 챙긴다. 복길이도 마당에서 놀다 배고프면 펜스에 들어가서 수시로 먹는다. 복길이, 비둘기 부부, 참새들 모두 이용하는 식당이다. 우리 부부는 이들을 책임지는 물주다. 복길아, 비둘기야, 참새들아! 서로 싸우지 말고 나누어 먹고 공생하여라. 자주 와서 먹고 싶은 대로 먹고 물도 마셔라.

어릴 때 읽은 동화가 생각난다. 옛날 어떤 마을에 궁궐과 같이 넓은 집과 정원을 가진 부자가 살았다. 너무 인색하고 욕심이 많아 자기 집에 거지가 동냥을 오면 밥그릇을 깨어 쫓아내고, 개나 고양이가 와서 음식 찌꺼기를 먹어도 못 먹게 훼방 놓고, 새들이 곡식 낱알을 주워 먹어도 못 먹게 방해를 하는 등 사람과 동물, 새들에게 너무 못되고 인색하게 굴었다. 결국 그집에는 사람 한 명 오지 않고, 개나 고양이 하물며 새 한 마리도 오지 않는 유령의 집이 되었다. 뒤늦게 외로움과 적막함을 알게 된 욕심쟁이가 이를 뉘우치고 사람, 동물, 새들에게 인정을 베풀자, 죽었던 넓은 집과 정원이 다시 살아났다는 이야기가 있듯이, 새들이 먹고 노래하는 천국이 곧 사람의 천국이다. 새들도 날이 저물면 둥지로 돌아가고, 슬프면 울고, 기쁘면 노래한다.

그들도 우리와 같이 생각하고 아파하는 감정과 영혼이 있다. 천상병 시인은

하늘 밑이 새의 나라고
어디에나 거리낌 없다
자유롭고 기쁜 것이다
새의 지저귐은
삶의 환희요 기쁨이다
우리도 아무쪼록 새처럼

명랑하고 즐거워하자!

라고 노래하였다.

이 시의 내용처럼 비둘기 부부와 참새들에게 하늘 아래 자기 구역 아닌 곳이 없으니, 우리집 역시 그들의 구역이다. 구역 침범을 탓하지 말고 너희들과 계속 공생할 생각이니, 새들아, 우리 복길이와 우리 마당에서 함께 먹고 함께 놀아라. - 2022. 4.

허수아비와 인생

우리 어릴 적에는 벼나 보리, 과일 등이 익어갈 즈음에 곡식, 과일을 훔쳐 먹는 참새나 까치 등 새를 쫓기 위하여 나무, 짚, 헌옷가지로 사람의 모습을 만들어 논밭에 세워놓은 허수아비들이 많았다. 이젠 시골 들판에 허수아비가 서 있는 모습을 보기 힘들다. 일부 과수원은 아예 공중에 그물막을 쳐서 원천적으로 새들의 접근을 막아버린다.

지금은 마네킹에 경찰 유니폼을 입혀 도로에 세우거나, 가게나 식당을 개업할 때 키다리 마네킹을 사용하는 등 허수아비의 재질이나 용도도 세월에 따라 변모하고 사용처도 다양해졌다. 과거에 들판에서 새를 쫓는 역할을 하던 허수아비가 사라진 대신 우리 가정에서 무능하고 유약하여 아버지의 권위가 사라진 남자들이 허수아비로 살고 있다.

내가 좋아하던 사촌형과 사촌자형이 있었다. 사촌형은 고향에서 같이 자랐는데 나보다 세 살 위다. 사촌자형은 고향이 영덕 석리로 결혼할 때 나이가 28살로 누나와는 3살 차인데 그 시절에는 두 분 다 늦은 결혼이었다. 자형과 누나가 결혼할 당시 나는 10살로 초등학교 4학년이었고, 우리집과 이웃인 큰아버지집 마당에서 구식으로 진행하던 결혼식 광경이 눈에 선하다.

사촌형은 세 살 차이라도 어릴 적부터 이웃에 살았고, 고등학교를 졸업한 후 고향에서 청년회 활동도 같이 하고, 동우계에도 같은 계원으로 30여 년 이상을 함께해서 형제 겸 친구로 오랜 우정을 이어왔다. 나와 18살 차이인 사촌자형은 내가 20살 되던 해에 공무원시험에 합격한 후, 업무연수를 받거나 교육을 받으러 서울에 갈 때마다 자형집에 기숙한 것이 여러 번이었다. 만날 때마다 둘 다 술을 좋아하여 집에서 먹다가 술이 떨어지면 가까운 포장마차에서 밤 늦도록 술잔을 기울이다보니 나이를 초월하여 술친구로서 친하게 지냈다.

집안 길흉사에 누나와 자형이 참석을 잘하고 나 역시 길흉사에 빠짐없이 참석하다보니, 행사에서 만나면 꼭 동석하여 술잔을 나누면서 정을 주고받은 세월이 40여 년이 넘었다.

그 사촌형과 사촌자형이 남편과 아버지의 권위를 잃은 낙조 신세였다. 두 사람의 공통점은 40세가 되던 시점에 구조조정이 되어 회사를 그만둔 뒤 세상을 떠날 때까지 직장을 가지지 못했다는 것이다. 남편이 능력이 없다보니 사촌형수나 누나가 가정경제를 책임지게 되어 그 고생이 막심하였다.

자녀들도 고생하는 어머니를 볼 때마다 아버지를 원망했을 것이고, 형수와 누나도 직장에서 고초를 겪다보니 자연적으로 남편에게 군소리를 할 수밖에 없었다.

사촌형과 자형은 시골 고등학교 학력으로 처음 10여 년간은 말단 사무직으로 근무하다가, 40세쯤이 되자 정리해고 대상이 되어 퇴사 당하는 신세가 되었다. 그나마 가족을 위한 용기라도 있었다면, 노가다나 길거리 포장마차라도 시작하여 재기를 할 것인데도, 10여 년 이상 편안한 사무직 생활에 길이 들어서 고된 일은 해보기도 전에 포기하는 유약한 성질이 판박이로 닮아서 두 사람은 이후 남은 세월을 아내의 그늘에서 보냈다.

그래도 사촌자형은 누나의 배려로 가사 일을 도우면서도 어느 정도 좋아하는 술을 마실 수 있었고, 각처에 사는 사촌처남들을 방문하여 대우받는 세월을 보내다가 80세로 고종명하였으니 인생 오복 중 삼복 정도는 누렸다 할 것이다. 그러나 사촌형은 자형과 달리 좋은 세월을 누리지도 못하고 일찍 세상을 하직하였다.

영덕에서 법무사를 할 때인 2006년 봄, 사촌형이 큰어머니 이름으로 되어 있는 고향마을 밭을 팔아달라고 하여 중학교 동창으로 서울에서 부동산업을 하던 친구에게 부탁해서 고향마을 밭 시세보다 2배 이상 고가로 팔아주었다. 형님의 어려움을 잘 아는 처지라 소개비 한 푼 받지 않았다. 그 매매대금은 형수님이나 팔십 중반의 큰어머님에게는 너무나 귀중한 돈이었다. 형님은 그 돈을 주식으로 날리고, 원래부터 심약하던 성격에 자책하는 마음까지 겹쳐서 우울증에 시달리다가 2006년 11월 초에 스스로 세상을 하직하였다.

나는 정신적 충격을 받아 사고 며칠 후인 11월 말에 영덕에서 가족이 있는 대구 근교로 사무실을 이전하였다.

요사이도 사오정이니, 오륙도니 하면서 40대, 50대의 젊은 가장들이 직장에서 조기퇴직하는 경우가 많아서 젊은 나이에 가정의 허수아비로 전락하는 경우가 많다. 옛날과 달라서 지금은 농촌이나 중소기업에 인력부족이 심각하여 외국인도 대체인력으로 무한정 수입해야 할 입장이다. 조기 퇴직하는 젊은 가장들은 농촌이나 중소기업을 잘 활용하여 퇴직 후의 인생을 활기있게 살아갔으면 하는 마음이 간절하다. - 2022. 5.

배남희 소장님

2000년 6월 30일자로 24년 4개월간의 법원공무원을 마감하고 명예
퇴직하였다. 2000년 8월부터 4년간 안동지원 집행관으로 근무하다가,
2004년 9월 고향인 영덕에서 법무사 사무실을 개소하였다.

2006년 11월 초순, 친하던 사촌형이 갑자기 돌아가시자 혼자 사는 영
덕생활이 허무해졌다. 이래저래 고향생활이 싫어져 2006년 11월 말에
미련없이 영덕 사무실을 접었다. 우리 가족이 사는 대구 시지와 인접한
경산시로 사무실을 이전할 작정이었다.

아내와 함께 경산등기소 인근을 둘러보면서 사무실을 물색하였으나
마땅한 자리가 없었다. 등기소 인근인 우체국 앞을 지나다가, 세무서와
우체국이 마주보는 사거리에 '임대'라고 붙은 1층 점포를 아내가 발견하
고 그곳을 사무실로 정하자고 하였다.

걸어서 5분 정도에 등기소와 시법원이 있고, 대로변이라 사람들의 눈

에 잘 띄고, 우체국이 바로 앞이라 우편물 발송에도 편리하여 그곳을 사무실 자리로 결정하였다. 점포가 40평이 넘어 사무실로 사용하기에는 너무 넓었다. 임대료도 비싸서 건물주에게 부탁하여 40평 중 남쪽 25평에 칸막이를 해서 우리 사무실로 쓰고, 나머지는 따로 임대하는 것으로 한 후 임대료를 조정하였다.

그때가 2006년 12월 초순이었다. 12월 중에 인테리어를 끝내고, 2007년 1월 영덕에서 이사를 하여 집기 등을 설치하고 2007년 1월부터 업무를 보기로 하였다. 사무실 간판은 고등학교 후배가 맡고, 영덕의 간판 철거와 이사도 후배에게 부탁하여 마무리한 후 2007년 1월 20일, 법무사 업무를 재개하였다.

경산지부로 이전할 때 지부 회원은 15명 정도였고, 지부장은 배남희 소장이었다. 개업 전, 사무실에서 30여 미터 떨어진 배남희 지부장님께 인사를 갔다. 배 소장님이 나를 반갑게 맞이하고 앞으로 잘 지내자면서 협조를 부탁하였다. 내가 오히려 배 선배님의 지도편달을 바란다면서 많이 도와달라고 부탁하였다. 지난 세월을 회상해보니, 배 소장님과 처음 만난 26여 년 전 일이 주마등처럼 떠올랐다.

나는 1980년 1월 울진등기소에 발령받았다가, 1981년 4월 영덕지원으로 인사이동이 되었다. 영덕에 와서 등기계에 발령을 받았고, 등기계장이 노윤권 계장님인데 간경화로 40대 후반에 일찍 돌아가셨다. 이듬해 형사계로 자리를 옮겼는데, 형사계장이 바로 배남희 소장님이었다. 그때 영덕지원 계장은 등기계장 노윤권, 서무계장 하위환, 민사계장 신재동, 형사계장 배남희 였다. 그때 일반직 인사는 지금처럼 1월과 7월이 아니고, 3월과 9월에 있었다.

1982년 9월 1일자 인사이동 때 본원으로 가고 싶었으나 법원공무원 생활이 일천한 나는 그 방법을 알지 못했다. 그래서 모시고 있던 배남희 계장님께 방법을 물어보았다. 배계장님은 나에게 대구 내당동 삼일아파트에 사는 일반직 인사를 총괄하는 이 모 국장님을 찾아뵙고 직접 부탁하라는 것이었다. 배 계장님이 가르쳐 준 대로 9월 인사이동 한 달쯤 전인 1982년 8월 초순 주말 저녁 7시경, 국장님이 사시는 아파트를 찾아가 오징어 두 축과 오징어를 싼 보자기 속 봉투에 약간의 성금을 넣어 인사를 했다.

　　그냥 대구 본원에 오고 싶다고 했다. 시골에 오래 있으니까 정신이 나태해져서 본원에서 일을 배우고 싶다고 했다. 바보 같이 좋은 보직에 보내달라는 말은 하지 못했다. 그래서 1982년 9월 1일자로 일만 많고 실속은 없는 본원 민사과 5단독으로 발령받았다. 정말로 일이 많아서 일주일에 2-3일은 밤 9시-10시경까지 야간근무를 하였다. 당시 5단독은 김 모 주임과 같이 두 명이 근무했는데, 담당계장은 까다롭기로 유명한 배 모 계장님이었다. 배 계장님은 민사기록을 정리할 때 가위로 잘라서 반듯하게 할 정도라서 밑에서 일하는 주임들이 애를 먹었는데, 나 역시 실수를 하지 않기 위해 야간근무를 해야 했다.

　　결국, 나와 같이 배 계장님을 보조하던 김 주임이 배 계장님과 시비가 붙어 배 계장님의 자택에까지 가서 사과를 해야 했다. 그때 배 계장님의 사모님이 김 주임에게 자기 남편이지만 계장님이 까다로워서 고생이 많다면서, 집에서도 유리 창틀에 손가락을 대어보고 먼지가 묻으면 청소를 자주 안 한다고 잔소리가 심해서 아내인 자기도 힘들다면서 오히려 김 주임을 위로해 주었다고 했다. "아! 우리 배 계장님이 까다로운 것은 원래 천성이 그런 것이지, 우리가 일을 못해서 잔소리를 하는 것이 아니구나." 생각하고 마음의 위로를 받았다.

민사과 근무 1년 후에 조금 조용한 가사과에 가서 7급 승진 공부를 준비하여 대구에 나간 지 1년 8개월 만에 승진시험에 합격하였다. 만 28세에 7급 계장이 되어 마산지방법원 거창지원으로 발령받았고, 그 다음 해인 1985년 거창에서 아내를 만나 결혼을 하게 되었다. 나는 마산지방법원 근무 6년 만에 사무관으로 승진하여 1990. 7. 1. 만 34세의 나이로 고향인 대구지방법원에 다시 돌아왔다.

영양등기소장으로 발령받기 전 배남희 계장님은 이미 사표를 내고, 1990년 3월 경산에서 법무사 개업을 하였다. 2007년 1월 경산시로 법무사 이전을 할 때, 배 소장님은 법무사로서 17년간의 경험을 쌓아서 지부장으로 재직하고 계셨다. 배 소장님은 대구 대명동에서 경산으로 통근하면서, 일반 사무원 없이 40세 정도 되는 아들과 사무실을 운영하였는데, 우리 사무실 앞에 있는 우체국에 직접 세금을 내고, 우편물도 부치면서 하루에도 몇 번씩 우리 사무실에 들러서 차를 마시며 놀다 가시곤하였다.

가끔씩 우리 집사람과 같이 세 명이 점심식사를 하곤 했는데, 특히 돼지등뼈로 요리한 감자탕을 좋아하였다. 내가 "지부장님, 감자탕은 기름기가 많아서 심장병 수술을 받은 지부장님의 건강에는 좋지 않으므로 너무 좋아하지 마시라."고 충고를 하여도 감자탕이 제일 맛있다면서 식사할 때마다 감자탕 집에서 먹었다. 또한 몇 년 전 심장병으로 가슴 절개 수술을 했는데도 불구하고 흡연을 계속하고 있었다.

내가 경산에 올 때 52살이었고, 배 소장님은 나보다 20살 정도 많아

72살 정도의 고령이었다. 67-8세 때 심장 수술을 받아 건강을 위해서 담배를 끊어야 했다. 나도 30년 이상 피우던 담배를 2007년 1월 완전히 끊었다. 배 소장님께 담배를 끊으라고 간곡히 권유하였으나, 배 소장님은 그냥 웃기만 하고 끊지 않았다.

2013년 2월 말, 우수도 지나서 봄기운이 조금씩 자취를 드러내는 어느 아침, 법무사 경산지부 총무가 전화를 했다.

"어제 밤 집에서 잠을 자던 배남희 소장님이 갑자기 심장마비로 돌아가셨다."는 내용이었다. 정말 가슴이 아팠다. 이제 70대 중후반으로 관리만 잘하면 8-90세까지도 넉넉하게 사실 텐데. 담배라도 끊었다면 돌아가시지 아니할 것을, 너무 자신하고 담배를 끊지 못한 것이 결정적인 원인이라고 생각했다. 사모님은 본 적이 없으므로 빈소에는 가지 못하고, 총무에게 조의금만 전하고 마음속으로 배 소장님의 명복을 빌었다.

생각해보니, '배남희 소장님은 나와 인연이 많구나.' 하는 생각이 들었다. 1981년 처음 만나 영덕에서 2년을 같이 근무하였고, 다시 법무사로서 경산에서 6여 년을 같이 보냈으므로 이래저래 8년의 인연이 있었던 것이다. 배 소장님이 권유한 방법으로 본원에 근무하게 되어, 승진에 대한 정보와 국장님의 좋은 근평을 받은 덕분에 이른 나이에 계장 승진시험에 합격하게 되고, 단기간인 6년 만에 사무관으로 승진할 기회를 잡았으므로 배 소장님은 내 인생의 은인 중의 한 분이라고 할 수 있다.

법원 일반직 중 영덕 고향 사람으로 이 모 계장과 김 모 계장이 있었는데, 영덕지원에 오래 근무한 이 계장은 만년 계장으로 퇴직하였고, 영덕에 오래 근무하다가 늦게 대구에 나온 김 모 계장도 말년에 겨우 사무관으로 있다가 퇴직하였다. 나는 배 소장님의 지도로 고향인 영덕에 얼마 있지 아니하고 26-7세에 대구에 빨리 나와 만 28세에 계장, 만 34세에 사무관, 만 42세에 서기관으로 승진할 수 있었다.

돌아가신 배남희 소장님이 보고 싶다. 항상 우리 사무실에 와서 잘 웃고 명랑하고 어린애 같은 그 순수함이 그립다.

"부디 좋은 곳에 가셔서 생전의 어린애 같은 그 순수함으로 행복했으면 좋겠습니다. 배 소장님 진심으로 명복을 빕니다." – 2024. 7.

진못과 연밥

익희는 1960년 경자생으로 나보다 나이가 네 살 적다. 낙동강 근처인 의성이 고향이다. 낙동강에서 어린 시절을 보내 낚시, 투망 던지기의 달인이었다. 20대 초반에 지방공무원시험에 합격하여 경산시의 여러 부서에서 30여 년간 근무하였다.

2005년 광복절, 우리 가족이 남해 연화도에 1박2일 여름휴가를 갔을 때 그곳에서 만났다. 고향 영덕에서 2004년 9월 법무사 개업을 하고 1여 년 정도 지났을 무렵, 아들이 중학교 졸업 후 1년을 재수하여 경산고등학교에 입학한 여름방학 때였다. 개업하고 주말에 와서 주초에 올라가는 기러기 아빠로 살다보니, 가족여행을 하여 가족 간의 유대를 돈독히 하고 싶었다.

아들은 아버지의 고향이 바닷가라 어릴 때부터 여름만 되면, 내 고향 바다에 가서 수영과 물놀이를 해서 바다를 좋아하고, 문어나 전복, 회라면 사족을 못써서 연화도를 휴가장소로 선택한 것이다. 연화도는 통영 여객터미널에서 1시간 정도 걸린다.

오전 10시경 터미널을 출발하여 11시경에 도착하였다. 여객선에 싣고 간 승용차로 섬을 일주하면서 구경을 하고, 선착장 주변 식당에서 점심을 먹었다. 오후 2시경 연화도 해상일주 유람선을 타고 2-3시간 정도 해상 관광을 하였는데, 연화도 풍경이 너무 좋아서 온 가족이 대만족을 하고 배 위에서 가족사진을 많이 찍었다.

선상 관광을 마치고는 낚시 관광을 신청하였다. 나와 아내, 아들은 가두리 양식장 인근에 자리 잡은 낚싯배에서 줄낚시로 전갱이를 마릿수로 잡아 가져간 아이스박스에 보관하였다. 민박집 예약을 하고, 인근 횟집에서 돌문어와 자연산 회를 주문하여 푸짐한 저녁 식사를 한 후, 잡은 전갱이를 구워서 소주 한 잔을 하기 위하여 선착장 부근에 모여서 전갱이구이를 먹고 있었다. 우리 가족 근처에 자리 잡고 낚시로 잡은 푸짐한 물고기로 회와 구이를 장만한 익희 일행 3명이 우리를 보고 합석을 제의하였다. 말씨도 경북이고, 시지와 인접한 경산에 사는 듯하여 기꺼이 수락하고 서로 인사를 하였다.

익희는 경산시청에 근무하고, 나머지 일행도 경산에 거주하고 있었다. 익희 일행과 술잔을 주고받으며 밤이 이슥해 질 때까지 즐거운 시간을 보냈다. 일행 중 내 모교인 대구 협성상업고등학교 7년 후배도 있었다.

이튿날 올라오면서 함양 농월정 근처 식당에서 점심을 같이 먹으면서 더 친해졌다. 저녁에는 경산 시내에 있는 후배 학환이의 가게에서 만나기로 하였다. 우리 부부는 저녁시간을 맞추어 학환이네 가게로 가서,

학환이 집사람과 인사를 하였다. 우리 아들이 경산고등학교에 재학 중이고, 나도 경산에 사무실을 옮길 마음이 있었으므로 그들과 친하게 지내는 것이 나쁠 것도 없었다. 익희는 공직자답게 차분하고 예의가 있어서 호감이 갔다. 먼 섬에서 우연히 만난지라 그 인연을 소중하게 간직하고자 하는 마음도 있었다. 그 뒤 경산에서 계절이 바뀔 때마다 부부동반으로 1년에도 몇 번씩 만났다. 장거리 여행도 부부동반으로 몇 번 갔다.

연화도 여행 1년 후인 2006년 11월, 영덕의 법무사 사무실을 정리하여 경산시 사동으로 이전하였다. 경산으로 이전한 후에는 두어 달에 한 번씩 식사를 하는 등 더욱 더 친목을 다졌다. 2009년 8월에 치른 어머니 팔순 잔치에 익희는 사정이 있어 참석 못하고 익희 댁과 학환 부부, 석호가 참석하였고, 2011년 장인어른이 돌아가셨을 때도 익희가 조문을 왔다.

2013년 가을, 사기 아들 결혼식 때 환하게 웃던 익희의 모습이 선하다. 그 몇 해 전, 익희가 대구 시지 아파트 입택식을 할 때도 우리 부부가 참석하였고, 그때 익희 모친에게 인사를 드렸다. 익희 모친은 팔순이 넘은 나이인데도 정정하셨다.

익희는 항상 나와 집사람을 형님, 형수님으로 깍듯하게 대하였다. 나와 의형제 호칭을 하는 사람이 몇 있는데, 울진 만우가 1번이고, 밀양 성수가 2번이다. 3번이 영식이고, 4번이 익희였다.

2014년 9월 23일, 추석을 지내고 보름이 지난 추분이었다. 진못은 한여름에는 붉은 연꽃을 피우면서 못 전체를 뒤덮던 연잎들이 처서와 백로를 지나면 점차 갈색으로 변하고, 추분경이 되면 연꽃이 피던 중앙에 벌집 모양의 연밥이 서서히 익어간다.

익희에게 당뇨병이 있었다. 연밥이 당뇨에 좋다는 소문을 듣고, 진못에서 여러 번 연밥을 딴 적이 있는 익희가 그해도 연밥이 익어가는 추분을 맞이하여 연밥을 따러 간 것이다.

9월 23일은 평일이고 결혼기념일인지라, 직장에 연차를 받아 하루 쉬면서 오전 일찍 연밥을 따고 저녁에는 가족회식이 있으므로 서둘렀던 모양이다. 익희가 연밥을 따기 위하여 진못에 도착한 시간은 오전 9시 30분이었다. 차 안에서 옷을 갈아입고 못가에 나온 시간은 10시쯤, 익희는 위에는 팔목이 긴 남방을 입고, 아랫부분은 걸빵을 어깨에 걸치고 옷에 장화가 붙어있는 가슴장화복을 입었다.

연밥은 못가에는 낚시꾼들 때문에 못하므로 한가운데까지 가야하는데, 익희가 타고갈 운반선은 가로세로 1미터도 채 되지 않는 아이들의 장난감과 비슷한 소형 고무튜브였다. 55세 성인인 익희가 혼자 타도 모자라는 소형튜브에 연밥을 실어야 하고, 연밥을 따려면 높은 꽃대도 꺾어야 했다. 운반선이 안전하게 중심을 잡아줘야 몸무게를 감당할 수 있는데, 소형 고무튜브는 성인이 타기에는 매우 연약하고 위험하였다.

아침 10시경, 진못에는 4-5명의 낚시꾼들이 씨알 좋은 붕어를 기다리며 낚시를 하고 있었다. 익희가 소형튜브에 엎드려 양손으로 물을 저어 안으로 들어갈 때, 낚시꾼 몇 명이 익희를 보며 위험하지 않느냐고 우려를 표시하였다고 한다.

중앙으로 깊숙이 들어간 익희가 연밥을 따기 시작했다. 진못의 둑 주변은 수심이 1.8m에서 2m 정도이고, 그 중앙은 2m가 훨씬 넘었다. 연꽃이 무성한 중앙은 연뿌리로 엉킨 뻘밭이라 빠지면 벗어나기가 어려웠다. 연밥을 따려면 좁은 튜브에서 몸을 일으켜 중심을 잡고 연밥 줄기를 당겨야 한다. 튜브 안에서 중심이 잡히지 않으면 튜브에 탄 사람이 위험에 빠진다. 그 조짐이 있으면 즉시 연밥 따기를 중단하고 밖으로 나와야 했다.

설마하는 생각에 익희가 무리하게 연밥을 따려고 몸을 세워 연밥 줄기를 당기는 순간, 몸이 중심을 잃고 튜브를 벗어나서 머리 부분이 먼저 물에 빠진 듯하다. 물에서 겨우 몸을 세웠으나 이미 입으로 물을 많이 먹었다. 정신이 하나도 없는 와중에, 몸을 세울 때 가슴장화복 안으로 민물이 함꺼번에 무더기로 들어와 하반신이 모래주머니를 단 듯 무거워져서 움직일 수도, 헤엄칠 수도 없었을 것이다.

물이 장화복 안으로 계속 들어와서 빨려들어가므로 말을 할 수는 없었지만, 괴성과 양 손이 물을 치는 소리는 들렸다. 못 주위 낚시꾼들이 중앙에 갇힌 익희의 모습을 볼 수는 없었지만, 안에서 뭔가 불상사가 발생한 사실은 알았다. 그들이 몇 번 안쪽으로 "무슨 일이 있느냐?"고 외쳤지만 안쪽의 익희는 대답이 없었고, 몇 번 물장구치는 소리가 들리더니 곧 조용해졌다고 한다.

낚시꾼들의 입장에서는 거리가 멀고, 운송 수단이 없어서 119에 신고하는 수밖에 없었다. 출동한 119 대원들이 진못 중앙으로 들어가서 물속의 익희를 건져냈지만 싸늘하게 식은 몸으로 돌아왔을 뿐이다.

장례식장에 모인 지인들은 기막힌 현실에 망연자실할 수밖에 없었다. 얼마 전 익희를 만났을 때, 연말에 명예퇴직을 하고 여동생 부부와 함께 비닐봉투 제조업을 하기로 했다면서 의욕에 차 있던 모습이 생각났고, 작년에 결혼한 며느리가 임신을 해서 출산이 얼마 남지 않았다고 뿌듯해 하던 모습도 떠올랐다.

어느 해 여름, 청도 동창천에서 학환이 부부와 영식이, 우리 부부와 익희 부부가 피서를 갔다. 그때 익희가 투망을 해서 민물고기 매운탕을 해 먹은 일이 생각났다. 당시 익희가 투망할 때 입은 옷이 양 어깨에 걸빵을 메고, 하복과 장화가 붙은 장화가죽옷을 입었다. 장화가죽옷은 얕은 물가에서 투망을 할 때나 입는 옷이지, 깊은 못 가운데에서 작업할 때 입는 옷은 아닌데도 장화가죽옷을 입은 것이 화근이었다. 원숭이도 나무에서 떨어진다는 말이 있듯이, 너무나 허무하게 익희를 보냈다.

익희를 보낸 주말, 집사람과 의동생 영식이를 데리고 참사의 현장인 진못을 찾았다. 익희가 사고를 당한 분홍색 고무튜브가 주인의 참사를 아는지 모르는지 진못 위를 둥둥 떠다니고 있었다. 다음 주말에 가보아도 그대로였다. 익희의 유족들은 정신이 없을 것이고, 경찰이나 소방 당국에서 사망자의 유품을 정리해야 하는데도 방치하였다.

나는 집사람과 협의하여 보기 싫은 그 튜브를 내 손으로 정리하고 싶었다. 진못 뒤편에 오리전문 식당이 있었다. 그 식당에 들러 고기와 술을 주문하여 익희의 사고에 대한 정보를 듣고, 주인에게 사례를 하면서 튜브의 인양을 부탁하였다. 인양한 주말에 익희 아들을 불러 식당의 소각장에서 태우도록 했다. 내가 미리 준비해서 익희 아들에게 절을 한 후술 한 잔을 올리게 했다. 그나마 보기 싫은 분홍색 튜브를 태우고 나니 마음이 개운해졌다. 그날 오리식당에서 영식이와 나는 대취하였다.

익희가 죽은 그해, 경산 평산동에 주택 신축공사를 하여 다음해 2월에 입주하였다. 익희가 살았으면 연화도 지인들로 시끌벅적했을 텐데 익희가 없어서 부르지 않았다. 그래도 아쉬운 마음에 익희 죽은 몇 달뒤 학환이 부부, 영식이, 석호, 익희 댁을 불러서 우리 부부와 함께 식당에서 저녁을 먹으면서 익희 댁을 위로하였다.

　17년 전 연화도의 추억이 그립구나. 익희야, 그렇게도 물을 좋아하더니 물을 따라 갔구나. 명복을 빈다. - 2022. 9.

종수 자형

  종수 자형은 대진3동 근달사람으로 나와 8촌 간인 금순 누나의 남편
으로 김해 김 씨이다. 두 사람은 결혼하여 1남 1녀를 낳았다.

  1990년 7월, 영양등기소장으로 발령을 받아 영양 읍내 관사에서 아내
와 아이들과 생활하고, 주말에는 대구에 내려가거나 영해 괴시리 엄마
집에 가서 보냈다. 1990년 12월 초순, 종수 자형이 오토바이에 금순 누
나를 태우고 근달에서 창수재를 넘어 영양에 나를 찾아 왔다. 당시 내가
35살이었으니까, 금순 누나는 41-2살, 종수 자형은 45-6살 정도였을 것
이다. 승용차도 아니고 오토바이로 좁고 높은 비포장 창수재를 넘어 영
양까지 50여 리 길을 달려오는 것은 매우 힘들고 위험하였다.

  내가 영양등기소에 근무할 때, 괴시리에 사는 엄마에게 한 달에 한 번
정도 갔는데, 영양에서 영해에 가는 길은 석보를 지나 청송 신촌을 거쳐
황장재를 넘어 영덕에서 영해로 가는 길과 영양읍에서 동쪽의 창수재를

넘어 영해로 가는 길이 있었다. 거리상으로는 창수재를 넘는 것이 두 배 이상 짧았으나, 비포장에 재가 높고 가파른 데다 길이 좁았다. 중간에 시외버스나 승용차가 나타나면 교행이 안되어서 교행이 되는 곳까지 후진하거나 멀리서 보고 미리 교행 가능한 곳에서 대기해야 하는 등 위험하고 불편함이 심하였다. 영양에 있던 1년 동안, 한두 번 창수재로 가는 길을 이용했을 뿐, 대부분 신촌에서 황장재를 넘어 가는 길을 선택하였다. 길이 멀고 시간은 더 걸려도 넓은 포장도로라서 운전하기 좋고, 안전하기 때문이다.

지금은 창수재로 영해 가는 길이 확장되고 포장이 되었지만, 1990년에는 승용차를 운전해서 창수재를 넘으면 비포장이라 승용차 유리창과 본네트와 지붕까지 흙먼지로 도배를 해서, 될 수 있는 한 그 길을 피했던 것이다. 그 힘든 재를 넘어 근달에서 영양까지 왔다는 것은 좋은 일이 아니고, 틀림없이 나쁜 소식을 가지고 온 것이라 짐작했다.

아니나 다를까, 자형은 긴급한 소송 건으로 황급히 나의 도움을 받으러 온 것이었다. 나는 자형과 누나를 등기소 관사에 모시고 갔다. 소파에 앉아서 자형과 누나의 이야기를 들었다. 근달동 자형의 큰집에서 자형이 수십 년간 살고 있는 집을 등기부상 자기들 거라면서 명도하지 아니하면 소송을 하겠다는 연락을 받았다면서, 어떻게 대처할지 물었다.

자형이 살고 있는 도로변 집은 자형의 부친이 1943-44년경 결혼해서 분가할 때, 자형의 할아버지가 분재해준 것인데, 자형의 부친이 등기를 넘겨놓지 못한 것이 불찰이었다. 자형이 사는 집은 돌아가신 할아버지 앞으로 등기가 되어 있었다. 1960년 이전에 할아버지가 돌아갔으므로 법률상 할아버지의 맏아들인 백부에게 단독상속권이 있었고, 백부님이 돌아갔기 때문에 백부의 아들과 딸들에게 상속권이 있었다.

백부의 자식들이 상속등기를 한 후 집을 넘겨달라는 것이 분쟁의 핵심이었다. 자형이 사는 근달동은 동네 사람끼리 소송이 심하고, 사촌 간이나 형제들끼리도 분쟁이 심하기로 소문이 나있었다. 자형의 부친과 자형이 그 집에 산 지가 40여 년이 넘고 지금도 살고 있는데, 이제와서 사촌 간에 사는 집을 넘겨달라고 하는 것은 박절한 짓이었다.

자형에게 "가만있으면 소송이 들어올 것이다. 소장이 오면 다시 한번 들러 달라. 그때 대책을 세워주겠다."고 약속했다. 한 달쯤 지나서 큰집에서 자형을 피고로 하여 건물 및 토지인도 소장이 송달되었는데, 한달 내에 답변서를 제출해야 했다. 자형보고 소장을 가져오라고 하니까, 누나와 함께 오토바이를 타고 영양으로 왔다. 이번에는 그냥 오지 않고 동해에서 잡은 싱싱한 대방어 두 마리를 가져와서 방어회로 등기소 직원들이 회식을 하였다. 영양 같은 산촌에서 금방 잡은 싱싱한 대방어 회 먹을 일은 좀처럼 없는 일이다. 자형과 누나에게 "내가 답변서를 제출할 것이니까 걱정 마시라."고 안심시켜서 돌려보냈다.

자형이 살고 있는 집은 자형의 조부님이 자형의 부친이 살림날 때 증여한 재산임으로 큰집에서 피고에게 증여에 의한 소유권이전등기를 해주어야 한다는 내용으로 답변서를 작성하여 영덕지원으로 우송하였다.

몇 달 후 재판이 있었다. 원고인 큰집 식구들은 자형에게 할아버지가 증여한 증거를 제시하라고 반박하였다. 할아버지가 증여한 증거라고는 다른 삼촌이나 고모들이 증인이 되어 주어야 하는데, 전부 큰집의 눈치를 보느라고 증인이 되어 줄 사람이 없었다. 고심 끝에 반소장을 제시하면서, 주청구는 증여에 의한 소유권이전등기 청구를, 예비적 청구로 20

년 이상 평온공연하게 시효취득을 하였으므로 이전등기를 해달라는 청구를 하였다.

20년 이상이 아니라 그 집에서 45년 이상 산 것은 근달 동민이 다 아는 사실이므로 자형에게 유리한 방향으로 재판이 진행되었다. 이에 재판을 진행하는 재판장이 원고와 피고에게 화해를 권유하므로 자형은 공시가격으로 법정 합의하여 소유권이전등기를 받아 평생의 우환을 해결하였다.

그 후로도 자형과 누나에게 법률문제가 생기면 항상 나와 의논하여 처리하였다. 이전등기를 한 후 자형은 단층이던 그 집을 헐고 2층으로 집을 신축하였다. 1층은 창고 겸 영업장소로, 2층은 주거용 주택으로 건축하였다. 1층에 해양상사라는 사업장을 개설하여 오징어 등 해산물을 건조, 수집하고, 매집하여 전국 각지에 도소매로 판매하여 사업이 날로 번창하였다. 아들까지 가세하여 영업을 하고, 자동자나 트럭을 이용하여 기동력 있게 유통망을 넓히니 사업이 잘 될 수밖에 없었다.

온 동네 사람들이 부러워하고 영해 면민들이 탄복할 지경으로 사업이 잘 되었다. 몇 년 뒤에는 누나의 고향 밭네미에 밭 몇 백 평을 매수하여 커다란 냉동창고를 건립하여 해안 각지에서 매집한 수산물 등을 신선하게 보관하였다가, 적시에 전국 각지에 판매하여 많은 이문을 남기고 사업은 날로 번창하였다.

아들 영복이가 마흔 살이 넘자 그 실력이 알려져서 근달과 밭네미를 관할하는 축산수산업협동조합의 감사직을 맡게 되었다. 감사직을 맡은 10여 년 후 영복이 49살이 되었을 때, 현직 수협조합장이 형사사건으로 실형을 받아 조합장 자리에 유고가 생겼다. 이에 영복이가 수협 조합장

보궐선거에 출마하였다. 비직원 출신으로 출마하기 힘든 일인데도 압도적 표차로 선거에 이겨서 40대에 조합장에 당선되고, 1-2년 후 치른 정규 조합장 선거에도 압도적 표차로 재선되었다. 젊은 사업가로서의 능력을 조합에 응용하여 실적을 올린 것이 재선에 힘이 되었을 것이다. 종수 자형의 집에 경사가 겹친 것이다.

호사다마라, 좋은 일에 나쁜 일이 따라온다고 금순 누나의 건강이 악화되어 위독하게 되었다. 자형과 아들의 각고의 구망과 노력 끝에 많이 회복되었다고 하니 다행이다. 자형과 누나는 내가 고향에 갈 때마다, 싱싱한 회를 먹이고, 해산물을 선물하여 나는 자형과 누나를 항상 고맙게 생각하고, 길흉사가 있으면 꼭 참석할 정도로 따뜻한 정이 있었다.

1-2년 전, 포항에서 고등학교를 다니던 영복이의 둘째 아들 동욱이가 서울대학교에 입학하는 경사가 있었다. 영복이의 첫째 아들인 재욱이도 항공대에 입학하였는데 겹경사였다. 자형이 기분이 좋아서 밤에 전화가 왔길래, 크게 축하해 주었다. 영해중학교 출신으로 서울대학교에 진학했으므로, 포항시와 영해면과 근달동에 합격을 축하하는 현수막이 도배를 하였다. 자형집의 경사요, 영덕군의 경사이고, 포항시의 경사였다. 금순 누나의 건강만 회복된다면 금상첨화가 될 것이다.

금순 누나의 친정 큰오빠인 풍남이 형님은 전에 나를 만날 때마다 "근희 동생, 동생의 아버지인 상경 삼촌은 옛날부터 우리 조카들을 만날 때마다, 꼭 '조카님들'이라고 경칭을 사용하는 등 언행이 겸손해서 전형적인 양반이셨다."고 돌아가신 아버지를 늘 칭찬하셨다. 세월이 흐르면 모두 망각하는데, 형님은 잊지 않고 아버지 칭찬을 하여 나를 격려해 주었다.

자형의 소송을 도와준 몇 년 뒤인 1992-3년경 우리 가족이 대구 범어 동에 살 때, 근달에 사는 '박정태' 사형이 우리집을 찾아왔다. 근달 사형 집 이웃에 사는 사람이 자기 집터가 사형집에 십여 평 들어갔는데, 들어 간 그 땅을 돌려달라는 소송을 냈다는 것이다. 박정태 사형은 사촌인 민 희 형님의 친외가이다. 내가 도와주어서 사형도 그 소송에서 이겼다.

그때 사형이 우리집에 가져온 자연산 쥐고기 회가 얼마나 맛이 좋았 던지, 지금도 집사람은 그때 먹어본 쥐고기 회만큼 맛있는 회는 없다고 감탄한다. 자연산 쥐고기 회를 냉장고에 1-2일 숙성해서 먹었는데, 숙 성된 회가 금방 잡은 활어 회보다 맛있다는 것을 그때 알았다. 지금도 가끔 자형과 금순 누나가 34년 전 오토바이를 타고 창수재를 넘어오던 때가 생각난다.

"종수 자형, 금순 누나, 건강하게 오래오래 사시면서 손자들 계속 잘 되는 것 보시고, 아들 질되는 깃도 지켜보십시오."

지난 봄 우리 아들 결혼식 때 자형과 누님은 노쇠하여 못 오시고, 영 복이 조카가 와서 축하해 주어서 고마웠다.

"자형, 누나, 만수무강하십시오." - 2024. 12.

오 실장

이 글은 우리 법무사 사무실 전직 여직원에 대한 이야기이다.

아버지는 오吳 씨이고, 어머니는 김金 씨이다. 외동딸로 태어나서 2-3살 때 아버지가 병환으로 돌아가시고, 홀어머니 밑에서 엄격하게 자라서 그런지 너그러움과 포용력이 부족하고 진실성이 결여되었다.

나는 2004년 9월 영덕에서 법무사 개업을 하였다가 2006년 11월 30일 철수하였다. 2007년 1월 경산에 사무실을 이전개업 하였다. 2007년 1년은 사무장 장 모 씨와 백 양, 나, 세 사람이 일하였다. 2008년에는 영업 부진으로 사무장이 나가고 집사람이 사무장을 맡았다.

1년이 지난 2008년 1월경, 백 양이 갑자기 고향에 간다 하여 다른 여직원을 구했으나, 일하는 것이 늦고 정확하지 못해서 그해 3월 다시 직원을 구할 때 나타난 사람이 오 실장이다. 나이는 만 24세로 고등학교를 졸업하고 대구의 법무사 사무실에서 5여 년을 근무하여 경력과 실력은 그런대로 무난하였다.

 오 양은 우리 사무실에 근무하게 해달라고 때를 쓰며 간청하였다. 젊은데다 주거지도 경산이라 아내와 상의하여 2008년 3월 20일부터 근무하도록 하고 직함은 실장으로 정했다. 약간 덤벙대고 두서가 없는 부분이 있었으나 성의를 가지고 열심히 일하였다. 오 실장이 오고 1여 년 후 금융기관에서 설정 사건을 몇 건 수임하였다. 이후 우리 사무실에 금융 사건을 수임하는 데는 오 실장의 공이 매우 컸다.

 오 실장이 우리 사무실에서 나온 1년 뒤인 2009년 4월이었다. 서울 장인, 장모님이 우리 사무실이 있는 경산시 평산동 휴먼시아 아파트로 이사를 왔다. 장인이 내려오신 몇 달 뒤인 2009년 11월부터 갑자기 매상이 오르기 시작했다. 오 실장이 우연히 한국토지공사 경북지사 직원을 알게 되어서 공사 사건을 맡았다는 것이다. 나와 집사람은 긴가민가하면서도 오 실장이 워낙 천연덕스럽게 처신하니 믿게 되었다.

 그때부터 이듬해 5-6月경까지 매출이 1.5배 이상 올랐다. 평균 월 8-900만 원이던 것이 8개월 동안 매출이 월 1,400만 원에 육박하였다. 당시 경산에서 개업한 지 얼마 되지 않아 아는 인맥도 없었고, 고정 사건도 별로 없어서 월 1000만 원 매출도 1년에 한두 번 있을까 말까할 정도였다. 2009년 11월부터 2010년 5-6월경까지 월 1000만 원도 황감한데, 월 1400만 원 가까이 매상이 오르니까 나와 집사람은 구름 위를 걷는 기분이었다. 장인, 장모님에게 효도를 하니까 하늘이 우리에게 복을 주는가 싶었다.

 그런데 2010년 7월경이 되니, 장부에 매상은 오르는데 돈이 입금되지 않았다. 예감이 이상해서 장부와 사건부 등을 자세히 조사하니 토지

공사 사건 매출은 전부 허위였다. 하늘이 무너지고 땅이 꺼지는 허탈감이 왔다. 그때부터 오 실장은 사무실에 나오지 않고 우리를 피했다. 오 실장이 없어도 사무실 문을 닫을 수는 없었다. 고객의 사건을 유기할 수 없어 법인, 부동산등기, 민사 등 모든 사건을 내가 직접 작성하고 제출은 사무장인 아내가 하도록 하였다. 그 와중에 오 실장이 사무실에 나오도록 유도하였다.

오 실장이 매출을 올리면, 내가 기본 봉급에서 별도의 인센티브를 주었는데, 허위 매출금 전액에서 인센티브로 준 돈을 공제하고 나머지 허위 매출금 전부를 오 실장에게 환부하고 2010년 8월 사직토록 하였다. 오 실장은 철부지 같은 마음으로 우리를 기쁘게 해주려고 어리석은 원맨쇼를 꾸민 것이다.

오 실장이 사직한 얼마 후, 오 실장의 어머니와 그 분의 친정 쪽 남자 몇 분이 사무실에 찾아와서 오 실장이 저지른 일의 과정을 알고 싶어 하였다. 오 실장은 우리 사무실에 허위 매출을 올리고, 그 매출금을 입금시키기 위하여 모친 소유 아파트를 담보로 대출을 받아, 그 돈으로 허위 매출금에 충당하고 원리금을 변제하지 않아서 결국 아파트는 경매에 넘어가고 말았다. 혹시 우리 부부가 잘못 계도하여 딸이 사기를 당해 피해를 입었는지 알고 싶어서 온 것이었다.

나는 오 실장 때 작성한 허위장부와 사건부는 따로 두고, 허위 매출을 삭제한 매출 장부와 사건부를 새로 만들고, 인센티브 금액을 허위 매출 총액에서 공제한 자료 등을 전부 보관하고 있었다. 그 자료를 보이면서, 허위 매출한 금액은 전부 본인에게 환불했다는 증거를 보여주니까, 그들이 수긍하고 돌아갔다. 그래도 오 실장의 우리에 대한 애정을 알기에 선의로 저지른 과실로 생각하고 오 실장을 미워하지 않았다.

법무사를 하기 전에 안동에서 4년간 집행관을 보았고, 2006년 말에 밀양시 부북면에 있던 과수원 430평이 공단으로 편입되어 받은 1억 원 정도의 보상금이 있어서 오 실장의 허위 매출금 몇 천만 원을 환불할 수 있었다.

2016년 3-4월경, 우리 사무실 모 실장이 고객의 세금을 편취한 사실이 있었다. 편취금은 모 실장의 아파트를 담보로 변제하고 더 이상 추궁 없이 사표만 수리하였다. 아내가 모 실장이 나가기 전부터 오 실장과 연락하고 있어서 2016년 5월부터 오 실장이 다시 나오게 되었다.

2016년 5월경 오 실장은 대구 남구 대명동 단독주택 2층에 전세를 얻었다. 남편인 이 모 씨와 자기들이 기르던 강아지 2-3마리가 전부였다. 오 실장의 9살 아들은 경산시 사동 외할머니의 집에 살았다. 오 실장이 대명동에서 살던 2016년 5-6월경 아내와 몇 번 놀러간 적이 있었다. 그때 앞산 고산골 LP레코드 가게에서 LP판 300여 장과 전축을 사서, LP레코드를 가끔씩 듣고 있다.

오 실장의 남편은 애견 관리업체에 근무해서 부부 간에 모두 돈을 벌었다. 오 실장 아들은 오 실장의 엄마가 키우고 있어 오 실장 부부는 경제적으로 아무런 문제가 없어 보였다. 남편이 하는 애견사업에 동참하려고 오 실장도 애견 미용기술을 배워 미용사 자격을 획득하는 등 나름대로 미래에 대한 대책도 세우는 것 같았다.

2017년 1월 말, 어머니가 돌아가셨다. 오 실장은 장례기간 동안 자기 일같이 성의를 다하였다. 어머니 장례 후 내가 사무실에 출근도 하지 않고 술에 젖어 지내자, 오 실장이 나를 걱정하여 애견 입양을 권유하여 2

개월도 채 안 된 밤색 푸들 순돌이를 입양하게 되었다. 그해 6월 중순, 오 실장이 경산 사동초등학교 인근에 애견 미용실을 오픈하였다.

아내가 개업 축하차 갔는데, "미용샵에 있는 강아지 여러 마리 중 흰색 말티즈가 나에게 떨어지지 않으려고 바둥거리는 것이 눈에 밟힌다."고 했다. 내가 "오 실장에게 말해서 우리가 키우자. 순돌이와 나이도 같고, 수놈이니까 순돌이 외롭지 않게 두 마리를 키우자." 고 제안하여 키우게 되었는데 우리집 '금동이'다.

2016년 봄, 경산시 곡란리 4-5필지 밭과 임야 등 1,000여 평을 오 실장이 애완견 사육장으로 매수하는데 우리 보고 1/2씩 구입하자고 권하였다. 아내가 원하길래 같이 가보았다. 운문댐 넘어가는 도로가라서 교통이 편리하고 밑에 화곡지가 있어서 풍광이 좋았다. 중개소에서 거래가 진행중인데, 갑자기 오 실장이 자신들은 돈이 없어서 매매에 동참할 수 없다고 하였다. 아내와 아들이 좋다하여 매매대금 전액을 담보로 대출하여 어쩔 수 없이 그 땅을 매수하였다. 2020년 코로나가 닥쳐 갈 곳이 없을 때 주말마다 농원에서 보내는 재미가 쏠쏠하였다. 그 과수원은 우리집 첫 개의 이름으로 복실 농원이라 지었다.

2017년 초, 아들이 오 실장의 소개로 농어촌공사에 취직하였다가 그해 말 퇴직하였다. 오 실장이 우리 둘째 딸을 2017년 1월부터 사무실에 나오게 하라고 채근하였다. 업무를 가르쳐서 자기 자리를 메우려는가 생각해서 나오게 하였다. 아들도 오 실장이 2018년 2월부터 사무실에 나오도록 하였다.

오 실장은 2017년 6월부터 우리 사무실과 자기 애견 미용샵에서 투잡을 하였다. 샵에 전념하는 게 사업에 좋을 거라고 해서 오 실장은 2018

년 3월 사무실을 그만두었다. 퇴직 날인 2018년 3월 20일, 오 실장 부부를 식당에 초청하여 저녁을 먹었다. 애견 미용샵을 열심히 해 돈을 벌어 나중에 오 실장이 낳은 아들과 한 집에서 살도록 하라고 당부하였다.

나는 오 실장이 퇴사하기 전, 몇 달에 한 번 꼴로 오 실장의 아들을 불러서 돼지갈비를 사주고 용돈도 주면서 열심히 공부하라고 격려해 주었다. 그때 초등학교 2-3학년에 다니던 아들은 머리가 우수하여 반에서 상위권에 들어간다고 하여 오 실장에게 그나마 인생을 살아갈 의미가 생긴 것이라고 생각하였다.

2016년 5월부터 2018년 3월까지 오 실장 부부의 화목을 위하여 우리 부부와 함께 새해에는 정동진 해맞이, 여름에는 영동 월류봉과 반야사, 가을에는 내장산과 창녕 관룡사를 다녀오는 등 철따라 전국을 다니면서 관광을 시켜주고, 쏘가리 매운탕, 소갈비살, 돼지갈비 등 맛집에서 음식을 사먹이는 등 친자식과 같이 대하였다. 2017년 6월부터 퇴사일인 2018년 3월 20일까지 9개월 동안 애견 미용샵 일로 근무 중 시간 이탈이 많았으나 많이 양보하고 이해하였다.

오 실장이 퇴사한 지 5개월 여가 지난 2018년 9월 9일 일요일, 추석 보름 전이었다. 그날 밤 집사람으로부터 오 실장이 죽었다는 소식을 들었다. 1984년 2월 2일생이므로 이제 만 34세밖에 안된 청춘이, 그것도 자식이 있는 어미가 죽었다는 게 믿어지지 않았다. 장례식장에 가서 오 실장의 영혼을 위하여 영정에 잔을 올리고 아내는 한참을 울었다.

오 실장 사후 아들에 대한 후견인 선정 때문에 오 실장의 모친이 우리 사무실에 자주 들렸다. 오 실장이 애견사업을 하지 않고 우리 사무실에 계속 있었으면 죽지 않았을 거라고 말하는 것을 여러 번 들었다. 우리 부부도 안타까워 하였지만 모든 건 본인의 운명이다. 오 실장은 우리에게 많은 공로가 있었고, 순돌이, 금동이 등 우리 가족 구성에도 공헌하였다. 곡란리 복실 농원도 오 실장이 아니었다면 구할 수 없었다.

오 실장! 2016년 가을 내장산에 갔을 때, 아버지가 오 실장 한두 살 때 내장산 단풍구경을 가서 오 실장을 안고 찍은 사진이 있다고 행복해 했는데, 하늘에서 다시 만나 생전에 못 받은 사랑 많이 받고 행복하게 지내길 기원한다. 오 실장, 명복을 비네. – 2024. 11.

동우계의 전설

1974년 1월, 고향에서 우리 남자 친구들을 주축으로 청년회인 무궁화 회를 조직하였다. 1976년경 무궁화회가 해체된 후 객지로 떠난 친구들이 명절에 고향에서 만나서 친목회인 동우계를 조직하기로 의견을 모았다. 그래서 1978년 초에 조직한 것이 고향 동우계이다.

초기 멤버는 한세희, 임성창, 한국광, 이재훈, 한성희, 이상묵, 한근희, 황철수, 한정택, 한정환 등 10명이다. 계추는 매년 1월과 6-7월경 두 번 개최하고 유사는 2명이었다. 1회 계추는 1978년 7월 한세희, 임성창 유사에 세희 집에서 한 것으로 안다. 2회는 한국광, 이재훈 유사로 개최하고, 3회는 한성희, 이상묵 유사로 개최하고, 4회는 한근희, 한정택 유사로 1980년 1월 1일 괴시1리 우리집에서 하였다. 1981년경 한세환이 회원으로 새로 가입하고, 몇 년 뒤 한상정이 추가로 가입하였다.

초기에는 회원들이 모두 미혼이어서 부모님이 사시는 고향에서 개최하였는데, 총 회원 10여 명 중 참가자는 6-7명 정도였다. 초기에 불참율이 높았던 한세희, 한국광에 대하여 회원들의 불만이 많았다. 1982년 1월 26일 계추 때 국내에 있으면서 불참 시에는 제명하는 것을 원칙으로 하고, 제명되는 계원은 계금반환이 없는 것으로 계칙을 변경하여 불출석을 막고자 하였으나 효과는 별로였다. 불참을 해도 추후에 회비만 내면 제명도 함부로 할 수 없었다.

회원들이 대부분 결혼을 하게 되자 1년에 두 번 하던 것을 한 번 하는 것으로 변경하였다. 개최 장소도 유사들의 집에서 하는 것으로 변경해서, 부산 철수집, 밀양 우리집, 서울 정택이집, 대구 세환네 집 등에서 계추를 한 기억이 있다. 계원들이 결혼을 하면서 계추는 친구계에서 부부계로 성격이 변모하고 참석 인원도 많아졌다.

1978년부터 2023년 6월까지 45년을 이어오다 보니 계원들 중 유고자가 많이 생겼다. 45년 동안 총 12명의 계원 중 5명의 유고자가 생기고, 살아있는 사람은 7명이다. 맨 처음 사망한 사람은 '국광'이다. 자세한 사망 년도는 모르지만 대강 1983년에서 1985년경으로 추정된다. 울릉도 근해에서 오징어 배에 승선하였다가 배가 전복되어 실종되었다. 망망대해에서 시체조차 찾지 못하고, 사적 재난이라 보상금도 없었다.

두 번째 사고자는 '정환'이다. 나는 1985년 10월 대구에서 결혼식을 하고 5년간 밀양에서 살았다. 결혼한 이듬해 봄 정환이가 밀양에 놀러 왔다. 정환이는 몇 달 후 결혼식을 한다면서 우리 부부를 보고 결혼식에 참석해 달라고 했다. 5-6월경 정환이가 부산에서 결혼식을 할 때 축하해 주었다.

결혼 얼마 후 상선을 타고 외국으로 출항해서 1-2년 후에나 부산에 입항한다고 했다. 1987년 4-5월경 정환이가 파나마국 파나마 운하 근처에서 행방불명 되었다는 소식이 들렸다. 정환이는 시체도 없이 실종되었다는 것이다. 정환의 형인 경환 형님의 말에 따르면, 정환이는 파나마 운하를 지난 태평양에서 실종되었으므로 시체를 찾을 수 없다는 것이다. 2000년 6월, 나는 명예퇴직을 한 후 집행관을 마치고, 2004년 9월 법무사 사무실을 오픈하였다. 10월 중순경 개업 축하연을 하는데, 동우계 계원들이 모두 참석하기로 하였다. 내일, 모레쯤 개업연인데, 총무인 철수에게서 연락이 왔다. 재훈이가 극단적 선택을 했다는 것이다. 계원들이 재훈이 장례식에 가야 해서 개업연에 갈 수 없다는 것이다.

참으로 황당하였다. 하필이면 30여 년 만에 공직을 떠나 새 출발하는 친구의 개업식을 앞두고 사고를 쳤단 말인가? 참으로 박절하구나!

재훈이는 아내와 이혼하고 당시 고등학교에 다니는 딸과 함께 살고 있었다. 하던 사업도 실패하고 직장도 원만하지 못한 진퇴양난 속에 모든 희망을 잃었으리라. 그래도 자식을 두고 부모가 목숨을 끊는 것은 차마 못할 짓이 아닌가? 아버지가 죽은 것을 본 재훈이의 딸이 상묵이에게 연락하여 묵이가 시신을 거두었다고 한다. 친구의 시신을 본 묵이도 그 트라우마로 오랜 세월 정신적 고통을 받았다고 하는데, 재훈이의 죽음은 이래저래 친구들에게 상처를 주었다.

재훈이가 죽은 2년 후인 2006년 11월 초순, 서울에서 세희 형이 죽었다는 연락을 받았다. 동우계 계원 중 제일 연장자로 나보다 세 살 많은 사촌 형인데 집의 나이로 54살이었다. 세희 형은 40살에 직장에서 구조조정 된 후 주식에 손을 대어 적자만 보다가 우울증이 생겨 재훈이와 마찬가지로 극단적 선택을 한 것이다.

태풍이 상륙하여 동해 쪽으로 빠져나간 후 무더위가 찾아온 2019년 8월 7일 저녁, 철수가 전화로 계원인 임성창이가 낙상 사고로 병원에 입원하였는데, 생명이 위독한 상태로 현재 혼수상태라고 전하였다. 두 달 전 6월 초순 부산 기장에서 개최한 계추에서 만났을 때, 조기에 발견한 암치료를 잘 받아서 멀쩡해 보였고, 맥주도 몇 잔 마실 정도로 건강하였는데, 갑자기 웬 낙상사고란 말인가? 임 형은 나보다 두 살 많은 1954년생이다. 아직 한창으로 죽을 나이는 아니다. 임 형은 혼수상태에서 깨어나지 못하고 이튿날 사망하였다. 장례식장에서 들은 사고 경위는 대강 이러하다.

태풍이 지나간 8월 7일 오후 2-3시경, 임 형의 지인이 텃밭에서 고추와 상추, 호박 등을 따서 임 형에게 나눠주겠다는 연락을 했다. 큰 비닐봉지 한 개만 가져가도 될 것을 무슨 대량으로 가져오겠다고 큰 고무다라이를 양손에 들고, 하필이면 그때 남자용 큰 슬리퍼가 없어서 여자들이 신는 굽이 높은 슬리퍼에 억지로 발을 끼워 넣고 골목길을 나와 공터에서 지인을 만났는데, 임 형과 지인은 가져온 채소를 임 형이 가져온 큰 다라이에 분배해서 담아놓고 잠시 대화를 나눈 후 바로 헤어졌다. 임 형이 집을 향해 골목으로 걸어가는데, 양손에 다라이를 잡고 있어서 밑을 보지 못하고, 작고 굽이 높은 여자 슬리퍼를 억지로 신어서 불편한 자세로 걷다 보니, 공터에서 골목으로 들어가는 약간 높은 도로 턱에 발이 걸려서 다라이를 든 채 몸이 넘어졌는데, 임 형의 머리가 보도블럭의 딱딱한 지표에 부딪히면서 혼수상태에 빠지게 되고, 그 결과 머리에 뇌출혈을 일으켜 하루 만에 사망했다는 것이다.

너무나 허무한 죽음이었다. 임 형은 동우계의 회장이고, 고향 남녀 친구계의 회장으로서 양계의 핵심이었다. 임 형이 돌아가시면서 양계의 기둥이 무너졌다. 동우계의 맏이로서 중추역할을 하다가 중추가 무너지자 동우계도 균열이 오고, 결국 임 형이 돌아가고 4년이 지난 2023년 6월 동우계도 그 수명을 다해 죽음에 이르렀다. 임 형의 죽음이 45년을 지탱해 오던 동우계의 명줄을 끊은 것이다. 계추는 주로 부산에서 했으므로, 임 형과 철수, 상묵이 등 부산 계원 3명이 계의 핵심이었는데, 중추인 임 형의 사망이 계의 수명을 단축시킨 것이다.

1990년 경, 상묵이가 기장 대변항 인근에 유성횟집을 열었고, 임 형이 사상공단 인근에서 돌고래횟집을 열었다. 이왕이면 계원에게 이익이 되면 좋다고, 유성횟집과 돌고래횟집을 돌아가면서 계추장소로 이용하였다. 기장에서 일광으로 옮겨 횟집을 하던 상묵이가 횟집을 그만두었고, 사상공단 인근에서 영업하던 임 형이 학장동으로 이전해서 돌고래횟집을 하였다. 그때부터 돌고래횟집에서 계속 계추를 하였는데, 임 형이 건강상 이유로 2015년경 횟집을 접었다. 그때부터 주로 상묵이가 살던 기장시장 내 횟집을 이용하여 계추를 하고, 그 인근 여관에서 계원들이 숙박을 하였다.

임 형이 살아있던 2019년 6월 초순, 기장시장 횟집에서 계추를 할 때였다. 임 형이 내 옆에 앉아서 얼마 전 조기에 암을 발견하여 수술과 치료를 받고 경과가 좋아서 거의 완치됐다고 말하면서, "근희야, 너는 얼마 정도 살면 좋다고 생각하느냐?"고 묻길래, "요사이 같은 백세시대에 적어도 90까지는 살아야 할 것 아니냐?"고 하니까, 임 형도 수긍하면서 고개를 끄덕였다. 그때 그 물음이 임 형의 마지막에 대한 암시와 같아서 새삼스레 인생의 허무함을 느낀다.

임 형이 사상공단에서 횟집을 하던 1990년 무렵, 우리 민주가 네댓 살 때였다. 횟집에 있던 전축의 뚜껑을 파손하였는데도 웃으면서 "아이들은 철이 없어서 그럴 수도 있다." 면서 너그럽게 처신을 하고, 남녀계추나 동우계추에 회원들을 자기 차로 이동시켜주고, 계추 때마다 기타와 노래방 기기를 싣고와서 분위기를 살려 계추를 신나고 재미있게 하였는데 너무나 애석하고 원통하다.

2023년 6월 10일, 대구 팔공산에 있는 모 식당에서 동우계를 한다는 통지를 받고, 그날 저녁 집사람과 함께 팔공산으로 갔다. 참가한 사람은 서울의 정택이 부부, 부산에서 철수 부부, 상묵이 부부, 미연이 엄마, 대구에서 세환이 부부, 우리 부부 해서 모두 11명이었다. 저녁식사 후 노래방에서 놀다가 밤 11시경이 되어 나는 술에 취해 바로 잠에 빠졌다. 새벽 5-6시경, 시끄러운 소리에 잠을 깨어보니 철수와 정택이, 세환이가 말다툼을 하고 있었다. 동우계의 청산을 주장하는 정택이, 세환, 상묵이와 동우계의 존속을 주장하는 철수와의 다툼이었다. 철수가 잠에서 깨어난 나에게 의견을 물었다.

내가 "대세가 기울었다. 국가라 할지라도 국민이 반대하면 아무 것도 할 수 없다. 참가한 회원 5명 중 3명이 반대하면 동우계를 종결할 수밖에 없다."고 표명하였다. 이로서 45년간 존속하였던 고향 동우계는 그 종말을 고하고 전설 속으로 사라졌다. 초기 10명에서 2명이 가입해서 12명이던 동우계는 5명이 사망하고 7명이 남았다가, 2명이 탈퇴하고 겨우 5명으로 명맥을 유지하다가 그 수명을 다하고 초라하게 사망하였다.

45년이란 긴 세월 동안 동고동락한 모든 계원들의 건투를 빌고, 특히 40여 년 이상 총무를 맡아서 고생한 철수에게 미안하고 감사하다. 죽은 계원들이나 산 계원이나 모두 같은 세대이고, 한 시절이 끝나면 모두 죽는다. 우리 인생은 영원하지 않다. 친구들이여, 한번 친구는 영원한 친구다. 죽었다고 슬퍼하지 마라! 우리도 얼마 후 그 길을 갈 것이다. 그곳에서 망자 동우계를 새로 만들어서 다시 한번 신나게 놀아보자.

삼가 먼저 떠난 계원들의 명복을 빈다. - 2024. 11.

진진이

2022년 9월 6일, 태풍 힌남노가 오전 4시 50분경 거제 부근에 상륙하여 오전 7시 10분경 울산 앞바다를 통하여 동해로 빠져나갔다. 힌남노의 영향으로 태풍의 진로 좌측에 위치한 포항에 폭우가 쏟아져서 포항 인덕동 아파트의 지하주차장에 차를 빼러갔던 주민 7명이 사망하고, 기타 2명 사망, 1명 실종으로 포항 주민 10여 명이 인명피해를 당하는 비극이 발생하였다.

힌남노가 지나간 아침, 태풍이 일찍 빠져나간 뒤라 하늘이 맑고 청명하였다. 사무실에 출근하여 커피를 마시던 오전 10시쯤, 뒤편 주차장 쪽에서 "야옹야옹"하는 고양이 울음소리가 들렸다. 아들과 딸에게 "뒤쪽에 고양이 울음소리가 들리니 확인을 해보라."고 했다. 태풍으로 길 잃은 고양이가 우는 것인가 하고 도와주었으면 하는 마음이었다.

사무실 뒷문으로 나간 아이들이 얼마 후 생후 4개월 정도 되는 수놈

고양이 한 마리를 안고 와서 사무실에 풀어놓았다. 고양이는 내가 앉은 소파로 걸어와서 얌전하게 앉아 있었다. 눈이 동그란 것이 착해 보이고, 검은 먹색에 코 부분 및 가슴과 배 쪽은 흰색으로 꼭 턱시도를 입은 신사마냥 품위가 있었다. 아내와 딸에게 길고양이들을 거두는 이웃 카페에 가서 사료를 얻어오게 하고, 혹시 길 잃은 고양이를 찾는 신고가 들어온 적이 있는지 알아보게 하였다. 고양이를 잃은 묘주가 있을지도 모르고, 행태를 보아 원래부터 길고양이는 아닌 것 같았다.

고양이는 3층 세무사 사무실까지 올라가 울면서 먹을 것을 찾다가, 다시 지상으로 내려와 주차장 주위에서 울다가, 우리 아이들에게 발각되는 순간, 배를 뒤집고 귀순하였다는 것이다. 고양이는 집사를 스스로 선택한다고 하더니, 우리 가족을 스스로 선택한 것이다. 고양이와의 만남을 간택받는다고 한다. 아무에게나 곁을 주지 않는다는 뜻이다. 카페 여주인은 고양이가 그날 아침, 자기들이 키우는 길고양이 네댓 마리의 무리에 들어와서 먹이를 먹으려다가 그들의 텃세로 도망간 것이고, 다른 묘주가 찾는 고양이가 아니므로 우리보고 키우라고 권하였다. 하늘이 준 인연이라 생각하고 키우기로 결심하였다.

이름을 어떻게 지을까 고민하다가, 가수 영탁이가 부른 노래 "찐, 찐, 찐, 찐, 찐이야, 진짜가 나타났다." 라는 노래가 유행이였고, 작가 양귀자가 1998년 발표한 '모순'이란 소설 주인공 이름이 '안진진'이라서 고양이 이름을 '진진'이라고 작명하고, 부를 때는 그냥 '찐'이라고 부른다. 진진이를 데려올 때 가장 걱정한 것은 우리 집에 키운 지 5년이 넘은, 애견 푸들 '순돌이'와 말티즈 '금동이'와 텃세 싸움으로 공존이 가능할까 하는 것이었다. 은근히 걱정을 하면서 진진이를 데리고 왔는데, 우리집 강아지 두 마리를 전혀 의식하지 않고 거실을 천연덕스럽게 돌아다니는 것이다.

금동이가 무심코 진이 옆을 지날 때, 진이가 자기 앞발로 갑자기 공격하였다. 금동이가 순간적으로 얼어붙어서 온몸을 사시나무 떨듯이 떠는 것이었다. 그때부터 금동이가 진이에게 굴복하여 공생관계가 형성되어 2년간 아내의 침대에서 세 마리가 같이 잠을 자고 노는 등 한 가족이 되어 잘 살고 있다. 집사람이 서울 큰오빠에게 진진이 이야기를 하자, 큰처남이 외국의 부잣집에 가면 반드시 고양이를 키우고, 고양이가 집을 지키는 수호신 역할을 하는데, '진진이'가 그 역할을 하기 위해 온 것이라고 덕담을 하였다.

아니나 다를까? 진이가 오고 난 뒤부터 우리 집에 차츰차츰 행운이 들어오는 것이다. 진이가 2022년 9월 6일 왔는데, 한 달 보름 뒤인 10월 말이었다. 사무실 건물주가 그해 말에 임대기간이 끝나므로 내년부터는 월 임료를 120만 원에서 150만 원으로 인상하고 부가세 포함하여 매월 165만 원을 입금해 달라면서, 월 임료 150만 원으로 작성한 임대차계약서를 미리 만들어와서 내 도장만 찍으면 되는 것으로 준비해 왔다. 기분이 나빴지만 아무 표정 없이 아직 임대기간이 남았으므로 추후 연락주기로 하고, 건물주를 보내고 난 뒤 아내와 상의하였다.

집사람이, 코로나 이후 장사도 잘 안 되는데 갑자기 30만 원을 우리와 상의 없이 올리는 것은 16년 동안 임대료를 잘 지불해온 임차인에 대한 기본 예의가 아니라면서, 바로 이웃 새 건물 1층에 '임대' 가게가 있는데 알아보고 결정하자고 했다. 새 건물 임대인과 통화하여 건물을 둘러보니, 면적이 50여 평이고, 임료가 월 150만 원이었다. 주방이 있는 부분 20여 평을 제외하고 바깥쪽 30여 평 부분에 칸막이를 하는 조건으로 3년간 월 100만 원, 부가세 10만 원에 계약을 하고, 이듬해인 2023년 1월 1일부터 입주하였다.

새 건물은 넓어서 쾌적하고, 천장도 높고, 이중창이 우측을 싸고 있어 밝고, 방음, 방열이 잘 되어 겨울에는 따뜻하고 여름에는 시원하여 우리 아이들이 너무 좋아했다. 임대료도 저렴하여 그야말로 금상첨화였다. 지은 지 3-4년 정도밖에 안된 새 건물이고, 3층에 건물주가 상주하고 있어서 건물 관리도 잘 되고, 안쪽에 주차 공간이 많아서 우리가 거의 전용으로 사용하고 있다. 그야말로 생각지도 못한 행운이 찾아온 것이다. 진진이가 그 행운을 가져온 것이라고 생각한다. 의동생이 하는 말이 "짐승 한 마리를 거두는 것은 사람 한 명을 입양하는 것과 같아서 반드시 그 복을 받는다."고 하였는데, 진이가 그 복을 가져온 것이다.

2022년 11월 말, 급하게 사부실 임대자계약을 하고 1달여 만에 급하게 새 간판과 사무실 인테리어를 하고, 그해 말에 이사를 하였다. 그때 고등학교 후배인 학환이의 도움을 많이 받았다. 연말 이사할 때, 학환이 부부와 함양의 작은처남 부부가 와서 이사를 많이 도와주었다.

진이가 온 뒤 4개월 만에 사무실을 좋은 곳에 옮기고, 다시 우리 아들에게 행운이 찾아왔다. 2023년 1월, 어느 모임에서 미진이를 만난 것이다. 그날 첫 만남을 갖고 미진이에게 법률문제가 있어서 2023년 3월, 상담을 위하여 자연스럽게 미진이가 나와 집사람을 만나게 되었다. 이후 몇 달간 우리 가족과 아들을 계속 만나게 되어 점차 좋은 방향으로 나아가게 되었다.

2023. 9. 16. 토요일, 우리 부부와 영식이가 창녕 남지철교 옆, 민물장

어 전문인 강변식당에서 장어를 먹고 오후 늦은 시간에 경산으로 돌아
오는 길이었다. 갑자기 미진이가 아내에게 전화를 했다. 키즈카페 청소
를 하고 오던 저녁무렵, 어린 길고양이를 구해서 아파트에 데려가니, 부
모님도 반대하고 미리 키우는 암컷 고양이 '수라'도 텃세를 부려서 주운
고양이를 키워 줄 부모를 찾는다며 도움을 구하였다. 아내가 영식이에
게 입양하도록 조언하여 승낙을 받았으므로 미진이가 아기 고양이를 데
리고 우리 집에 오게 되었다. 그해 7월부터 연인관계였던 두 사람은 우
리집 방문 후 더욱 발전하여 올 3월에 결혼식을 올려서 정식 부부가 되
었다.

우리는 어린 고양이를 구제하는 것을 보고 미진이의 따뜻한 인성을
알게 되었고, 미진이도 우리가 키우는 3마리의 강아지와 진진이를 보면

서 우리 가족의 심성을 알게 된 것이 서로에게 결정적인 원인이 된 것이다. 진진이가 빠른 시일 내에 결혼을 하게 해 준 촉매제 역할을 한 것이다. 미진이가 2023년 9월 16일에 구한 깜이도 영식이 집에 입양되어 9개월이 지났는데, 지금은 없어서는 안되는 가족이 되었고, 가족들의 사랑을 독차지하고 있다.

진진이가 가져온 행운은 이것이 전부가 아니다. 막내딸도 진이가 온지 1년이 되던 2023년 9-10월경, 우리가 1년 전 방문하여 깜이 소식을 들었던 함안군 출신 모 군을 남친으로 만난 것이다. 8개월이 지난 지금까지 두 사람은 거의 매 주말마다 만남을 계속하고 있다. 아비로서 좋은 결과 있기를 기원한다. 진이가 가져온 좋은 만남이 계속되어 우리 가족에게 행운이 만개하길 바란다.

진진아, 부디 건강하게 오래오래 살면서 우리와 함께 해 주길 바란다. 진진이가 오고 1여 년 만에 우리집에 계속 찾아온 행운에 감사하고, 우리 가족에게 스스로 찾아온 진진이에게 감사를 드린다. – 2024. 7.

꽃돌

2022년 8월, 말복을 이틀 앞두고 안 형이 돌아가셨다. 척색종으로 두 번에 걸친 수술에도 완치하지 못하고 가족들의 곁을 떠난 것이다. 구 여사를 비롯한 가족의 슬픔이야 이루 말할 수 없을 것이다. 코로나가 진행 중이고, 미망인인 구 여사를 볼 용기가 없어서 조의금만 보내고 추후 별도로 만나 조문할 예정으로 장례식장에는 가지 않았다.

상념에 잠겨 지난 세월을 반추해보니 안 형을 안 지도 벌써 18년이 지났다. 2004년 4월 중순 어느 토요일, 나, 아내, 아들 3명이 수달래 피는 청송 주왕산을 찾았다. 오전에 등반을 하여 정상에 오르니, 당시만 해도 철수를 하지 않은 정상 부근의 식당에서 점심을 겸해서 동동주 몇 되를 아들과 나누어 마셨다. 동동주를 마신 아들과 내가 취했으므로 하산해서 아내가 자동차를 운전하였다.

대구로 가는 국도를 1-2키로 남겨 놓은 삼거리에 꽃돌 판매소가 있었다. 나는 주왕산 꽃돌 중 매화석은 본 적이 있지만, 해바라기석, 국화석 등은 본 적이 없었다. 아내에게 잠시 꽃돌 구경을 하자고 하니 아내도 승낙하였다. 꽃돌 판매소에 차를 대고 꽃돌을 감상하였다. 당시 집행관 근무를 할 때라 여유가 조금 있었는데, 해바라기 3개가 박힌 꽃돌의 가격을 물어보니 500만 원이라 하므로 카드결제를 한 후 서로 인사를 나누었다.

그 꽃돌 판매소의 사장이 안 형이다. 안 형은 안동시 와룡면 출신이고, 갑오생으로 나보다 두 살이 많았다. 그 아내가 구 여사인데 대구 출신으로 아내와 같은 1959년 기해생이었다. 안 형의 이름은 '성걸'이고 구여사의 이름은 '남보' 씨였다. 구 여사는 아내와 동갑인데 친근감 있게 우리를 대해주었다. 나는 안동지원 집행관으로 근무하고 있어 서로 인연이 많다면서 앞으로 잘 지내부자고 덕담을 하였다.

카드결제를 했으니까 잘 되었겠지 하고 안심하였는데, 일요일 오전 청송에서 아내에게 전화로, 결제한 계산이 불가로 나타나서 우리 집에 와서 다시 결제를 해야 한다고 했다. 집주소를 알려주고 기다리니까, 오후에 안형 부부가 와서 차 대접을 하고 카드결제를 새로 해주었다. 그 사건을 계기로 안형 부부와 우리 부부는 더 친해지게 되었다.

그 후 의동생 영식이와도 몇 번 주왕산을 찾았다. 갈 때마다 안 형의 가게를 찾아서 꽃돌을 구입하곤 하였으나, 천만 원 이상 가는 고가품은 구입하지 못했다. 꽃돌에 대한 수준도 일천하고, 아직 경제력이 미약해서 무리할 수 없었다.

2004년 8월 중순, 안동지원 집행관 근무를 끝내고, 영덕에서 할 법무사 개업을 준비했다. 영덕지원에 오래 근무한 임 모 씨를 사무장으로 쓰기 위하여 중간인 청송 안 형의 가게 인근 식당에서 만나 같이 점심을 먹으면서 개업문제 등을 상의했다. 임 형 부부와 안 형 부부, 우리 부부가 같이 노래방에 가는 등 친하게 지냈다. 2004년 10월 법무사 개업식을 할 때, 안 형 부부가 와서 축하해 주었다. 그때 안 형이 천하대장군과 여장군을 조각해서 선물하므로 지금까지 잘 보관하고 있다. 영덕에서 법무사를 2여 년 할 때, 주말이면 대구에 내려오므로 청송에 갈 시간이 없어서 안 형 부부를 몇 년에 한두 번 만나는 정도였다.

2017년 1월, 어머니가 돌아가시고 마음이 허해져서 어떤 계기가 필요했다. 경산으로 사무실을 옮긴 지 10여 년 되고, 아내가 사무장으로 있어서 시간적 여유도 있을 때라, 그때부터 1년에 서너 번씩 안형 부부와 우리 부부가 만나게 되었다. 서로 내외 간에 연배가 비슷하여 정서적으로 허물이 없었다. 주로 영덕에 있는 은어요리 전문인 화림산가든에서 만나 은어 요리를 먹고, 청송으로 넘어가서 꽃돌을 구경하고, 대구에 내려가는 코스였다.

2016년 12월 말경, 당진-안동-영덕 고속도로가 개통되었다. 청송에서 영덕까지 1시간 이상 걸리던 34번 국도 대신 새로 개통한 고속도로를 이용하면 30분이면 충분하였다. 안 형은 청송 IC를 이용해 영덕으로 오고, 우리는 대구에서 2시간을 달려서 영덕으로 갔다. 안 형 부부는 그동안 은어를 먹어보지 못했는데, 은어구이나 탕을 먹어보고는 맛있다고 하여 은어구이나 탕을 먹고는 청송에 가서 안 형이 준비한 맥주를 마시며 놀다 오곤 하였다.

은어는 5월부터 먹을 수 있다. 2017년부터 2021년까지 5년 동안 매년 영덕에서 2-3번 이상 은어를 먹기 위하여 만났다. 안 형 부부가 경산에도 몇 번 오고, 같이 밀양까지 은어를 먹으러 갈 때도 있었다. 꽃돌을 들고 올 때도 있고, 우리 농원에 볼일이 있을 때도 있었다.

영덕에 은어 먹으러 갈 때 의동생 영식이도 열에 아홉 번은 따라갔다. 꽃돌을 구입할 때 영식이가 중개인 역할을 한 번 했다. 3천만 원 짜리 해바라기석을 그래서 구입했다. 2017년부터 2021년까지 안 형에게 구입한 꽃돌이 제법 되었다. 당시 안 형은 수술과 치료를 할 때라서 어려움이 많았는데, 어려울 때 꽃돌을 팔아주어서 많은 도움이 되었다면서 안형 부부는 우리 부부를 항상 고맙게 생각하였다.

안 형은 우리 부부에게 잉어가 세겨진 나무 좌대 1개, 부산 모 대학교수 작품인 달마대사 나무 조각을 선물하였다. 곡란리 농원 현관에 한글로 복실농원이라 새겨주고, 우리집 서재에도 한문으로 낙서제樂書齋라고 현판을 조각해 주었다. 안 형은 2018년경 우리 농원 입구에도 오리 세 마리를 조각해 주었다.

안 형은 40여 년 전 구 여사와 결혼할 당시 몸이 허약하여 병고에 시달렸는데, 안동, 청송 등지에서 수석을 채집하면서 건강을 회복하였다. 수석을 취미로 하다보니 자연스럽게 꽃돌을 알게 되어 젊은 시절부터 30여 년 이상을 청송 꽃돌과 인연을 맺었다고 한다.

그러나 안 형이 완전히 건강을 회복했다고 생각한 것은 착각이었다. 안 형의 나이 60세가 넘으면서 머리가 아프기 시작했다. 안 형의 딸이 간호사 일을 보아 안 형을 보고 서울에 가서 뇌검사를 해보자고 하였다. 뇌검사를 하니까 희귀병인 척색종 종양이 발견되었고, 그 종양이 눈 신경을 건드려 눈과 머리에 아픈 증세가 나타난 것이다.

안 형의 딸이 추천하여 서울의 유명 대학병원에서 종양 제거 수술을 받아 경과가 좋았으므로 안형 부부와 우리 부부도 안심하였다. 건강해진 안 형을 만나니 마음도 가벼워져서 매년 5월부터 9월까지 두세 번씩 꼭 영덕에서 은어구이를 먹었다. 2차로 안동-영덕 고속도로를 타고 청송 안 형 집에 가서 맥주를 마시고, 시간이 나면 가끔씩 근처 노래방에 가서 노래도 불렀다.

1차 뇌수술을 받고 2-3년이 지나자 완전히 제거되지 않은 종양이 다시 성장하여 안 형의 시신경을 자극하여 통증이 생기고, 한쪽 눈이 점점 감기게 되었다. 2020년 말경에서 2021년 초경 서울에서 2차 수술과 치료를 받았다. 퇴원한 안 형을 2021년 초여름 영덕 화림산가든에서 만나 우리 부부와 함께 은어요리를 먹었다. 한쪽 눈이 완전히 감겼는데 수술 후 눈의 일부분이 개방되었으나 완전하지 않았다. 한쪽 눈이 불편하자 운전도 안 형이 하지 못하고 구 여사가 전담하였다.

2021년 추석 전에 영덕에서 안형 부부를 만나 은어를 먹고 추석선물도 주고받았다. 그때는 안형 부부도 병세의 위중함을 알고 청송집과 꽃돌 전시장을 정리하여 안동으로 이사할 준비를 하던 때였다. 구 여사도 안 형의 병세가 불안하니 자녀들이 살고 있는 안동으로 이사를 가야 마음을 놓을 수 있었을 것이다. 안 형은 청송에서 30여 년 이상 전시하던 꽃돌과 수석, 기타 물건들을 모두 정리하고, 청송 주왕산 인근 주택을 처분한 후 안동으로 이사하였다.

2021년 9월, 안 형을 만나고 그 다음해 4-5월경 안 형이 아프다는 소식은 들었지만 그렇게 위중한 줄은 몰랐는데, 2022년 8월 중순경 갑자기 안 형이 돌아가셨다는 부고를 받았다. 우리 부부는 갑작스런 부고라 망연자실하였다. 9월에 은어 먹으러 가자는 약속을 잡을 예정이었기 때문이다.

안 형은 글 잘 쓰고, 조각 잘하는 만능인이고, 예술인이고, 인품이 있는 지성인이었다. 말도 점잖게 하고 객관적으로 해서 다른 사람들의 공감을 받았다. 안 형이 가고 1년7개월 동안 구 여사를 보지 못하다가 올봄 아들 결혼식 때 축하차 와서 만났는데, 너무 반가웠다. 문규 입택 때 안 형으로부터 구입한 해바라기 꽃돌 한 개를 선물로 주었다. 아들 부부의 재복이 해바라기 같이 피어나길 바라는 뜻이다.

해마다 겨울이면 안동댐 인근 매운탕 집에서 안 형 부부와 쏘가리 매운탕을 먹었는데, 올 연말에는 그곳에서 구 여사를 모시고 매운탕을 먹으면서 안 형에 대한 추억을 되새겨 봐야겠다. - 2024. 8.

접시꽃

한여름 뙤약볕 내려쬐는 백사장
파도는 말 없이 모래를 밀어내고

갈매기는 끼룩끼룩 돌섬을 맴도는데
길게 뻗은 갯바위에 밀짚모자 낚시꾼

백사장 모서리 절벽 위에 붙어서
빨갛게 빨갛게 피어나는 접시꽃

밭네미 한여름에 접시꽃은 피고지고
밭네미 한여름에 빨갛게 피고지고

한여름의 꽃이여 백사장의 꽃이여
절벽 위의 꿈이여 하늘가의 꽃이여

접시꽃은 한여름 밭네미의 전설이고
접시꽃은 한여름 밭네미의 사랑이다

접시꽃 피고지는 밭네미의 그 여름날
그렇게 그렇게 그 시절은 흘러갔다

　　　- 2022. 7. 25. 평산동 정원에서

가지꽃

고향마을 떠나와서 자리잡은 괴시집
봄부터 가을까지 피어나는 가지꽃

자주색 여덟 꽃잎 앙증맞고 귀엽지만
그 끝에서 자라나는 가지는 맛이 좋아

해마다 한여름은 어머니의 생신이라
4남2녀 빠짐없이 어머니 찾아오면

어머니 차려주는 그 여름 밥상 위에
때마다 올라오는 맛있는 가지반찬

어머니 가시고 우리 사는 마당가에
봄이면 가지모종 해마다 심어놓고

물주고 거름주고 지극정성 키웠건만
어머니의 가지와 그 향이 다르구나

가지야, 가지야, 그 여름 그 가지야
가지꽃은 같건마는 그 맛이 다르구나

가지꽃이 필 때마다 엄마반찬 생각나고
가지꽃이 필 때마다 그 옛날이 그립구나

- 2022. 5. 27. 평산동 정원에서

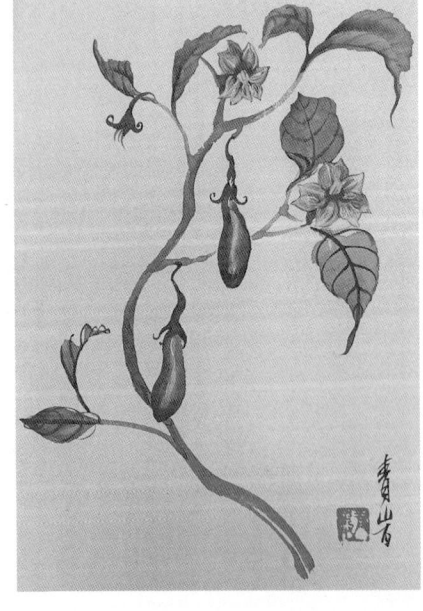

한 근 희

자 전 에 세 이

배산에서 울던 아이

한근희 자전에세이 2025

인쇄일 | 2025년 09월 25일
발행일 | 2025년 10월 01일

지은이 | 한근희
엮은이 | 이유희
편집인 | 이숙희
발행처 | 수필세계사
인쇄처 | 포지션

출판등록 | 2011. 2. 16 (제2011-000007호)
주소 | 41958 대구광역시 중구 명륜로 23길 2
연락처 | Tel (053) 746-4321 / Fax (053) 793-8182
E-mail | essaynara@hanmail.net

값 18,000원
ISBN 979-11-93364-19-2